AUFGEGABELT

MARTIN JENNI

800× AUFGE- GABELT

BEIZEN PRODUKTE RETREATS 2024

WEBERVERLAG.CH

AUFGEGABELT.CH

Inhalt

Liebe Freunde der Gastronomie und des anspruchsvollen Designs

In der Welt der Gastronomie gibt es Orte, die weit über die Nahrungsaufnahme hinausgehen. Restaurants, die sich zu Oasen der Gastfreundschaft und des guten Geschmacks entwickeln, bei denen die Atmosphäre genauso wichtig ist wie das exzellente Essen auf dem Teller. Diese Orte sind es, die unsere Sinne bezaubern, uns verführen, und uns einladen, zu verweilen, um den Moment zu geniessen.
Seit jeher hat «horgenglarus» eine enge Verbindung zur Gastronomie gepflegt. Unsere Möbel sind in zahlreichen renommierten Restaurants und Cafés zu finden, und sie haben dazu beigetragen, die kulinarische Erfahrung für Gäste auf der ganzen Welt zu bereichern. Unser «classic»-Stuhl, ein wahrer Schweizer Designklassiker, hat sich als unverzichtbarer Begleiter in vielen gastronomischen Betrieben etabliert. Er symbolisiert zeitlose Eleganz und Komfort, und er lädt dazu ein, in stilvollem Ambiente zu verweilen.
Gemeinsam mit Martin Jenni haben wir beschlossen, die «horgenglarus»-Beiz-des-Jahres zu küren. Diese Auszeichnung gebührt einem Restaurant, das nicht nur durch seine exquisiten Speisen, sondern auch durch die einladende Atmosphäre hervorsticht. Es ist eine Ehrung für jene gastronomischen Orte, die unsere Sinne beflügeln und uns dazu inspirieren, gemeinsam zu geniessen.
In diesem Jahr gebührt diese Ehre dem Restaurant Il Grano in Büren an der Aare. Es verkörpert auf wundervolle Weise die Symbiose von hervorragendem Design und exzellenter Kulinarik. Die Vintage-Stühle von horgenglarus, die den beeindruckenden, sakralen Raum des «Il Grano» zieren, sind eine Hommage an die Tradition und das Erbe unseres Unternehmens. Sie sind Teil eines Erbes, das wir stolz bewahren und weitergeben.
Ich möchte Sie ermutigen, die Seiten dieses Beizenführers zu erkunden und die Vielfalt der gastronomischen Welt der Schweiz zu entdecken. Erleben Sie die Restaurants, die nicht nur den Gaumen verwöhnen, sondern auch die Seele. Und lassen Sie sich von den Möbeln von horgenglarus inspirieren, die dazu beitragen, diese gastronomischen Erlebnisse unvergesslich zu machen.
Geniessen Sie Ihre kulinarischen Abenteuer und die einladenden Stühle von horgenglarus!

Mit herzlichen Grüssen,
Marc Huber, Geschäftsführer von horgenglarus

Apropos Martin Jenni

«Einkehren, geniessen, schwelgen und träumen. Es sind nicht die überwältigenden Impressionen, die Martin Jenni zum Stift greifen lassen. Es sind die feinen Linien, die das grosse Gespür für das Kostbare im Alltag und für das ehrliche, unprätentiöse Handwerk in der Gastfreundschaft offenlegen. Er verzaubert und lässt uns verweilen in Gedanken und Taten – im Wissen, dass wir auf der Suche nach Verblüffendem Jenni wieder konsultieren werden.»
Elsbeth Müller, Hotelière, ehemalige Geschäftsleiterin UNICEF Schweiz von 1996-2018

«Es gibt genau zwei verlässliche Chef- und Beizenscouts im Land. Den Jenni und den GaultMillau. Die meisten anderen kupfern ab.»
Urs Heller, Chefredaktor GaultMillau Schweiz

«Mit deinem unermüdlichen Elan und deiner nicht erlahmenden Begeisterungsfähigkeit findest du landauf, landab stimmungsvolle Beizen, die von dir jeweils so treffend beschrieben werden. Dafür gebührt dir unser aller herzlicher Dank.»
Rudolf Trefzer, Historiker, Publizist und Experte für Ess- und Trinkkultur

«Martin Jenni schreibt nicht einfach über Kulinarisches wie so viele andere. Er beschreibt Menschen, die mit Leidenschaft ihrer Berufung nachgehen. Als Gastgeber, Winzerinnen, Bäcker, begnadete Köchinnen. Er nimmt uns in jeder seiner Geschichten auf eine Entdeckungsfahrt mit, die man so rasch wie möglich selbst erleben möchte. Er ist ein begnadeter Verführer.»
Kurt Aeschbacher, Journalist und Herausgeber des Magazins 50plus

«Ich wollte immer Wirtschaft studieren, mein Freund Martin tut es mit dem Instinkt eines Trüffelschweins. Einmal mehr findet er individuelle Beizen und Gastgeber, die überraschen.»
Werner Tobler, Koch, Gastgeber und Kochbuchautor, Bacchus, Hildisrieden

«Die Empfehlungen von Martin sind alles andere als Mainstream und durch ihn haben wir im In- und Ausland schon einige ungewöhnliche Retreats kennengelernt. Mit seinen eigenwilligen Weintipps hat er uns schon mehrmals überrascht und wir haben durch ihn uns völlig unbekannte Weine entdeckt, die mittlerweile auch in unserem privaten Weinkeller lagern. Santé, Martin.»
Sabine Steiner, Winzerin, Weingut Krebs & Steiner

Bitte vor dem Essen lesen

Einmal mehr ist es uns gelungen, 800 eigenwillige Adressen in unserem völlig subjektiven Guide zu vereinen, aber noch nie haben wir uns von so vielen Adressen verabschieden müssen. Wer der Meinung ist, dass dieser Verlust an Beizen eine natürliche Dezimierung sei und durch die Pandemie einfach nur beschleunigt wurde, verkennt die Lage, und wer einfach nur so tut, als ob nichts passiert sei, denkt oberflächlich. Zumindest ist das meine Meinung. Denn wenn Menschen in andere Regionen reisen, ist es doch das Gasthaus, das Fremde zu Freunden werden lässt und nicht das Museum, findet doch das unerwartete, anregende Gespräch mit Fremden in der Beiz statt. Eine Speisekarte sagt über seine Region und Einwohner nun mal viel mehr aus als jedes Denkmal.
In Aufgegabelt strafe ich weder ab, noch lobhudle ich, was mir auch nicht zusteht und wie es auch den Inquisitoren von Tripadvisor nicht zustehen würde, die es aber trotzdem tun, statt direkt vor Ort ihre konstruktive Kritik anzubringen oder einfach lieber zu schweigen. Wir, ein Beziehungsnetz aus Insidern, Köchen, Scouts und kulinarisch affinen Freunden haben zahlreiche neue Einkehren entdeckt, die ohne Punkte und Sterne auskommen und die lieber eine soziale Plattform offerieren und bespielen. Klar, jeder Koch der sich Sterne und Punkte erarbeitet, verdient Respekt, aber ich schreibe seit einem Vierteljahrhundert lieber über Nebenschauplätze, über stille, schräge, laute oder unkonventionelle Schaffer, die mich beeindrucken, aus welchen Gründen auch immer, und die mich dazu bewegen, sie aufzugabeln. Lesen Sie aber bitte meinen jeweiligen Text zur Beiz, zum Einkaufsladen und zum Rückzugsort. Nicht dass sie bei ihrem Besuch enttäuscht sein werden und sich überlegen, was sie hier eigentlich zu suchen haben. Denn einige meiner Empfehlungen sind nicht mehrheitsfähig. Mir gefallen Wirtschaften von alten Wirtinnen und Wirten, die ein Leben lang für ihre Beiz eingestanden sind und im hohen Rentenalter noch ein Bier ausschenken, wie es etwa die lebende Legende Ernst in seinem «Rössli» in Roggenburg vormacht. Es ist aber auch schön, junge Köche vorzustellen, die verstanden haben, dass es auch ohne trendige Baukastenküche und Pinzette geht und die lieber eine lebendige Gastronomie anbieten, als nach Ruhm zu streben. So wie Laura und Sandro, die Gastgeber unserer Beiz des Jahres in Biel. Mögen wir verstehen, dass es die Beiz mehr denn je benötigt, damit sich unsere facettenreiche Gesellschaft austauscht und versteht oder zumindest respektiert. Der Stammtisch hat seine Wiedergeburt verdient. Zumal träume ich davon und hoffe, mit diesem Buch meinen Teil beizutragen. In diesem Sinne viel Vergnügen beim Nachlesen und Nachreisen.

Martin Jenni, Autor

Die Auswahlprinzipien

Alle Adressen werden anonym getestet.

Die Auswahl erfolgt subjektiv und erhebt keinen Anspruch auf Vollständigkeit. Besuchte Adressen, die nicht den Vorstellungen des Autors entsprechen, werden im Guide nicht aufgeführt. Eigenheiten oder Unzulänglichkeiten der beschriebenen Adressen werden je nachdem erwähnt. Die Adressen und ihre Macher sind so beschrieben, wie sie vom Autor persönlich wahrgenommen werden.

Die Prämierung erfolgt jährlich in sechs Sparten. Wichtige Kriterien sind dabei der Gesamteindruck des Hauses, die Qualität des Angebots sowie die Freundlichkeit und Kompetenz der Gastgeber.

Folgende Symbole bezeichnen Adressen, die speziell herausragen:

- Lieblingsadressen des Autors
- Küche zwischen Tradition und Innovation, saisonal und regional
- Leichte und innovative, zum Teil moderne Küche
- Durchdachtes, stimmiges, nicht alltägliches Weinangebot
- Neu in dieser Ausgabe
- Auszeichnung 2024

Innerhalb der Kapitel sind die Adressen bis auf wenige Ausnahmen nach Postleitzahl geordnet. Titel in Rot bezeichnen Beizen, diejenigen in Schwarz Einkaufsadressen. In Blau stehen am Ende der Kapitel jeweils ausgewählte Übernachtungsadressen. Die Auszeichnungen 2023 sind in Beige gehalten.

Wichtiger Hinweis

Da die Öffnungszeiten vieler der hier vorgestellten Betriebe unregelmässig und Änderungen unterworfen sind, wird auf eine Angabe dazu verzichtet. Bitte konsultieren Sie vor einem Besuch stets die jeweilige Website oder fragen Sie telefonisch nach.

Zum Engel
Die Vereinigung für kulinarische und geistige Nahrung

Lebensmittelfundamentalismus ist mir fremd. Ich suche einfach nur gerne nach guten Produkten. Ein Einkauf dauert bei mir je nachdem drei Stunden. Zwei für den Einkauf, eine für den Aperitif. Ich kaufe Fleisch aus artgerechter Tierhaltung und esse lieber einen Specksalat als ein Rindsfilet. Der Fleischkonsum nimmt bei mir ab, ganz auf Fleisch verzichten möchte ich aber nicht. Ich halte mich da an meine Omama selig, die unter der Woche fleischlos gekocht hat, was ich vorwiegend einhalte. In Einkaufszentren sehen Sie mich eigentlich nie. Was ich liebe, sind innovative Davids, die den Goliaths die Stirn bieten. Bei jenen kaufe ich gerne ein. Ich wohne in einem Haus aus dem 18. Jahrhundert, das bis vor über 50 Jahren das Wirtshaus Engel war. Hier habe ich die «Vereinigung für kulinarische und geistige Nahrung» gegründet, die sich der Pflege und der Förderung der Ess- und Trinkkultur widmet. Es ist eine Begegnungsstätte, in der sich Mitglieder an Mittagstischen, Matineen sowie verschiedenen kulturellen und gastronomischen Anlässen begegnen. «Aufgegabelt»-Leser sind gerne dazu eingeladen, (auf Voranmeldung) auf ein Glas im «Engel» vorbeizukommen. Vielleicht verraten Sie mir Ihre persönlichen Einkehr- und Einkaufstipps oder erzählen mir von den Erlebnissen, die Sie während eines Besuchs meiner Empfehlungen gemacht haben. Interessiert? Melden Sie sich einfach bei mir.

Martin Jenni, Autor und Gastgeber
jenni.martin@bluewin.ch

Beiz des Jahres
L'ecluse in Biel, Bern Land

Laura und Sandro sind die Herzlichkeit in Person, wissen, was sie wollen und sind in Biel eine feste Grösse, ohne abzuheben und ohne grosse Töne zu spucken. Sie haben das «Lokal» und das «Sauvage Biel» lanciert, sind im Hintergrund dezent federführend und konzentrieren sich in erster Linie auf ihr «l'Ecluse» mit dem ihnen seit der Übernahme vor zwei Jahren ein gewaltiger Quantensprung gelungen ist. Ihre Gerichte fordern die Geschmacksnerven, sind eine durchdachte Kombination an Aromen, die perfekt harmonieren wie etwa mit einem kalt geräucherten Hecht und Muscheln (!) aus dem Bielersee, die mit Holunderbeeren, Rande und fermentiertem Kohl, Erbsenschotensaftsorbet, Fenchelsamen und wilde Malve zu einer harmonischen Geschmacksexplosion zusammengeführt werden. Nicht einfacher verhält es sich bei den Seeländer Tomaten, die mit verschiedenen Ingredienzen parfümiert werden, und die mit ihren natürlichen Geschmacksnoten einfach nur Freude bereiten und mir bestätigen, dass es tatsächlich noch Tomaten gibt, die auch nach Tomaten schmecken. Total spannend liest sich die Weinkarte, mit viel Cidre und Naturweinen von Profis für Kenner, so wie ich das liebe. Weine zum Wegzischen, zum Frischtrinken, Weine zum Philosophieren und Sinnieren oder einfach nur zum Trinken. Genussvoll, stilvoll, anhaltend.

Bisherige Auszeichnungen:

2019: «Bad» in Schönenbuch, Basel Land

2020: «Schäfli» in Uznach, St. Gallen

2021: «Bacchus» in Hildisrieden, Luzern Land

2022: «Ludmilla» in Bern

2023: «La Fourchette» in Basel

Newcomer
Jeanne Cuenin in Saint-Ursanne, Jura

Der Jura ist eine einzige Grünfläche aus Wäldern, Wiesen und Bächen. Er ist ein Mosaik aus Natur, Honig, Würsten, Käse, Land, Tieren und Leuten. In Irland ist es noch eine Spur grüner, wilder, nässer und das Meer ist nah. In Irland heisst der Doubs Shannon und die Wälder sind rarer, die gute Küche ist es nicht. Die Wichtigkeit von Wurst und Fisch ist gegeben, die Kartoffel ist in beiden Küchen unabdingbar, denn was in Irland Pan Haggerty ist, kommt im Jura als Kartoffelpflute auf den Tisch. Jeanne hat Köchin gelernt, hat über den nationalen Tellerrand geblickt und ist bei Kevin Thornton gelandet, den Michelin, als ersten irischen Koch, mit einem Stern ausgezeichnet hat. Jeanne hat bei ihm viel gelernt und sich bewährt und hat danach eine tiefe Prise Dublin eingezogen, bevor sie wieder nach Hause zurückgekehrt ist. Hier hat sie ein altes Bauernhaus zu einem Table d'hôtes umgewandelt, mit einer Stube, in der maximal zwölf Gäste Platz finden, die sie frei nach Lust und Laune bekocht oder das auftischt, was sich die Gäste wünschen. Einzigartig und unverschämt gut ist ihre Saint-Martin, die ultimative Cochonaille im Clos du Doubs und in der Ajoie, die sie nach allen Regeln der Kunst zelebriert. Wer länger bleiben will, wählt eines der drei Appartements oder bleibt für eine Nacht im angebotenen Doppelzimmer.

Bisherige Auszeichnungen:

2019: «Moment» in Bern

2020: «Morgensonne» in Wilen, Thurgau

2021: «Brasserie Uno» in Zermatt, Wallis

2022: «Magdi» in Luzern

2023: «Maria's Esszimmer» im Seetal, Aargau

Lebenswerk
Zur Mägd in Basel

Er ist eigenwillig, arbeitsam, ehrgeizig, diszipliniert, fordernd, herzlich, grosszügig. Er ist ein Traditionalist und Tüftler zugleich, ein Kontrollfreak, Koch und Gastgeber, kurz, Adriano Giordano ist ein Vollblutwirt wie aus dem Bilderbuch. Seine ersten Spuren hat er im «Landskrongarten» als zuvorkommender Kellner hinterlassen, danach wurde der «Birseckerhof» mit ihm während 14 Jahren zum Treffpunkt für Schöngeister, Heimwehitaliener und Genussmenschen mit Bodenhaftung. Es war der individuelle Treffunkt in Basel, belebt von bekannten und unbekannten Namen. Als es darum ging, das Haus zu kaufen, haben sich die Besitzer verzockt und wegen einer lächerlichen Differenz zu einem vermeintlich besseren Angebot Adriano eine Absage erteilt, was sein Glück war, denn damit war der Weg frei für die glückselige Verbindung zwischen dem altehrwürdigen Zunfthaus zur Mägd und Adriano, die bis heute anhält und per Ende Juni 2024 aufhören wird, da sich der Patron dazu entschlossen hat, sein Leben als Wirt in den Hintergrund zu stellen, was nicht heissen muss, dass er vollkommen von der gastrosophischen Bildfläche verschwinden wird. Vielleicht überrascht er ja all seine Stammgäste noch mit einem Bonsaï-Lokal mit zwei, drei Tischen und einem Menü an einem Tag in der Woche, wobei das nicht mehr als ein Wunschdenken von mir ist. Vorerst können wir uns nur bei einem Grossen der Szene bedanken, der Basel über ein Vierteljahrhundert hinweg, mit einer grundehrlichen und vorzüglichen Italianità begeistert hat.

Bisherige Auszeichnungen:

2019: «Bären» in Birrwil, Aargau

2020: «Alte Post» in Aeugstertal, Zürich Land

2021: «Gasthof zum Brunnen» in Fraubrunnen, Bern Land

2022: «Ristoro Taneda» in Cadagno, Tessin

2023: «Annegreth's Schützenstube« in Schaffhausen

Die etwas andere Beiz
Neuhof in Bachs, Zürich Land

Schon vor einigen Jahren wollten wir den «Neuhof» zur Beiz des Jahres küren und auf die Frage hin, wann sie denn Zeit für ein Fotoshooting hätten, haben sie uns mitgeteilt, dass sie für drei Monate nach Brasilien reisen würden, das Restaurant aber weiterhin offen sei. Nun geht es bei unseren Auszeichnungen immer um die Menschen die dahinterstehen und Rebecca und Lucas sind so speziell wie herzlich und von einer entwaffneten Unkompliziertheit, das eine Auszeichnung ohne sie natürlich nicht funktioniert hätte. Aus den drei wurden übrigens sechs Monate und heimgekehrt sind sie mit drei Adoptivkindern. Vor Kurzem hat noch ein herzallerliebster Rhodesian Ridgeback namens Moses die Familie ergänzt, und seit ihrer Rückkehr haben sich die Öffnungszeiten im «Neuhof» verkürzt, zumal Rebecca als Mutter und Gastgeberin damit auch noch die Zeit dazu findet, sich als Künstlerin zu betätigen, derweil Lucas zum «Neuhof» hin erfolgreich ein Catering-Unternehmen leitet. Woher die Zwei ihre Energie nehmen, ist mir ein Rätsel und der Jugend vorbehalten. Wer den «Neuhof» besucht, den erwarten sorgfältig zubereitete Gerichte, die sich auch zu einem Menü kombinieren lassen. Lucas schreckt auch nicht davor zurück, Klassiker, wie «Poulet im Körbli» aufzutischen, die von Frites fait maison sekundiert werden. Rebecca dekoriert, tischt mit launigen Bonmots auf und freut sich über ihre Gästeschar, die sich nichts mehr beweisen muss, sondern nur Freude an einer etwas anderen Einkehr hat.

Bisherige Auszeichnungen:

2019:	«Metzg» in Zürich
2020:	«Chez-le-Baron» in Epauvillers, Jura
2021:	«Jazzkantine» in Luzern
2022:	«Mediterrane Leckereien» in Solothurn
2023	«La Maison du Prieur» in Romainmôtier, Waadt

Unter einem Dach
Casa Chalavaina in Müstair, Graubünden

Es weht ein neuer Wind in den alten Gemäuern, der nicht die Geschichte wegträgt, sondern sie durch den sympathischen Gastgeber Uli Veith mitträgt. Noch selten ist mir eine sorgfältigere und mit Fingerspitzengefühl ausgeführte Renovation begegnet wie in der Casa Chalavaina. Hinzu kommt eine herzliche und informative Begrüssung durch aufgestellte und hilfsbereite Mitarbeitende, die einen sofort entspannen lassen. Auf dem Weg zu den Gästezimmern findet das Auge zahlreiche schlichte Details, die ans Ursprüngliche erinnern, was sich auf dem Weg zur Gaststube und in die alte Küche mit dem eindrücklichen schwarzen Kamin wiederholt, vor dem der lange Tisch für redselige Abende steht. Alles fügt sich nahtlos zusammen. Wer hierher findet, bleibt länger, taucht ab in eine Wohlfühloase, die es einem schwer macht, sie wieder zu verlassen. Mit Speisen, die im Gaumen das vermitten, was das Auge sieht und das Grundprodukt in seiner Vollendung in den Mittelpunkt stellt. Ob Rande, Pastinake, ob Lauch oder Bachsaibling, ob Kalbsfleisch von der Wiese von nebenan, ob Käse von der Alp oder ein Kaiserschmarrn, der hier nach allen Regeln der Kunst zubereitet wird, es ist einfach nur gut, was Küchenchef Olivier Thialer auf die Teller zaubert.

Bisherige Auszeichnungen:

2019: «Auberge du Mouton» in Porrentruy, Jura

2020: «Rössli» in Mogelsberg, St. Gallen

2021: «Berghotel Mettmen» oberhalb von Schwanden, Glarus

2022: «Spinas» im Val Bever, Graubünden

2023: «Berghotel Zur Sau» in Abländschen, Bern Land

Einkauf
Daniele in Schaffhausen

Balsamico ist für viele das A und O zum Verfeinern der Salatsauce, zum Parfümieren von Desserts, Käse, rohem oder gegarten Fleisch und Gemüse. Auch der Bratenjus erhält dadurch seine Raffinesse, was Geschmacksache ist, gibt es doch diverse Genussmenschen, die dem Essig nichts abgewinnen können und ihn als überbewertet erachten. Als Olymp für den Balsamico gilt Modena, wahre nationale Kenner und Insider verweisen aber auf Daniele Peruch, der in Schaffhausen in langjähriger Arbeit und mit viel Tüftelei Balsamico entwickelt hat, der den Vergleich mit Modena nicht zu scheuen braucht. Im Gegenteil. Wenn sich leidenschaftliches Talent mit fundiertem Können paart, kann eigentlich nichts mehr schief gehen. Und wer schon einmal die Balsamico-Spitzenprodukte von Daniele Peruch verkostet hat, wird Modena vergessen. Als kleines Unternehmen hat sich die Familie Peruch mit Ausdauer und Leidenschaft und noch mehr Disziplin eine Schlaraffia aufgebaut, die weit über Schaffhausen hinaus bekannt ist. Täglich wird die Pasta früh morgens produziert, damit die Ware am Morgen frisch für den Mittags- oder Abendtisch bereit liegt. Nicht wenige Restaurants kaufen ihre Pasta bei Daniele ein. Seit drei Jahren ist Sohn Marco der Geschäftsführer und der Verantwortliche von Daniele, was nicht nur seine Eltern freut, sondern auch die regionale und nationale Stammkundschaft beruhigt. Der Gaumenschmaus geht weiter.

Bisherige Auszeichnungen:

2019: «Batavia Épicerie Moderne» in Biel, Bern Land

2020: «Dorfladen Studinger» in Biel-Benken, Basel Land

2021: «Cherzen-Jeger» in Solothurn

2022: «Pastiamo Comestibles» in Stäfa, Zürich Land

2023: «Klosterhof» in Zug

Die horgenglarus-Beiz-des-Jahres
Il Grano in Büren an der Aare, Bern Land

Früher war das mächtige Gebäude ein Schlachthaus, dann wurde das Haus als Kornkammer genutzt und heute ist es eine sakrale und stimmungsvolle Einkehr, die mit wenig Dekor auskommt und mit einer fadengeraden Küche aufwartet, die immer wieder zu begeistern vermag. Es ist ein Zusammenspiel verschiedener Komponenten, die das Il Grano so beliebt macht. Hinzu kommt die unverfälschte, herzliche Gastfreundschaft eines innovativen Teams, das unter der Federführung von Gastgeber Gianclaudio de Luigi sein Bestes aus sich herausholt, ohne dabei gleich abzuheben. Die Gäste fühlen sich wohl, sitzen an langen Tischen auf horgenglarus-Vintage-Stühlen und kommen ins Gespräch, wenn sie wollen oder bleiben für sich, je nach persönlichem Stimmungsbarometer. Weinaffine Gäste freuen sich über die Empfehlungen von Gianclaudio, der nicht einfach seine teuren Flaschen verkaufen will, sondern auf seine Gäste eingeht und die richtigen Weine für sie aussucht, ohne damit gleich in ein grosses Tamtam zu verfallen. Einrichtung und Stil gehen Hand in Hand. Alles ist im Fluss. Alles ist gut und alles ist zeitlos, frei von jeglichen Modeerscheinungen. Kurz, Küche, Wein, Personal, Gäste und Möblierung: Das Ganze ist ein homogenes Gebilde mit luftig-leichten Klassikern zum Essen und bequemen Klassikern zum Sitzen. Das Ganze vervollkommnet Christine, die starke Frau im Hintergrund, die alle Fäden spinnt, das Ganze zusammenhält, plant, organisiert und die Administration in Schach hält.

Bern, Freiburg und Wallis

ZH
NE
LU
OW
NW
FR
VD
BE
VS
Hallwilersee
Baldeggersee
Sempachersee
Vierwaldstättersee
Zug
Sarnersee
Lungerersee
Brienzersee
Thunersee
Bielersee/Lac de Bienne
Lac de Neuchâtel
Léman
2748 Souboz
2740 Moutier
2713 Bellelay
2712 Le Feut
2713 Saicourt
2606 Corgémont
2516 Lamboing
2502 – 2504 Biel
2520 La Neuveville
2514 Ligerz Schernelz
3376 Berken
3373 Heimenhausen
4900 Langenthal
4932 Lotzwil
3294 Büren an der Aare
3298 Oberwil
3315 Bätterkinden
4937 Ursenbach
3312 Fraubrunnen
3454 Sumiswald
2576 Lüscherz
3256 Bangerten
3432 Lützenflüh
3054 Schüpfen
3053 Münchenbuchsee
3225 Müntschemier
3045 Meikirch
1786 Sugiez
1789 Lugnorre
1758 Praz-Vully
3067 Boll
3434 Obergoldbach
3280 Murten
3214 Ulmiz
3004 – 3097 Bern
1793 Jeuss
1580 Avenches
1595 Faoug
1583 Villarepos
3182 Ueberstorf
6197 Schangnau
1763 Granges-Paccot
1700 Freiburg
1735 Giffers
3600 Thun
3626 Hünibach
1733 Treyvaux
3860 Rosenlaui
1633 Marsens
1630 Bulle
1636 Broc
1657 Abländschen
1618 Châtel-Saint-Denis
3988 Obergesteln
3780 Gstaad
1669 Lessoc
1669 Les Allières
3792 Saanen
3985 Münster
3998 Gluringen
3995 Ernen-Mühlebach
3784 Feutersoey
3995 Ernen
3963 Crans-Montana
3955 Albinen
3960 Muraz
1965 Chandolin-près-Savièse
1911 Ovronnaz
1968 Mase
3907 Simplon Dorf
1955 Saint-Pierre-de-Clages
1920 Martigny-Bourg
3905 Saas-Almagell
3920 Zermatt
0
10
20
30 km

Brauerei Felsenau

Der Fels in der Brandung Seit 1881 wird am Ufer der Aare im Felsenau-Quartier Bier gebraut. Bier ist heute Kult, liegt kontinuierlich im Trend und bietet Heimat. Die Felsenau AG ist die älteste unabhängige Berner Brauerei, und ihr «Bärner Müntschi» ist das bekannteste Kind der Familie. Unfiltriert, unpasteurisiert, leicht gehopft und von heller, trüber Farbe. Es ist das Lieblingsbier der Einheimischen und weit über die Stadtgrenzen hinaus begehrt. In den altehrwürdigen Backsteingebäuden halten sich traditionelle Brauverfahren und modernste Technologie die Waage. So entstehen zehn verschiedene authentische und charakterstarke Biere. In bester Handarbeit und basierend auf dem Wissen zahlreicher Generationen. Zum Wohlsein. Auch zu Weihnachten mit dem goldgelben Fest-Bock.

3004 Bern, Strandweg 34,
031 301 22 08, www.felsenau.ch

Restaurant Essort ★

Am Feuer Es gibt in Bern wohl keinen schöneren Ort, als im «Essort» vor dem offenen Kaminfeuer den Abend mit einem Gin Tonic zu beginnen und ihn mit einem Single Malt zu beenden. Dazwischen werden die Geschmacksnerven durch das Küchenteam angenehm dosiert beansprucht, denen der Spagat zwischen Intensität und Extensität perfekt gelingt. Der Gaumen freut sich über die Harmonie von Kalbfleisch, Quitte und Fenchel, aber auch über die Ofen-Artischocke auf einem Petersilien-Limetten-Risotto. Zwei exzellente Gänge, die grosse Freude bereiten. Kulinarischen Spürnasen empfehle ich das Sechs-Gänge-Menü, das dem Gast die Bandbreite der «Essort»-Gerichte offeriert. Das durchdachte Weinangebot rundet das stimmige Gesamterlebnis ab.

3005 Bern, Jubiläumsstrasse 97,
031 368 11 11, www.essort.ch

Vatter Royal

Nachhaltig! Auf der Homepage ist die Rede von Mafia, Camorra und Cosa Nostra. Mit ihr am Hut hat der schöne Quartierladen mit Café-Bar aber rein gar nichts. Die angebotenen italienischen Delikatessen stammen von Kooperativen, die Land bewirtschaften, das der Mafia entrissen wurde. Die daraus entstandenen Lebensmittel von der «befreiten Erde» werden unter dem Label «Libera Terra» angeboten. Im Süden Italiens schafft ihre Produktion neue und vornehmlich nachhaltige Perspektiven. Grund genug, bei «Vatter» vorbeizugehen und im Café vor dem Einkauf bei einem exzellenten Sandwich und kurzweiligen Klatsch einen Boxenstopp einzulegen. Vergessen Sie aber dabei Ihren Einkauf nicht. Ein Glas von der Honig-Orangen-Marmelade, eine Packung der traditionell handgemachten Pasta, eine ...

3005 Bern, Luisenstrasse 14,
031 302 10 00, www.vatter.ch
041 660 17 02, www.rose-kerns.ch

Obstberg

Paris in Bern Stilecht wie keine andere Brasserie in der Deutschschweiz zelebriert der «Obstberg» eine klassische Küche, die es versteht, mit dem Eigengeschmack der Qualitätsprodukte zu überzeugen, ohne dabei in der Banalität zu versinken. Küchenchef Pascal Cueni steht für schnörkellos angerichtete Teller ein. Schön, dass der Versuch, im Sternesegment Fuss zu fassen, rechtzeitig beendet wurde und die Brasserie wieder das sein darf, was sie sein soll – eine wohltuende Oase ohne Heckmeck, in der sich Gäste und Gastgeber nichts mehr beweisen müssen, sondern einfach den Genuss erleben und zelebrieren dürfen. Zum Beispiel mit einer Weissweinsuppe, mit luftig-leichten Gnocchi, einem aromatischen Coq au Vin, zarten Bœuf Bourguignon und anderen zeitlosen Gerichten.

3006 Bern, Bantigerstrasse 18,
031 352 04 40, www.brasserie-obstberg.ch

Eiger

Im Quartier Der «Eiger» ist in die «KG-Gastro-Kultur» eingebunden. «KG» setzt sich aus den Anfangsbuchstaben der Nachnamen von Regula Keller und Michel Gygax zusammen. Gemeinsam mit Marc Häni und Igor Gaic bilden die vier die Geschäftsführung. Zum «Eiger» gesellen sich «Le beizli», «l'esprit nouveau», «Du Nord», «Zum Schloss», der «Marzer» und die unkonventionelle Weinhandlung Weinerlei im Liebefeld. Das Unternehmen bietet keinen langweiligen Einheitsbrei, sondern setzt auf Individualität, was auch dem «Eiger» zugutekommt. Hier werden Vegetarier nicht mit einem schlappen Gemüsebrei beleidigt, sondern mit einem Kohlrabi-Fenchel-Carpaccio mit Wildkräutern verwöhnt. Die Qualität wird im «Eiger» hochgehalten. Das Ganze ist eine bekömmliche Normalität in speziellen Zeiten.

3007 Bern, Belpstrasse 73,
031 371 13 65, www.eigerbern.ch

Dr Süder

Im Berner Südbahnhof Die Beiz ist schön gealtert und mit Fingerspitzengefühl dekoriert. Nichts ist fehl am Platz. Nichts beleidigt das Auge. Unter den Gästen herrscht ein angeregtes Geplauder in einer stimmigen Atmosphäre. Der «Süder» ist eine zuverlässige Adresse, seit Jahren konstant, mit entspannten Gästen, unkomplizierten Gastgebern und mit einer Küche, die mit kreativen Gerichten überzeugt. Linsen-Mango-Salat mit Avocado-Creme, Gemüseteller mit Fenchelglace, Kalbstatar mit Stangensellerie und Baumnuss-Mayonnaise oder Jakobsmuschel mit gepickelten Radieschen und Petersilien-Mayonnaise sind ausgetüftelte Gaumentänze. Dazu passt das durchdachte, zahlbare Weinangebot mit zahlreichen Schweizer Provenienzen und diversen Flaschen aus unseren Nachbarländern.

3007 Bern, Weissensteinstrasse 61,
031 371 57 67, www.restaurant-sueder.ch

Zar

Klein, aber fein Wenn es in Bern um Fussball im TV geht, trifft sich die Menge im Bierhübeli. Unaufgeregte Individualisten, die noch so gerne auf ein gesellschaftliches Tamtam verzichten, finden sich in der Zar-Bar ein, die an Fussball-Abenden zur «Zarena» wird. An fussballfreien Tagen gehen seine Gäste für einen Konzertabend, eine Stange Egger ab Fass oder einen Aligoté aus dem Burgund in den «Zar». Dazu knabbern sie am Croque Monsieur und freuen sich über den entspannten Service von und mit Oli. Der «Zar» eignet sich für zivilisierte Trinker wie auch für Philosophinnen, die «Zar»-Frischlinge herzlich willkommen heissen. Freiluftplätze hat es deren 18, in der guten Stube finden sich gerade mal zehn Sitzgelegenheiten. So geht das hier, ausser Sonntag und Montag – da geht der Zar selbst aus.

3007 Bern, Pestalozzistrasse 9,
079 336 31 50, www.zarbar.ch

Trallala

Naturbelassen Die ehemalige Weinbar im Wyler ist am Holligerplatz zum Bistro mutiert, das mit einem unkomplizierten Mittagstisch und am Abend mit rund einem Dutzend Gerichten aufwartet. Das Weinangebot präsentiert sich so spannend wie noch nie, was klassische Etikettentrinker nach wie vor dazu veranlasst, zu Hause zu bleiben. Wer offen für Natur- und Orangenweine sowie Cidre ist, wird hier länger sitzen bleiben, als ihm lieb ist, oder er deckt sich gleich im Weinladen am Philosophenweg ein. Die Macher von «Trallala» sind keine Blender oder Naturwein-Trittbrettfahrer, sondern Enthusiasten, denen es gelingt, ungewöhnliche, elegante oder verrückte Weine von Persönlichkeiten zu entdecken und anzubieten.

Weinladen
3007 Bern, Philosophenweg 5
031 552 09 90, www.trallala-weine.ch
3008 Bern, Holligerplatz 1,
031 318 08 18, www.trallala-weine.ch

Le Vivant

Sterne Beat Blum ist ein Bratkünstler, der in der Küche ohne Zierleiste und Goldenen Schnitt auskommt. Er mag keine Punkte und Sterne mehr, was nicht heissen will, dass er sich nicht über einen Sternenhimmel freuen kann. Mit an Bord ist Yannick Wigley, den die Berner von der «Haberbüni» her kennen. Neugierige Gaumen teilen sich die Gerichte und trinken Weine von jungen Winzerinnen zu Kohlrabi-Ravioli mit Frischkäse, frischem Wasabi und Fenchelpollen, Corne-de-Gatte-Kartoffeln aus Filisur mit Yuzu Ponzu (in Holzfässern fermentierte Sojasauce, vermählt mit der Zitrusfrucht Yuzu) und Kaviar-Crunch, Ceviche vom Kingfisch mit Pastinaken, hausgemachten Ricotta-Tortellini im Karottenfond mit Ingwer, Tarte Tatin von der Tomate oder den Backen von der Ibérico-Sau mit Kartoffelstock.

3008 Bern, Güterstrasse 50,
031 506 10 20, www.levivant.ch

Tajarin.ch

Salve Ruben Sprich produziert Pasta. Genauer piemontesische Spezialitäten. 1987 war ich das erste Mal in der Langa und war von ihrer Küche begeistert. Sechs kalte und sechs lauwarme Vorspeisen, gefolgt von zwei Primi, eben die dünnen Tajarin und die traditionellen Agnolotti al Plin (die mit der Falte), faszinierten mich. Den Secondo haben wir ignoriert, und nach dem Semifreddo haben wir uns mit einem Brachetto d'Acqui frisch getrunken. Wer in Erinnerungen schwelgen will, holt sich die Primi durch «tajarin.ch» nach Hause – einfach nur so bestellen, geht aber natürlich auch. Ruben Sprich versendet seine Köstlichkeiten schockgefroren, und auf seiner Website finden sich die passenden Rezepte dazu. Für das trinksame Piemont warten in Bern und in Broc die Spezialisten Tredicipercento und Danivino.

3008 Bern, Hardeggerstrasse 9,
079 651 68 26, www.tajarin.ch

O bolles

Eine für alle In der Öde zwischen Bahnhof und Innenstadt oder, anders formuliert, am Knotenpunkt zwischen Lorraine, Länggasse und Altstadt, findet sich am Bollwerk ein Restaurant gegen die Verrohung kulinarischer Sitten. Ein Lichtblick für Bern, für Besseresser und für alle, die knapp bei Kasse sind. Das schreib ich seit Jahren so, und das ist nach wie vor so. Im «O bolles» ist das Preis-Leistungs-Verhältnis vorbildlich. Das Schöne daran ist, dass die Preispolitik nicht zu Lasten von Qualität und Tier geht. Das Fleisch stammt aus artgerechter Tierhaltung, alles ist möglichst bio und lokal produziert. Das «O bolles» ist ein Klassiker, der mittags und abends brummt. Was ins Glas und auf den Teller kommt, hat Klasse, schmeckt und zeigt, dass Erfolg auch ohne Spektakel entstehen kann.

3011 Bern, Bollwerk 35,
031 318 35 45, www.obolles.ch

Biercafé Au Trappiste

Es geht auch ohne Durst Das sympathische «Au Trappiste» ist vor einigen Jahren erfolgreich gestartet. Zuerst hat es die Berner verblüfft, danach begeistert und heute ist es aus der Wirtschaftsszene nicht mehr wegzudenken. Im Biercafé geht es ums zivilisierte Biertrinken, was aber nicht heissen will, dass es nichts zu knabbern gibt, verursachen doch Hopfen und Malz Hunger, zumindest Appetit. Sechs Biere werden frisch gezapft, die durch zahlreiche Gast- und reguläre Flaschenbiere ergänzt werden. IPA, Double IPA, Stout, Imperial Stout, Porter, Witbier, Dubbel, Tripel, Saison oder Lambic – kein Wunder zieht das intime und so angenehm unaufgeregte Biercafé mit seiner grossen Auswahl für kleinen und grossen Durst so zahlreiche Bierfreunde aus nah und fern an.

3011 Bern, Rathausgasse 68,
031 311 07 89, www.autrappiste.ch

Zur Chäshütte

1894 Der traditionellste Käseladen Berns befindet sich in der Rathausgasse. «Jumi» hin oder her. Über 50 Jahre hat Dieter Heugel den Käseladen in der vierten Generation weitergeführt, der 1894 von seiner Urgrossmutter gegründet wurde. 2014 hat er sich in die Pension verabschiedet und sein Käseolymp den Brüdern Patrick und Dominic Bärfuss übergeben. Die zwei Quereinsteiger haben in den letzten Jahren mit Geschäftssinn und Fingerspitzengefühl das Sortiment erweitert und den Qualitätsanspruch gesteigert, was dazu geführt hat, dass keinem Berner mehr in den Sinn käme, über vergangene Zeiten zu sinnieren. Die Bärfuss sind die «Chäshütte» und umgekehrt.

3011 Bern, Rathausgasse 82,
031 311 37 16, www.chaeshuette-bern.ch

Tredicipercento

Unbedingt Julia Gurnter hat das z'Tredici verlassen, und bei den neuen Gastgebern hat es mir noch nicht gereicht, hinzugehen. Ich empfehle also einfach mal persönlich vorbeizuschauen und mir vielleicht zu berichten. Doch wer weiss, wie gut der Weinladen ist, kann eigentlich vollkommen entspannt die Treppen hinabsteigen. Aber bleiben wir in dieser Ausgabe für einmal nur bei der Weinhandlung, für die es sich lohnt, Zeit einzuplanen. Das Angebot stimmt froh, die Preise ebenso, etwa mit den eigenwilligen Provenienzen der Domaine de la Borde von Julien Mareschal aus Pupillin oder die meines piemontesischen Lieblingswinzers Lorenzo Accomasso aus La Morra. Kurz gesagt: Weine mit Charakter von eigenwilligen Persönlichkeiten. Zum Weinen schön!

3011 Bern, Rathausgasse 25,
031 311 80 31, www.tredicipercento.ch

Café du Commerce

Gäng wie gäng Das «Commerce» ist eine Berner Institution. Wer nicht rechtzeitig reserviert, hat bei Rui und Anabela Pacheco keine Chance auf einen der begehrten Tische. Patrizier und Parvenüs, Grandes Dames und Bonvivants geben sich lustvoll den Spezialitäten des Hauses hin. Die Paella ist ein sicherer Wert, die Calamari gehören zur besseren Sorte ihrer Art, und bei den Gambas al ajillo bleibt einem die Knoblauchfahne nachhaltig in Erinnerung. Das Schwergewicht der Provenienzen liegt bei den wuchtigen Säften aus Spanien und Portugal, die rege bestellt und getrunken werden. Etwas mehr Leichtigkeit würde dem Angebot gut anstehen, will doch der zivilisierte Weintrinker nicht bereits nach einer Flasche die Fische im Aquarium doppelt sehen.

3011 Bern, Gerechtigkeitsgasse 74,
031 311 11 61, www.restaurantcommerce.ch

Café Postgasse

La Bouillabaisse! Es gibt zahlreiche Gründe, dem schön gealterten Café Postgasse die Ehre zu erweisen. Warum sich nicht mit Freunden auf eine schnabulierende Klatschrunde einlassen, sich genüsslich an Moules et Frites zu laben oder sich mit der exzellenten Bouillabaisse auseinanderzusetzen? Selbst die Marseillais können ihren Klassiker nicht besser zubereiten. Dazu einen frischen Sancerre oder reifen Riesling, und die Leichtigkeit in der Schwere des Seins kehrt zurück. Wer sich wieder einmal nach la douce France sehnt und eine romantische Auszeit in einer filmreifen Kulisse wünscht, sitzt in der Postgasse in der ersten Reihe. Und an manchem Abend geht hier so richtig die Post ab. Regula Hofmann hat ihre Kultbeiz den richtigen Nachfolgern übergeben. Applaus für Nina Stalder und Adi Zahn.

3011 Bern, Postgasse 48,
031 311 60 44, www.cafepostgasse.ch

Moment

♥ ★ 🍇

Gaumentanz! Wer einen feinen Gaumen hat und ihn gerne verwöhnt, wird im «Moment» für eine kulinarisch hochstehende Momentaufnahme glücklich. Ein eingespieltes Team bietet Spitzenqualität zu fairem Preis. Wer alles isst, gibt der Küche eine Carte Blanche, lehnt sich entspannt zurück und freut sich über subtile Geschmacksexplosionen bei jedem einzelnen Gang. Egal ob Gemüsetatar, Birnen-Sellerie-Suppe, Randen-Ravioli, Schwarzwurzeln oder zartes Fleisch aus artgerechter Haltung – es passt perfekt. Ein weiterer Höhepunkt im «Moment» ist die Weinkarte mit naturbelassenen Weinen, die nicht verholzt sind, sondern nach Trauben riechen. Mutige wählen den Wein selbst aus, Vernünftige lassen sich erklären, wie sich zum Beispiel ein Savagnin der Domaine Labet auf der Zunge und im Gaumen anfühlt und freuen sich über reinen Trinkgenuss.

3011 Bern, Postgasse 49 / Gerechtigkeitsgasse 56, 031 332 10 20, www.moment-bern.ch

Küchenladen

Bei Cornelia Ob wuchtige Bräter von Le Creuset, stabile Eisenpfannen von De Buyer, schlichte, weisse Teller von Saturnia oder schönes Porzellan von Pillivuyt – wer bei Cornelia Minder-Stingelin in ihrem übersichtlich eingerichteten Küchenladen eine mit Fingerspitzengefühl ausgewählte Ess- und Lebenskultur sucht, wird fündig. Für Schnäppchenjäger eignet sich das Fachgeschäft weniger, für Ästheten, die mit Kochbüchern, Pfannen und Messern, kurz, die mit Küchengeräten und Werkzeugen umzugehen wissen, ist es eine einzige Fundgrube an wunderschönen Dingen. Es ist alles da. Falls nicht, werden sie bestellt. Nur kochen müssen Sie zu Hause noch selbst. Ergänzt wird das erstklassige Angebot durch diverse Design- und Handwerkarbeiten der Künstlerin Maya Manz.

3011 Bern, Postgasse 53 / Gerechtigkeitsgasse 60, 031 311 22 79, www.kuechenladen.ch

Märit

Es wott es Froueli z'Märit ga Frühaufsteher haben eindeutig mehr vom «Märit» in der Münstergasse. Wer ihn nicht mit den vor sich hin drängelnden Ungeduldigen teilen will, stellt zu Hause den Wecker. Nach zehn Uhr wird die Geduld zur Tugend. Okay, am Käsestand von «Jumi» wird diese bereits sehr früh herausgefordert. Egal. Es ist Samstag, und wir haben doch Zeit. Oder? Wer nach seinem Einkauf Lust auf eine gesprächige Runde Espresso hat, trinkt ihn im «Adrianos» neben dem Zytglogge-Turm. Wer mehr eine ruhigere Ecke für sein Zeitungsstudium sucht, wird im Café Alpin an der Gerechtigkeitsgasse fündig, zu dem ein Weinladen gehört, der mit einem guten Angebot überzeugt. So fühlt sich der Samstagmorgen gut an.

3011 Bern, Münstergasse,
immer samstags, www.bernerwochenmarkt.ch
3011 Bern, Gerechtigkeitsgasse 19,
031 311 25 27, www.alpinbern.ch
3011 Bern, Theaterplatz 2,
031 318 88 31, www.adrianos.ch

Bread à porter

Mit Probebiss Wer behauptet, spitze zu sein in Qualität, Geschmack, Aroma und Frische, ist von sich und seiner Arbeit überzeugt und muss absolut sicher sein, dass es auch tatsächlich so ist. Mit originellen, verspielten Namen für Bäckerei und Produkte ist es allein nicht getan. Wenn aber der «Chueflade», der nun einmal diese Form hat, perfekt ist, genauso wie der «Ligu Lehm» (Mattenenglisch für ein Stück Brot), umso schöner und besser. Nicht verpassen sollte der Brotfreund den Dinkelzopf und die Croissants, die ihrem Namen alle Ehre machen. Kompliment an die Macher von «Bread à porter» vor und hinter den Kulissen. Noch ein Tipp für alle Skeptiker: Am Kornhausplatz befindet sich für den ersten Probebiss das hauseigene Café. Es lohnt sich, vorbeizugehen.

3011 Bern, Münstergasse 74, 031 311 27 71
und Kornhausplatz 11, 031 311 13 77,
www.bread-a-porter.ch

La Table de Urs Hauri
(Seite 40)

Fischerstübli

Tatar, was sonst Die Bernerin Lea Steinmann und der Burgunder Sébastien Arnoux setzen im «Fischerstübli» mit viel Elan neue Akzente. Aufgefallen sind mir beim Weinangebot der Gutedel von Anne-Claire Schott, der Riesling-Silvaner von Tom Litwan, der Muscadet von David Landron und der Beaujolais von Thomas und Anne-Laure Agatensi. Freude bereiten die sec angerichteten Teller von Sébastien Arnoux, der auf überflüssiges Dekor verzichtet und das subtil gewürzte Grundprodukt in den Vordergrund stellt. Bei ihm würde ich mich sogar auf eine burgundische Andouillette einlassen. Mehr Komplimente gehen nicht. Für den entspannten Moment belasse ich es aber bei einem Ceviche von der Forelle und einer Entenbrust mit Beerensauce oder wechsle gleich zum Tatar-Menü über. Auch gut.

3011 Bern, Gerberngasse 41,
031 311 03 04, www.fischerstuebli.ch

Bonbec

Guter Schnabel Das mit dem möglichst Fleischlosen ist so eine Sache. Diverse Gastronomen springen auf diesen Trend, ohne ihn zu kennen, was schnell in die Sackgasse führen kann. Anders der «Bonbec», der es versteht, mit seiner Gewürzküche Spannung zu erzeugen. Schon ein taufrischer Salat mutiert zum Erlebnis, da er mit gerösteten Sesamsamen und einer guten Vinaigrette parfümiert ist. Es darf aber auch ein Ziegenweichkäse mit Heidelbeerkompott sein, der den Salat ziert. Die Auberginen, die sich in einer Tomatensauce tummeln und von gebratenem Manuri (Frischkäse), Joghurt, Pistazien und Basmatireis sekundiert werden, verursachen Freude. Und sonst? Edler wird's im «Bay», dem zweiten Lokal von Christine Bridel, das mit einer exzellenten Weinkarte aufwartet.

3011 Bern, Rathausgasse 18,
031 311 88 78, www.bonbec.ch und
www.restaurantbay.ch

La Table de Urs Hauri

Bei Urs Von Dienstag bis Freitag wartet der gediegene Mittagstisch und von Donnerstag bis Samstag das Abendmahl. Ab und zu werden Whiskyseminare und Themenabende, aber auch Kochkurse angeboten, bei denen reichhaltig Tipps und Tricks ausgeschenkt werden. Die Spitzenköche Urs Hauri und Manuel Walther sind Meister ihres Fachs, Zeitzeugen kochtechnischer Stilrichtungen und Genussmenschen, die nicht nur sehr gut kochen, sondern auch sehr gerne gut essen und trinken. Eine Tafelrunde bei ihnen ist ein entspanntes, angenehmes Erlebnis auf hohem Niveau zu zahlbaren Preisen. Geht ein Privatanlass über die Bühne, bleibt er den Gästen nachhaltig in Erinnerung. Hoffen wir, dass Urs Hauri und sein Team Bern noch einige Jahre erhalten bleiben.

3011 Bern, Zeughausgasse 19,
031 311 14 13, www.urshauri.ch

Romy

NEU

Einflüsse Urgemütlich mit Stil ohne Firlefanz, überraschend, schmackhaft, kurz das «Romy» ist ein Rundumerlebnis mit Kalbsbraten, Tomaten und Basilikum, Kabeljau, Chorizo und Artischocke, mit Rindsgulasch oder einfach mit einer Portion Semmelknödel an einem aromatischen Vegi-Jus mit Sellerie und Paprika, das sich brav liest und mit subtilen Kombinationen begeistert, die im Mund verblüffen und ungemein gut harmonieren. Pascal Ralo fügt portugiesische und österreichische Einflüsse mit regionalen Produkten zu bunten, farbenfrohen Gerichten zusammen. Dass er so spannend mixt, muss wohl an der Wiener Grossmutter, am Hamburger Opa und portugiesischen Papa liegen, oder anders ausgedrückt – ihm wurde Talent in die Wiege gelegt. Auch die Weinkarte überrascht, zumal zahlreiche Flaschen von unbekannten Winzern aufgeführt sind.

3011 Bern, Rathausgasse 11,
031 318 11 22, www.restaurant-romy.ch

Hallerladen

Der Markt im Laden Die Produzenten-Konsumenten-Genossenschaft Bern ist die Trägerin des Hallerladens. Ein selbstverwaltetes Kind der späten Siebzigerjahre, das sich erfolgreich gegen das Quartierladensterben zur Wehr setzt. Der Bioladen bietet alles, was es zum Leben benötigt. Früchte und Gemüse, Milch, Joghurt, Käse und Backwaren wie die ausgezeichnete Quarktorte, aber auch hochwertiges Fleisch und erstklassige Wurstwaren. Manchmal frischen Fisch, immer Wein, Bier und Lebenswasser – es ist alles da. Das Personal ist freundlich und erklärt, ohne zu missionieren. Ein Kompliment verdient das Sauerteigbrot, das sich perfekt mit dem Ziegenfrischkäse vermählt. Hut ab für diesen Biomarkt, der mit seinem Angebot nachhaltiger Produzenten dazu animiert, besser einzukaufen.

3012 Bern, Länggassstrasse 30,
031 302 01 24, www.hallerladen.ch

Länggass-Tee

Tea time Der Länggass-Teeladen ist weitaus mehr als ein Verkaufsgeschäft. Katrin und Gerhard Lange führen den Betrieb mit Leidenschaft und Wissen und haben sich zu Tee-Professoren weiterentwickelt. Sie betreiben eine Teeschule, organisieren Teereisen und haben ihren Laden zum Kompetenzzentrum für Tee gemacht. Ich kenne in der Schweiz kein Unternehmen in Sachen Tee, das über ein solches Know-how verfügt. Teefreunde frequentieren den Teeraum wöchentlich, um mit Musse die Tees dieser Welt zu verkosten und zu trinken. Jeweils am Freitag und Samstag besteht gegen Voranmeldung die Möglichkeit, sich in die japanische Teezeremonie einweihen zu lassen. Wer noch umfassender Tee geniessen, kennen und lieben lernen will, meldet sich für die Teeschule bei Tina Wagner Lange an.

3012 Bern, Länggassstrasse 47,
031 302 15 28, www.laenggasstee.ch

Zum Blauen Engel

Blaumachen Wie angenehm ist es, von der Länggassstrasse in den Seidenweg einzubiegen und den Verkehr nur noch als Brummen wahrzunehmen. Das Stimmengewirr der Gäste animiert zur Vorfreude, die auch nach dem Studium des Angebots bestehen bleibt. Charlotte von Gunten begrüsst ihre Gäste mit einem herzlichen Bonjour, die Stimmung ist fröhlich, Appetit und Durst halten sich die Waage. Die Gläser füllen sich, die Flaschen werden leer, neue volle kommen hinzu. Küchenchef Martin Krebs lässt sich von der französischen Küche inspirieren, die er modern-traditionell interpretiert wie Silberlachs-Tatar auf Kresse oder geräucherte Lachsforelle auf Erbsen-Mousseline. Da locken aber auch noch Kalbsterrine mit Apfel und Krautstiel und Tannenschössling-Shot mit Morchel und Ente. Na?

3012 Bern, Seidenweg 9B,
031 302 32 33, www.zumblauenengel.ch

Apfelgold

Schnouse Für alle Nichtberner geht aber auch «schnabulieren». Hier gehe ich gerne für einen Espresso und mehr hin. Der Begründer und Kopf, das Herz und die Seele von «Schnouse» und «Apfelgold» ist Donat Berger, der, wie er sagt, schon als Kind an Weihnachten magisch vom familiären Dessertbuffet angezogen wurde. Ja, und wenn sich das einst so präsentiert hat, wie die Auswahl hier im «Apfelgold», dann wäre es mir wohl gleich ergangen. Mein Favorit unter den Schleckereien ist die Zitronentarte, die mich an England und den «Afternoon tea» im Ensleigh House in Devon erinnert. Wenn ich es mir aber genau überlege, gäbe es da ja auch noch die Torta della Nonna, die Mandeltarte mit Karamellcreme und Bitterschokolade und im Herbst die unvergleichliche Maronentarte nach einem Rezept aus der Ardèche. Verflixt!

3012 Bern, Bonstettenstrasse 2,
031 558 24 04, www.schnouse.ch

Waldheim

Heiraten geht auch Das «Waldheim» habe ich durch meinen Sohn Michael und seine Frau Sandrina kennengelernt. Sie haben sich dieses schöne Lokal mit lauschigem Garten für ihr Hochzeitsessen ausgewählt. Einige Jahre später hat sich am Qualitätsdenken der sympathischen Gastgeberin Regula Minder nichts verändert. Im Gegenteil! Die marktfrische saisonale Küche hat noch zugelegt und besticht mit diversen Köstlichkeiten, die im ersten Moment banal klingen mögen, im Mund aber überzeugen. Die Klassiker des Hauses sind das Vitello tonnato, das von Hand geschnittene Tatar, der Rindermarkknochen aus dem Ofen und das exzellente Cordon bleu mit sämiger Füllung. Die Weinkarte bietet eine gute Auswahl an Schweizer Weinen und namhaften Provenienzen aus Frankreich, Italien und Spanien.

3012 Bern, Waldheimstrasse 40,
031 305 24 24, www.waldheim-bern.ch

Hallers Brasserie

Achtsam Die Hallers Brasserie ist ein Pilotprojekt der Stiftung Steinhölzli, die Praktikumsplätze für benachteiligte Jugendliche anbietet. Was Küche und Weinkeller anbieten, verdient Applaus. Sabine Steiner, Markus Ruch oder Urs Pircher produzieren alles andere als genormte Weine, und auch die Provenienzen aus den Nachbarsländern sind mit Sachverstand ausgewählt. Z. B. einen Boca (Nebbiolo, Bonarda, Vespolina) aus dem nördlichen Piemont. Aus der Küche kommen sec angerichtete Teller, die das Auge erfreuen. Das kann ein gerösteter Spitzkohl mit Rapsemulsion sein, ein Zweierlei vom Bio-Kalb oder delikate Cannelloni vom Natura-Beef und mitten drin der l'homme überall Stefan Zingg, der sich nicht entscheiden kann, ob er lieber kocht oder seine Gäste bewirtet.

3012 Bern, Hallerstrasse 33,
031 978 21 21, www.hallersbrasserie.ch

Werkstadt

NEU

Überschaubar Es sind die unscheinbaren Einkehren, die mich faszinieren, wie in Lenzburg die Piz Gloria Bar oder in Bern die «Werkstadt», die mit herzlichen Gastgebern aufwartet, die ihre Gäste wie Freunde behandeln, sofern sich diese auch wie Freunde zu benehmen wissen. Das Angebot ist überschaubar und enthält Gerichte, die ohne Brimborium auskommen. Hier den Tag einfach mal verbummeln, sitzen bleiben statt hetzen, lesen, plaudern, lachen, essen und sich zivilisiert frisch trinken, tut gut und kann ich nur empfehlen. Wer an warmen Tagen Bern besucht, dem empfehle ich vorerst ein erfrischendes Bad in der Aare beim «Zehendermätteli». Danach die Einkehr im Garten der gleichnamigen Beiz für ein schnelles Bier mit einem Landjäger und Sauerteigbrot, bevor es dann zur «Werkstadt» geht.

3013 Bern, Lorrainestrasse 20,
077 508 30 16, www.werkstadt-lorraine.ch

Lorraine 22

NEU

Entspannt Wer kommt, freut sich, hier zu sein, und wer muffig eintritt, entspannt sich nach wenigen Minuten. Ob am unkomplizierten Mittagstisch oder am Abend mit dem ersten Cocktail in der Hand und mit einigen Schmausereien zum Teilen – es kommt gut und redet sich besser, wenn sich der Magen mit Spareribs vom Duroc-Schwein, mit einer gebeizten Forelle und Miso Mayonnaise, karamellisiertem Ziegenkäse mit eingelegten Zwiebeln und Feigensenf beruhigt. Danach warten zwei, drei Hanf-Cookies, passend zum letzten Glas Vin Orange von der Domaine des Amiel. Lorraine 22 ist ein ganzheitliches Arbeitsinklusionsprojekt von Blindspot. Was es damit auf sich hat, ist auf der Website nachzulesen. Mein kurzes Fazit: Bern schafft es immer wieder, neue Projekte umzusetzen, die sehr schnell zu Wohlfühloasen mutieren.

3013 Bern, Lorrainestrasse 22,
031 517 83 99, www.lorraine22.ch

Löscher

Durst Das mit der Zwischennutzung ist wohl endgültig gegessen, und der «Löscher» löscht im alten Feuerwehrdepot weiterhin den Durst seiner Gästeschar. Unkompliziert, unaufgeregt und einfach nur gut. Auch der Appetit wird ordentlich gestillt, am Abend sogar mit einigen ambitiösen Gerichten, die zum Teilen in die Mitte gestellt werden. Mit Freunden so zu essen, ist eine schöne Idee, wer allein kommt, kann es auch sein lassen und allein essen. Forellentatar, Artischocke, Serviettenknödel und Schweinebauch überzeugen, wie auch der Lambrusco Sorbara der Familie Paltrinieri, bei dem sehr schnell einmal die Gefahr entsteht, dass die Flasche leer ist, bevor das Essen auf dem Tisch steht.

3013 Bern, Viktoriastrasse 70,
078 652 11 00, www.loescher.be

Restaurant Darling

Echtzeit Wer Sticky Toffee Pudding liebt, ist Brite oder kennt sich kulinarisch auf der Insel aus. So wie Noemi Wüthrich und Christoph Schürch, die sich in Bern mit ihrem unprätentiösen «Darling» zu Everybody's Darling mausern. Wer das Lokal besucht, fühlt sich herzlich willkommen und wird, falls er es noch nicht ist, nach wenigen Augenblicken tiefenentspannt. Das Angebot ist klein, durchdacht und überzeugt mit Geschmack und Qualität. Das dezidierte Fleischangebot stammt von der nachhaltigen Metzgerei La Boulotte und die Provenienzen von den Vins-Naturels-Freunden aus dem Hause «Trallala» Das Ganze kann sich auf der Zunge dann so anfühlen: Rillettes mit Pickles, Roastbeef mit Sauce gribiche (delikat) oder einfach mal ein zartes Kotelett an einer Applesauce. Noch Fragen?

3013 Bern, Kasernenstrasse 29,
031 335 66 55, www.darling.restaurant

Le Sirupier de Berne

Für Grosse Als Sirup trinkender Knirps habe ich einst sehnsüchtig nach dem Coca-Cola meines Cousins geschielt. Heute trinke ich Sirup freiwillig. Nicht alle, aber sehr gerne die aus Bern. Mittlerweile sind es 29 Sorten, darunter Exoten wie Orangen-Hopfen und Bergamotte, die in der zweiten Generation durch Sohn Mathias Wirth produziert werden. Die Sirupiers verarbeiten frisch gepresste Fruchtsäfte und von Hand gepflückte und getrocknete Kräuter. Die satten, natürlichen Farben sind das Resultat schonender Verarbeitung. Geschmacksverstärker und andere künstliche Zusatzstoffe bleiben aussen vor. Mein persönlicher Favorit ist der Elfen-Sirup, der sich aus Zucker, Absud von Zitronengras, Zitronenmelissen, Fenchel, Anissamen, Säuerungsmittel und Zitronensäure zusammensetzt.

3014 Bern, Waffenweg 9,
031 352 99 78, www.sirupier.ch

La Boulotte Bio-Metzgerei

Applaus Jährlich verschwinden zahlreiche Metzgereien von der Bildfläche. Wer in diesem Metier jammert, hat verloren. Die Ernährung von heute mutiert zur Herausforderung. Der Mensch isst nicht einfach mehr das, was auf den Tisch kommt, sondern er stellt sich die Frage, was er überhaupt noch essen will. Da erstaunt es doch, dass vier Jungunternehmer den Mut dazu haben, eine Metzgerei zu eröffnen. «La Boulotte» ist ein Team von Machern, die von ihren Viechern alles verwerten, was verwertet werden kann. Über «Nose to tail» wird hier für einmal nicht nur sinniert, sondern auch danach gehandelt. Zur Metzgerei gehört der hauseigene Bauernhof, in dem die Tiere ein natürliches Leben führen. Mit Auslauf und mit allem, was für ein gutes Tierleben dazugehört.

3014 Bern, Breitenrainplatz 38,
031 525 30 14, www.laboulotte.ch

Barbière

Da haben wir den Salat Für ein gutes Bier abseits des Mainstreams gehe ich gerne in die Mikrobrauerei Barbière, Berns Treffpunkt für einen unkomplizierten Abend. Hier habe ich schon ein gutes, butterweiches Kalbsragout gegessen. Im Sommer werden Salate in allen Variationen aufgetischt; dabei kann der Gast selber wählen, was er für einen Salat will, indem er auf dem entsprechenden Menüblatt ankreuzt, welche Zutaten er bevorzugt. Doch Salat allein und Bier harmonieren für mich nicht. Also halte ich mich an Bauernspeck und Krustenbraten und freue mich auf die Tage, an denen es auf den Tellern wieder weniger pflanzlich zu und her geht. Wobei das Kulinarische im «Barbière» sowieso nicht die erste Geige spielt. Was zählt, ist die Atmosphäre und das exzellente Bier.

3014 Bern, Breitenrainplatz 40, 031 536 70 77, www.barbiere-bern.ch

Ludmilla

Sie isch schtarch Die Beiz hat Charme, die Gastgeber sind aufmerksam, die Köche verstehen ihr Metier. Eine Quartierbeiz, die ihre soziale Verantwortung wahrnimmt und unter der Woche zum Mittagstisch bittet und am Samstagabend unkonventionell zu einem vegetarischen Überraschungsmenü einlädt. Wer es dann gar nicht lassen kann, wählt als Hauptgang Fleisch und zahlt 10 Franken mehr fürs Menü. Ab und zu werden auch Themenabende angeboten, an denen die Gäste nicht nur trinken und essen, sondern gemeinsam am langen Tisch sitzen, lachen und palavern oder einfach nur zuhören. Die «Ludmilla» ist eine jener Beizen, die der Gesellschaft guttun und aufzeigen, dass der Austausch auch ohne Facebook und Co. zustande kommt.

3014 Bern, Flurstrasse 24, 031 302 33 33, www.restaurant-ludmilla.ch

Ludmilla (Seite 47)

Freibank

Saison Zugegeben, ich hab's nicht so mit dem Grilltisch vor der Nase. Doch selbst als Grillmuffel kann ich mich am japanischen Robatayaki erwärmen, dessen Einsatz sich in der «Freibank» auf vier Monate beschränkt. Ansonsten setze ich mich hier gerne mit einem geräucherten Rüebli-Tatar (Sie lesen richtig), Rindshuftdeckel-Tatar oder auch mal mit einem Rindsfleisch-Eintopf auseinander. Drei Gerichte, die mich mit ihren subtilen Aromen überzeugen. Auch das inspirierende Angebot an Getränken mit Cocktails, Cidres und einer kleinen, feinen Auswahl an Weinen trägt zur guten Grundstimmung bei. Wer sich als Gast Edelfleischstücke wünscht, denkt hier falsch, werden doch den Gästen die sogenannten minderen Teile ans Herz gelegt, was auch zur sympathischen Grundphilosophie des Hauses gehört.

3014 Bern, Stauffacherstrasse 82,
031 333 14 40, www.freibank.ch

Cultivino

Wein in Sicht Severin Aegerter, der Kopf von «Cultivino», ist ein Mensch der leisen Töne. Seit Jahren beschäftigt er sich mit lebendigem Wein. Die Naturweinbewegung hat er in ihrer Entstehungsphase mitgeprägt. Bei ihm im Fokus stehen Weine, die Herkunft und kulturelle Werte vermitteln. Er kauft Weine bei Winzern, die es verstehen, hochwertiges Traubengut in eine Delikatesse zu verwandeln und die perfekte Balance zwischen Tannin, Alkohol und Säure zu finden. Mindestens so wichtig wie die Ästhetik ist ihm die Bekömmlichkeit der Provenienzen. Denn Wein soll dem Menschen Energie verleihen und sie ihm nicht entziehen. Heute arbeitet «Cultivino» mit rund 40 renommierten europäischen Winzern zusammen. Sie bilden das Fundament einer nachhaltigen Zusammenarbeit.

3097 Liebefeld, Könizstrasse 175,
031 972 49 39, www.cultivino.ch

Restaurant Werkhof

Fait maison Die Gastronomie bewegt sich. Den einen fehlt es an Personal, den anderen an Ideen. Ewiggestrige bleiben bei den industriellen Produkten hängen, andere erfinden sich neu oder denken anders. So wie das Fabienne Lüdi, Rafael Hänni, und Michael Früh im «Werkhof» tun. Es ist ein eingespieltes Trio, das was kann und sein grosses Menü zu fairem Preis anbietet. Kleiner geht's auch, was aber schade wäre. Allein das Brot, der Anke und die verwendeten Fonds zeugen von ihrem Qualitätsdenken, und wenn ich von einem Getreide-Risotto schwärme – dann haben die in der Küche echt was drauf. Auf dem Teller und im Glas findet sich Schweiz pur; Mutige, die das selbst beim Espresso durchziehen wollen, setzen sich zum Finale mit dem Lupinenaufguss von Fabienne auseinander.

3097 Liebefeld, Könizstrasse 172,
031 921 44 44, www.restaurantwerkhof.ch

Übernachten in der Stadt Bern

Am Pavillon

Geehrt Den Ritterschlag haben die Macher des stilvollen B&B durch den Schweizer Heimatschutz erhalten, der sie in der vierten Auflage ihres Guides über die schönsten historischen Hotels der Schweiz geadelt hat. Der Vorteil für Bernreisende ist, dass das geschichtsträchtige Haus gerade mal nur wenige Minuten vom Bahnhof entfernt und nahe am pulsierenden Geschehen liegt. Ideal für alle, die die Berner Beizenszene erkunden wollen. Ein weiterer Pluspunkt ist die Gartenterrasse und die zurückhaltende Herzlichkeit der Gastgeber. Obwohl das Haus über neun Zimmer verfügt, wird es für die Gäste nie zu laut oder gar zu eng, alles bleibt luftig und angenehm ruhig. Auch beim opulenten Frühstück, das sorgfältig zubereitet wird und mit Qualitätsprodukten besticht.

3012 Bern, Pavillonweg 1a,
079 198 62 83, www.ampavillon.ch

L'Ecluse

Staunen Wer das spannende Weinangebot studiert, wird wohl eine gewisse Zeit benötigen, werden hier doch zahlreiche Cidres, Orange- und Naturweine zu fairen Preisen ausgeschenkt. Dabei halten sich die Flaschen von jungen, zum Teil unbekannten Winzern die Waage mit grossen Namen. Dazu werden Jura-Karpfen mit Erbsenmousse oder in der Saison aromatische Tomaten aufgetischt, wie sie meine Geschmacksnerven so schon lange nicht mehr gespürt haben. Genuss kann so einfach sein, gerade an einem Sonntag, dann, wenn die sympathischen Gastgeber Laura Stauffer und Sandro Bianchin zur Tavolata einladen. Essen wie bei der Nonna, nur einfach etwas überraschender. Das «L'Ecluse» ist unsere Beiz des Jahres 2024.

2501 Biel, Promenade de la Suze 14d,
032 322 18 40, www.ecluse-biel.ch

Atomic Café & Bar

Auslesen Wer seinen Kaffee vegan, aber nicht schwarz trinken will, wird im «Atomic» mit Hafermilch bedient, was dem exzellenten Kaffee nicht guttut. Dann lieber das Croissant darin baden. Wer auf den Mittag kommt, genehmigt sich ein Glas Vin Naturel, das die neugierige Weinnase inspiriert. Bierfreunde werden mit einem BFM gut bedient, und wer sich geistreich informieren will, der stöbert im umfassenden Presseangebot. Einmal wieder den Morgen verbummeln, die Abfahrtszeiten der Züge ignorieren und danach vom Espresso auf den Campari umsteigen, hat was. Sowieso, wer es zustande bringt, das Westschweizer Chanson-Schwergewicht, den Komponisten und Sänger Sarclo (Sarcloret), zu engagieren, der kann einfach nur gut drauf sein. Kein Wunder, haben die Konzerte im «Atomic» Kultstatus.

2502 Biel, Bahnhofplatz 5,
032 536 85 16, www.atomic-cafe.ch

Café du Commerce

Herz-Bar Das trendresistente «Commerce» ist aus Biel nicht wegzudenken. Wer sich in ihm niederlässt, der freut sich über einen Ballon rouge mit einer kleinen oder grossen Plauderei oder über eine Runde Gesellschaftsstudie. Wer Glück hat und ein guter Zuhörer ist, wird bemerken, dass die alteingesessenen Gäste nicht nur über sich, sondern auch über ihr «Commerce» viel zu erzählen haben. Einige Weine, Cocktails und/oder Biere lösen die Zunge, stille Denker sinnieren vor sich hin und benetzen ihre Lippen im Stundentakt. Klar, dürfen die Konzerte im Saal nicht fehlen, und obwohl ich keinen Interpreten kenne, weiss ich, dass nur gute Musiker den Weg auf die Bühne finden. Darauf gönne ich mir doch einen Old Fashioned, Whisky mit Zuckersirup, Angostura bitter und Orangenzeste. Cheers!

2502 Biel, Untergasse 25,
Kein Telefon, www.ducommerce-biel.ch

Le Restaurant Du Bourg

Gaumentanz Fiona Liengme und Christian Aeby wurden von GaultMillau zur Entdeckung des Jahres 2022 der Deutschschweiz gekürt. Im Eiltempo und völlig zu Recht – setzen die zwei Gastrosophen in der Region doch unverkrampft neue Massstäbe. Christian Aeby in der Küche und Fiona Liengme bei der Auswahl der von ihr empfohlenen Weine und bei den von ihr ausgetüftelten, nicht alkoholischen Getränken, die sie auf die Gerichte von ihrem Partner perfekt abstimmt. Ankommen, Zurücklehnen, Zuhören und Vertrauen sorgen für den vollendeten Genuss. Im «Du Bourg» findet auf kleinstem Raum mit gerade mal 25 Plätzen grosses kulinarisches Kino statt. Mit Rhabarber und Geflügelleber, mit panierten Spargeln, gedörrten Zwetschgen mit Thymianglace und noch so einigen kulinarischen Überraschungen mehr.

2502 Biel, Burggasse 12,
032 322 03 02, www.du-bourg.ch

Lokal

Carte Blanche Gerichte teilen ist en vogue. Zahlreiche Beizen sind auf diesen Trend aufgesprungen. Aus der Karte wählen, einige Gänge essen und verschiedene Weine dazu trinken, bereitet nun mal Freude. Aber auch hier gibt's solche, die es können, und andere, die es lieber bleiben lassen sollten. Das «Lokal» offeriert kleine und grosse Teller und eine Carte Blanche, die rege von den Gästen genutzt wird. Im «Lokal» ist ein junges Team in lockerer Atmosphäre an der Arbeit, das sein Handwerk versteht und Gutes aus der Region darüber hinaus weiter auftischt und ausschenkt, wie Cidres, «Pet Nats», ausgewählte Biere und Naturweine von Profis für Kenner, und Merci, dass ich in dieser entspannten Atmosphäre den Morgon der Domaine Georges Descombes zum Freundschaftspreis trinken darf.

2502 Biel, Albrecht-Haller-Strasse 2, 032 322 24 51, www.lokal-biel.ch

Restaurant St. Gervais

Gesellschaftsstudie Biel hat nicht nur seinen See und den Jura im Rücken, sondern auch romantische Ecken und entdeckungswürdige Fachgeschäfte. Ein ideales Feld für Geniesser, die nach ihrer Erkundungstour im «St. Gervais» Platz nehmen. Hier treffen sich Politiker und Musiker, Alleinerziehende mit und ohne Kinderwagen, Sozialpädagogen, Lehrerinnen und Bonvivants – kurz, tout Bienne ist hier zu Gast. Chantal Emmenegger, Daniel Schneider, Elias Hagenbuch und Aisha Jakobi haben dem Traditionshaus eine kulinarische Qualitätsstruktur verpasst, die sich nach der Saison und dem regionalen Angebot richtet. Kalte Mandelsuppe, Rindstatar mit Säntis-Malt und Brioche, Siedfleisch-Reis-Salat und unverschämt gute Hacktätschli tragen zur guten Grundstimmung der Gästeschar bei.

2502 Biel, Untergasse 21, 032 322 48 22, www.stgervais.ch

Épicerie Batavia

Klein, aber fein Die Épicerie Batavia ist ein sinnlicher, unkomplizierter und lustvoller Feinkostladen, der sich nicht in Strategien und Marketing verliert, sondern seine Antworten in der Qualität sucht und findet. Hier einzukaufen, verursacht Lebensfreude und bietet einen appetitanregenden Querschnitt an Produkten, die überzeugen. Von den Sandwiches übers Brot bis hin zur gepflegten Käse-, Bier- und Weinauswahl, inklusive den Cidres von Jacques Perritaz, die selbst Weinfreaks begeistern. Am Kirchgässli treffen Novizen auf Wiederholungstäter, die Genuss ausleben und nicht thematisieren. Wer Biel besucht, kommt am «Batavia» nicht vorbei. Ideal wäre ein Samstag. Dann, wenn auf dem Markt die Bauern ihre Produkte anbieten und die Stadt pulsiert. Auch in Zeiten wie diesen.

2502 Biel, Kirchgässli 1,
032 342 00 64, www.batavia.ch

Mon œil Bräu

Bier von hier Vor 30 Jahren war die Biervielfalt dürftig, und das Angebot bestand vorwiegend aus dem Einheitsgebräu von Feldschlösschen und Co. Heute zelebrieren zahlreiche Klein- und Mikrobrauereien ihre Biervielfalt und laden zum Trinkgenuss auf einem guten Niveau ein. Das verhält sich auch in Biel nicht anders. Meine lokalen Lieblingsbiere stammen von Nico und Dänu, die neben ihrem charaktervollen Amber- und Trappistenbier auch saisonale und erfrischende Sorten wie ein fruchtig-herbes Holunder- oder im Vorfrühling ein süffiges Märzenbier brauen. Jeden ersten Freitag des Monats können einige «Mon œil Bräu»-Biere verkostet und im Offenausschank vor Ort getrunken und gekauft werden. Dazu gibt es Salzstangen, Weisswürste und jede Menge bierselige Gespräche.

2502 Biel, Schützengasse 13,
info@mon-oeil-bräu.ch, www.mon-oeil-bräu.ch

1001 fleurs

Nur für Erwachsene Zu welcher Fraktion gehörten Sie als Gernegross: Mochten Sie Coca-Cola oder Sinalco? Panierte Schnitzel oder Rahmschnitzel? Nüdeli oder Frites? Himbeer- oder Zitronensirup? Ich für meinen Teil konnte Himbeersirup nicht ausstehen und Grenadine erst recht nicht. Bei Letzterem kam ich erst später, im Militär, mit der «Stange Grenadine» auf den temporären Geschmack. Mit zunehmendem Alter ersetzte der Wein den Sirup, bis mir an einem feuchtfröhlichen Abend im «Solheure» in Solothurn ein Sirup aus marokkanischer Minze eingeschenkt wurde, der für mich der beste ist, den ich kenne. Seitdem führt meine Hausbar zwei der exzellenten Sirupe von Marlène Stalder. Ingwer-Zitronengras und Marokkanische Minze, die frei von künstlichen Aromen und Konservierungsmitteln sind.

2503 Biel, Oberer Quai 46,
078 767 82 02, www.bio-sirup.ch

Casa Loa

Val Maira Loa Buchli hat vor einigen Jahren ihre Bundesstelle aufgegeben, um ihren Traum zu verwirklichen, Gäste im abgelegenen piemontesischen Val Maira zu verwöhnen. Nun ist sie wieder zurückgekehrt und hat im ehemaligen «Maruzzella» ihre «Casa Loa» eröffnet. Die vegetarische und vegane Küche kommten bei einigen Einheimischen gut an, bei anderen weniger. Die einen empfehlen, die anderen schweigen. Nur, wer so gute Kartoffelkuchen und Kichererbsen Fladen (Farinata) aus dem Ofen zaubert, der gehört aufgegabelt. Allein für die Selleriesuppe mit Apfelreduktion oder für den Risotto mit Ofenkarotten lohnt sich den Besuch, je nach Saison im lauschigen Garten oder im schlichten Innenraum. Eine Reservation macht Sinn und schützt vor geschlossener Türe, können doch die Öffnungszeiten variieren.

2504 Biel, Solothurnstrasse 12,
032 342 19 20, www.casaloa.com

Aux Trois Amis

Ambitiös In Schernelz oberhalb von Ligerz lockt das «Aux Trois Amis» mit Freisitz und beeindruckender Weitsicht auf See, Petersinsel und Alpenkette. Gastgeberin Cynthia Lauper empfiehlt Weine, die lokales, regionales, nationales und internationales Winzerschaffen abdecken. Ihre Trinkideen und die ambitionierte Küche von Marc Joshua Engel überraschen, überzeugen und harmonieren. Die Ernte aus diesem ehrgeizigen Projekt ist ein Michelin-Stern und sind 16 GaultMillau-Punkte, womit das «Trois Amis» eine neue Ära eingeläutet hat. Die einen trauern den einfachen Gerichten und den langen Holztischen nach, die anderen freuen sich über die aktuellen und zukünftigen kulinarischen Höhenflüge im gehobenen Rahmen.

2514 Schernelz ob Ligerz, Untergasse 17,
032 315 11 44, www.aux3amis.ch

Steiner Schernelz Village

Vive le Terroir Persönlichkeiten kommen und gehen. Ob Welt-, National- und Lokalpolitiker, Dichter und Denker, sie alle kommen mit Durst auf die Welt und verlassen sie mit dem Wissen, dass schon Jesus Wasser in Wein verwandelt hat. Annemarie und Charlie Steiner haben sich nicht verwandelt, sind aber ins zweite Glied gerückt und haben die Domaine ihrer Tochter Sabine übergeben, die mit ihrem Mann und Winzer Andreas Krebs ihre zwei Weingüter zu einem Unternehmen zusammengelegt hat. Dieser Schritt vereinfacht die Administration. Im Rebberg und im Keller ändern sich die persönlichen Stile nicht. Meine Vorlieben liegen bei den Weissweinen, die sich zum Wegzischen oder zum Philosophieren eignen. Mein Liebling? Der Chasselas Clos à l'Abbé.

2514 Schernelz ob Ligerz, Untergasse 22,
032 315 23 24, www.schernelz-village.ch

L'Ecluse (Seite 51)

Bergerie du Bas

NEU

Hoch hinaus Die Gastgeber sind Freiburger, ihr Qualitätsanspruch ist hoch, so hoch wie die Bergerie oberhalb von Lamboing liegt. Autofahrer, die nicht schwindelfrei sind, lassen es lieber bleiben und gehen zu Fuss, denn schmal ist der Weg, der von brüchigem Felsen und tiefem Abgrund begrenzt wird. Was, wenn ein Auto entgegenkommt? Eben! Oben erst einmal angekommen, werden die Ausflügler mit Weitsicht, Panorama und einer stimmungsvollen Einkehr belohnt, in der die Gastgeber wunderbar kochen und Rösti, Beinschinken, Fondue und andere schöne Gerichte für Genussmenschen mit Appetit auftischen. Zu empfehlen sind auch die Weine von Chantal Ritter aus Le Landeron, die zum Freundschaftspreis ausgeschenkt werden. Das Ganze ist ein einmaliger Ort zum Sitzen bleiben, der Alpenblick gibt's gratis dazu.

2516 Lamboing, Mont Sujet 88,
032 322 76 75, keine Webseite
Von Mai bis September täglich geöffnet,

Mille Or

Sympa Die Beiz ist unkonventionell-gediegen und ist mit dem bekannten Label «fait maison» ausgezeichnet. Die Weinauswahl ist verschwindend klein, der Inhalt im Glas ist süffig. Teetrinker haben die Qual der Wahl, und Biertrinker können sich zwischen dem gezapften Appenzeller und den Flaschenbieren der Brasserie Blanche Pierre aus Delémont entscheiden. Die Küche setzt auf Bioprodukte, ist frisch, schnörkellos und gut. Die Patisserie, das Brot und der Zopf sind, wie es das Label sagt, fait maison, die Glaces ebenso und die Crêpes delikat. Das pochierte Ei mit Sommertrüffel und Petersilienmousse ist ein Gedicht, die Forellenfilets sind auf den Punkt gegart und werden von einer exzellenten Beurre blanc sekundiert.

2520 La Neuveville, Grand-Rue 15,
032 751 14 22, www.mille-or.ch

Restaurant des Gorges

Am Bach Wer das abgelegene Kleinod liebt, meidet bei Postkartenwetter die Wochenenden und besucht das Haus unter der Woche, vornehmlich dann, wenn es regnet und die Schönwettergäste der «Gorges» fernbleiben und die einfachen Gästezimmer dazu einladen, gleich zwei, drei Tage hier zu bleiben, was sich nicht nur für Einsiedler lohnt, sondern auch für Frischverliebte oder solche, die es noch werden wollen. Auch Nebeltage, von denen es so einige gibt, bilden für unverbesserliche Romantiker ein ideales Besuchsmodell. Wild, mystisch, feucht, kalt ist es dann, und in der guten Stube warten das saisonale Mahl, der gute Tropfen und das wärmende Kaminofenfeuer. Kurz, wer kommt, nimmt sich Zeit und freut sich über den einfachen, authentischen Ort.

2535 Frinvillier, Taubenlochweg 4,
032 358 11 75, www.desgorges.ch

Zum Goldenen Sternen

Alltagstauglich Es ist immer wieder erstaunlich, wie ein gutes Restaurant, geführt von zwei sympathischen Vollblutgastgebern, regional eine Grösse ist, aber national unentdeckt bleibt. Zu denen gehört auch der «Goldene Sternen» von Lupita und Vincent von Wattenwyl. Allein der taufrische Haussalat zeigt auf, dass hier der Gast ernst genommen und davon ausgehen kann, dass alles sorgfältig und gut zubereitet wird. Denn mit Brot, Salat und Suppe fängt alles an. Taugen diese grundelementaren Produkte nichts, taugt der Rest auch nichts. Und so ist es auch: Dass Auberginen- und Rindstatar, die Pasta «Alfredo» (genau die), die Felchenfilets – alle überzeugen und schmecken, was auch die gute Stimmung im Haus erklärt, die nur zufriedene Gesichter hervorbringt.

2576 Lüscherz, Hauptstrasse 33,
032 338 12 23, www.zumgoldenensternen.ch

Boucherie Junod

Wenn der Vater mit dem Sohne Ein Familienbetrieb, der funktioniert wie eine Schweizer Präzisionsuhr. Terroir, Terroir und nochmals Terroir. Vater Michel hat das Zepter seinem Sohn Alexandre übergeben, beide sind geprägt von ihrem Qualitätsdenken. Ihre Grundprodukte beziehen sie aus dem Naturpark Chasseral. Man kennt Bauer und Vieh und produziert lokal – und lokal wird auch geschlachtet. Mit dem Absinth in der Trockenwurst hatte alles begonnen, gefolgt von der Saucisse sèche à la gentiane und der herrlich aromatischen Saucisse aux bourgeons de sapins, die mit den Sprossen der rund um den Chasseral allgegenwärtigen Fichte und einer Nuance Fichtendestillat veredelt wird. Ja, und dann wären da noch die geniale Kochwurst und die delikate Bratwurst und …

2606 Corgémont, Grand-Rue 16,
032 489 17 61, www.boucherie-junod.ch

Chüe & Chäs

Hornig Die sympathische Familie Reichmuth und ihre charaktervollen Käse habe ich vor Jahrzehnten auf dem Solothurner Märet kennengelernt. Trotzdem habe ich sie vergessen aufzugabeln, obwohl ich sie in den Medien immer wieder portraitiert habe. Ihren Käse produzieren sie aus der Milch ihrer behornten (!) Original-Braunvieh-Kühe, deren Milch beim Melken direkt vom Euter in den Käsekessel geleitet wird. Das Gras, mit dem sich die Kühe ernähren, wächst auf 850 m ü. M., und für den Winter produziert die Familie das Heu selbst. Besser geht's nimmer. Neugierige Käsefreunde können die Familie Reichmuth auf ihrem archaischen Bauernhof in Le Fuet (auf Voranmeldung) oder auf den Märkten in Basel (Wettstein), Riehen (Dorf) und Solothurn besuchen.

2712 Le Fuet, Vacherie,
032 481 44 86, www.chüeundchäs.ch

Maison de la Tête de Moine

Alles Käse Die Legende sagt, dass das Kloster Bellelay 1136 durch den Propst Siginand der Abtei Moutier-Grandval errichtet wurde. Dieser fand von der Jagd aus der Wildnis des Hochjuras nicht mehr nach Hause zurück. Er soll dadurch das Gelübde abgelegt haben, Geld für ein Kloster zu stiften, wenn er heil aus dem Schlamassel kommen würde, was nach vier Tagen auch eintrat. So hat er sein Versprechen umgesetzt und das Kloster auf den Namen Bellelay getauft. «Belle laie» heisst im Übrigen übersetzt «schöne Sau». Im gegenüberliegenden «Maison de la Tête de Moine» empfiehlt Madame Amstutz den käseaffinen Besuchern das Angebot und gibt all jenen Käse zu probieren, die höflich fragen. Sie schneidet, wägt ab und packt mit stoischer Ruhe ein. Und Schinken von der Sau gibt's auch.

2713 Bellelay, Le Domaine 1,
032 484 03 16, www.maisondelatetedemoine.ch

Brasserie Café l'Indus

An der Strasse Das Angebot der Brasserie Café l'Indus verursacht Appetit. Ausgezeichnet mit den Labels «Slow Food» und «Fait maison», zelebrieren die Macher eine unkomplizierte, saisonale Küche, wie es sie im Berner Jura nicht so oft gibt. In einer industriell geprägten Atmosphäre, die für diese Region schon als extravagant bezeichnet werden darf, wählt der Gast zwischen Markbein, Foie gras und Jakobsmuschel auf Topinambur-Creme, oder er genehmigt sich gleich die in Guinness geschmorten Rindsbacken oder das perfekte Cordon bleu. Logisch, dass die dazu servierten Frites fait maison sind. Zum Betrieb gesellt sich eine Épicerie, die mit zahlreichen Delikatessen und einer guten Auswahl an Weinen überrascht. Es tut sich was im Berner Jura.

2740 Moutier, Rue Industrielle 94,
032 493 51 51, www.restaurant-brasserie-indus.com

Gagygnole

Terroir! Drei Brüder, Gaëtan, Luca und Tim Gyger, vier Destillate, das eine besser als das andere. «Fran Gin», «Dama-Gin», «Souboziane» (mein Favorit) und «Vodkatapulte» erobern die Region und die Schweiz. So der Plan. Alle Produkte werden im Haus gebrannt. Die Zutaten sind vorwiegend regional. Dazu gehören unter anderem die Enzianwurzel (Souboziane) und der Waldmeister (Vodkatapulte), der gesammelt und getrocknet wird. Wer sich vor Ort überzeugen will, lernt einen innovativen Familienbetrieb kennen. «Durch das Interesse an der Ernährung, Beschaffung und Gesundheit will Gagygnole beweisen, dass es möglich ist, lokale, umweltfreundliche und qualitativ hochstehende Produkte herzustellen», schreiben die Brüder auf ihrer Website. Schöne Worte, schöne Resultate.

2748 Souboz, Derrière les Hôtas 25,
079 416 30 41, www.gagygnole.ch

Restaurant Bären

NEU

Sozial Ein junges, aufgestelltes und innovatives Team heisst die Gäste im «Bären» herzlich willkommen. Neulinge werden hier schnell zu Stammgästen, nicht weil das Essen aussergewöhnlich oder die Beiz der absolute Traum wäre. Nein, es ist hier mehr das spektakuläre Unspektakuläre, das fasziniert und begeistert. Der «Bären» ist nicht einfach nur ein Restaurant, sondern ein lebendiger Begegnungsort, der seine soziale Funktion wahrnimmt. Hier wird durcheinander palavert, geflunkert, gelacht, politisiert, gestritten, beim Pub-Quiz gerätselt und geschummelt, im Fumoir lustvoll geraucht und in der Beiz zu anständigen Preisen gut gegessen und getrunken. So, wie das früher in zahlreichen Wirtschaften Alltag war und leider nur noch selten vorzufinden ist.

3045 Meikirch, Bernstrasse 11,
031 822 07 74, www.baerenmeikirch.ch

Bären Buchsi

Im Wohnzimmer Der «Bären Buchsi» ist die gute Stube für Schlemmer, eine unkomplizierte Begegnungsstätte für das kleine Schwarze und die blaue Latzhose, ein friedvoller Gunstplatz für Eingeborene und Fremde, die von Gastgeberin Angela Rubli herzlich begrüsst werden. Konzerte, Lesungen und Tafelfreuden stehen im Mittelpunkt. Simon Enzler, Pedro Lenz und zahlreiche andere Künstler, die Kulturchef Jüre Hofer für den «Bären» zu begeistern weiss, geben sich hier immer wieder die Türklinke in die Hand. Das Kulturprogramm wechselt, die Qualität der Küche bleibt. Claudia Purtschert sei Dank, die hier seit einem Vierteljahrhundert den Löffel schwingt und die beste Rösti, die ich kenne, mit geschnetzeltem Kalbfleisch an einer Whiskyrahmsauce auf die Teller zaubert.

3053 Münchenbuchsee, Bernstrasse 3,
031 869 02 99, www.baerenbuchsi.ch

Schüpbärg-Beizli

Schöne Aussichten Gut hat es Köche, die auf mediterrane Malereien verzichten und einfach das zu Genuss verarbeiten, was ihnen die Region bietet. Christoph Hunziker ist so ein Koch, der auf jegliches Gedöns verzichtet und das Qualitätsprodukt in den Mittelpunkt stellt, was seinen Gästen gefällt und dazu führt, dass jeder, der hier auf den Berg kommt, reserviert hat. Betreut werden sie von Sarah Hunziker, die weltoffen und herzlich ist, und sich nebst ihren Gästen, um die administrativen Belange des Hauses kümmert. Alles passt, alles ist gut. Das «Schüpbärg-Beizli» ist ein Kleinod mit schöner Aussicht auf Land und Teller. Hier findet der Gaumen hausgemachte Natura-Beef-Ravioli und ein Mistkratzerli an einem Sommertrüffel-Jus, sekundiert von einem schönen Angebot an Schweizer Weinen.

3054 Schüpfen, Schüpbärg 134,
031 879 01 22, www.beizli.ch

Metzgerei Stettler

Die Bratwurstmanufaktur Die Metzgerei Stettler ist ein Familienbetrieb in der dritten Generation, der nicht nur über artgerechte Tierhaltung redet, sondern sie fördert, indem er nur Tiere kauft, die artgerecht leben durften und nicht mehr als zehn Kilometer Transportweg zum Schlachthaus hinter sich bringen mussten. Das geht nur, wenn man als Metzger lokal handelt und noch selbst schlachtet, was aber immer schwieriger wird, da die Vorschriften für Kleinbetriebe ständig abstruser und die Kosten dafür unbezahlbar werden. Wie auch immer: Über 60 verschiedene Bratwürste produzieren die Stettlers, was allein noch nichts über die Qualität aussagt, aber wer schon in eine der aromatischen Würste gebissen hat, weiss, warum die Familie so erfolgreich ist.

3054 Schüpfen, Bergackerweg 1,
031 879 11 51, www.stettler-wurst.ch

Restaurant Linde

Alles echt? Die Rösti kommt aus der gusseisernen Pfanne, das Fleisch von der Wiese nebenan, das Gemüse vom Nachbarn und die Gastgeberin aus Bayern. Alles echt! Die «Linde» bei Boll ist eine Oase gegen den Alltagstrott. Das Haus besticht durch seine Gaststube und seinen Garten. Die Kochsprache von Heinz Spühler ist sorgfältig, die Gastfreundschaft von Marion Spühler herzlich. Die Einheimischen kommen zum Mittagsteller, die Stadtberner zu den Hausklassikern wie «Suuri Läberli», Kalbsgeschnetzeltes oder einfach zu einem Züpfe-Hamme-Sandwich oder zur Rösti mit Spiegelei. Wer es leichter mag, bestellt einen lauwarmen Geissenkäse, geräucherte Saiblingfilets oder eine ganze Forelle. Die Verdauung halten die Stammgäste mit einem exzellenten Wacholder in Schach.

3067 Boll, Lindentalstrasse 109,
031 839 04 52, www.linde-lindenthal.ch

Il Grano
(Seite 67)

Muck's Gelati

Mit Dani Obwohl ich einige Jahre in der Region Freiburg-Murten-Seeland zu Hause war, bin ich den genialen Glaces der Bauernfamilie Jampen, die alle nur die Mucks nennen, nie begegnet. Auf sie aufmerksam wurde ich erst durch die SRF-Radiosendung «Treffpunkt», in der Dani Fohrler überschwänglich von ihren Eiswundern vorschwärmte. Die Glaces sind in der Tat nicht einfach nur gute Speiseeise, sondern Aromen-Feuerwerke, die mit ungewöhnlichen Kombinationen überraschen und begeistern. Z. B. Rüebli mit Haselnuss, Spargel, Fenchel oder Stangensellerie mit Apfel, nur um einige wenige der vielfältigen Sorten zu erwähnen, wobei Mama Ursula jährlich neue Kombinationen austüftelt, die nach wie vor begeistern. Übrigens: Wie wär's mal mit Gurke und Minze?

3225 Müntschemier, Kerzersstrasse 30, 032 313 20 28, www.mucksgelati.ch

Wirtschaft zum Löwen

Das Beste von hier Der Gast tritt ein und freut sich über den Gastraum, der hat, was er haben muss. Die Karte kommt, und die Freude bleibt. Julia Pfäffli kocht eine Küche mit Liebe zum Detail. Der Salat ist taufrisch, die Heusuppe aromatisch, das Kotelett butterzart und von den eigenen Kartoffeln kommen exzellente Frites auf den Tisch. Mit von der Partie sind Mutter Ruth, die dort hilft, wo es gerade nötig ist. Die Nachbarin ist Julias Schwester, Bäuerin Anja Pfäffli, die Hühner vermietet, Bäume verkauft, Öl presst, Schnaps brennt und alles ab Hof verkauft. Ein lebendiger Familienbetrieb mit Vorbildfunktion, der eine Metzgete der Extraklasse vom eigenen Schwein auftischt. Und sonst? Am Tage des Herrn wartet der Sonntagsbraten und am Donnerstag wird «ächti Schwiizer Chuchi» aufgetischt. So geht das hier.

3256 Bangerten, Deisswilstrasse 1, 031 869 02 30, www.loewen-bangerten.ch

Il Grano

Brava Wer das erste Mal das «Il Grano» betritt, staunt über den anmutigen sakralen Raum, der schlicht und zugleich stilvoll eingerichtet ist. Lange Holztische und «horgenglarus»-Stühle dominieren das Auge. Das ist das Eine. Das andere ist die unprätentiöse, vorzügliche Küche von Kevin Kull, bei der die Cena den besten kulinarischen Überblick verschafft. Heimwehitaliener freuen sich über Klassiker wie Carne cruda, Vitello tonnato, Agnolotti Burro e Salvia und Ossobuco, die ein aufgestelltes Team unter der Leitung von Gastgeber und Inhaber Gianclaudio De Luigi mit Humor und Können auftischen. Einfach nur vorbeikommen auf ein Glas und einige Antipasti ist aber auch eine Möglichkeit. Das «Il Grano» ist unsere «horgenglarus»-Beiz-des-Jahres 2024.

3294 Büren an der Aare, Ländte 38,
032 351 03 03, www.ilgrano.ch

Käserei Oberwil

So einfach Nein, Käsemeister Jakob Beer ist kein Mann der grossen Worte, obwohl er in 41 Jahren diverse Auszeichnungen für seine Käse erhalten hat. Nun haben Ruth und Jakob Beer die Betriebsführung der Käsereigenossenschaft Oberwil an Oskar Häni übergeben, der schon seit Jahren im Betrieb mitarbeitet und die Tradition pflegt, ohne dabei die Innovation zu vernachlässigen. Allen Emmentaler-Skeptikern sei ein für alle Mal gesagt, dass ein tränender Emmentaler Freudentränen verursacht und so rein gar nichts mit dem Felsenkeller-Märchen zu tun hat. Den Ungläubigen empfehle ich, einen sorgfältig gereiften Emmentaler zu kaufen oder ihn gleich vor Ort zu verkosten. Ihr Gaumen wird sich freuen. Warum nicht gleich in der Käserei Oberwil, die einen exzellenten Emmentaler produziert?

3298 Oberwil, Im Dorf 3,
032 351 63 35, www.kooh.ch

Gasthof zum Brunnen

Der Wilde Wer den freiheitsliebenden und eigensinnigen Haslitaler Alex Rufibach aufsucht, verfügt über Appetit und Durst. Kalorienzähler, Räpplispalter, Pinzettenesser, Vegetarier und Veganer lassen es bleiben. Die Tiere, die er verarbeitet, haben auf der Zunge gespürt, wie das Gras einer saftigen Weide schmeckt; die Fische bezieht er fangfrisch aus Schweizer Seen. «Swissness» ist bei ihm kein Lippenbekenntnis, sondern seit Jahrzehnten Programm. Seine Weinkarte besteht aus heimischem Schaffen. Allein für den Weinkeller lohnt sich der Besuch. Bestückt mit raren Provenienzen, die zu Kalbskopf, Kutteln, Lungen-Herz-Hirn-Ragout, Entenmagen, Ochsenmaulsalat, paniertem Schweinskotelett und seinem berühmten «Suure Mocke» passen. La Patronne und Le Patron denken über eine Pensionierung nach. Hoffentlich nicht zu seriös.

3312 Fraubrunnen, Bernstrasse 6,
031 767 72 16, www.suuremocke.ch

Casa Nobile

No. 1 Früher war Papier geduldig, heute ist es die Website. Schleckmäuler, die bei «Casa Nobile» anklopfen, werden mit ästhetischen Bildern und blumigen Worten begrüsst. Vom besten Chocolatier der Schweiz und zehntbesten Pralinenhersteller der Welt ist die Rede. Auszeichnungen, die sich «Casa Nobile» an zahlreichen internationalen Chocolate-Awards erworben hat. Das mit den Medaillen ist so eine Sache und nicht mein Ding, wer aber schon einmal von den Truffes und Pralinen von «Casa Nobile» gekostet hat, wird begeistert sein. Auch ohne Blick auf den Medaillenspiegel. Allein das Grundprodukt des Hauses, die dunkle und die weisse Tafelschokolade, zeugt vom Qualitätsdenken der Macher Willi Schmutz und Martin Schwarz, die mit ihrem leidenschaftlichen Team Herausragendes leisten.

3315 Bätterkinden, Bahnhofstrasse 1,
032 665 77 60, www.casa-nobile.ch

Wursthüsli Egger

Mir doch Wurst Es sind Würste wie aus einer anderen Welt. Kein Wunder bei dieser Liebe zum Produkt. Die alte Räucherkammer befindet sich in einem Bauernhaus von 1726, die Bauernbratwurst von Vater und Tochter Ernst und Christina Egger ist die beste, die ich kenne. Das Familienrezept dazu bleibt geheim, was für diese Wurst auch seine Berechtigung hat. Alles andere wäre Käse. Auch der Landjäger, das Heimehuuser Rauchwürstli, das «Rouchknebeli» oder der Fleischkäse lassen Wurstliebhaber schwärmen. Ganz zu schweigen von den Blut- und Leberwürsten. Und so geht das weiter. Mit der neuen Räucheranlage finden auch neue Produkte ins Sortiment. So die Cervelat, die wundervolle «Ämmitaler Schwartenwurst» oder die neu entwickelten und geräucherten Brühwurstkreationen.

3373 Heimenhausen, Dorfstrasse 6,
062 961 52 52, www.wursthuesli.ch

Meier's Löwen

Roli und Markus Die Herren mögen keine Geschichten über sich. Dezent habe ich vor Jahren mal über sie geschrieben, und letztes Jahr habe ich sie wieder «aufgegabelt». Die Weinkarte ist mehr Buch als Karte, und die Auswahl der Weine vermittelt die Leidenschaft von Roli und Markus, die von ihren langjährigen Mitarbeitenden Jasmin Lang und Peter Hoppe mitgetragen wird. Da finden sich Trouvaillen wie ein Chenin Blanc von Nicolas Joly oder ein Barolo Tre Tine von Giuseppe Rinaldi. Und so geht das weiter hier im «Löwen». Aus der Küche kommen einfache, subtile Gerichte wie gebackene Belper Forellenfilets, hausgemachte Appenbergkäse-Ravioli im Kümmelteig, ein Stroganoff vom Entrecote oder einfach ein Cordon bleu der besseren Art.

3376 Berken, Unterberken 13,
062 963 17 44, www.loewenberken.ch

Metzgerei Gygax

Fels Die Schwartenwurst, bei der der Name Programm ist, gehört für jeden Wurstfreund zum Pflichtkauf. Da gäbe es aber auch noch die Berner Zungenwurst und noch so einige andere Würste mehr. Die Metzgerei Gygax ist ein Traditionsbetrieb mit kompetentem Personal, das einem jeden Wunsch von den Augen liest und darüber hinaus ihren Kunden Spezialitäten empfiehlt, die nicht auf dem Einkaufszettel stehen. «Darf's no e gli Hamme sii»? «Ja klar, warum nicht». Und so geht das weiter hier im Nirvana für Omnivore mit Gnagi und anderen Delikatessen, die aus minderen Fleischteilen hergestellt werden. Unter der Leitung von Adrian, Peter und Monika Gygax ist die Metzgerei ein Fels in der vegetarischen Brandung, die mittlerweile selbst das Emmental erreicht hat.

3432 Lützelflüh, Dorfstrasse 14,
034 461 13 80, www.metzgerei-gygax.ch

Löchlibad

Gotthelf verstehen Das Emmental ist ein Mosaik aus Hügeln, Wäldern, Wiesen, Bächen und Bäumen. Naturreines Land, bewohnt von Eigenbrötlern und weltoffenen Menschen. Und mittendrin das «Löchlibad». Wer das Gasthaus betritt, wird Gotthelf verstehen. Genau so muss es gewesen sein. Alles echt, einfach im Spiegelbild zeitgenössischer Form. Ohne Firlefanz, aber mit Stoffserviette. Die Teller sind rund, das Fleisch ist von hier und nicht von dort. Rindszungen-Carpaccio, Markbein aus dem Ofenrohr, geschnetzelte Kalbsleber und eine Rösti, die den Namen verdient, zeugen vom Können der Köche. Gastgeber Adrian von Weissenfluh schenkt Weine aus von Winzern mit kleinen und grossen Namen. Zwei Gästezimmer, Fuchs und Has, überzeugen mit dem Charme vergangener Tage und mit dem Komfort von heute.

3434 Obergoldbach, Ochsenwald 121,
031 701 17 30, www.loechlibad.ch

Landgasthof Bären

NEU

Jeremias Ob Gastgeber Stefan Hiltbrunner Gotthelf gelesen hat, weiss ich nicht. Wer seinen «Bären» betritt, wird Gotthelf, ohne ihn gelesen zu haben, verstehen. Ja, so muss es gewesen sein. Die Pendeluhren ticken von den Holzwänden, die Zeit geht, die Gäste bleiben und laben sich an einer Bouillon mit geröstetem Brot, an Blätterteig-Pastetli oder an Eglifilets mit Mayonnaise. Nicht verpassen sollte der Gast die «rächti Ämmitaler-Chäs-Späck-Röschti» oder einfach die «Bure-Bratwurscht». Am Sonntag wird hier nicht mehr der Braten in den Ofen geschoben, sondern «meebesser» das Schweinsfiletmedaillon aufgetragen mit einer Cognacsauce und Eierschwämmen. Dazu wird eine Flasche Roten aus dem Burgund geköpft und danach eine Brissago geraucht. Diese allerdings nicht mehr in der guten Stube, sondern draussen vor der Türe.

3454 Sumiswald, Marktgasse 1,
034 431 10 22, www.baeren-sumiswald.ch

Restaurant Dampfschiff

Unter Volldampf Lukas Marti und Simon Burkhalter sind in den Hintergrund getreten, Gastgeberin und Sommelière Andrea Vogt und Küchenchef Kevin Wüthrich repräsentieren das «Dampfschiff». Mit einer herzlichen Gastfreundschaft und mit einer Kochsprache, die selbst das Fachmagazin Salz & Pfeffer so beindruckte, dass sie Kevin «Wüde» Wüthrich zu ihrem Titelkoch gekürt haben. Verdient hat er es ja, dem so mühelos der Spagat zwischen Innovation und Tradition gelingt und der mit seiner ambitionierten Küche zahlreiche Stammgäste begeistert. Da gibt's eine Kaltschale aus Pfirsich, Tomate und Minze, sekundiert von einem grillierten Pfirsich, Zanderterrine mit Trauben, Poulet-Hanfwurst an Currysauce und Stroganoff vom Rind mit Hirse und Zucchinigemüse. Gratulation!

3600 Thun, Hofstettenstrasse 20,
033 221 49 49, www.dampfschiff-thun.ch

Hotel Restaurant Schwert

Gnagi trifft Prada Ob Sie nun eine verträumte Romantikerin, ein kultivierter Fleischtiger, bekennender Vegetarier oder eine überzeugte Prada-Trägerin sind – das «Schwert» in Thun werden Sie lieben. Es liegt hinter den Arkaden an der Unteren Hauptgasse. Schon der Eingang, die Fenster und der Blick ins Innere schaffen Vertrauen, das auch bei den Speisen nicht verloren geht. Das Angebot zeugt von einem selbstbewussten Koch, von Frische und saisonalem Denken, die Abendkarte wechselt monatlich. So lockt der regionale Spargel tatsächlich im Mai, und den Kalbsbraten begleiten frische Morcheln. Immer im Angebot sind Mistkratzerli und Gnagi mit Senf und Brot oder mit einer vorzüglichen Erbsensuppe. Klassiker, die zum «Schwert» gehören.

3600 Thun, Untere Hauptgasse 8,
033 221 55 88, www.schwert-thun.ch

Bruni – L'Art du Fromage

Der Entdecker Christoph Bruni kennt seine Produzenten persönlich, was ihm wichtig ist. Das ist keine Luftblase, sondern seine feste Überzeugung. Sein Käsewagen steht immer am Dienstag- und Samstagmorgen auf dem Bundesplatz in Bern. In Thun empfängt Bruni seine Kunden auf telefonische Voranmeldung in seinem Käseparadies, wenn er denn Zeit hat und nicht gerade bei einem Produzenten Käse verkostet. Kuh-, Ziegen-, Schafs- und Büffelkäse, aber auch Trockenwürste und rohes Fleisch von Stier und Bock, die ohne Transportstress das Zeitliche segnen durften, bietet er an und erklärt dazu, was es mit den Produkten auf sich hat. Auch auf Facebook, auf der er regelmässig über seine kulinarischen Erlebnisse schreibt.

3600 Thun, Bürglenstrasse 11,
079 432 99 06, www.bruni.ch

Rimini

Bene! «Im Winter am Schtrand vo Rimini» – das ist weit weg. Das «Rimini» an der Unteren Hauptgasse ist nah. Wer einmal hier gegessen hat – «grad denn, wo aui si gange» –, wird immer wiederkommen. Ob allerdings Büne Huber schon einmal im «Rimini» gegessen hat, weiss ich nicht. Lea und Vittorio Maccarone-Renzi haben die Trattoria 2009 von Papa Claudio Renzi übernommen, der den Grundstein zum nachhaltigen Erfolg gelegt hat. Hier beleidigen keine Deko-Maiskolben das Auge, sondern elegante Schlichtheit bespielt die Atmosphäre. Die hausgemachten Spaghetti mit Vongole, die Gnocchi, in der Saison das Risotto mit Steinpilzen, die im Ofen überbackene Lasagne, so wie von der Nonna, oder der Wolfsbarsch im Kartoffelmantel sind gute Gründe, ins «Rimini» zu fahren.

3600 Thun, Untere Hauptgasse 26,
033 223 13 20, www.trattoria-rimini.ch

Quartierbeiz 13

Hier statt dort Früher war das Quartier in der Stadt ein Dorf, das autark funktionierte, auch weil seine Einwohner durchwegs vor Ort einkauften. Bäcker, Metzger, Tante-Emma-Laden, Milchmann und die Stammbeiz, alles war da. Das hat sich in den letzten Jahrzehnten grundlegend verändert. Selbst der reelle Beizen-Stammtisch wurde durch den virtuellen Facebook-Stammtisch verdrängt. So benötigt es heute Mut, eine Quartierbeiz zu eröffnen. Marco Seiler ist solch ein Mutiger, der mit seiner herzlichen und unbekümmerten Art, mit seinem qualitativ ansprechenden Angebot, das zwischen der Schweiz und Asien hin- und herpendelt, den kulinarischen und gesellschaftlichen Nerv der Thuner trifft. Seit Jahren bietet er eine lebendige Gastfreundschaft an, die ihre soziale Verantwortung wahrnimmt.

3600 Thun, Länggasse 13,
033 222 61 22, www.quartierbeiz.ch

Berggasthaus Wasserngrat

Im Winter immer Geld regelt vieles. Aber das Glück, zum richtigen Zeitpunkt am richtigen Tisch zu sitzen, ist nicht käuflich. Selbst in Gstaad nicht. In der Welt des Luxus strahlt das Berghaus Wasserngrat Wärme aus. Rindszunge, Schafshirn, Kalbskutteln oder doch lieber Entenleber, Kalbstatar, Côte de bœuf. Alles da, alles möglich, was in Gstaad nicht weiter erstaunt. An einem Ort, wo die Welt verkehrt, Welsch und Deutsch zusammenkommen und ihre Vorlieben pflegen. Im «Wasserngrat» lässt es sich für 50 oder für 500 Franken tafeln. Der Gast wählt nach Lust und Laune, das Angebot ist durchdacht und gefällt jedem Gaumen. In der Wintersaison werden bei schönem Wetter rund 300 Essen pro Tag serviert. In bester Qualität und mit viel Herzlichkeit.

3780 Gstaad, Bissedürriweg 16,
033 744 96 22, www.wasserngrat.ch

Rössli

Herkunft verpflichtet Endlich eine gehobene Küche, die sich nicht verzettelt, sondern unprätentiös den Geschmack zelebriert. Simon Richard und Sabine Köll sind Profis, haben zehn Jahre lang bei Robert Speth in der «Chesery» in Gstaad gearbeitet, was über ihre Kochkunst und Gastfreundschaft schon alles sagt. Wer bei ihnen eine Kürbissuppe bestellt, setzt sich nicht mit einer banalen Suppe, sondern mit einem harmonischen Austausch von Kürbis, Kernöl und Hirsch-Klössen auseinander. Die Fortsetzung mit Wildterrine und Tagliolini mit Hirschragout verdeutlicht die Kochkunst von Simon. Ausserhalb des Halalis empfehle ich das französische Perlhuhn mit Linsen und Selleriepüree. Steht ein Mirabellen-Crumble an, heisst es nicht lange überlegen, sondern bestellen.

3784 Feutersoey, Gsteigstrasse 161,
033 755 10 12, www.restaurantroessli.swiss

16 Art Bar Restaurant
(Seite 76)

16 Art Bar Restaurant

Erste Saane Der Herrgott war's. Sein Handabdruck schuf das Saanenland – was wir nicht wissen. Das «16 Art» schufen Nik und Simon Buchs, die sympathischen Gastrosophen – was wir wissen. Im Kamin lodert das Feuer, die Glut wird perfekt und auf dem Rost fiebern die Lammkoteletts dem Garpunkt entgegen. Die Küche von Nik und Simon Buchs richtet sich nach der Saison. Zum Beispiel mit Ravgchöch, einem Wintereintopf aus Steckrüben, Kartoffeln und Speck, verfeinert à la Buchs-Family. Zur innovativen Küche passt ihre grandiose Weinauswahl, die selbst zahlreiche Weinnasen mit Provenienzen aus der Sparte «Habe ich noch nie getrunken» überrascht. Sensible Gaumen kommen in der Zwischensaison, Trendsetter besuchen das Haus für eine Runde Gesellschaftsstudie während des Menuhin-Festivals.

3792 Saanen, Mittelgässli 16,
033 748 16 16, www.16eme.ch

Hus49

Vielfalt Aus dem «Urs-Hug-Haus» wird das «Hus49», das gleich Akzente setzt, die nicht nur die Langenthaler begeistern, sondern die Region. Ja, selbst aus Bern, Solothurn und Basel finden Gäste den Weg an diesen speziellen Ort, der von Jacqueline Kälin, Gülferah De Luca und Raphael Baumgartner lustvoll und gekonnt bespielt wird. Noch sitzt nicht jedes kleine Detail, was vollkommen egal ist, stimmt doch der Eindruck als Ganzes auf Anhieb. Selbstsicher bezeichnen sie sich als das Kulturzentrum für «Langethau» zu dem ich noch keinen Zugang gefunden habe, zu knapp ist der Redaktionsschluss zur Eröffnung. Aber was die Küche unter der Leitung von Jacqueline hervorzaubert, verursacht kulinarische Freude. Der Pulpo vom Holzofen mit Mayo hat die perfekte Konsistenz, die Kürbisgnocchi mit intensivem Salbeianke und Bergkäse lesen sich schwerer als sie sind. Auf ein Neues mit mehr Zeit.

4900 Langenthal, Mühleweg 15,
062 922 49 49, www.hus49.ch

Holzofenbäckerei & Bistro Ofenguck

Mit Holz Wer zu schnell fährt, verpasst in Lotzwil eine bemerkenswerte kulinarische Oase. Das Bistro Ofenguck offeriert einen lauschigen Freisitz und eine gemütliche Stube, um die hauseigenen Holzofen-Spezialitäten vor Ort zu verkosten, während die Hausbäckerei mich stets dazu verleitet, mehr einzukaufen. Denke ich am Freitag an die salzigen und süssen Kuchen oder am Samstag an den Beinschinken im Teig, bin ich schon in Richtung «Ofenguck» unterwegs. Auch die eigenen Glace-Spezialitäten, die mit 16 Sorten aufwarten, überzeugen. Eine meiner Lieblinge ist die Pfefferminzglace, die durch die Grand-Cru-Schokolade zum Pfefferminz-Stracciatella mutiert. Wer sich vor Ort verköstigt, vergisst das Heute und wird mit dem servierten Grosi-Geschirr an das Gestern erinnert.

4932 Lotzwil, Langenthalstrasse 71,
062 922 44 33, www.die-holzofenbäckerei.ch

Hirsernbad

Gäng wie gäng Sanfte Hügel, üppige Wiesen und stattliche Höfe gehören genauso zum Emmentaler Klischee wie die opulente Berner Platte und die im Schweineschmalz goldbraun gebratene Rösti. Beim Emmentaler Schafsvoressen wird's authentisch. Nie vergesse ich den erhabenen Augenblick, als mir Werner Aeschbacher, der Forscher und Freigeist auf dem Langnauer- und dem Schwyzerörgeli, sein Emmentaler Schafsvoressen aufgetischt hat. Seitdem ist mir dieses Schafsgericht, aus Schulter und Brust und mit Safran parfümiert, nie mehr zwischen die Zähne gekommen. Bei der Familie Duss im Hirsernbad habe ich es wiedergefunden. Dazu habe ich mir einen Rully Blanc von Jean-Baptiste Ponsot genehmigt, und mit jedem Biss und Schluck mehr wurde es mir an einem nebligen Sonntagmittag wärmer ums Herz.

4937 Ursenbach, Hirsern 102,
062 965 32 56, www.hirsernbad.ch

Löwen

Lebendige Tradition Einst musste für das Emmentaler Schafsvoressen der Schafsbock herhalten, heute ist es das Lamm, was das Traditionsgericht auch für sensible Gaumen schmackhaft macht. Der «Löwen» verströmt Behaglichkeit und Gemütlichkeit. Hier fühlt sich der Gast mit Gotthelf verbunden, hier bleibt er länger sitzen, weil's so gemütlich ist und weil sich die Gäste viel zu erzählen haben. Auswärtige, die bei ihrer Gesellschaftsstudie über den Durst trinken, bleiben noch länger und geniessen den Aufenthalt in einem der schön renovierten Gästezimmer. Für den ersten Besuch empfehle ich einen Sonntag, beginnend mit dem Frühschoppen und endend mit dem Geschnetzelten vom Schangnauer Wasserbüffel. Kalorienzähler erkunden nach dem Mahl noch die idyllische Landschaft rund um den «Loie».

6197 Schangnau, Dorfplatz,
034 493 32 01, www.loewen-schangnau.ch

Übernachten im Kanton Bern

Berghotel Zur Sau

Am Anfang der Welt Von Saanen aus führt ein schmaler Weg über den Mittelbergpass zum Berghotel, und von Bulle oder Boltigen her gelangen die Gäste etwas entspannter nach Abländschen. Der Gastgeber Clà Frei ist herzlich, das Haus stilvoll gemütlich, und das Merkmal der exzellenten Küche liegt bei den lokal gezüchteten Duroc-Freiland-Alpschweinen und bei den Perlhühnern. Nebenschauplätze wie Schweinsbratwurst, Schwartenmagen und Cervelat bestehen mit Applaus, die Weinkarte überzeugt mit diversen Provenienzen und überrascht mit einer Auswahl an Cidres; das Ganze ist ein Retreat für schöne Momentaufnahmen. Freude bereitet mir auch die Ankeschnitte, die den gemeinen Appetit zusammen mit einem ersten Glas in Schach hält.

1657 Abländschen, Abländschenstrasse 55,
026 929 85 50, www.bergdorf-ablaendschen.ch

Übernachten im Kanton Bern

Villa Lindenegg

Endlich! Lange war's still um die Villa Lindenegg, nun blüht sie wieder, Gott sei Dank. Mit einer Bouillabaisse Marseillaise, die nicht besser sein könnte als in Marseille selbst, einer Jakobsmuschel auf Linsen, begleitet von einem Stück gebratenen Speck, mit Poulet-Involtini gefüllt mit Kräutern und Tomaten und zum leichten Finale mit einer schwarzen Sesam-Glace mit Beeren-Coulis. Das Weinangebot glänzt im Lokalkolorit und mit ausgewählten spanischen Provenienzen, und wer länger bleibt, gönnt sich zum Aperitif eine Souboziane von Gagygnole aus Souboz und als klassischen Nightcap einen rauchigen Ardbeg von der Hebrideninsel Islay. Den Rest machen Lage und die angenehmen Gästezimmer, von denen mir das Zimmer Nummer 4 am besten gefällt. Aber bitte nicht weitererzählen.

2502 Biel, Lindenegg 5,
032 322 94 66, www.lindenegg-biel.ch

Hotel Rosenlaui

Endlich Bergferien Bergferien? Gerne, aber nur von Mitte Mai bis Mitte Oktober. Dann aber täglich. Wer den Spuren von Holmes und Watson folgen, die wunderschöne Bergwelt näher erkunden oder am Ufer des idyllischen Bergbachs einfach mal eine Runde vor sich hindösen will, der ist im «Rosenlaui» ideal aufgehoben. Wer kommt, der bleibt. Zu schön ist dieses Kleinod, als dass sich der Gast mit nur einer Nacht zufriedengibt. Die Atmosphäre in den Salons und in den mit Originalmobiliar ausgestatteten Zimmern, in denen es zwar kein fliessendes Wasser, aber jede Menge Historie gibt, ist einmalig und führt den Besucher auf eine Zeitreise. Ein eigenwilliger, spezieller, wundervoller Ort für Menschen, die auch mal ohne Handy, TV und Co. auskommen. Unique.

3860 Rosenlaui,
033 971 29 12, www.rosenlaui.ch

Chez Ginette

In der Fremde Natürlich werde ich mich nicht zum Kenner der asiatischen Küche entwickeln, schon gar nicht zur Vietnamesischen, was ich aber mit Freunden an einem Abend bei Ginette gegessen habe, hat mich fasziniert, die lokale, regionale und asiatische Produkte gekonnt vermischt, alles frisch zubereitet, liebevoll mit vietnamesischen Gewürzen, ohne zu viel Gedöns von diesem und jenen, arrangiert. Allein die Frühlingsrolle, eine Rolle, die sich oft so langweilig wie die Sonntagspredigt des Pfarrers in der Kirche präsentiert, mit einer Farce aus Schwein, Crevetten und Gemüse, ist ein aromatischer Gaumenkitzler, wie alles andere, was wir haben essen dürfen, das unsere Freiburger Freunde vorbestellt haben. Es sind unvergessliche Geschmacksexplosionen einer Küche, die ich bis anhin nicht gekannt habe. Dazu war der piemontesische Freisa, ungewohnt als Rosé produziert, genau das richtige Trinksame.

1700 Freiburg, Rue de Lausanne 25,
026 303 60 52, www.chezginette.ch

NEU

Cyclo Café und Le Cintra

O Zeiten, o Sitten Gleich kommt die Gauloise-Fraktion um die Ecke und verschreibt sich eine Runde Pastis. Wie in einem Film noir. Einfach ohne Qualm. Denn dampfen tut hier nur noch der Kaffeeschaum. Eingeborene und Studenten der Stadt tauschen sich aus oder spinnen ihre Gedanken, die wie Nebelschwaden um die Tische ziehen. Die Bierauswahl ist gepflegt, die Cocktails sind fein, die Weinauswahl ist klein, aber spannend. Einige Häuser weiter steht das «Cintra», in dem sich die Freiburger Legende Miquet Tinguely in die Pension verabschiedet hat. Eine Prise seiner Aura ist geblieben, weil die Neuen es so gut machen. Ein weitere spezielle Adresse am Boulevard de Pérolles.

1700 Freiburg,
Cyclo Café: Boulevard de Pérolles 91,
026 322 02 28, keine Website;
Le Cintra: Boulevard de Pérolles 10,
026 322 65 25, www.cintra.ch

Brasserie le Boulevard 39

Unter sich Tout Fribourg trifft sich im «39». Die Bohème der Stadt, Connaisseurs, Dandys, Gastronomen und Normalsterbliche. Zum Mittagstisch, Aperitif oder ausgedehnten Abendmahl. Die Gastgeber Rachel und Philippe Roschy legen Wert auf Normalität, Qualität und auf einen gut funktionierenden Service. Das Tatar wird von Hand geschnitten, die Saucen werden angesetzt und nicht angerührt, die Frites und das Ketchup sind fait maison, wie so vieles in dieser wundervollen Brasserie. Kommt hinzu, dass einige Spitzenweine zu zivilisierten Preisen glasweise kredenzt werden wie ein Exeptional Harvest, ein mehrere Monate lang im Barriquefass gelegener Pedro Ximénez. Wer in Freiburg eine gesellschaftliche Prise Extravaganz sucht, findet sie hier.

1700 Freiburg, Boulevard de Pérolles 39, 026 424 35 98, www.leboulevard.ch

Café des Arcades & Le Bletz

Rillettes vom Poulet Nicht alle Eingeborenen freuen sich über die vielleicht eine Nuance zu intensive Renovation ihres Café des Arcades. Wie auch immer, das Angebot verursacht Hunger, zumindest Appetit, die Küche hat zugelegt, die Stimmung ist urban, und auf dem Dach wartet die Sommerterrasse Le Bletz, auf der das Fernweh mit einem Ballon blanc und einer Terrine de Campagne fribourgeois sehr schnell vergessen geht. Regnet es, sitzt es sich im Parterre ungemein gut. Das Café des Arcades geht mit der Zeit, ohne das Vergangene aus den Augen zu verlieren. Wird die beliebte Bouillabaisse mit der hauseigenen Rouille angeboten, heisst es nicht lange überlegen, sondern einfach bestellen. Dazu eine Flasche aus der Cantina del Moulino und alles ist gut.

1700 Freiburg, Place des Ormeaux 1, 026 321 48 40, www.cafedesarcades.ch

Les Trentenaires

Noch ein Bier! Das mag zwar salopp klingen, wer aber Bier nicht mag, ist im «Trentenaires» definitiv fehl am Platz. Weintrinker überleben mit einer kleinen Auswahl an Säften, das Angebot an Bieren ist aber derart überwältigend und gibt einen so profunden Einblick in die Braukunst zahlreicher Mikro- und Kleinbrauereien, dass hier Wein zu trinken keinen Sinn ergibt. Nach einer gewissen Zeit verliert man gerne den Überblick, was auch damit zu tun hat, dass der Laden permanent proppenvoll ist und der Hüftkontakt dazugehört. Introvertierten Einzelgängern ist von einem Besuch abzuraten. Einfach berauschend das Ganze. Ein Bier geht noch und ein «Côtelette de Cochon rassie sur l'Os» mit Pommes Alumettes erst recht.

1700 Freiburg, Rue de Lausanne 87,
026 322 44 11, www.lestrentenaires.ch

♥ L'Artizan

Käse, was sonst? Die Laiterie Gougler und die Fromagerie de Broc haben sich unter einem Dach vereint. Die Stärken der Läden liegen bei den verschiedenen Reifegraden von Gruyère und Vacherin, die aufzeigen, wie vielfältig regionaler Käse ist. In der Saison kommt der fruchtig würzige Vacherin Alpage hinzu. Pascal Guenat, dem der Alpkäse sehr am Herzen liegt und der Mitglied der IG Schweizer Alpkäse ist, sorgt mit seinem Qualitätsdenken dafür, dass kleine Laiteries bestehen bleiben können. Die Käsehandlung in Freiburg überzeugt mit ihrer Auswahl an erstklassigen Käse von Schaf, Kuh und Ziege aus der Region Montbovon (Bulle) und dem Wallis. Zugleich verkauft sie Produkte von «Frütile», die sich mit diversen Kompotten und Konfitüren dem Natürlichen zugewandt hat.

1700 Freiburg, Rue de Lausanne 83,
026 341 73 00, www.lartizan.ch

Chez Ginette
(Seite 80)

Cantina del Mulino

Gleich nebenan Die «Cantina», gleich schräg gegenüber vom neu renovierten «Arcades», ist für mich die Weinhandlung in Freiburg. Die Macher haben zwar in Bern einen zusätzlichen Laden, mir gefällt das Geschäft in Freiburg aber weitaus besser. Frankreich ist mit zahlreichen Regionen vertreten: Gascogne, Madiran, Périgord, Rhônetal, Loire, Jura und andere. Natürlich liegen diverse grosse Namen zu satten Preisen in den Regalen, es hat aber auch zahlreiche Flaschen von kleinen Produzenten, die zum Freundschaftspreis ausgeschrieben sind. Die Degustationen sind in aller Munde und werden dann und wann mit einer Ladung Kultur bereichert, die schon manchen geübten, Zecher ins «Arcades» getrieben hat. Mir gefallen die kleinen Namen aus dem Beaujolais mit grossem Inhalt.

1700 Freiburg, Place des Ormeaux 1, 026 323 36 34, www.cantinadelmulino.ch

Café le Tunnel ♥

Für Romantiker In den Achtzigern war das «Tunnel» noch eine stets gut besuchte Spelunke. Damals, zu meiner Zeit im «grünen Gewand», als die nahe Basse-Ville mit ihren kleinen Pinten für den endgültigen Absacker besorgt war, floss hier der Samos in Strömen. Heute sind zahlreiche Bistros dem Zeitgeist erlegen, das «Tunnel» hat als zivilisiertes Café-Restaurant überlebt. Es ist aber nicht minder lebendig als damals und doch so anders. Das engagierte Team versteht es, eine gute Atmosphäre zu schaffen, und verwechselt lässig nicht mit nachlässig. Den Rest machen die unprätentiöse Küche und die gute Weinauswahl zu fairem Preis. Hin und wieder wird dem Kulturellen gehuldigt – welche soziale Funktion das Bistro sonst noch ausübt, kann auf der Website nachgelesen werden.

1700 Freiburg, Grand-Rue 68, 026 321 33 34, www.le-tunnel.ch

Boulangerie Hofstetter

Unvergessen Die Bäckerei Hofstetter scheint wie aus einem Schweizer Heimatfilm von Regisseur Kurt Früh entsprungen zu sein. Schon der Standort in der Rue la Grand-Fontaine ist mehr als kameraverdächtig, und auch die patinierte Bäckerei, auf die lediglich ein kleines Schild hinweist, hat ihren speziellen Charme. Wer die Tür zum Laden öffnet, freut sich über das duftende Angebot und über ein Brot, das nicht bereits am nächsten Tag schlapp macht. Und dann wäre da noch die Patisserie, ganz so wie früher. Hoffentlich noch lange. Merci an Monsieur Joseph Hofstetter, der die Nachtschwärmer und Frühaufsteher um vier Uhr mit Croissants bedient und um elf Uhr im Quartier seine Runde macht und das Brot aus dem Kofferraum heraus verkauft. Einfach so – wie früher!

1700 Freiburg, Rue la Grand-Fontaine 18, 026 322 38 03, keine Website

La Muse

Endlich! Was sich zahlreiche Biertrinker schon lange erhofft haben, ist nun endlich eingetreten. Die Biere von «Fri-Mousse» können im «La Muse», in der Hausbar der Brauerei, getrunken werden. Stets von Donnerstag bis Samstag ab 16 Uhr. Einst wurde Freiburg biertrinktechnisch durch Cardinal dominiert. Diese trübseligen Zeiten sind vorbei. Heute spriessen die regionalen Brauereien nur so aus dem Boden. Ob nun allerdings die Biere von «Fri-Mousse» die besten Biere der Region sind, das sei einmal dahingestellt. Auf alle Fälle sind ihre Macher sympathisch, die Etiketten zeugen von Kultur und die Biere sind ungemein würzig und trinkfreudig. Übrigens: Mein absoluter Favorit ist das «Barberousse». Und Ihrer?

1700 Freiburg, Samaritaine 19, 026 322 80 88, www.fri-mousse.ch

Café des Arcades & Le Bletz (Seite 81)

Chocolaterie Artisanale & Biscuiterie

In der Unterstadt Fein und gut sind die Kunstwerke, die Marianne Schneider in der Basse-Ville aus ihrem Atelier hervorzaubert. Waren hier einst die stimmungsvollen Pinten verankert, sind es heute innovative Kleinunternehmen, die Gutes zu Tage bringen, was immerhin ein kleiner Trost sein mag. Die Chocolaterie von Marianne Schneider ist es wert, an vergangene Zeiten zu denken. Ob Pralinen, Florentiner, Branchli, schwarze Schokolade mit rosa Pfeffer oder kandierte Orangenschnitze mit dunkler Schokolade – wer als Schleckmaul einmal bei Marianne einkauft, wird immer wieder zurückkehren und keine industriell gefertigte Schokolade mehr kaufen. Ich übertreibe? Überzeugen Sie sich doch gleich selbst vor Ort.

1700 Freiburg, Rue de la Samaritaine 31, 079 396 71 93, www.fleur-de-cacao.ch

Boucherie Bertschy

Der Beste Seit 1931 existiert die Metzgerei Bertschy, und bis heute sind ihre ungemein schmackhaften Spezialitäten fait maison. Besuche ich Freiburg, geht es nicht ohne eine Stippvisite bei der Familie Bertschy in der Freiburger Basse-Ville, warten hier doch geniale Brat- und Brühwürste, einige Scheiben Jambon fumé à la Borne und zwei, drei dicke Tranchen der exzellenten Terrinen auf mich. Und ja, in der Saison muss die grandiose Blutwurst auch noch mit. Kurz, die Boucherie Bertschy ist eine meiner Lieblingsmetzgereien in der Schweiz. Ist es die Zeit der «Chilbi» (Bénichon), warten grossartige Produkte sozusagen à la minute auf den Kenner, etwa Beinschinken, Speck-Saucisson, Schweinsbratwurst und Euter (!) sowie frisches Lamm aus der Region.

1700 Freiburg, Rue de la Neuveville 25, 026 322 12 86, www.boucherie-bertschy.ch

Bistro le Port de Fribourg

Erfrischend anders Der «Port» wurde vor Jahren auf dem Areal des alten Gaswerks aufgebaut. Entstanden ist ein Stück Natur inmitten der Stadt, mit Gemeinschaftsgärten und einem kulturellen Programm unter freiem Himmel, bereichert durch ein Bistro, das überzeugt. Das Ganze erinnert etwas an die Sechziger, an Flower-Power, gepaart mit Nachhaltigkeit. Nur statt des Joints zum Brunch ist es nun die Honigschnitte. Die Qualität der saisonalen Frischküche ist erstklassig, die Produkte sind regional, und die Kräuter kommen aus dem eigenen Garten. «Le Port» hat nur von Mai bis Anfang September geöffnet. Es wird jeweils jährlich entschieden, ob es im kommenden Jahr erneut stattfindet. Dies, obwohl «Le Port» sich mittlerweile zu einer Institution gemausert hat.

1700 Freiburg, Planche-Inférieure 5,
026 321 22 26, www.leport.ch

Pinte des Trois Canards ♥

Zunge und Suppenfleisch Urig und verschroben. Anders lässt sich die Wirtschaft nicht beschreiben. Die «Pinte des Trois Canards» ist ein wundervolles Unikat. Kein Lokal versammelt so viele Stammgäste wie die drei Enten am Rande von Freiburg. Es kommen Studenten, Eishockeyspieler, Wanderer, Ausflügler, Arbeiter, Banker und andere. Sie kommen für Kutteln, Entenbrust und Nieren, an jedem ersten Donnerstagmittag für die Rindszunge und an jedem letzten Donnerstag im Monat für das Suppenfleisch, was die beliebten Pièces de Résistance des Hauses sind. Aber Vorsicht! Die Köche arbeiten ohne Zierleisten, kommen ohne Schäumchen, Häubchen und Türmchen aus, und die Portionen sind üppig. Wer das alte Freiburg kennenlernen will, fängt hier an.

1700 Freiburg, Chemin du Gottéron 102,
026 321 28 22,
www.pintedestroiscanards.blogspot.ch

Les Menteurs

Freiburger Wunder Die Küche meidet arrangierte Gerichte, das Reagenzglas bleibt im Labor und das Weckglas im Vorratskeller. Hauptdarsteller ist das, was auf dem Teller liegt. Die Initianten Catherine Portmann, Jean-Christophe Piguet und Pascal Hirt engagieren sich seit Jahren für eine aufgeweckte Gastronomie und ihre Weckrufe überraschen die Freiburger immer wieder. Das verhält sich jetzt mit der «Kantine auf Zeit» nicht anders, die sich auf dem Areal der Blue Factory industriell und gemütlich schräg gibt und die Gäste dazu animiert, zahlreich zu kommen und zu bleiben. Dabei hat das Trio die Kulinarik nicht neu erfunden, sie gibt ihr lediglich eine Unkompliziertheit, die sich in dieser Art nicht so schnell wieder finden lässt und die bestehen bleibt, auch wenn die Macher nicht mehr im Vordergrund stehen.

1700 Freiburg, Passage du Cardinal 1,
026 422 22 17, www.lesmenteurs.ch

Übernachten in der Stadt Freiburg

Auberge aux 4 Vents

In der Badewanne Es hat sich so einiges verändert in dieser Oase, seit Serkan und Sylvie das Zepter in der «Auberge» schwingen. Ob es nun gegenüber den beliebten Vorgängern besser oder schlechter ist, lasse ich offen. Was nach wie vor der Anziehungspunkt ist, ist der traumhafte, parkähnliche Garten mit beeindruckendem Blick auf die Kathedrale, der auch ohne Übernachtung genutzt werden kann. Überlebt hat auch das beliebte Hotelzimmer mit der ausfahrbaren Badewanne. Und sonst? Die neue Kaffee- und Teekultur bereitet einigen Gästen Freude, andere vermissen die weinselige Lockerheit der Gastgeber. Nur, die «Auberge aux 4 Vents» ist in Freiburg nach wie vor die Übernachtungsadresse – und einen romantischeren Freisitz in der Stadt kenne ich nicht.

1763 Granges-Paccot, Grandfey 124,
026 321 56 00, www.aux4vents.ch

Auberge de la Croix Blanche

Schwelgen Arno Abächerli kocht in der Mitte von Nirgendwo auf Sterne- und Punkteniveau, sekundiert von seiner herzlichen Frau Christa. Die beiden zelebrieren seit Jahrzehnten gemeinsam eine entspannte Gastfreundschaft. Die Auberge ist unterteilt in Bistro und Gourmetstube, wobei ich den Sonntag lieber in der Holzbankklasse verbringe und mich mit Kutteln, Kalbskopf (dem besten!) und Zunge auseinandersetze. Klassiker, die Abächerli grandios und ohne Firlefanz kocht. Natürlich sind Foie gras, Carne cruda oder Felchen an Zitronenbutter gute Gründe, um den minderen Fleischteilen untreu zu werden, aber wer diese bei ihm einmal gegessen hat, lässt das mit der Feinschmeckerei eh sein.

1583 Villarepos, Route de Donatyre 22,
026 675 30 75, www.croixblanche.ch

Werft

NEU

Versteckt Wer unkompliziert an einem coolen Ort essen will, findet in der Werft in Faoug bei Murten seinen angestammten Platz. Ob Tomatenragout, geröstetes Markbein oder hausgeräucherter Seehecht aus dem Murtensee, es schmeckt. Nicht anders verhält es sich mit dem Weinangebot, wobei mehr regionale Provenienzen und Naturweine eine Überlegung wert wären. In die Beiz mitgenommen haben mich die Abächerlis (Croix Blanche, Villarepos), die sehr gerne hier einkehren und mit denen ich das auf dem Holzkohlegriff zubereitete Secreto vom lokalen Duroc-Schwein geteilt habe, zumal ich bei den Vorspeisen eine Runde zu viel degustiert habe. Die Werft verkörpert eine unkompliziert ausgelebte Gastronomie, die junge und jung gebliebene Gäste aus der ganzen Region anzieht.

1595 Faoug, Route du Nouveau Port 11,
026 411 00 22, www.restaurant-werft.ch

Café Tivoli

«Sympa» Jambon de la Borne (im Kamin geräucherter Schinken), Käseschnitte und Fondue, wie sie sein müssen, sowie ein Tatar der Extraklasse sind die rudimentären Ansagen von Sarah und Damien Colliard in ihrem Café Tivoli in Châtel-Saint-Denis. Nicht zu vergessen die obligate Meringue mit der notwendigen Double Crème, deren 45 Prozent Fettgehalt einen noch tiefer in den Stuhl versinken lässt. Den Rest machen die Stimmung des Hauses, die gemalten, stummen Helden an den Wänden und die gesprächigen Gäste an den Tischen, die fragend in die Runde blicken, wenn ein Neuling die gute Stube betritt. Wer sich hier als Beizengänger erst einmal an den Tisch setzt, wird länger bleiben und irgendwann zu später Stunde ein Zimmer nehmen, wenn denn noch eines frei ist.

1618 Châtel-Saint-Denis, Place d'Armes 18,
021 948 70 39, www.cafetivoli.ch

♥ Brasserie du Moderne

Da geht was Ende der Siebziger habe ich Bulle kennengelernt. Was war das für eine lebendige Kleinstadt mit zahlreichen Beizen, deren Patina mich dazu animierte, den Tag trinkfreudig zu verbummeln. Gut, essen ging damals auch, war aber noch nicht so wichtig. Dann kamen die Jahre der Beizen-Dürre, diverse Wirtschaften verschwanden von der Bildfläche, und Bulle drohte zu verdursten. Gottlob hat sich das wieder geändert. Neue Gasthäuser sind entstanden, die mit ihrer innovativen Gastronomie Freude bereiten. So auch die Brasserie du Moderne, die morgens ein pulsierendes Café ist, um 12 Uhr mit einem beliebten Mittagstisch aufwartet und abends der Treffpunkt für eine illustre Gesellschaft wird, die sich lustvoll durch die geschüttelten und gerührten Cocktails trinkt.

1630 Bulle, Rue Victor-Tissot 2,
026 564 20 10, www.lemoderne.ch

Café Paradiso

Charmant Virginie Tinembart und Georgy Blanchet sind mit ihrem «Paradiso» der unkomplizierte Anziehungspunkt in Bulle. Die ehemaligen Gastgeber der «Pinte des Mossettes» bieten der pulsierenden Kleinstadt einen innovativen Treffpunkt. Tagsüber dient er als Café, abends mutiert er zu einem stimmungsvollen Bistro, das mit kleinen Gerichten aufwartet: wie geschmorter Rettich, begleitet von einer mit Trüffeln parfümierter Butter, Markbein mit Rotweinjus, eingelegten Sardinen, Wildschwein im Cidre, Forelle und Terrine. Die Sirupe sind fait maison, die Weine vorwiegend naturel, und die Cidres stammen von Jacques Perritaz aus dem freiburgischen Treyvaux und von Cyrill und Iwan Hossli aus dem aargauischen Hornussen.

1630 Bulle, Rue du Marché 21,
026 525 86 96, www.café-paradiso.ch

Café de la Promenade

Typisch Einfach und stilvoll, so präsentiert sich das Café de la Promenade. Die Gaststube besticht durch ihre Tapete, das Täfer und die schlichte Einrichtung. Den Nebenraum würde ich weiss eindecken, wenn überhaupt, und für einen Besuch zwingend einen Tisch in der Gaststube verlangen. Hier wird eine kompromisslose und gute Traditionsküche zelebriert, und auch wenn sie nicht überzeugen würde, wäre das auch irgendwie egal, zu patiniert ist die Beiz. Zu Beginn etwas Trockenfleisch, gefolgt von einem Beinschinken, natürlich mit Frites, oder doch lieber ein Fondue pur vacherin oder einfach eine luftige Omelette au fromage. Dazu einen Chasselas und zum Schwein darf es durchaus ein Saint-Joseph aus dem Vallée du Rhône sein. Merci für diese unaufgeregte, urgemütliche Einkehr.

1630 Bulle, Rue de la Promenade 31,
026 912 74 48, www.cafedelapromenade.ch

Fischerstübli (Seite 39)

com'ça

NEU

Schweigen Laura und Sandro vom «l'Ecluse» in Biel haben mich auf die Beiz von Jean-Marc Dedeyne und Leonardo Bielsa aufmerksam gemacht und sie mir ans Herz gelegt, obwohl sie selbst noch nie vor Ort waren, aber von ihren Freunden aus Bulle schon so viel darüber gehört haben. Gesagt, getan und nichts wie hin. Das Menü ist gegeben, der Gast wählt drei oder vier Gänge, wer Käse will, bestellt ihn zum Finale oder vor dem Dessert separat. Das Menü ist sec, und so was von gut. Unter anderem gab's geräucherte Felchen und vom Alpschwein eine butterzart geschmorte Schweinebacke, verpackt in einer unwiderstehlichen Cannelloni. Hier einzukehren bedeutet Omnivor zu sein, sich hinzusetzen, zu essen, was aufgetischt wird, und in gefrässigem Schweigen zu versinken. Wer das nicht kann, lässt es bleiben.

1630 Bulle, Rue de Gruyères 41,
026 912 55 14, www.com-ca.ch

Fromagerie de Marsens-Vuippens

Die Dorfkäserei Marc-Henri Horner ist ein Meister seines Fachs. Seine Freiburger Vacherins sind grandios und seine Gruyères erstklassig. Apropos Vacherin: Die Rohmilch gibt diesem Käse ein reiches Aroma, das auf der Zunge und im Gaumen zugleich nach Blume, Erde und Frucht schmeckt. Natürlich ist der Geschmack von der Qualität der Rohmilch, der Kuhrasse und der Jahreszeit abhängig. Liebhaber einer Bitternote kommen beim Rohmilch-Vacherin von Horner voll auf ihre Kosten. Hingehen, einkaufen und geniessen! Vielleicht gleich vor der Käserei mit einem Baguette Artisanale und einem Chasselas aus dem Hause Javet & Javet. Kenner lassen sich zusätzlich noch eine Portion Ziger einpacken, der aus der Käsemolke gewonnen wird.

1633 Marsens, Route de Bugnons 2,
026 915 28 42 oder 079 299 96 03,
www.fromagerie-de-marsens.ch

Danivino

No Barrique Daniel Dula war Pöstler und in Gedanken mehr in der Küche als am Briefkasten. Tatsächlich folgte er seiner Passion und wurde ein erfolgreicher Gastgeber in Freiburg. Zuerst im «Union» und Jahre später in der Unterstadt im «Grotta». Tempi passati. Heute widmet er sich seiner Weinhandlung in Broc, in der er ab und zu zur piemontesischen Tavolata ab zwölf Personen einlädt. Seine Weine stammen von Winzern, die kein Barrique verwenden und ihre Weine im Stahltank oder im grossen Eichenfass reifen lassen. Es sind Weine zum Trinken, die keine Auszeichnungen benötigen. Weine mit natürlicher Frucht, Säure und Gerbstoffen. Weine voller Frische und Charakter.

1636 Broc, Rue A. Cailler 27,
079 412 77 81, www.danivino.ch

Hôtel de la Croix de Fer

Authentisch Wer abtauchen, unkompliziert übernachten und gut essen, wer die Natur erfahren und erspüren, wer mit dem Klang von grasenden Kühen und ihren Kuhglocken einschlafen oder im Winter der Stille lauschen will, der zieht sich in der Haute Gruyère im Weiler Allières in das einfache Hôtel de la Croix de Fer zurück. Der Gasthof war schon im 18. Jahrhundert eine beliebte Einkehr. Herzlich und eigenwillig ist der Gastgeber Philippe Roch, authentisch das Essen, stimmungsvoll das Haus. Bergsuppe, Fondue, Älplermakkaroni, Rösti und Beinschinken, Würste, je nach Lust und Laune der Küche ein Menü, kurz, das ganze opulente Programm mit Spezialitäten aus der Region. Dazu grundehrliche Weine, die nicht mehr sein wollen, als sie sind.

1669 Les Allières, La Croix de Fer,
026 928 16 06 oder 079 822 94 60,
www.lacroixdeferallieres.ch

L' Auberge de la Couronne

Auferstanden Einst war die «Couronne» meine Lieblingsbeiz für die Bénichon, dieser frugalen Freiburger Metzgete, bei der Schwein und Schaf aufgetischt wird. Das ist schon lange her, da die damaligen Gastgeber leider weitergezogen sind. Dann war längere Zeit Funkstille zwischen mir und der «Couronne», bis mich ein Freund aus Saanen darauf aufmerksam gemacht hat, dass die Auberge beinahe wieder zu ihrer alten Form gefunden hat. Das Angebot ist klein, es wird aber saisonal und frisch gekocht und was serviert wird, zeugt vom Qualitätsdenken der Wirtsleute. Etwa die hausgemachte Terrine und das Fisch-Rillettes oder das Forellentatar. Das Haus überrascht mit diversen ursprünglichen Details, und im Café sind passionierte Beizengänger besser aufgehoben als im kleinen Saal.

1669 Lessoc, Rue Monseigneur-Genoud 14, 026 928 23 98, www.la-couronne-lessoc.ch

NEU Cidrerie du Vulcain

Ohne Eva Wenn ein Schweizer Cidre-Produzent seinen Most in den Hochburgen des Cidres, also in der Bretagne und Normandie, verkaufen kann, dann muss sein Saft Kraft, Finesse und Qualität haben. Kurz, er muss grandios sein. Ist er auch. Nicht nur einen, sondern gleich sechs «Möschte» produziert Jacques Perritaz. Eine Komposition überragt für mich aber alle: Sein «Trois Pépins», eine Cuvée aus Apfel, Birne und Quitten, ist ein absoluter Genuss und erinnert in der Nase und im Gaumen an einen jugendlichen Vin Jaune, der sechs Jahre und drei Monate im Fass reift – was zugegeben ein Widerspruch in sich ist. Die Nase will sich förmlich in den Aromen ertränken und sich den Düften hingeben. Nun setzt Jacques einen drauf und wandert in die Normandie aus. Mal sehen, was daraus wird.

1733 Treyvaux, Chemin du Clos-d'Illens 11, 079 663 42 45, www.cidrelevulcain.ch

Gasthof zum Roten Kreuz

La Bénichon Kennengelernt habe ich das «Kreuz» an einer «Bénichon», für die ich früher zu Judith Baumann gepilgert bin. Nun sind mir diese wundervollen Gerichte wieder bei Xavier Briand und Anne-Raymonde Corpataux begegnet. Das Gasthaus ist in eine Gaststube und in einen Speisesaal unterteilt, die mit zwei Speisekarten bespielt werden. In der Küche ist Briand zu Hause und im Service Gastgeberin Corpataux zuständig, die gerne regionale Weine empfiehlt. Wer Lust auf eine Terrine aus Entenschenkeln, eine marinierte Makrele oder einen Zander aus dem Greyerzersee hat, der reserviert im Saal. Ich für meinen Teil bin der Gaststube und dem Clubsandwich mit Frites fait maison treu, wobei das grosse Menü zu bescheidenem Preis lockt.

1735 Giffers, Dorfplatz 8,
026 418 11 25, www.aubergedelacroixrouge.ch

Château de Praz

Ergo bibamus Die Weine von Marylène und Louis Bovard-Chevret, habe ich im «L'Asseseur» auf dem Mont Soleil kennengelernt. War ich früher in der Region Murtensee, besuchte ich die Domaine Javet & Javet in Lugnorre, was ich immer noch tue, einfach neu mit einem Abstecher ins Château de Praz. Ihre Weine haben Klasse und ihr Chasselas, der auch bei mir im Keller liegt, wurde am Mondial du Chasselas mit der Goldmedaille ausgezeichnet. Auch wenn mich Medaillenspiegel bei Weinen nicht interessieren, ist es doch eine schöne Anerkennung für die grosse Arbeit der Familie Bovard-Chevret. Meine Lieblinge von ihren Weinen sind Freiburger (Freisamer), Pinot Blanc, Pinot Noir und Gamaret – allerdings habe ich die restlichen Sorten auch noch nie degustiert.

1788 Praz-Vully, Rue du Château 3,
026 673 18 18, www.chateaudepraz.ch

Javet & Javet

Je nachdem Allein schon die Website verrät, dass sich die Weine von Etienne Javet wohltuend von den Provenienzen anderer Winzer der Region abheben. Der Auftritt versinnbildlicht den Inhalt der zeitlosen, eleganten Weinflaschen. Weine, die nach den Demeter-Prinzipien naturnah erzeugt werden, mit wenig Schwefel auskommen und unfiltriert sind. Mein Liebling ist sein Savagnin Rose, eine Mutation des Savagnin, der in der Nase an Rosenblüten erinnert, im Mund mit Mineralität überrascht und ohne jegliche Restsüsse auskommt. Was für eine Entdeckung und was für ein ungewöhnlicher Wein. Freude bereiten u. a. auch der elegante Pinot Gris oder der frische Chasselas. Wenn sich Etienne für seine Besucher Zeit nehmen kann, wird's spannend, wenn nicht, eher förmlich.

1789 Lugnorre, Quart-Dessus 8,
026 673 10 67 oder 079 267 42 46,
www.javet-javet.ch

Restaurant zum Jäger

Verleiht Flügel Manchmal gehe ich mit meinen alten Copains Pouletflügeli essen, von denen wir immer einige Platten verdrücken. Ab und zu nehmen wir davor auch noch einen Wurst- oder Käsesalat, etwas Bauernschinken oder eine mundgerecht aufgeschnittene Bratwurst, oder wir verputzen nach dem Federvieh noch eine Platte panierter Schnitzel. Vielleicht hängt das auch mit den Erinnerungen zusammen, sind wir Freunde doch vor 40 Jahren hier immer wieder mal nachts durch die Gegend marschiert. Nicht freiwillig zwar, aber die Gegend hat es uns angetan. Heute sind wir zwar keine pirschenden Jäger mehr, sondern gehen nur noch mit Appetit in den «Jäger». Dazu eine Flasche vom Mont Vully oder zwei oder drei – je nachdem, wie viel wir uns zu erzählen haben.

1793 Jeuss, Dorfstrasse 25,
026 674 12 35, www.restaurant-jaeger-jeuss.ch

L' Ours (Seite 102)

Bauernhof

Café Berntor

Merci bien Den Tipp hat mir Sternekoch Arno Abächerli gegeben. Was Marcel Keller aus seiner Küche zaubert, hat Klasse. Warum? Die Teller sind weder überladen, noch muss das Auge die Zutaten suchen. Sie sind so arrangiert, wie auch ich meine Gerichte anrichte. Ok, ich koche einfacher und nicht auf diesem Niveau. Das Auge is(s)t also schon mal glücklich, Zunge und Gaumen folgen nach. Sie sind erfreut über Rehhacktätschli, Steinbutt auf Süsskartoffel-Creme, Hirschragout, klassisch, mit Rotkraut, Birne und Preiselbeere und doch einen Bissen anders. Spätzli und Fritten sind fait maison und die Schokoladen-Mandarin-Tarte ist die süsse Versuchung wert. Das Weinangebot überzeugt mit lokalen Flaschen, aber auch mit Rieslingen aus Deutschland.

3214 Ulmiz, Dorfstrasse 59,
031 751 10 09, www.bauernhof-ulmiz.ch

Im Wandel Murten bin ich 1980 das erste Mal begegnet, und selbst die damalige Teilnahme am Murtenlauf hat mir die Freude an diesem schönen Flecken Erde nicht nehmen können. Heute hat sich der elendige Speckgürtel um Murten aufgebläht, und wer augenschonend zur mittelalterlichen Stadt gelangen will, wählt den Weg über Muntelier und lässt sein Auto in der Pantschau stehen. Natürlich besteht für die Stadt Besuchspflicht, ich kenne aber das alles von früher her, und nach einem Bad im See besuche ich keine Sehenswürdigkeiten, sondern lieber das Café Berntor, das mehr über die Einwohner zu erzählen hat als jedes Denkmal, was auch mit der sympathischen Gastgeberin Marta Trachsel zu tun hat. Das Ganze ist nichts Aufregendes, aber eine angenehme, unkomplizierte Einkehr.

3280 Murten, Französische Kirchgasse 2,
079 755 40 68, www.cafe-berntor.ch

Eintracht

NEU

In letzter Minute Kurz vor Redaktionsschluss, doch was heisst das schon, denn einmal mehr habe ich den Zeitplan überzogen, was nicht nur mir, sondern auch der Verlagsleitung schlaflose Nächte beschert, sitze ich in der neu eröffneten «Eintracht» mitten in Murten und erhole mich von den endlosen Stunden am PC mit einem «brutal-lokal-Special», bestehend aus einer Portion Felchen-Knusperli mit einer Extraportion hausgemachten Frites, Tatarsauce und Gurkensalat. «Brutal-lokal» übrigens, weil der fangfrische Fisch der heimische Berufsfischer Pierre Schär dem Eintracht-Team liefert. Die Renovation des ehemaligen «Gifthüttli» ist gelungen, die Atmosphäre ist entspannt und unverkrampft, kurz, es ist eine einfache Einkehr für Zwischendurch und immer wieder.

3280 Murten, Hauptgasse 19,
026 670 33 44, www.eintracht-murten.ch

Konsum Murten

NEU

«Mmhhh» Ich kenne zahlreiche Freiburger, die in ihrer Region gerne einen grösseren Umweg in Kauf nehmen, um im Konsum in Murten anzudocken. Dieser moderne Tante-Emma-Laden ist weder Discounter, noch Bio- oder Hofladen noch Selbstvermarkter oder gar Delikatessenschuppen, nein, vielmehr ist er ein gut gemixter Cocktail von alledem. Inhaber Marco Plaen ist in der Region kein Unbekannter. Er war Spitzenkoch in der ehemaligen «Käserei», ist beteiligt an der «Werft» in Faoug und mischt neu in der luftigen «Eintracht» in Murten munter mit. Auch wenn es zu den Konzepten der Beizen unterschiedliche Meinungen gibt, über die Konsum-Tante sind sich alle einig und des Lobes voll. Täglich, 365 × im Jahr!

3280 Murten, Bernstrasse 22,
026 670 20 90, www.konsum-murten.ch

Übernachten im Kanton Freiburg

l'Ours

Aufbruch Das Haus hat Charakter und beeindruckt mit Historie und Authentizität. Den Gästezimmern würden Holzböden und eine Prise Mondänität gut anstehen. Im Mittelpunkt des Hauses steht für mich in erster Linie das stimmungsvolle Bistro, gefolgt von dem lauschigen Garten und der Terrasse. Noch was? Die Stühle im Restaurant sind eine Überlegung wert. «Horgenglarus»-Klassiker würden der Atmosphäre guttun, was aber nicht mehr als eine subjektive Fussnote ist. Der neue Gastgeber Dominique Egli ist herzlich und nie um ein Bonmot verlegen, und die Küche überzeugt mit solider Qualität. Für offene Gaumen warten ein Schnecken-Cassolette mit Saubohnen sowie ein Kalbskopf an einer Sauce Ravigote.

1786 Sugiez, Route de l'Ancien Pont 5,
026 673 93 93, www.hotel-ours.ch

Schloss Ueberstorf

Bilderbuchhaft Schloss Ueberstorf ist fast zu schön, um wahr zu sein. Mit stilsicherer Hand ist das Haus eingerichtet, alles ist durchdacht und entspannt Geist und Auge. So erstaunt es nicht, dass reiselustige Schöngeister und Kulturbeflissene ins Träumen kommen und sich einige Tage Schlossluft gegen den Alltagstrott gönnen. Die Gäste freuen sich im wundervollen Garten auf die Mittagstafel, sie begrüssen den Abend in der Schlosskapelle, reden über den vergangenen Tag und fragen sich, was wohl die sternenklare Nacht bringen wird. Sie sinnieren bei einem Glas oder zwei über die Pastinakensuppe, den Zander, das Moorhuhn und das Mohnparfait. Die Gläser klingen, die Auszeit ist fühlbar. Irgendwann, jederzeit und immer gerne.

3182 Ueberstorf, Schlossstrasse 14,
031 741 47 17, www.schlossueberstorf.ch

Affineur Claude Luisier

Der Käsepapst Sein Keller hat es in sich. Jeder Käsefreund wird in Tränen ausbrechen, wenn er ihn sieht. Jeder Deutschschweizer Lebensmittelinspektor ebenso. Nur aus anderen Gründen. Dem Naturkeller sind seine optimalen Eigenschaften nur deshalb nie abhandengekommen, weil er nie verändert wurde. Claude Luisiers Passion ist die Käseveredelung. Viele Laibe, die er kauft, sind bereits vor Ende der Reifung wieder verkauft. Claude Luisier pflegt Rohmilchkäse von Kuh, Schaf und Ziege aus den Walliser Alpen und aus verschiedenen Regionen Europas. Einmal im Jahr, immer im September, treffen sich auf seine Initiative hin auf 2000 Meter über Meer anlässlich der «Fromage & Cime» rund 20 Käseproduzenten, die ihre wundervollen Produkte präsentieren.

1911 Ovronnaz,
079 628 34 10, www.claudeluisieraffinage.com

Café Le National ♥

Traditionell Martigny ist nicht nur wegen seiner berühmten Fondation Pierre Gianadda eine Reise wert. Ein Gasthaus lockt direkt in den Stadtteil Bourg. Der Platzhirsch ist das Café Le National. Es bietet eine traditionelle Küche, ohne langweilig zu sein. Die Foie gras, serviert mit Aprikosenkompott und Brioche, ist delikat, und die zarten Kalbsnieren gehören für Innereien-Freunde zum Pflichtprogramm. Den Rest besorgen das Weinangebot, die sympathischen Gastgeber und die gute Grundstimmung des durchmischten Publikums. Wer im Januar vorbeischaut, hat Schwein und darf sich auf keinen Fall die Cochonnaille entgehen lassen, und wer schon immer einmal in ein Entrecote gratinée au beurre Café de Paris maison beissen wollte, hat hier die Gelegenheit dazu.

1920 Martigny-Bourg, Rue du Bourg 25,
027 722 53 90, www.cafenational.ch

La Pinte

Bei Nicolas Die «Pinte» ist ein Lokal, so wie ich es mir wünsche, wenn ich Lokalität und Authentizität suche. Für den Aperitif sitze ich auf der Terrasse, blicke zur Dorfkirche, zische ein Glas Fendant weg und freue mich über einen Teller Wallis, der mit Trockenfleisch, Rohschinken, Speck, Wurst und Käse ein schöner Einstieg ist. Die Frage, ob Käseschnitte oder Fondue, stellt sich für einmal nicht, da heimischer Hirsch auf dem Programm steht, der als Terrine und Ragout serviert wird, begleitet von Johannisberg und Gamay. Ab und zu wird eine Choucroute garnie aufgetischt, das andere Mal ist es ein Raclette, frisch vom Laib gestrichen. Eine Einkehr in der Pinte ist eine Reise nach Damals. Bücherwürmer stöbern vor der Einkehr in den Antiquariaten des Dorfs herum.

1955 St-Pierre-de-Clages, Rue de l'Eglise 20, 027 306 25 04, keine Website

♥ Bäckerei Arnold

Die Fünfte Nach über 125 Jahren hat in der Bäckerei Arnold die fünfte Generation den Schwingbesen in die Hand genommen. Amadeo wurde das Talent wohl in die Wiege gelegt, führt er doch den Familienbetrieb mit Routine, Können, Innovation und Nachhaltigkeit, als ob es für ihn nie etwas anderes gegeben hätte. Natürlich tüftelt er immer wieder mal neue Kreationen aus, aber die in der Familie gehüteten und überlieferten Rezepte bleiben unangetastet, wie jenes von ihrem berühmten Sauerteig-Roggenbrot, oder der «Simpilär Härzjini» und «Simpilär Horli». Die Adventszeit wird mit einem Panettone der Extraklasse versüsst, die Osterzeit mit Hasen aus feinster Schokolade und im Sommer warten aromatische Glace-Sorten auf Schleckmäuler. Hausgemacht, versteht sich.

3907 Simplon Dorf, Alte Simplonstrasse 11, 027 979 11 25, www.baeckerei-arnold.ch

Brasserie Uno ♥ ★ 🍇

1608 m ü. M. In Cervo-City, pardon, Zermatt, gibt es eine Einkehr, die sich in Vielem vom herkömmlichen unterscheidet. Da wäre Luis, der mexikanische Küchenchef, der unter den Augen der Gäste vor sich hinzaubert, dann sticht der wilde und doch gelungene Einrichtungscocktail ins Auge, und ein Übriges tut der schwedische Gastgeber Andreas, der wohltuend zuvorkommend ist. Wer sich an das Menü heranwagt, wird von der Grösse und von den Aromen der Gerichte, die Luis verbindet, gefordert. Blumenkohl mit Krebsfleisch, Sardinen mit Fregola und Moussaka, Ceviche, knuspriger Schweinebauch, Fassona-Beef, Gemüse-Carpaccio, Burrata, Flank-Steak vom Angus-Rind, Mangold mit Wasabipüree, Schokoladentorte, hausgemachte Glace.

3920 Zermatt, Kirchstrasse 38,
079 851 17 68, www.brasserieuno.com

Blatten ♥

1740 m ü. M. 40 Jahre haben Leander und Simone Taugwalder ihr Bergrestaurant Blatten geführt. Nachhaltig und sehr nachsichtig mit der manchmal überbordenden Gästeschar. Tochter Sarah Taugwalder und ihr Mann Hans Muoser führen das Traditionshaus mit Herzlichkeit und Kompetenz weiter. Das Angebot und die Qualität sind löblich, und die moderate Rechnung hilft einem, das Ganze ohne Beschwerden zu verdauen. Salat, Rösti, Pilzragout, ein täglich wechselndes Gericht und ein vorzügliches Fondue, das sind die Ingredienzien des Hauses, und selbst die obligate musikalische Berieselung hört sich hier mit einer unkonventionellen Auswahl erträglich an und mag zeitweise sogar zu begeistern. Der naturbelassene Weiler Blatten ist ein wohltuender Gegenpol gegenüber dem mondänen Zermatt.

3920 Zermatt, Blatten,
027 967 20 96, www.blatten-zermatt.ch

Adler Hitta

2200 m ü. M. Der Aufstieg zu Fuss hat es in sich. Keine Bahn fährt, alle E-Bikes sind an die Ausflügler vermietet, die Gedanken schweifen hin zu Winter, Schnee, Skipass und Pistenplausch. Der Rucksack drückt – und diese «Adler Hitta» will und will nicht kommen. Gottlob sind wir wohl die Einzigen, die sich das antun, und ein Platz in der ersten Reihe ist uns sicher. Von wegen. 350 Essen gehen an diesem Samstag über den Tresen. Kein Wunder, aus Florian Reicherts Küche kommen keine angerührten Pulversaucen, keine drapierten Pseudoteller aus der Convenience-Schublade, sondern eine sorgfältige Frischküche, die schmeckt und zahlbar ist. Rindstatar, Tomatensuppe mit Büffelmozzarella, Linsensuppe mit Saucisson vaudois, Mistkratzerli, geschmorte Schweinsbacken oder Spareribs «at its best».

3920 Zermatt, Findeln,
027 967 10 58, www.adler-hitta.ch

Paradise

Schau ins Land Im Hintergrund ziehen die passionierten Gastrosophen Vrony und Max Cotting-Julen die Fäden, im Vordergrund wirken Loredana und Elia Zurbriggen, die eine entspannte Gastfreundschaft pflegen. Der Blick auf Teller und Landschaft ist beruhigend wie auch anregend, was ich in einem «Paradiese», auch wenn es irdisch ist, erwarten darf. Das Matterhorn wird bei einer luftigen Omelette und zartem Kalbspaillard und Weinen von Marie Thérèse Chappaz und Co. zur Nebensache. Findeln ist ein Ort für sich, ein beeindruckender kulinarischer Hotspot, der zu Fuss, mit den Skiern oder entspannt mit der Bahn erreicht wird. Hier sein, bleiben und nicht mehr weggehen, bis der Abend kommt. Dann ist Schluss, bis zum nächsten Tag.

3920 Zermatt, Findeln,
027 967 34 51, www.paradisezermatt.ch

Wirtshaus Godswärgjistubu

Wie bitte? Schön wird Albinen im ursprünglichsten Teil des Dorfes. Dort, wo ein Schild darauf hinweist, dass der Parkplatz dem Herrn Pfarrer vorbehalten ist. Für die Normalsterblichen ist vorher Schluss mit Fahren, wobei kein Lenker nach der kurvenreichen Anfahrt unglücklich sein wird, endlich stoppen zu können. Der Name der Beiz ist ein Zungenbrecher. Nach dem zweiten Glas Fendant wird's besser. Hannelore und Sasha stehen ein für eine ausgewogene Küche, was den Gaumen freut. Aprikosenkaltschale, mit Buchweizen gefüllte Kohlrabi auf grünem Salatbett aus dem eigenen Garten, rote Linsenbällchen mit Johannisbeeren-Relish, Auberginengemüse, Kartoffelcurry mit Tomaten und Basmatireis, Holunderblütencreme – oder einfach ein Gigot vom Walliser Lamm.

3955 Albinen, Lüübuweg 2,
027 473 21 66, www.godswaergjistubu.ch

La Contrée

Genuss pur Die pulsierende Beiz ist beliebt und wird durch die üblichen Verdächtigen besucht, die sich an den Gerichten von Pierre Berclaz gütlich tun und die von Joëlle Berclaz und ihrem Team salopp aufgetischt werden. Es soll schon Tester gegeben haben, die sich über den Service ärgerten, was ich nicht verstehe, geht es hier doch lässig, aber nie fahrlässig zu und her. Grandios ist der Inhalt im Weinkeller mit Weinen aus dem Wallis, der Waadt, Deutschschweiz, dem Tessin, aus Frankreich und Italien. Die Alumettes sind fait maison, das Tatar wird von Hand geschnitten und die gebratene Entenleber, die Milken, der Walliser Spargel mit Morcheln, das Artischocken-Carpaccio und die Boudin maison – kurz alles, was die Küche verlässt, verursacht Freude.

3960 Muraz, Rue de la Vanire 1,
027 455 12 91, www.lacontree.net

David Chocolatier

Geschmacksinsel Letzthin habe ich Freunde bei mir im «Engel» zum Abendmahl eingeladen, und als Präsent haben sie mir eine grosse Schachtel an grandiosen Geschmacksexplosionen von David Pasquiet geschenkt, der neben seiner Manufaktur in Sierre, Filialen in Crans-Montana, Sion und Vevey hat. Obwohl ich kein Schleckmaul bin, habe ich den Inhalt in rekordverdächtiger Zeit weggeputzt. Er ist für mich einer der ganz Grossen der Romandie, der Schweiz. Seine Ganache mit den unterschiedlichsten Geschmacksrichtungen und Konsistenzen fasziniert mich. Citron de menton et Thym, Cassis et Miel, Truffe caramel, Pamplemousse et Cannelle, Mojito, Cheesecake Mandarine, kurz 31 Geschmackexplosionen warten darauf, entdeckt zu werden.

3963 Crans-Montana, Avenue de la Gare 6, 027 481 45 12, www.davidchocolatier.ch

Maya's 5

Schön Produziert wird nun das ganze Jahr, wobei der Winter nach wie vor die Hauptsaison für die Cholera ist. Einen traditionellen Walliser Gemüsekuchen, gefüllt mit Raclette-Käse, Kartoffeln, Lauch, Äpfeln, Zwiebeln und eingepackt in einen hausgemachten Teig und im Ofen ausgebacken. Maya macht die beste Cholera, sagen viele, eigentlich alle, die mir im Oberwallis begegnet sind. Ich glaube es ihnen und lasse mich mit jedem Bissen mehr davon überzeugen. Neu gibt es als Sommeredition und als innovativen Wanderproviant eine Grill-Cholera, 200 Gramm schwer, die sich perfekt für das Backen im Holzfeuer eignet. Erfinderisch sind sie ja, die Walliser. Von Mai bis Anfang Oktober bietet Maya in Gadestatt ein nicht alltägliches Übernachtungserlebnis in den Walliser Bergen an.

3988 Obergesteln, Stattgartenweg 9a, 079 102 34 44, www.mayas5.ch

Wirtschaft St. Georg ♥

Nachhaltig Seit einem Vierteljahrhundert kocht der weit gereiste Klaus Leuenberger mit seinem Speisewerk im Wallis Gewöhnliches und Ungewöhnliches auf Spitzenniveau. Nicht grossspurig, gar überteuert, vielmehr pragmatisch, zahlbar und ohne Überflüssiges. Dachs und Murmeltier, Hirn und Kopf, aber auch Löwenzahn-Hamburger mit Walliser Bio-Ketchup sind nur einige Ausrufezeichen. Langweilig wird's dem Gaumen bei ihm gewiss nie. Schlachtabfälle kennt er keine, bei Klaus wird alles verwertet. Nun hat er einen Gang zurückgelegt, ist in sein aufgefrischtes «St. Georg» zurückgekehrt und hat mit der Freiburgerin Chantal Käser die Backstube und Wirtschaft «St. Georg» ins Leben gerufen. Da gibt's ofenfrisches Brot, Hausfladen, aber auch spezielle Abende mit Pasta oder mit Innereien, je nach Laune des Patrons und der Wirtin. Die Zeit ist reif für Helden wie Chantal und Klaus.

3995 Ernen, Hengert,
077 507 53 84, www.stgeorg-ernen.ch

Chäserstatt

Hopfen und Malz Wer im Winter seinen inneren Schweinehund ignoriert, schafft die 500 Höhenmeter auf dem schmalen Fussweg zum Berghotel Chäserstatt. Wer es auf der kurvenreichen Forststrasse versucht, der hat nach seiner Ankunft sieben Kilometer in den Beinen. Es gibt zwar ein Schneetruck-Taxi, doch was Janos Schweizer auf die Teller zaubert, erfordert Appetit. Den Rest des Glücks machen Standort, Aussicht und die Herzlichkeit von Jessica Vogel und Jasmin Seiler. Die Gerstensuppe, das Tatar, der Wurst-Käse-Salat, das Siedfleisch vom Eringer Rind oder der Edel-Burger sind sichere Werte. Wer länger bleiben will, nistet sich in einem der Gästezimmer ein und labt sich am hauseigenen naturtrüben Ernergalenbier oder gönnt sich eine gute Flasche Wein – oder beides.

3995 Ernen-Mühlebach, Chäserstatt,
027 971 23 98, www.chaeserstatt.ch

Bio-Bergkäserei Goms

Im Naturparadies Im Goms produzieren 230 Kühe von elf Biohöfen täglich 3500 Liter Milch, die in der genossenschaftlichen, modernen Käserei verarbeitet werden. Einheimische, Feriengäste und Reisende treffen sich im Verkaufsladen in Gluringen, warten geduldig – und jene, die keine Geduld haben, bestellen die Gomser Käsespezialitäten online, was aber nicht das gleiche Gefühl vermittelt, ist doch der eigenwillige Charme des Personals erlebenswert – oder auch nicht. Je nachdem, wer hinter der Theke steht. Für den Ziger besteht Kaufpflicht, aber auch die Joghurts, die Butter und die Fonduemischungen lohnen den Einkauf. Everybody's Darling ist «Bascheli», ein Rohmilch-Halbhartkäse, der sich mit seinen verschiedenen Geschmacksrichtungen zum Verkaufsschlager entwickelt hat.

3998 Gluringen, Furkastrasse 32, 027 973 20 80, www.biogomser.ch

Übernachten im Kanton Wallis

La Grande Maison

Do you speak English? Früher war «La Grande Maison» für eine kurze Zeit ein Geheimtipp. Heute liegt das Haus im Fokus zahlreicher Müssiggänger und wird rege besucht, auch von einer internationalen Kundschaft. Trotzdem hat es seinen eigenwilligen Charme bewahren können. Dies ist also keine Neuentdeckung, aber dennoch ein aussergewöhnlicher Ort, für den es sich lohnt, ein Wochenende im Wallis zu investieren. Das «Maison» ist auch eine perfekte Ausgangslage, um in Savièse eine meiner Lieblings-Domaine zu besuchen. Die Cousins Stéphane Reynard und Dany Varone der Domaine Cornulus produzieren herausragende Weine. Wer sie besucht, darf es nicht versäumen, die Weine Païen und Chenin Blanc zu verkosten.

1965 Chandolin-près-Savièse,
Route du Sanetsch 13, 079 830 76 07,
www.lagrandemaison.ch und www.cornulus.ch

Hotel Ofenhorn

Aufgewacht Das Binntal habe ich im Militär kennengelernt. Das Militär habe ich vergessen, das wildromantische Binntal nicht. Es verkörpert einen Flecken Schweiz, der das Gefühl von Anmut, Schönheit und Heimat vermittelt. Wer hier wandert und im Hotel Ofenhorn nächtigt, ist Zeitzeuge vergangener Tage, die sich in die Gegenwart gerettet haben. Wer im «Ofenhorn» nach den Festtagen ein Zimmer belegt, wird Silvester irgendwie anders erleben und immer in Erinnerung behalten, und wer im Mai anreist, wird spüren, wie sich der Frühling langsam herantastet. Regula Hüppi versteht es, den Gästen ein temporäres Zuhause zu bieten. Mit ihrer herzlich-diskreten Art und mit einer schmackhaften Küche und guten Weinen. Den Rest macht die Aura des Hauses. Hingehen, ankommen und ausspannen.

3996 Binn, Ackerstrasse 1,
027 971 45 45, www.ofenhorn.ch

Nordwestschweiz und Solothurn

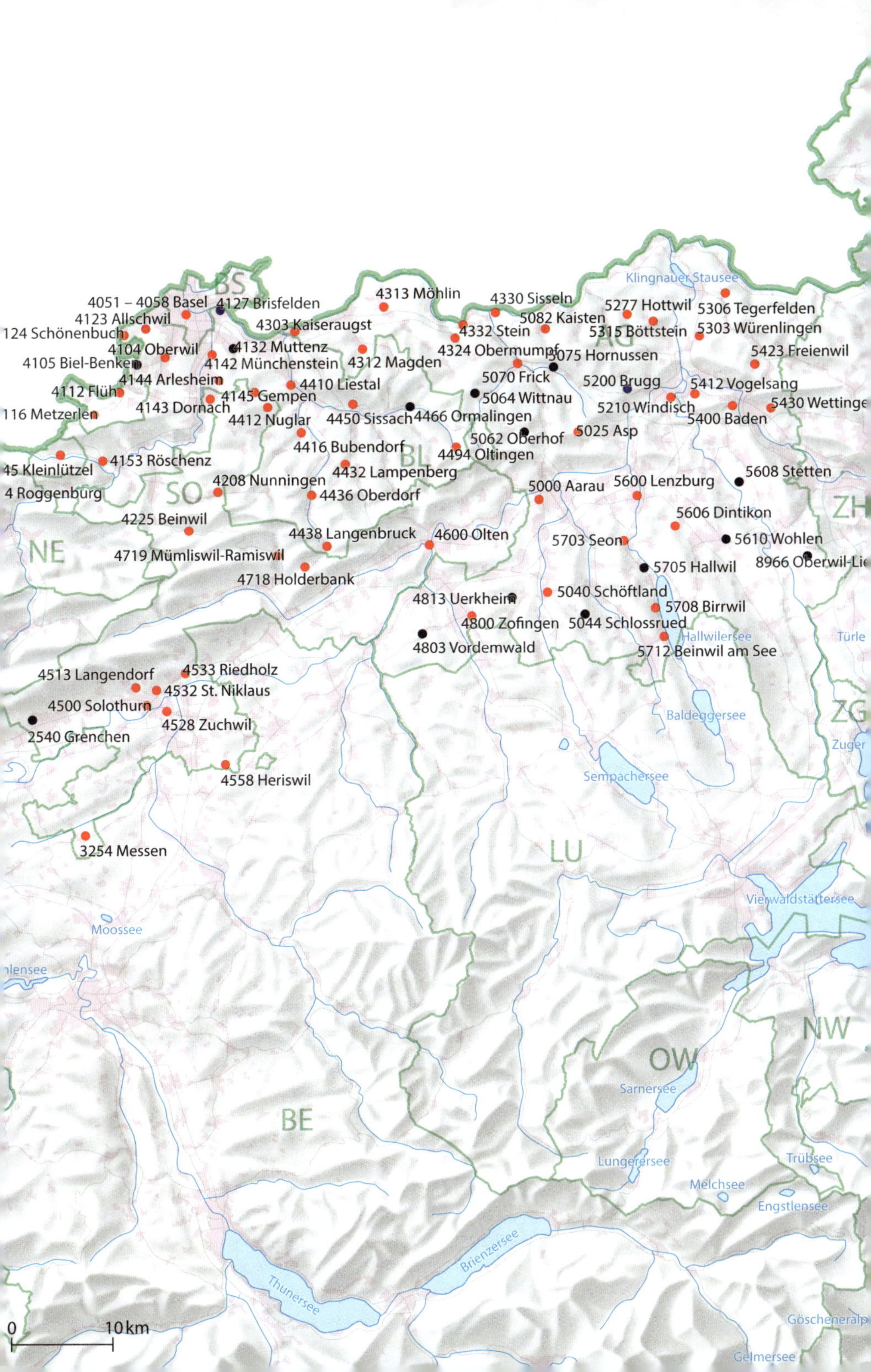

BS
4051 – 4058 Basel
4127 Brisfelden
4313 Möhlin
4330 Sisseln
5277 Hottwil
5306 Tegerfelden
Klingnauer Stausee
4123 Allschwil
124 Schönenbuch
4303 Kaiseraugst
4332 Stein
5082 Kaisten
5315 Böttstein
5303 Würenlingen
4104 Oberwil
4132 Muttenz
4324 Obermumpf
5075 Hornussen
5423 Freienwil
4105 Biel-Benken
4142 Münchenstein
4312 Magden
AG
4144 Arlesheim
5070 Frick
5200 Brugg
5412 Vogelsang
4112 Flüh
4410 Liestal
4145 Gempen
5064 Wittnau
5210 Windisch
5430 Wettinge
116 Metzerlen
4143 Dornach
4412 Nuglar
4450 Sissach
4466 Ormalingen
5400 Baden
5062 Oberhof
5025 Asp
4416 Bubendorf
BL
4494 Oltingen
45 Kleinlützel
4153 Röschenz
4432 Lampenberg
5608 Stetten
4208 Nunningen
5000 Aarau
5600 Lenzburg
4 Roggenburg
SO
4436 Oberdorf
ZH
5606 Dintikon
4225 Beinwil
4438 Langenbruck
4600 Olten
5703 Seon
5610 Wohlen
NE
4719 Mümliswil-Ramiswil
8966 Oberwil-Lie
4718 Holderbank
5705 Hallwil
4813 Uerkheim
5040 Schöftland
5708 Birrwil
4800 Zofingen
5044 Schlossrued
Hallwilersee
Türle
4803 Vordemwald
5712 Beinwil am See
4513 Langendorf
4533 Riedholz
4532 St. Niklaus
4500 Solothurn
ZG
4528 Zuchwil
Baldeggersee
2540 Grenchen
Zuger
Sempachersee
4558 Heriswil
3254 Messen
LU
Vierwaldstättersee
Moossee
lensee
NW
OW
Sarnersee
BE
Lungerersee
Trübsee
Melchsee
Engstlensee
Brienzersee
Thunersee
0
10 km
Göscheneralp
Gelmersee

Coq au Vin

Osterhase Eine Schönheit war Grenchen noch nie. Was zählt, ist sein Umland, die nahe Aare, der Sportflugplatz, der Jura im Hinter- und das «Coq au Vin» im Vordergrund, dessen Macher keinen Hahn im Burgunder ertränken, sondern hochwertige, von Hand gefertigte Osterhasen und Pralinés herstellen und charaktervolle Weine verkaufen. Hahn im Korb ist Chocolatier Kurt Häni, was so auch wieder nicht stimmt, zumal im «Coq au Vin» ja eben die Weinhändlerin Ursula Walker Provenienzen von Winzern mit kleinen Namen und grossem Inhalt verkauft, sich aber der Ausdruck Henne im Korb weitaus weniger gut eignet und liest als Hahn. Also lassen wir das und freuen uns gemeinsam über diesen Grenchner Insidertipp, was national so stimmen mag, regional wiederum nicht, zumal der Laden nicht nur an Ostern brummt.

2540 Grenchen, Kirchstrasse 65,
032 652 68 04, keine Website

Graber Weine

Am Wochenende Der alte Rebberg der Familie Graber, mit zum Teil bis zu 50-jährigen Rebstöcken, befindet sich oberhalb von Ligerz am Bielersee, der junge Rebberg in Messen im Buechibärg, dessen Erträge im alten Weinhaus in vier Gewölbekellern verarbeitet werden. Gekeltert werden Chasselas und Pinot Noir, meine Vorlieben liegen beim Cuvée Plaisir und beim Blanc de Noir. An den Wochenenden geht's bei Grabers fröhlich zu und her. Annemarie, Andreas und Samuel Graber tischen währschafte Gerichte auf und schenken ihre Weine aus, die perfekt zu einer Saucisson mit Lauch, einer Rindsbrühe mit Sherry oder einem Kalbsgeschnetzelten mit Rösti passen. Immer freitags ab 18 Uhr und samstags ab 9 Uhr geht's los. Wie wär's wieder einmal mit einem Frühschoppen vor dem Mittagessen?

3254 Messen, Hauptstrasse 17,
079 154 68 18, www.graberweine-messen.ch

Metzgerei Schaad

Grenzgänge Junior Kevin Schaad hat den Familienbetrieb mit seiner Partnerin Jessica Albrecht übernommen. Seine Eltern, Martin und Mireille Schaad, sind etwas in den Hintergrund gerückt, ohne den Anschluss zum Betrieb zu verlieren. Die Bauernbratwurst ist ein traditionelles Prunkstück, das sich aus Schweinefleisch, Halsspeck, gedämpften Zwiebeln, frischen Eiern, Salz, Pfeffer, Majoran und einigen geheim gehaltenen Zutaten zusammensetzt. Die Gin-Bratwurst ist innovativ, und die mit Käse angereicherte Elsässer Bratwurst ist für einige Gaumen gewöhnungsbedürftig. Einen Namen hat sich der Betrieb auch mit diversen Spezialitäten gemacht, wie mit der «Buurehamme» vom Bierschwein, der Fleischkäse-Sülze, der hauseigenen Lasagne und den unwiderstehlichen Schinkengipfeln.

4112 Flüh, Steinrain 4a,
061 731 10 18, www.metzgerei-schaad.ch

Restaurant Kreuz

Am Tage des Herrn Gegenüber der Kirche steht das «Kreuz». Ideal für den sonntäglichen Frühschoppen, den Braten, für eine Vesper oder ein traditionelles Mahl. Aber auch für hausgemachte Foie gras oder frische Austern. Seit dem 18. Jahrhundert ist das «Kreuz» im Besitz der Familie Schaffter. Stefan führt die gemütliche Landbeiz seit 1993 in der siebten Generation gemeinsam mit seiner Partnerin Veronika Meier. Hier trifft sich die Gemeindepräsidentin mit Freunden, hier berät sich die Solothurner Regierung, während die Dorfprominenz um die Wette palavert. Städter, Bauern und Frauen von Welt und solche, die es noch werden wollen, freuen sich über das Mistkratzerli und andere schöne Dinge. Wer lieb fragt, bekommt dazu vielleicht Frites fait maison serviert.

4116 Metzerlen, Hauptstrasse 5,
061 731 14 95, www.kreuz-metzerlen.ch

Lämmli

NEU

Vivé le Pétanque Eine Prise La Douce France weht durchs «Lämmli» mit Pétanquespiel und Anisette Pontarlier im Glas, sekundiert von regionaler Wein- und italienischer Back- und Gelato-Kunst. Das vielfältige Kleinod bietet zwei einfache Gästezimmer, eine Bonsaï-Gelateria und -Vinothek, und glänzt mit einem verträumten Garten und einer schön gealterten Gaststube, in der Jessy, die gute Seele des Hauses, ihre Gäste sicher im Griff hat. Hier einmal Pinsa, bitte sehr, eine Stange dort, einen Räuschling da, dreimal das Tagesmenü, wie gewünscht. Zwischendurch einen Schwatz mit Klatsch und Kaffi Schnaps. Der normale Alltag in einer Beiz, die nicht mehr sein will, als sie ist. In der Küche steht der sympathische Pächter und Gastgeber Thomas Krämer, der das «Lämmli» wieder zu einem Dorftreff geformt hat.

4116 Metzerlen, Rotbergstrasse 6,
061 543 37 19, www.laemmlimetzerlen.ch

Kaffi Bar Brunne

NEU

Thonbrötli François ist ein ausgesprochen höflicher Zeitgenosse, der seine Gäste zuvorkommend bedient und die besten Thonbrötli der Region zubereitet, wenn er sie denn zubereitet. Ansonsten wartet eine gepflegte Auswahl an Single Malts und an Gins – viel mehr ist da nicht, muss da auch nicht sein. Manchmal ersetzen Suppe, Waldfest und Käseküchlein den Thon, manchmal öffnet der Gastgeber nicht, weil seine Alpakas kranken und für ihn immer zuerst die Tiere kommen, und manchmal findet spontan ein Fest statt, wie es schöner nicht sein könnte. Der «Brunne» hat nur am Donnerstag ab 17 Uhr geöffnet und ist in der Region eine Institution. Wiederholungstäter können es kaum erwarten, bis wieder Donnerstag ist, Trendsetter dagegen fragen sich, was das Ganze soll.

4116 Metzerlen, Rotbergstrasse 9,
061 731 17 15. Keine Webseite
Am Do von 17-22 geöffnet.

Kulinarische Werkstatt

Unter Freunden Zum landwirtschaftlichen Betrieb der Familie Schaffter gehören 30 Hektaren Land, 23 Kühe mit ihren Kälbern und ein Muni für noch mehr Kälbchen sowie über 250 Hochstammbäume, die Kirschen, Zwetschgen, Birnen, Äpfel, Mirabellen und Damassine-Pflaumen hergeben. Als ausgebildete Meisterlandwirtin hat die frühere Lateinlehrerin Annekäthi den Betrieb 2019 von ihren Eltern Ida und Kurt übernommen. Ihre gemeinsam geführte kulinarische Werkstatt ist ein kleiner, verträumter Hofladen, der verschiedene Brotsorten und Zöpfe, zahlreiche Konfitüren, Fleischstücke und Würste von den eigenen Angus-Rindern, saisonales Gemüse, Kartoffeln, Eier und aromatische Schnäpse offeriert, bei denen ich den Eier-Kirsch nicht nur als Geschenk für meine Grosstante einkaufe.

4116 Metzerlen, Hauptstrasse 3,
061 731 23 36, www.chirsgartehof.ch

Dornacherhof

Mangia bene Wer im «Dornacherhof» einkehrt, erlebt beste Italianità, die Zeit verlangt. Die Gastgeber Sarah Rohner und Dusan Petkovic begrüssen ihre Gäste herzlich und mit den Worten: «Presto e bene non vanno insieme – schnell und gut passen nicht zusammen», mixen perfekte Negroni, empfehlen Weine und überlassen das Feld ihren Köchen, die mit Fisch umzugehen wissen und ihren Gästen erzählen, was heute Abend so alles aufgeschnitten, auf den Grill gelegt oder in die Pfanne gehauen wird. Da gibt's Schwertfisch-Carpaccio, Thunfisch-Tatar, Vongole, grillierten Tintenfisch auf Erbsencreme, hausgemachte, mit einer Kaninchenfarce gefüllte Ravioli und ein Secreto vom Pata-Negra-Schwein. Der Abend vergeht, die Stimmung bleibt. Bene.

4143 Dornach, Amthausstrasse 21,
061 703 13 33, www.dornacherhof.com

Bärgbeiz Gempenturm

Auf dem Berg Die Anfahrt ist kurvenreich, für den letzten Abschnitt lohnt sich der Spaziergang und einmal den Turm besteigen und die Aussicht geniessen, muss schon sein. Martine und Bertrand Beurret gelingt der Spagat zwischen Ausflug- und Dorfbeiz, die ihren Charme ausspielt, wenn der Regen wartet und der Nebel um die Ecke schleicht. Dann sitzt es sich in der guten Stube umso besser, und im Fondue rühren macht mir doppelt so viel Freude. Die Küche ist auf ihrer Höhe, der Service ist zuvorkommend, und die Renovationsarbeiten neigen sich fast dem Ende zu. Zum Endspurt im 2024 hin wird die Beiz für einige Zeit geschlossen, und damit keine Wanderer auf der Strecke bleiben, wird bei schönem Wetter eine bediente, mobile Buvette für das Wohl der Ausflügler sorgen.

4145 Gempen, Gempenturmstrasse 15, 061 701 51 50, www.gempenturm.com

NEU

Landgasthof Roderis

Ausgebaut Anita Stämpfli und Franco Pittaro haben die Umbauarbeiten an ihrem Landgasthof abgeschlossen. Anita und Franco sind ins zweite Glied gerückt, haben das Zepter Sara Stämpfli übergeben und werden versuchen, sich mehr der Freizeit zu widmen, ohne den Bezug zum Haus völlig zu verlieren, gehören sie doch zum Landgasthof Roderis wie der Papst zum Vatikan. Das Gesamtkunstwerk verfügt über einige sehr komfortable und eigenwillige Gästezimmer, einen geräumigen Saal, ein kleines Fumoir und über ein urgemütliches Restaurant, dass an den Wochenenden sehr schnell ausgebucht ist. Die Weinauswahl ist vielseitig, und die Kochsprache kommt nach wie vor ohne komplexe Dialoge aus, bei der Forelle und Rehhackbraten zwei kulinarische Eckpfeiler sind.

4208 Nunningen, Eichelbergstrasse 6, 061 791 03 21, www.roderis.ch

Joggehus

Alles Bio Die Kühe des Nachbarn haben Hörner. So geht's ihnen besser und wenn's ihnen besser geht, liefern sie bessere Milch. Die Pächterfamilie Sandra und Wolfgang Pfaffinger lebt seit acht Jahren mit ihren Kindern, mit Mutterkühen, Milchschafen, Hühnern und Bienen auf dem Hof Joggehus, der am Fusse des Passwangs liegt. Die Besonderheit des Hofes ist die eigene Käserei. Hier werden aus der Schafmilch Joghurt, Frischkäse und Halbhartkäse hergestellt. Aus der Kuhmilch der Familie Erzer werden Mutschli produziert. Im Frühling kaufen die Kunden Lammfleisch (Gigot, Ragout, Koteletts …) und durch das Jahr hindurch gibt's frisches Fleisch vom Jungrind, während die Hühner zwei Jahre lang Eier legen und auf den Weiden im Gras flanieren und picken dürfen, bevor sie als Suppenhühner enden.

4229 Beinwil, Joggehus,
061 791 06 65, www.joggehus.ch

Besenbeiz Remel ♥

Die Natur macht's Zahlreiche Wander- und Velorouten führen zur Besenbeiz Remel. Autofahrer parkieren ihr Vehikel auf der «Challhöchi» und spazieren entspannt in einer Stunde durch Wälder und über Wiesen zum «Remel». Wer im Frühtau unterwegs ist, sieht vielleicht einen Luchs beim Herumstreunen. Während der Alpsaison grasen in dieser Landschaft rund 50 Kühe um die Beiz. Neben dem Stall und in der kleinen Gaststube stehen Holzbänke und Tische mit Wiesenblumen in den Vasen und Kerzen in den Ständern. Das Lachen der Gäste und das Bimmeln der Kuhglocken vermischen sich, und die herzlichen Gastgeber, Ute und Peter Kägi, servieren eine saisonale Suppe, verschiedene Vesperbretter, einen Wurstsalat, ein luftig-leichtes Fondue und zum Finale Streuselkuchen und Linzertorte.

4245 Kleinlützel,
077 465 22 40, besenbeiz-remel.business.site

La Couronne (Seite 122)

Alte Brennerei

Bierisch gut Wer als Novize bei Gastgeber und Allrounder Martin Klotz einkehrt, wird bald wieder nach Nuglar reisen, so gut sind seine hauseigenen Biere. Klar, dreht sich bei einem Brauer alles ums Bier, was aber nicht heissen will, dass der nicht auch kochen kann. Martin Klotz kann es mal ordentlich, mal besser. Sein rustikales kulinarisches Programm kommt ohne Zierleisten aus. Biersuppe mit Weisswurst, warme Bretzel mit Schmalz, Flammkuchen mit Griebenschmalz, Wildsau-Frikadelle, gebratene Forelle oder – wie könnte es auch anders sein – Bierfondue mit hausgebackenem Treberbrot. Zum Abschluss ein Hopfensorbet oder eine Bierglace aus Malz. Alles bierisch gut, wobei sich unverbesserliche Weinnasen mit einem regionalen Cabernet Jura auseinander setzen dürfen.

4412 Nuglar, Bifangstrasse 1,
061 913 02 70, www.altebrennerei.ch

Baseltor

Nicht lange nachdenken Das «Baseltor» ist ein Kraftort für den täglichen Gebrauch. Geeignet für den Mittagstisch und für das kurze oder lange Abendmahl, ohne dass man dabei gleich verarmt. Hier beschallen allein die Gäste das Lokal. Ansonsten bespielt wohltuende Stille den Hintergrund. Die Speisekarte ist frei von Gesülze und überzeugt mit klaren Ansagen. Das Küchenteam ist auf seiner Höhe, bestückt mit Profis, die frei von Allüren sind und ohne Brimborium kochen, sich dabei öfter mal an Neues wagen, ohne die hauseigenen Klassiker aus den Augen zu verlieren. An einem lauen Abend habe ich hier gebackene Zucchiniblüten, frittierte Thonmoussekugeln, Kaninchenleber, Pasta mit Gartenkräutern und Lammgigot gegessen. Begleitet haben mich Riesling und Lambrusco. Wunderbar war's.

4500 Solothurn, Hauptgasse 79,
032 622 34 22, www.baseltor.ch

Feinbäckerei Studer

Hausgemacht Studer oder Müller? Das ist die stetige Frage. Die einen schwärmen für das knusprige Holzofenbrot der Bäckerei Müller beim Friedhofsplatz, die anderen schwören auf das Solothurner Brot der Feinbäckerei Studer, deren Laibe unter anderem im «Baseltor» grob geschnitten auf den Tisch kommen und von den Gästen gleich korbweise weggeputzt werden. Glückliches Solothurn. Denn mit gutem Brot fängt alles an. So freuen sich Einheimische wie Ausflügler über zwei hochwertige Bäckereien und suchen sich aus den zahlreichen Qualitätsprodukten ihre Lieblinge heraus. Am Samstag ist Studers Russenzopf ein zwingendes Argument, bei ihm vorbeizuschauen. Aber auch die hauseigenen Cantucci oder die Spitzbuben, die an die Jugendzeit erinnern, lohnen den Besuch.

4500 Solothurn, Hauptgasse 83,
032 623 31 26, www.feinbaeckerei-studer.ch

La Couronne

Königlich Den Machern der «Couronne» ist architektonisch ein grosser Wurf gelungen. Alt und Neu geglückt vereint. Hotel und Restaurant präsentieren sich elegant, lediglich die Raumaufteilung und die Möblierung der Bar wären eine Überlegung wert. Egal, für ein Glas und ein kurzes «Salü» reicht es. Die Küche von Martin Elschner überzeugt mit französischen Spezialitäten wie Hummer-Bisque, grilliertem Oktopus, gratiniertem Ziegenkäse mit einer Schalotten-Pfefferkruste, gebackenen Milken, geschmorter Schweinsbacke und Kutteln in Weisswein-Rahmsauce. Die Weinauswahl ist beeindruckend, mit viel «Grande Nation» und einer Runde «Welsch». Die Gastgeber Murat Baki und Claudia Vogl Baki haben der «Couronne» mehr Elan verpasst und sind auf Kurs, was tout Soleure freut.

4500 Solothurn, Hauptgasse 64,
032 625 10 10, www.lacouronne-solothurn.ch

Cherzen-Jeger

Eine Zeitreise Guten Bordeaux kauft man bei Urs Jeger, den die Stadt als «Cherzen-Jeger» kennt. Sekundiert wird er von seiner langjährigen und kompetenten Mitarbeiterin Jacqueline Kirchhofer. Sein antiquierter, wundervoller Laden ist eine einzige Trouvaille. In ihm finden sich zahlreiche Liköre, auch relativ unbekannte Spezialitäten wie ein «Pommeau de Normandie» oder eine kleine, durchdachte Auswahl an schottischen Single Malts unabhängiger Abfüller. Schleckmäuler kommen nicht zu kurz, gehören doch kandierte Früchte und diverse Schokoladensorten von Spitzenproduzenten zum Sortiment. Im Advent kommen «Pain d'épices» und englischer «Plum Cake» samt Brandy-Butter hinzu. Aber auch Spitzen-Essige und eine auserlesene Tapetenkollektion (!) sind bei ihm erhältlich.

4500 Solothurn, Hauptgasse 36,
032 622 31 70, www.kerzenjeger.ch

Die Grüne Fee ♥

Für Dichter und Denker Absinth ist weit mehr als ein Getränk. Seit über 200 Jahren ist der ehemalige Treibstoff des Fin de Siècle Kult. Roger Liggenstorfer schenkt über 40 Absinthe aus, und wer will, deckt sich für zu Hause gleich mit einigen Flaschen ein. Wohl kein anderer weiss mehr über dieses Kultgetränk zu erzählen. Davon zeugt auch sein Buch «Absinthe. Die Wiederkehr der Grünen Fee». Den Schlusspunkt setzt er mit einem Bonmot des legendären Schriftstellers Oscar Wilde: «Das erste Stadium ist wie normales Trinken, im zweiten fängt man an, ungeheuerliche, grausame Dinge zu sehen, aber wenn man es schafft, nicht aufzugeben, kommt man in das dritte Stadium, in dem man Dinge sieht, die man sehen möchte, wundervolle, sonderbare Dinge.» Santé!

4500 Solothurn, Kronengasse 11,
032 534 59 90, www.diegruenefee.ch

Mediterrane Leckereien

Am Ballermann Der Name der Beiz ist gestelzt und nebensächlich. Die Gäste gehen zu «Söne». Sie hat das Talent, zuzuhören und über die Leichtigkeit des Lebens zu sinnieren, ohne dass es je bemühend wird. Wer zu Sonja kommt, nimmt sich Zeit, lässt sich treiben und hat Durst und Appetit. An vier Tischen setzen sich die Gäste nieder und freuen sich auf die Dinge, die da kommen. Denn es gibt, was es gibt. Basta! Sonja Guzzanti kocht, kredenzt, schenkt ein und nach, holt das eigene Brot aus dem Ofen, sautiert Steinpilze, schüttet Tajarin ab, fatto in casa versteht sich, richtet an und serviert. Draussen tobt der Bär, der Landhausquai entwickelt sich zum Ballermann. Bei Sonja Guzzanti kehrt gefrässiges Schweigen ein.

4500 Solothurn, Landhausquai 21,
079 251 15 11, keine Website

Kreuz

Eine Institution Das schön gealterte «Kreuz» ist eine geschichtsträchtige Einkehr. Kulinarische Höhenflüge stehen hier nicht im Vordergrund, gut essen aber schon. Sein Evergreen, das Cordon bleu vom Kalb, überzeugt mit Finesse und kommt ohne Schinken aus. Wer es fleischlos mag, wird nicht mit einem schlappen Gemüseteller beleidigt. Das beweisen die Spinat-Ricotta-Puffer, der marinierte Spargel, die Penne mit Mönchsbart oder die Brennnesselknödel mit Peperonata, die einen Lammrücken und ein Flat Iron Steak entbehrlich machen. Na ja, fast. Stehen die «Literaturtage» an, wird im «Kreuz» mehr dem Geistigen und Trinksamen als dem Kulinarischen gehuldigt. Wer also die Küche in ihrer Höchstform erleben will, setzt vor oder nach den Literaturkapitänen im «Kreuz» den Anker.

4500 Solothurn, Kreuzgasse 4,
032 622 20 20, www.kreuz-solothurn.ch

Zum Türk

Mémoires In den Achtzigern lebte ich einige Zeit in Solothurn und neben dem «Löwen», «Kreuz», «Bieltor», «Buechibärgstübli», «Wengihaus» und der «Weinstube», gehörte der «Türk» zur Beizentour dazu, der damals noch ein Familienbetrieb war und eine gute Küche anbot. Dann war Schluss, meine damalige Liebe hatte genug von mir und ich verlor den «Türk» aus den Augen, obwohl ich noch heute gerne in der Barockstadt verkehre. Ihn habe ich kürzlich an einem feucht-fröhlichen Abend mit Freunden erneut kennenlernen dürfen, die mich in den 2019 renovierten «Türk» mitnahmen und in dem ich mich gleich wieder wohlfühlte. Einfach anders als damals. Cocktails können sie mixen, alle Achtung, und wer beim Angebot nur Bahnhof versteht, lässt sich kompetent beraten. Der «Türk» ist ein schöner Ort, um in den frühen Abend einzutauchen oder ihn zu beenden.

4500 Solothurn, Schaalgasse 11,
032 622 50 00, www.zumtuerk.ch

Wystübli im Kapuzinerkloster

Einer wie keiner Rolf Hasler ist ein begnadeter Entertainer, der mit der Band Les Amis du Jura wundervoll schön-schräg aufspielt. Er ist ein gesegneter und zivilisierter Trinker vor dem Herrn und ein Humorist voller Lebensweisheiten. Ja, seine Bonmots kleiden die Alltagsschwere mit Leichtigkeit ein. Er ist einer, der nie verlegen um eine Antwort ist, aber nichts mit einem Schwätzer gemein hat. Einer, mit dem man gerne um die Häuser zieht und dabei stundenlang seinen Geschichten zuhört, die ihm tatsächlich oder auch nicht wiederfahren sind. Er kann Menschen mit einem Augenaufschlag Halt geben, zumindest Hoffnung, selbst dann, wenn das Glas leer ist, was selten vorkommt. Immer am Donnerstag ab 16 Uhr empfängt und sättigt Rolf als Vollblutgastgeber die durstigen und hungrigen Seelen in seinem stimmungsvollen «Wystübli» im Kapuzinerkloster. Mit Wein, Brot, Wurst und Käse. Santé.

4500 Solothurn, Kapuzinerstrasse 18,
079 446 80 58, www.kapuzinerkloster-solothurn.ch

Restaurant Vini Al Grappolo

Barock, Rock und Wein Gäbe es diese Beiz mit Weinhandlung nicht, müsste sie erfunden werden, die sich in über 30 Jahren zur Solothurner Institution entwickelt hat. Hier kann man ruhige oder lebhafte Momente erleben. An einem sommerlich schönen Samstagnachmittag hat der Gast den Innenhof oft für sich allein. Dann, wenn die Stadt im und am Fluss oder in der «Hafebar» sitzt, ist die kleine rote Gartenbank frei, der violett schäumende, knackig frische Lambrusco im Glas und die Antipasti-Platte auf dem Tisch. Salami, Rohschinken, Mortadella, eingelegtes Gemüse, Käse und herrliches Brot von der Holzofenbäckerei Müller. Unerreichte Normalität, die euphorisch stimmt. Wasser ist gut, Wein im «Vini» ist besser. In diesem Sinn: «Bitte noch eine Flasche.»

4500 Solothurn, Prisongasse 4,
032 623 55 45, www.algrappolo.ch

Café de l'Industrie

Im Aussenposten Das «L'Industrie» punktet bei mir mit seinen unwiderstehlichen Bierstängeln. Ein Relikt, das früher in jeder guten Beiz anzutreffen war, was heute leider nicht mehr der Fall ist. Im Gegenteil, es ist die Ausnahme. Also Applaus für den Bierstängel und merci bien für diese wunderschöne Beiz, geführt von herzlichen Gastgeberinnen, was dazu führt, dass das kulinarische Angebot zur Nebensächlichkeit mutiert. Zumindest für passionierte Beizengänger mit dem Sinn fürs Wesentliche. Annette Schoch, Eva Meyer, Natalia Kazlovova und Michael Brönnimann sorgen für die Grundstimmung des Hauses. Den Rest verursachen die Stammgäste und der eine oder andere Neuling. Wer kommt, lehnt zurück, diskutiert, flirtet, redet und geniesst die bunten Momentaufnahmen in diesem unkomplizierten Solothurner Aussenposten.

4500 Solothurn, Vogelherdstrasse 17,
032 622 29 72, www.restaurant-industrie.ch

Chutz

Wechsel Im Restaurant Chutz, dessen Ursprung im 19. Jahrhundert liegt, wirtet nach Vater Urs neu sein Sohn Thomas Witmer in der sechsten Generation. Nach Stationen im Ausland ist er dem «Chutz»-Ruf gefolgt und nach Langendorf zurückgekehrt. Hier verwöhnt er seine Gäste mit einer gutbürgerlichen Küche im besten Sinn. Trends sind dem «Chutz» genauso fremd wie schlechter Wein, ist doch der Rebensaft ein Steckenpferd der Familie. Wer ein Weinfreund ist und auf die Empfehlungen des Hauses hört, wird mit so mancher Trouvaille belohnt, die nicht auf der Karte aufgeführt ist. Im Winter ist der Tisch am Kamin sehr beliebt, wobei der «Chutz» keine Katzentische anbietet und es sich überall angenehm speisen lässt. Im Sommer punktet der «Chutz» mit seinem schönen Garten.

4513 Langendorf, Weissensteinstrasse 26, 032 622 34 71, www.chutz-langendorf.ch

Buchser

Genossenschaftlich Es gibt einige Beispiele in der Schweiz, in denen sich Dörfer für ihre Beiz wehren und sie durch eine neu gegründete und aktive Genossenschaft retten und zu neuem Leben erwecken. Es gibt aber auch Beispiele, bei denen das Bonmot, «Zu viele Köche verderben den Brei», der Sache sehr nahe kommt. Reden wir im Raum Solothurn von Genossenschaft kommen mir unweigerlich das «Kreuz» und das «Baseltor» in den Sinn – weniger der «Buchser», der sich offen gibt, unkompliziert ist und mit guten Ideen überzeugt. Da gibt es eine innovative vegetarische Abteilung und in der Sparte Fleisch werden Burger, Tatar, Tagliata und Co. aufgetragen, wobei sich die Küche von Jürgen Andre an die Saison hält. Ab und zu bespielen Gastköche den «Buchser», was seinen kulinarischen Reiz hat.

4532 Feldbrunnen, Baselstrasse 16, 032 623 10 11, www.restaurant-buchser.ch

Zur Post

NEU

Auf Umwegen Die deutsche Winzerin Bettina Schuhmann und ihre Weine vom Kaiserstuhl habe ich an einem Degustationsabend im «Rubino» in Basel kennengelernt. Ihre unkomplizierte Art hat es mir leicht gemacht sie auch nach ihren persönlichen Vorlieben in der Schweizer Gastronomie zu fragen, und sie hat mir, nebst diversen bekannten und renommierten Namen, von der «Post» in Riedholz vor den Toren Solothurns vorgeschwärmt, dass ein gut bürgerliches Lokal im besten Sinne ist und als Familienbetrieb in der sechsten Genration von Angelika und Daniel Hinzer geführt wird. Das Angebot besticht mit Klassikern, mit Wild- und anderen saisonalen Angeboten und macht mit einem spannenden Weinangebot auf sich aufmerksam, zu dem – natürlich – auch die Weine von Bettina gehören.

4533 Riedholz, Baselstrasse 23,
032 622 27 10, www.restaurantzurpost.ch

Brunnen

War immer so Seit mehr als vierzig Jahren ist Susanne «Susi» Michel die Wirtin im «Brunnen» in Hersiwil. Sie ist eine der wenigen noch verbliebenen unbekannten Gastgeberinnen der Schweizer Gastronomie, die seit Jahrzehnten ohne grosses Aufheben um ihre Person ihre Gäste herzlich bewirten, sie kulinarisch verwöhnen und für alle ein offenes Ohr haben. In der Gaststube, am langen Tisch, wird diskutiert, gelacht, politisiert, gestritten, getrunken und gesungen. Gegessen wird auch – erst recht am Sonntag. So soll es, so muss es sein. Da juchzt der Jodlerklub Oekingen, da spielt die Vereinsmusik Kriegstetten, und da singt der Männerchor Frohsinn Drei Höfe, und alle freuen sich über einfache Gerichte wie ein Ochsenmaul- und Siedfleischsalat, eine gute Trocken- oder Brühwurst und über die knusprigen Pouletflügeli.

4558 Hersiwil, Hauptstrasse 39,
032 675 65 32, keine Website

Bodega

Olé Das mit der spanischen Küche in der Schweiz ist so eine Sache. Das «Barcelona» in Wil SG, das «Commerce» in Bern und noch einige andere Primusse lassen den Gaumen frohlocken. Der Mehrheit der Bodegas würde es aber gut anstehen, über die Bücher zu gehen, kommen mir ihre Gerichte doch sehr spanisch vor, zudem der Spanier «Esto me suena a chino» sagt, zu Deutsch «Das kommt mir chinesisch vor». Aber was hat das mit der «Bodega» in Olten zu tun? Eigentlich nichts, aber wenn der Gastgeber und Koch Max und erst noch Huber heisst, kommt der Gedanke auf – kann der das? Er kann! Seine sorgfältig zubereiteten Tapas und Speisen im Allgemeinen wie auch seine kitschfreie Einrichtung überzeugen. Gracias! Was mir fehlt, sind zwei Weine aus Galizien, zwei Sherrys und ein Sidra (Apfelwein) aus Asturien.

4600 Olten, Marktgasse 36,
062 212 24 14, www.bodega-olten.ch

Silberdistel

Der Bauer macht's Zum Landwirtschaftsbetrieb Obere Wies von Cäsar und Lena Bürgi gehört die Hofmetzgerei Silberdistel. Ihr Schlachtvieh wird vor Ort getötet. So stirbt es in seinem gewohnten Umfeld und erleidet somit keinen Transportstress. Danach wird das Vieh gemeinsam mit Metzger Urs Schwander im kleinen Schlachthaus von Walterswil zerlegt, während die Verarbeitung und Veredelung des Fleischs in der hofeigenen Metzgerei erfolgt, in der Cäsar Rauchwürste, Salami, Cervelat, Bratwürste, Rohessspeck und andere Köstlichkeiten herstellt. Alle Fleischprodukte werden ohne Nitrit verarbeitet. Eine Delikatesse ist der mit scharfem Messer vom Holzbock geschnittene Jamon Jurasienne von den hauseigenen Sauen, der drei Jahre luftgetrocknet wird, bevor er verkauft wird.

4718 Holderbank, Obere Wies,
079 743 88 13, www.silberdistel-kost.ch

Ober Passwang

Im Einklang Wer in die Bergwirtschaft Ober Passwang einkehrt, freut sich über eine plastikfreie Zone, schätzt im Garten die Holzbänke und -tische und die kleine, gemütliche Gaststube, in der ich zwangsläufig etwas länger sitzen bleibe als angenommen. In der Saison wird ein Raclette (nur auf Voranmeldung) aufgetischt, ansonsten sind es gute Zvieri-Plättli, die den gemeinen Appetit auf schmackhafte Art beruhigen. Herausragend sind die Kuchen, von denen immer ein Exemplar auf die Kaffee & Kuchen-Fraktion wartet. Das Weinangebot ist verschwindend klein, was ausgeschenkt wird, ist aber gut. Ein Drittel der zum Bio-Landwirtschaftsbetrieb gehörenden Fläche wird extensiv genutzt. Blütenreiche Wiesen, strukturreiche Weiden und wertvolle Hecken prägen das naturnahe Bild. Merci.

4719 Ramiswil, Ober Passwang,
062 391 32 84, www.oberpasswang.ch

Barmelhof

Rauchzeichen Wer im Barmelhof zur Metzgete einen Stuhl ergattert, hat bei Irene Zimmerli- Basler frühzeitig reserviert oder Schwein gehabt, ganz im Gegensatz zum Schwein. Die Luft auf dem Barmelhof riecht würzig, die Wurster sind zufrieden. Was das Geheimnis meiner Lieblingsblutwurst ist, habe ich bisher nicht herausgefunden. Mama und Köchin Heidi Basler schweigt dazu hartnäckig wie auch Störmetzger Markus Pfister. Es ist eine verschworene Gemeinschaft, die hilft, den Appetit der Gästeschar zu stillen, die trinkt, singt und Nachschlag bestellt. Leber- und Rauchwurst, Kotelett, Speck, Apfelschnitze, Rösti, Sauerkraut – alles da, alles gut. An kalten Wintertagen verströmt die Stube Behaglichkeit, die Würste dampfen, die Gäste mampfen.

5015 Erlinsbach, Barmelhofstrasse 49,
062 844 22 71, www.barmelhof.ch

Übernachten im Kanton Solothurn

Au jardin

Geölt Natürlich bietet Solothurn wundervolle Übernachtungsmöglichkeiten. «Couronne», «Baseltor», «Altes Spital» oder «Roter Ochsen» sind Adressen, die ich nur empfehlen kann. Wer das Einfache, das Spezielle ausserhalb des Stadtrummels sucht, wird in Zuchwil fündig. Mitten in einem verwunschenen Garten steht ein Einfamilienhaus, das durch seine Schlichtheit überzeugt. Alle fünf Zimmer bieten Aussicht in den Garten und bestechen durch einen wunderschönen, alten, geschliffenen und geölten Parkettboden. Das Haus verfügt über eine Küche mit Esstisch für Gäste, die etwas länger bleiben wollen. Das werden immer mehr. Eine frühzeitige Reservation lohnt sich. Frühstück gibt's klassisch oder auch marokkanisch. Ausprobieren!

4528 Zuchwil, Ulmenweg 13,
076 342 56 64 oder 078 624 49 26,
www.bnb-au-jardin.ch

bread.

Homemade «Wir backen in Hamburg, Berlin und auch in Basel» steht salopp auf der Website geschrieben, und tatsächlich hat es mit der Sehnsucht nach gutem Brot zu tun, die den Schweizer Filmregisseur Christian Aeby nach Deutschland begleitet hat. Das hat ihn dazu animiert, sein Brot selbst zu backen, wobei das Brotgeschäft heute durch Sohn Giani und Neffe Lucas betrieben wird. Aeby ist kein Amateur, sondern er hat in seiner Freizeit das traditionelle Handwerk des Brotbackens erlernt und dabei jahrelang nach der optimalen Rezeptur für sein Brot geforscht. Es ist ihm gelungen. Auch in seiner alten Heimat Basel. Im kleinen Laden am Blumenrain stehen die Basler für sein Brot Schlange, das in verschiedenen Grössen angeboten wird, als ob es keine andere Bäckerei in ihrer Stadt geben würde.

4051 Basel, Blumenrain 32,
079 575 74 55, www.bread.love

L'Unique

NEU

Wall of Fame Für die Eingeborenen ist das Gerbergässlein Alltag. Ausser an der Fasnacht, dann, wenn der Alltag mystisch wird. Auswärtige Stadtbesucher denken nicht an den Alltag, was schade ist, verpassen sie in Basel doch so eine unkonventionelle Einkehr und die Wall of Fame, die wohl meist fotografierte Wand in Basel. Atmosphäre, Angebot (Bar, Beiz, Museum, Konzert«halle») und Gastgeber bilden eine Genussblase, was auch mit der italienischen Traditionsküche von Isabel und Emanuele Scardicchio zu tun hat. Fatto in casa ist hier kein Werbespot, sondern gelebte Normalität mit frischer Pasta am Mittag und einigen saisonalen Gerichten und Antipasti am Abend. Hinzu kommen einige trinkfreudige Provenienzen, zu dem auch die Hausweine von Sascha Simmendinger und Mario Bollag beitragen.

4051 Basel, Gerbergässlein 20,
079 595 40 11, www.lunique.ch

Liechti Weine

Plopp! Die Enoteca von Felix Liechti animiert nach einem Blick ins Schaufenster unweigerlich dazu einzutreten. Die gute Laune bleibt auch im Laden bestehen, zumal Astrid Salzmann eine herzliche und kompetente Weinexpertin ist, die gerne berät, ihren Kunden aber keine teuren Weine aufschwätzt, sondern auf die Bedürfnisse des Besuchers eingeht. Wer einmal bei ihr war, kommt immer wieder. Felix Liechti hat in über 30 Jahren ein beeindruckendes Sortiment aufgebaut. Zu meinen Lieblingen gehört der Riesling von Clemens Busch und der Dolcetto von Luigi Einaudi, die nicht nur mit Qualität, sondern auch mit einem exzellenten Preis-Leistungs-Verhältnis überzeugen. Das durchdachte Angebot runden italienische Spezialitäten ab, unter anderem Pasta und eingelegtes Gemüse.

4051 Basel, Schneidergasse 10,
061 261 60 71, www.liechti-weine.ch

Löwenzorn

Lieber Kalbskopf Nach einer jahrelangen Durststrecke hat das Traditionshaus Löwenzorn mit den neuen Pächtern Karim und Anwar Frick kulinarische Segel gesetzt und volle Fahrt aufgenommen. Sie haben den Laden samt wunderschönem Innenhof entstaubt und Akzente gesetzt, die tout Bâle erfreut. Für den kleinen Hunger gibt's eine warme Bretzel, gebratenen Fleischkäse und Wurstsalat. Wer seinem Gaumen mehr zumuten möchte, wechselt zu einer Kaninchen-Leber-Paté oder zu ausgebackenen Kutteln mit einer Chili-Mayonnaise oder – noch frecher – zu einer Kalbskopf-Lasagnette auf Mönchsbart, ein Gericht, das ich so noch nie zwischen die Zähne bekommen habe und das mich begeistert hat. Es geht aber auch klassisch zeitlos mit Wiener Schnitzel, Kalbsleber und Kalbs-Cordon-bleu.

4051 Basel, Gemsberg 2/4,
061 261 42 13, www.loewenzorn-basel.ch

Restaurant Zum Tell

Ohne Apfel Unter Andy Cavegn hat sich der «Tell» wieder zu einer festen kulinarischen Instanz gemausert, und obwohl sich der langjährige Küchenchef Fabien Karlen vom «Tell» verabschiedet hat, werden die kulinarische Konstanz und das Niveau weiterhin hochgehalten. Zu verdanken ist dies Dustin Lietz, der mit einer schmackhaften Küche Stammgäste wie Neulinge zu begeistern weiss. Und sonst? Ich liebe den «Tell» in seinen stillen Momenten. Dann, wenn die Beiz noch leer ist und sich im Parterre die gute Stube langsam füllt und es an den Tischen enger wird. Später gibt es butterzarte Rindsleber aus dem Appenzell, dazu frisches Brot, um in der Sauce zu tunken, dazu einen würzigen Cabernet Franc – nichts kann einen aus der Ruhe bringen.

4051 Basel, Spalenvorstadt 38,
061 262 02 80, www.zumtellbasel.ch

einfachwein

That's Grässli Es sind gute Provenienzen, die man in diesem kleinen Fachgeschäft kaufen kann. Weine aus Österreich wie die frischen Rieslinge von Wolfgang Bäuerli aus der Wachau oder aus Italien wie den Pelaverga von Alessandria aus dem Piemont oder den Lambrusco Grasparossa von Corte Manzini (nur auf Vorbestellung) aus der Emilia, einen trockenen schäumenden Roten, der sich den Sommer hindurch so wundervoll unkompliziert wegzischen lässt. Kurt Grässli ist ein Original, das kein Blatt vor den Mund nimmt, was seine Stammkunden nicht weiter erschreckt. Die Öffnungszeiten sind rar, was nicht erstaunt, würden doch andere in seinem Alter Briefmarken, Silbermünzen oder Zigarrenbanderolen sammeln. Wer seine Passion teilen will, der ist bei ihm willkommen, alle anderen lassen es bleiben.

4051 Basel, Totentanz 5,
061 261 16 00, keine Website

Invino

Waldweihnacht Steht der Advent vor der Tür, gibt's für das «Invino»-Team kein Halten mehr. Für das festliche Outfit werden im Innenhof der Weinbar meterhohe Tannen aufgestellt, unzählige Kerzen angezündet, ein knisterndes und wärmendes Feuer unterhalten, Schaffelle über die Gartenstühle gelegt und Wolldecken zur Verfügung gestellt. Waldweihnacht mitten in der Stadt. Dazu gibts heisse Marroni (leider nicht immer) und eine interessante Auswahl an europäischen Weinen, zum Teil von jungen, relativ unbekannten Winzern, die alle glasweise getrunken werden können. Hinzu kommen kleine Spezereien wie Ententerrine mit Trüffel, eine Portion Greyerzer, Olivenöl mit Brot oder ein Bündner Salsiz. Wer es opulenter mag, kann auf Vorreservation im Fondue rühren.

4051 Basel, Bäumleingasse 9,
061 271 66 33 oder 079 611 25 55,
www.invino-basel.ch

Rubino

Bei Anna Manuela Buser bleibt der Chef am Herd, Patron Beat Rubitschung hat sich per Ende September in die Müssigkeit des Nichtstuns verabschiedet. Na ja, nicht ganz. Er wird sich vermehrt seiner Weinhandlung widmen und ab und zu ein Glas mit seinen Stammgästen trinken. Anna Leibundgut bringt nicht nur neuen Wind ins «Rubino», sondern auch neue Ideen, die sie schrittweise in den Alltag einfliessen lässt. Sie führt ihre Gäste souverän durch den Mittag und Abend, empfiehlt, entkorkt, schenkt ein und nach. Allesesser sind im «Rubino» glücklich mit fangfrischem Saibling mit Kressemousse und Kalbstatar mit Schalottenconfit und Vegetarier mit Ricotta-Knusperpuffern. Die Beiz ist hell und freundlich, kurz, eine kleine Oase mitten in der Stadt, mit Anna, der neuen, herzlichen Gastgeberin.

4051 Basel, Luftgässlein 1,
061 333 77 70, www.rubino-basel.ch

Confiserie Brändli

Handarbeit Wer schon einmal in ein Croissant der Confiserie Brändli gebissen hat, mutiert zum Stammkunden. Wer sich mit der Geschichte des Unternehmens befasst, weiss, dass diese luftigen Versuchungen in sorgfältiger Handarbeit von Mitarbeitenden hergestellt wurden, die wissen, worum es geht. Genau, um Qualität geht es! Das fängt beim Einkauf der Zutaten und bei den Rezepturen an und führt über die Produktion bis hin zu den Filialen. Industrielle Produkte gehören nicht zur Philosophie des Unternehmens und haben in der Manufaktur Hausverbot. Dafür steht Inhaber Michael Grogg mit seinem Team ein, dem der Spagat zwischen Innovation und Tradition perfekt gelingt.

4052 Basel, Manufaktur, Lindenhofstrasse 8, 061 271 57 10.
Mit Cafés und Verkaufsstellen in Basel, Riehen und Arlesheim. Details unter www.braendli-basel.ch

Vini Donati

NEU

Germano Was waren das noch für aufregende Zeiten als der sogenannte kleine Donati seine Türe im Kleinbasel schräg gegenüber vom grossen Donati öffnete. Der leider viel zu früh verstorbene Germano Donati war stolz auf sich und auf seine Frau Verena, die Laden, Restaurant, Administration, Budget, Familie und alles Restliche zusammenhielt. Sie war das Fundament und die Grande Dame des kleinen Familienunternehmens, das sich heute auf ihr Weingeschäft Vini Donati beschränkt. Mit von der Partie sind als Mitinhaber Sohn Davide und neu hinzugekommen sind Marilen und Beat Schwald, die mit ihrem Enthusiasmus und ihren Kompetenzen perfekt zur Donati-Familie passen. Wer bei ihnen vorbeischaut erlebt mitten in Basel ein Stück echtes Italien.

4052 Basel, St. Alban-Vorstadt 35, 061 691 55 40, www.donativini.ch

Spoon

Ein Löffel Gutes Im «Spoon» ist die natürliche Freundlichkeit der Gastgeberinnen im Preis inbegriffen. Nichts ist und wirkt gekünstelt. Weder die Dekoration noch das Essen. Es ist ein Lokal für den täglichen Gebrauch. Geeignet für den Mittagstisch, ohne dass man dabei gleich verarmt. Das Angebot ist frei von Gesülze und überzeugt. Das Team ist auf seiner Höhe, kocht ohne Brimborium, wagt sich ab und zu mal an was Neues, immer im Spagat zwischen Tradition und Innovation. «Ein Löffel Gutes», so lautet die Geschäftsphilosophie der zwei leidenschaftlichen Köchinnen. Drei Worte, die das Qualitätsdenken von Nicole Schmutz und Carolin Kolb perfekt versinnbildlichen. Zum Beispiel mit einer kolumbianischen Hühnersuppe, die mit Mais und Kartoffeln angereichert wird.

4052 Basel, Malzgasse 1,
061 274 13 13, www.spoon-basel.ch

Die Station

Nächster Halt Wer an eine Bank denkt, möchte sich hinsetzen. In der erweiterten Schalterhalle der Bank Cler hat es keine Bänke, sondern Stühle und Tische und gleich nebenan das «Depot». Tom Wiederkehr, den Stationsvorsteher, kennt tout Bâle als umtriebigen Wegbereiter trendiger Adressen. Nun hat er mit der «Station» am Aeschenplatz Fahrt aufgenommen. Die qualitativ hochstehende Produktpalette ist überlegt zusammengestellt, das Personal kompetent, ob nun in der «Station» oder im «Depot». Wie wär's mit einem Cocktail oder einem Glas Wein in der «Station», um danach beschwingt und unbekümmert im «Depot» einzukaufen? Umgekehrt geht es natürlich auch. Draussen tobt der Verkehr, in der «Station» wird ein- und nachgeschenkt, im «Depot» aufgeschnitten und eingepackt.

4052 Basel, Aeschenplatz 3
061 274 05 03, www.diestation.ch

Restaurant zur Wanderruh

Ein Mann, ein Wirt, ein Koch Ein Leben ohne Cordon bleu ist möglich, aber sinnlos. Wer die Mischung aus Käse, Schinken, Fleisch und Panade kennenlernt, verfällt ihr unweigerlich. Leider wird des Schweizers bestes Stück oft mit billigem Industriekäse und banalem Schinken beleidigt. Doch beim Cordon bleu verstehen seine Verfechter keinen Spass, und bei der Frage, welches Fleisch und welche Füllung die richtigen sind, artet die Diskussion mitunter zum Glaubenskrieg aus. Daniel Jenzer beantwortet sie mit seinem Cordon bleu in der «Wanderruh» auf eigenwillige Art und Weise, wird aber als das beste der Stadt empfohlen. Probieren Sie es aus. Ab und zu hat's auch einen Hackbraten, ein paniertes Kotelett oder butterzarte Leber. Klassiker, die Freude machen.

4053 Basel, Dornacherstrasse 151,
061 361 08 88, www.wanderruh.ch

Viertel-Kreis

Frech Wer einem Wurstweggen eine runde Form verpasst, ihn mit grob pürierter Kalbszunge und Wildkräutern füllt und echte Begeisterung unter den Gästen auslöst, der muss von sich und seinen Gerichten überzeugt sein. Im «Viertel-Kreis» kocht ein innovatives Team nach Lust und Laune, frech und munter drauflos, ohne dabei die Bodenhaftung zu verlieren. Ihre Gerichte überzeugen mit raffinierten Geschmacksnoten und kommen ohne Effekthascherei aus. Ihr konfiertes Lachsforellenfilet legen sie in eine Verjus-Grundsauce mit Geschmacksperlen von Apfel und Sellerie. Sekundiert wird der Fisch von gedünstetem Stangensellerie und marinierten Heidelbeeren. Ihre Chefs, Tanja Allemann und Christoph Lehmann, haben es nicht bereut, ihnen, den jungen Wilden, die Verantwortung in der Küche zu übergeben.

4053 Basel, Gundeldingerstrasse 505,
061 331 17 01, www.viertel-kreis.ch

Peng Dumplings ★

Gefüllt Wenn Geld nicht so wichtig ist, wird alles eine Nuance einfacher, was nicht heisst, dass geprasst wird. Auch eine Veloklammer am Hosenbein lässt in Basel keine Rückschlüsse zu. Weder finanzielle noch ideologische. Schon gar nicht, wenn sich ein junger Roche-Erbe eine Liegenschaft kauft und ein «Peng» installiert, was in der chinesischen Mythologie ein Mischwesen ist und namenstechnisch zur Fusionsküche des Hauses passt, wobei auch ein riesenhafter Vogel ein «Peng» ist. Riesenhaft ist das Vermögen der Roche-Erben, und auch wenn der Umbau der Stern Zürn Architekten Geld gekostet hat, wurden keine Ressourcen vergeudet. Auch in der Küche nicht, die mit ihrer Darbietung überzeugt. Wer gefüllte Teigtaschen auf hohem Niveau liebt, sitzt hier in der ersten Reihe.

4053 Basel, Zwingerstrasse 29,
061 361 72 32, www.peng-dumplings.ch

Vinigma NEU

Anders Valentin Schiess überlässt nichts dem Zufall – oder doch? Ist es Fügung, Schicksal oder was ist sein Erfolg? Er bezeichnet sich als Schreibtischönologe und Experimentalpraktiker, hat aber sein Studium des Weinbaus und der Önologie in Beaune abgeschlossen, Erfahrungen auf Weingütern und bei Fassküfern in Spanien, Australien und Argentinien gesammelt. Seine Weine verursachen Freude, trinken sich leicht oder schwer, passen zum opulenten Mahl oder zur Leichtigkeit in der Schwere des Seins. Seine Reben stehen im Wallis und in der Bündner Herrschaft, sein Weinhorizont hat die Welt gesehen, seine Weine sind zum Essen gedacht, mal abgesehen vom Chasselas und seinem Rosé, die sich auch zum Wegzischen eignen. Kurz, Valentin Schiess ist eine Persönlichkeit mit Ecken und Kanten, eigentlich so, wie es seine Weine sind.

4053 Basel, Lyon-Strasse 15,
079667 46 64, www.vinigma.ch

Agostinis Weine

NEU

Rom Massimo Agostinis? Was hat das jetzt mit dem Namen schon wieder auf sich. Richtig, das war doch die sympathische sonore Stimme bei Radio SRF, der als Korrespondent sechs Jahre in Rom wirkte und uns nicht mit Weinen, sondern mit spannenden und weniger aufregenden Geschichten bediente. In Italien hat er sich zum Sommelier ausbilden lassen und in Basel hat er, gemäss Statistik der Weinhandelskontrolle, zirka die 3500. Weinhandlung eröffnet, die aber etwas anders tickt, was mit den Präferenzen des Weinhändlers zu tun hat. Wer Lust auf unbekannte Namen und weniger zutraulichen Weine hat, trinkt bei ihm in der ersten Reihe. Etwa mit einem Syrah aus dem Aostatal oder einem Croatina aus der Lombardei.

4054 Basel, Bachlettenstrasse 7, 079 241 36 25, www.agostinis-weine.ch

La Vongola

NEU

Im Club Die New York Times hat ihn auf ihrer 36-Stunden-Tour in Basel entdeckt, was wohl auch damit zu tun hat, dass mit Roger Federer der berühmteste Schweizer Tennisspieler beim Tennisclub Old Boys gespielt hat und das öffentliche Clubrestaurant mit Gaetano Zarrillo einen Koch am Herd stehen hat, der so gut kocht, wie Roger Tennis spielt. Nun ja, das mag etwas übertrieben sein, aber wer eine grundehrliche italienische Küche zu schätzen weiss, kommt bei Joisy und Gaetano auf seine Kosten. Natürlich verrät der Name der Beiz, was hier immer aufgetischt wird, die Pasta ist fatto in casa, die Vongole sind täglich frisch und die guten Gerichte erinnern an die Küche der Nonna, nur etwas leichter und feiner. Das Weinangebot setzt logischerweise auf Italien, bei dem einige Provenienzen zum Freundschaftspreis herausstechen.

4054 Basel, St. Galler-Ring 225, 061 301 47 77, www.lavongola.ch

Käppelijoch-Bier

Bier geht immer Als Daniel Nüesch begann, Bier zu brauen, war in seinem Haus das Badezimmer für den Rest der Familie Sperrzone. Der nächste Schritt zum Profibrauer war der Kauf einer Brauanlage, die er von Spezialisten im Frankenland nach seinen präzisen Plänen millimetergenau bauen liess. Danach legte Daniel Nüesch erst so richtig los und braute, was das Zeug hielt – seine Biere verkaufen wollte er aber dann doch nicht. Für ihn waren sie wie Freunde, die man nicht einfach so hergibt. Irgendwann war das Lager randvoll, und er begann sich zu besinnen. Gottlob! Bis heute, obwohl das «Käppelijoch» seinen Ruf als Insiderbrauerei nie ganz abgelegt hat. Beziehen kann man seine Biere auf Voranmeldung direkt bei Daniel Nüesch oder nebenan beim Nachbarn im «Wirth's Huus».

4055 Basel, Colmarerstrasse 16,
079 483 12 60, keine Website

Wirth's Huus

Figugegl Der Feingeist Alex Wirth hat schon zahlreiche Käsefreunde überzeugen können, nicht nach Vieux-Ferette zum berühmten Maître Affineur Bernard Antony zu pilgern. Die Qualität der Käse, die durchdachte Auswahl und der schmucke Laden tragen dazu bei, die Abkürzung an die Colmarerstrasse zu nehmen. Hinzu kommt ein vielfältiges Sortiment an Weinen, Schnäpsen, Bieren, Olivenölen und anderen schönen Dingen. Begonnen hat alles mit den Eltern Magdalena und Robert Wirth, die das Geschäft 28 Jahre führten. Magdalena stand im Laden hinter der Theke, Robert versorgte das Quartier mit Molkereiprodukten, zu Beginn noch mit Ross und Wagen. 1980 übernahm Alex Wirth den Betrieb, und nun hat Sohn Lucas das Ruder und die Verantwortung für das Unternehmen übernommen.

4055 Basel, Colmarerstrasse 10,
061 381 85 95, www.kaese-spezialitaeten.ch

Chez Donati

Erste Reihe Das «Chez Donati» zählt zweifelsohne zu den elegantesten Lokalen der Schweiz, wie so einige andere Restaurants, die Patron Rudi Bindella gekauft hat. Eingerichtet mit viel Kunst und Flair für das Schöne, mit schlicht eingedeckten Tischen, werden die italienischen Klassiker mit Grandezza auf runden Tellern serviert. Bindella hat einige angenehme neue Akzente gesetzt, wie etwa tiefere Preise, verbunden mit Mitarbeitenden, die eine Prise mehr Gelassenheit verströmen als auch schon. Sie schneiden Rohschinken mit der «Berkel», servieren eine Runde Tortellini in brodo oder Brasato al Barolo. So einfach kann ein Abend in der Stadt sein, auch im Sommer, wenn sich die kleine, intime Terrasse über dem Rhein mit erwartungsvollen Gästen füllt.

4056 Basel, St. Johanns-Vorstadt 48, 061 322 09 19, www.bindella.ch

China Restaurant 99

Ente Mit 18 Jahren lernte ich die chinesische Küche im «Li Tai Pe» in Luzern kennen. Waren das aufregende Abende. Es war die Zeit der chinesischen Küche. Die thailändische wie auch die japanische waren in der Schweiz inexistent. Und alles war so neu, auch der chinesische Wein, den ich freiwillig trank. In Erinnerung geblieben ist mir die Peking-Ente, die nach allen Regeln der Kunst zubereitet wurde, wobei ich mich auf die Aussage des Gastgebers verlassen musste, da es ja meine erste Peking-Ente war und ich keine Ahnung hatte, wie sie richtig zubereitet wird. Nun hat mir ein Basler Freund das China-Restaurant 99 empfohlen, dessen Mittagsbuffet ich ignoriere und mich viel lieber auf die Tagesempfehlungen der Gastgeberin Yun einlasse.

4056 Basel, Elsässerstrasse 138, 061 506 89 89, www.chinarestaurant-99.ch

Restaurant zur Mägd

AWARD 2024

Von Holbein bis Giordano Hans Holbeins Bilder hängen im Kunstmuseum. Erasmus von Rotterdams Gebeine liegen im Münster, und Adriano Giordanos Kalbskopf schmort in der Bouillon in der «Mägd». In der Traditionsbeiz wird beste Italianità zelebriert. Opulenz und Qualität stimmen. Linsensuppe, Kalbskopf und Zunge fein geschnitten, gefüllter Tintenfisch, Kalbsbrust sorgen für zufriedene Gesichter. Am Mittag steht Adriano Giordano mit Argusaugen in der Küche, am Nachmittag bereitet er seine Klassiker vor, am Abend unterstützt er sein Team, schmeckt ab, würzt nach und schlendert, seinen Stammgästen freundlich zunickend, durchs Lokal. Noch bis Ende Juni 2024. Dann ist Schluss. Ein Grosser tritt ab, den wir als unseren alten Hasen für sein Lebenswerk auszeichnen.

4056 Basel, St. Johanns-Vorstadt 29, 061 281 50 10, www.zurmaegd.ch

Jakob's Basler Leckerly

Eine Familiengeschichte Jakob's Basler Leckerly ist die älteste heute noch existierende Biskuitmanufaktur der Schweiz. 2017 haben Charlotte und Andreas Kuster das Unternehmen übernommen. Sie legen Wert auf die altüberlieferten Rezepte, innovative Mitarbeiter, beste Zutaten, natürliche Rohstoffe, überraschende Ideen und nachhaltiges Denken. Die Produkte überzeugen je nach dem durch ihre subtilen oder kräftigen Geschmacksnoten, und ihr Mandelgebäck wird noch von Hand im Holzmodel geprägt. Seit über 260 Jahren werden im St. Johann in bester Handarbeit Leckerly hergestellt, und wer die neuen Besitzer kennt, weiss, dass sie noch so einige Ideen im Köcher haben. Die Erfolgsgeschichte hat erst begonnen.

4056 Basel, St. Johanns-Vorstadt 47, 061 322 08 18;
4051 Basel, Spalenberg 26, 061 261 00 30, www.baslerleckerly.ch

Vive Le Vin

Natürlich Naturweine liegen im Trend und werden nicht nur in Weltstädten, sondern auch in der Schweiz getrunken. Noch vor einigen Jahren verpönt, ist es heute en vogue, Natur- und Amphoren-Weine zu trinken. Unfiltrierte, zum Teil eigenwillige Tropfen mit Ecken und Kanten. Auch in dieser Gattung gibt es Könner und weniger Begabte. Philip Gallati verkauft Weine von reellen Winzern. Schöne Weine, die vom ersten Schluck an begeistern oder aber erst beim dritten Glas zugänglich werden oder eben gar nicht. Da spielt die eigene Vorliebe die Hauptrolle. Es ist aber spannend, Provenienzen aus praktisch allen Regionen Frankreichs kennen zu lernen. Zu meinen Lieblingen gehört etwa ein moussierender Roter aus der Loire, eine Assemblage aus Gamay und Cabernet Franc. Vive le Vin!

4056 Basel, St.-Johanns-Vorstadt 49,
079 794 44 91, www.vivelevin.ch

Rhyschänzli und Co

Urban Die Betriebe der «Rhyschänzli»-Gruppe decken verschiedene kulinarische Bedürfnisse ab. Ich beschränke mich auf meine Lieblingseinkehr innerhalb des Unternehmens: Das «Rhyschänzli» an der Lichtstrasse versprüht urbanes Flair und ist sec eingerichtet. Manchmal ist auch der Ur-Patron Jérôme Beurret zugegen, der wichtige und weniger wichtige Gäste jovial begrüsst und danach mit launigen Worten einen luftigen Hackbraten, Polenta-Arancini mit Tomatensalsa und Artischocken auftischt. Primus ist das Cordon bleu mit Käse und Schinken aus dem Jura, serviert mit einem Kartoffelstampf der besseren Art. Beim preislich fairen Weinagebot sticht der Barolo von Giovanni Rosso aus Serralunga d'Alba heraus.

4056 Basel, Lichtstrasse 9,
061 272 23 23, www.rhyschaenzli.ch

Bäckerei Kult «Elsi»

Farine, mon Amour Um es gleich vorwegzunehmen, die Bäckerei Kult gehört neben der Boulangerie Croissant Show in La Chaux-de-Fonds zu einigen meiner Lieblingsbäckereien. Ob «Rhybolle Ruch», «Zebra» (Sauerteigbrot) oder «Hafer-Rogge Bängel», nicht nur die Namen kitzeln, sondern auch der betörende Geschmack der Brote. Daneben sind die sympathischen Kult-Bäckerinnen und -bäcker ein wenig sympathisch verrückt (siehe das hauseigene Video «Farine, mon Amour»), wohltuend anders, was heute dem Konsumenten im industriellen Einheitsbrei vieler Bäckereibetriebe nicht nur im Gaumen guttut, sondern auch in Geist und Seele. Die Bäckerei Kult ist eine wundervolle Geschichte, die hoffentlich noch lange, lange so weitergehen wird.

4056 Basel, Elsässerstrasse 43 und
4058 Basel, Riehentorstrasse 18,
061 692 11 80, www.baeckereikult.ch

Ackermannshof ♥ ★ 🍇

Gefestigt Flavio Fermi ist ein Spitzenkoch, ein stiller, innovativer Schaffer, der auch ein junges Kochtalent wie Annina Jenzer fördert. In seine Kochsprache schleicht sich keine Monotonie ein. Er pflegt keine Baukastenküche, bastelt nicht zu viel, baut keine Türmchen, sondern setzt mit Raffinesse und Leichtigkeit das Produkt in den Mittelpunkt. Mit Verstand und Gespür vereint er das, was sich zu vereinen lohnt. Bei Flavio Fermi im Ackermannshof zu sitzen, ist Lebensqualität. Mit an Bord ist Roland Tischhauser, der sich um die Gästeschar kümmert und ihnen bekannte und weniger bekannte Provenienzen ausschenkt, die zu Sauerteigbrot mit Haferflocken, Auster mit Gurkengranité, Wolfbarschfilet, Agnolotti dal Plin und Appenzeller Entenbrust perfekt passen.

4056 Basel, St. Johanns-Vorstadt 19/21,
061 551 22 44, www.ackermannshof.ch

Gatto Nero

Das Leben halt Zehn Jahre hat Matthias Tedesco nach der richtigen Beiz gesucht und sie auf 40 Quadratmetern gefunden. Klein, fein, gut. Das ist das «Gatto Nero» von und mit Matthias, dem Herz der Beiz, die mit stimmiger Atmosphäre, zarten Rinderbacken, Trippa toscana, gebratenen Sardinen und mit einer Fischsuppe, die nach supplément verlangt. Aus der Küche kommt, was Markt und Saison hergeben, an den Tischen hören sich alle, essen, trinken, lachen und lassen es sich gut ergehen. Wer seiner Angebeteten einen Heiratsantrag macht, muss damit rechnen, dass er Szenenapplaus erhält. Und wenn an lauen Abenden mehr Leben im Quartier ist, findet das Gesellschaftskino vor den Augen der Gäste statt. Ein Maserati kurvt, die Feuerwehr hornt, das Tram quietscht, Passanten flanieren, junge, alte, schöne und weniger schöne. Italien ist so nah und doch so weit weg.

4057 Basel, Oetlingerstrasse 63,
061 681 50 56, keine Website

Wencke Schmid & SMØR

Gaumentanz Wencke Schmid kommt in Berlin zur Welt und landet als Teenager auf der Nordseeinsel Langeoog. Dort lässt sie sich zur Konditorin ausbilden. Zurück auf dem Festland besucht sie Kurse in Aktzeichnen und lernt Grafikerin. Dann reist sie nach Basel und lernt in der Bäckerei Schmutz koscher backen. Ihr damaliger Mann, ein Bildhauer, bringt ihr das Modellieren bei. Schmid verbindet ihre Backkunst mit den gestalterischen Fähigkeiten. Ihre Kreationen sind wahre Kunstwerke, die nicht nur schön aussehen, sondern auch vorzüglich munden. Wer ihre Smørrebrød-Kreationen in authentischer Atmosphäre verkosten will, besucht sie im Feinkostcafé SMØR im ersten Stock der Boutique Danoise.

4057 Basel, Oetlingerstrasse 63,
079 776 89 18, www.wenckeschmid.ch
4051 Basel, Aeschenvortstadt 36,
061 271 41 91, www.smorrebrod-basel.ch

Café Bistrot Flore

Bonjour et Bonsoir Der Opernsänger Miron Landreau hat ein ehemaliger Blumenladen in ein französisches Bistro verwandelt. Ist er vor Ort, werden Weinnasen kompetent bedient, ist er nicht «sur place», wird es mit dem freundlichen, aber oft nicht so weinaffinen Personal etwas schwieriger. Egal! Die Weinkarte ist sehr speziell mit Provenienzen, die sich in der Stadt sonst nirgendwo trinken lassen. Austern werden aufgetragen und kleine Amuse gueules. Mehr zu essen gibt's nicht, wer hierher kommt, trinkt. Das «Flore» ist eine Oase, die so quer in der Landschaft steht wie keine zweite. Hier treffen sich Tagediebe, Augenmenschen, Künstlerinnen und Schöngeister. Sie tauschen sich aus, palavern oder trinken etwas länger vor sich hin als eingeplant. Das Ganze ist eine Gesellschaftsbühne der besseren Art.

4057 Basel, Klybeckstrasse 5,
077 454 94 72, www.florebasel.weebly.com

Löwebrot

Unser tägliches Brot Früher war Brot eine Notwendigkeit und kein Hype, und schlechtes Brot gab es eigentlich schon gar nicht. Das war aber ganz früher, als jedes Quartier noch seine eigene Bäckerei hatte und jeder Bäcker nicht zukaufte, sondern auf seine streng gehüteten Brotrezepte stolz war. Dann kamen die fortschrittlichen Jahre mit vielen Tricks, Kniffs und industrieller Effizienz, und vorbei war's mit dem ultimativen Brot. Das Durchschnittsbrot hat in den letzten Jahren eine Gegenbewegung hervorgerufen, die es schafft, dass die Schweiz wieder über Brot schwärmt. Die Brote von Leon Weidenmüller, Martin und Carola gehören auch dazu. Meine Lieblinge sind das Dinkel-, Pausen- und Lö-Waguette-Brot. Und wer Blauschimmelkäse mag, dem empfehle ich ihr bombastisches Früchtebrot.

4057 Basel, Gärtnerstrasse 46,
076 756 54 42, www.loewebrot.ch

Zum goldenen Fass / Lauch

Von hier Es ist mutig, wenn eine Quartierbeiz auf radikal saisonal und regional setzt. Küchenchef Gilbert Engelhard tüftelt Gerichte aus, weitab von jeder Baukastenküche. Bettina Larghi ist eine Gastgeberin, die empfiehlt, aber nie belehrt. Allesesser geben der Küche eine Freikarte und freuen sich über einen gebratenen Königszander auf geschmortem Salat mit Apfelmayonnaise. Gäste mit kleinem Appetit halten sich an die Hausklassiker Frikadelle mit Chutney und Fish'n'Chips. Alles gut? Alles, auch in ihrem zweiten Lokal «Lauch» ist dies so, in dem ausschliesslich vegetarisch-vegan gekocht wird und in dem selbst Fleischtiger Freude an geräuchertem Rüeblitatar, Wachtelei, Meerrettichmayo, roter Zwiebel und Quinoa haben.

4057 Basel, Hammerstrasse 108,
061 693 34 00, www.goldenes-fass.ch
4057 Basel, Klingentalstrasse 1,
061 692 56 56, www.lauch-basel.ch

Chanthaburi

Authentisch In der kulinarischen Sparte Asien boomt in der Schweiz die thailändische Küche mehr denn je. Ein sicherer Wert ist in Basel das «Chanthaburi», das seit Jahren die Qualität hochhält. Hier freuen sich die Gäste über gebackene Ravioli, Fish-Cake, Entensuppe und andere schöne Dinge. Sairung Suksamran und Luzius Martin haben sich etwas zurückgenommen, und das Spielfeld vorwiegend ihrer Jungmannschaft überlassen. Geboten wird eine unverfälschte, authentische Küche, die von einer grossen Stammkundschaft geschätzt wird, was heisst, dass ohne Reservierung in der kitschfreien Thai-Oase kein Platz zur Verfügung steht. Ob am langen Tisch vor den Tresen, in der guten Stube oder bei schönem Wetter im lauschigen Garten.

4057 Basel, Feldbergstrasse 57,
061 683 22 23, www.chanthaburi.ch

La Fourchette

Einmal alles Das kostet bei Laetitia Oser und Valentin Brotbek bescheidenes Geld und offeriert einen kurzweiligen Querschnitt durch die saisonale Küche von Laetitia. Farbe und Geruch, Klang und Stimmung vereinen sich in dem kleinen Lokal zur gelungenen Assemblage. Kalte Holunderbeerensuppe, Peperoniterrine, Tomatenbrot, Courgette meunière, elsässische Fleischschnacka, Gurken-Melonen-Tatar und eine Tomatentartelette zum Dessert. Einmal alles, einmal anders und sieben ausgezeichnete Speisen, die der Gast auch einzeln bestellen kann, was aber schade wäre. Dazu einige trinkfreudige Weine aus der Loire oder einen Beaujolais von Régnié Diaclase. Wer den Alltag eine Runde ablegen will, ist in der «Gabel» sehr gut aufgehoben.

4057 Basel, Klybeckstrasse 122,
061 691 28 28, www.lafourchettebasel.com

Concordia

NEU

Hoppla Die Concordia war eine Quartierbeiz, die gerne ältere Semester frequentierten. Die neuen Pächter, der Koch Till Szabo und der Naturweine-Händler Marco Gräni, haben dem Ganzen einen frischen Anstrich verpasst, jeglichen Plunder entfernt und sind mit einem Konzept gestartet, das von GaultMillau auf Anhieb ausgezeichnet wurde. Gerichte teilen ist angesagt, was ja nichts Neues ist, und selbst den Weg bis nach La Chaux-de-Fonds findet (Carvi Noir). Till Szabo ist im Quartier kein Unbekannter hat er doch mit seiner Küche bereits im «Onkel» neuzeitliche Genussmenschen angezogen. Nun kocht er vegetarische und vegane Gerichte – ohne Scheuklappen und ohne zu missionieren. Seine Gerichte verursachen Appetit, fordern, aber überfordern den Gaumen nicht und bereiten kulinarische Freuden.

4057 Basel, Haltingerstrasse 11,
061 511 88 80, www.restaurantconcordia.ch

Consum

Der Primeur Weinbar-Klone kommen und gehen. Das Original aber bleibt, hat eine gute Substanz und eine spannende Auswahl an Weinen. Hinzu kommt ein exzellentes Angebot an Käse, Würsten und Schinken. Alles passt zusammen. Auch das mechanische Kunstwerk hinter dem Tresen, die rote «Berkel». Die heute nicht mehr produzierte Wurst- und Schinkenschneidemaschine ist Kult und mehr Skulptur als Werkzeug. Zipp, Zipp – der «San Daniele» wird aufgeschnitten. Dazu werden Chutney und «Gschwellti» gereicht. Wer keine Lust auf Fleisch hat, bleibt beim Käse hängen. Der Laden brummt, die Korken knallen, das Bier schäumt. Das «Consum» ist eine stimmige Begegnungsstätte. Und obwohl die Preise von Selbstbewusstsein zeugen, entsteht nach der Rechnung nie das Gefühl, zu viel bezahlt zu haben.

4058 Basel, Rheingasse 19,
061 690 91 30, www.consumbasel.ch

Stadtbrennerei & Stadtkelter

Mittendrin Zwei Jungunternehmer haben einer ehemaligen Kutschenremise ein neues Geschirr verpasst. Seit 2018 destillieren und keltern die Brüder Tobias und David Buser diverse Spirituosen und Schaumweine. Mit ihrem Hang zur Perfektion entstehen Produkte, die mit ihren charaktervollen Aromen zu begeistern wissen. Alpenkräuterbitter, Getreidebrand und der herausragende Absinth überzeugen, genauso wie ihre Schaumweine, die zum Teil nach einer zweijährigen Lagerung auf der Fein-Hefe durch ihre Fruchtakzente Freude bereiten. Gepflegt werden die im Wallis wachsenden Pinot-Noir-Reben vom Winzer und Freund Mario Chanton. Wer also auf der Suche nach Nischenprodukten ist, wird bei den Brüdern Buser fündig. Das fängt bei den Etiketten an und hört beim Inhalt auf.

4058 Basel, Clarastrasse 11,
061 681 01 01, www.stadtbrennerei.ch

Matt & Elly

Urban Das Team von «Matt & Elly» sorgt mit viel Herzlichkeit und ausgeprägtem Qualitätsdenken in Basel für rege Aufmerksamkeit. Ihr Konzept von Restaurant, Bar und Brauerei überzeugt, und ihr kulinarisches Angebot ist vielfältig, überraschend und beeindruckend. Je nach Saison mit einem knusprig gebackenen Ziegenkäse, sekundiert von einem Birnen-Chutney, Gurkenkaltschale mit Lachsforellentatar, Rösti-Galette mit Spinat, gebratene Ente, Griessflammeri mit Walliser Aprikosenkompott. Alles gut, alles zahlbar und die gute Stimmung gibt's gratis dazu. Denise Furter und Jarin Huber praktizieren gemeinsam mit ihrem gut gelaunten Team eine moderne und unkomplizierte Gastronomie, die Basel nur guttut.

4058 Basel, Erlenmattstrasse 93,
061 692 70 70, www.matt-elly.com

Blaupause

NEU

Pause machen Die Geschmacksnerven benötigen in der «Blaupause» zwischen zwei verschiedenen Cocktails eine Pause und Wasser, viel Wasser, denn ohne Trinkpause wären die Geschmacksnerven überfordert, was bei den Cocktails, die Mixologin Julia Schär und die Mixologen Gabriel Aeschbach und Thierry Dunkel zusammenstellen, auch nicht weiter verwundert. Z. B. der eine Cocktail, den ich fragend vor mich hin schlürfte, bestand aus Tanqueray Ten und Smoked-Sesam-Zitrus-Cordial, geklärt durch Ziegenmilch. Zudem waren darin unter anderem Sesam, Smoked Arvenholz, Kaffirlimete, Limette, Zitrone und Thai Grapefruit enthalten, was ich natürlich nicht ergründete, sondern bei Julia nachfragte, die mir – logisch – nicht alle Zutaten verraten hat. Aber wer das Spezielle sucht, bleibt hier länger sitzen und bestellt für den Heimweg das Taxi.

4058 Basel, Utengasse 28,
kein Telefon, www.blaupause.bar
Mi-So ab 17 Uhr geöffnet

Zum Rebhaus

Forza! Nicoletta Girodano und Ilario Galoppo haben dem altehrwürdigen Rebhaus einen neuen, luftigen Touch verpasst, ohne mit dem Alten gleich zu brechen. Entstanden ist eine Mischung aus Innovation und Tradition, die passt und den Gästen Freude macht. So wie auch das Weinangebot mit einer fairen Preispolitik und einer durchdachten Auswahl lockt. Hinzu kommt die Küche von Nicoletta, die so kocht, wie Italien auftischt. Unverfälscht eben. Da gibt's den Hausklassiker Bombette pugliesi (gefüllte Fleischrollen) und diversen Antipasti, Primi, Secondi sowie einigen süssen Klassikern aus Nonnas Küche. Mitten im Kleinbasel sorgt das Rebhaus mit seinem begrünten Innenhof und seinen herzlichen Gastgebern für gute Laune und beste Ferienstimmung.

4058 Basel, Riehentorstrasse 11,
061 683 43 00, www.rebhaus.ch

Übernachten in der Stadt Basel

Cydonia Bett & Brot

Latein Das Haus der Grossmutter war der Auslöser zu diesem Gästehaus, das Sibylle Brandenberger und Thomas Mueggler mit Freunden zu dem geformt haben, wie sich «Cydonia» heute präsentiert. Der im Hinterhofgarten stehende alte Quittenbaum (lateinisch Cydonia oblonga), der den neuen Hausbewohnern gefällt, ist Namensgeber, und spendet jährlich herrlich duftende, goldgelb leuchtende Früchte. Der Grund kann aber vielleicht auch die über 70-jährige Hausschildkröte sein, die sich mit dem Baum so gut versteht. Wer weiss. Sieben Zimmer bietet das 1890 erbaute Haus, die durch Schlichtheit und Nostalgie ein Zuhause auf Zeit bieten. Mit Etagen- und Privatbädern, mit guten Matratzen und einem Wohlsein-Gefühl, das anhält und das Stav Szir im Gästebuch treffend beschrieben hat.

4051 Basel, Leimenstrasse 77,
078 330 47 66, www.bnbcydonia.ch

Blumer B & B

Gute Nacht Freunde Regula Blumer hat in der Kulturstadt Basel ein patiniertes Haus gefunden, das sie nun seit Jahren als B & B führt und mit ihren Gästen teilt. Drei Gästezimmer stehen zur Verfügung mit Blick auf den Margarethenpark oder den grünen Hinterhof. Hinzu kommen ein Salon mit Kachelofen und ein lichtdurchfluteter Frühstücksraum. Das Haus wurde 1898 im neubarocken Stil erbaut und von Regula Blumer mit sicherer Hand renoviert und eingerichtet. Im Sommer lädt der lauschige Hofgarten zum Faulenzen ein, und bis zum Bahnhof sind es gerade mal fünf Gehminuten. Messezentrum, Altstadt, Museen, Theater und Sportstadium sind bequem mit öffentlichen Verkehrsmitteln zu erreichen. Das perfekte Zuhause auf Zeit.

4053 Basel, Gundeldingerstrasse 119,
061 911 99 64 oder 079 126 98 92,
www.blumer-bnb.ch

Feldberg42 Atelier

Pulsierend Graham Lancashire ist ein Querdenker, ein dezidierter Macher, der Trends spürt, bevor sie auf dem Trapez sind. Er isst kein Fisch, trägt schwarz und Vollbart, fährt sportlich Velo trotz Bauch und hat im Matthäus mit dem «Feldberg42 Atelier» die schönste Bleibe im Quartier geschaffen. Wer vor dem Eingang steht und das Rauschen der stark befahrenen Feldbergstrasse in den Ohren hat, wird sich fragen, was für laute Momente ihn da wohl erwarten werden. Es ist ein «Sesam öffne dich»-Effekt, denn das Ganze entpuppt sich als ein im Hinterhof gelegener perfekter Rückzugsort für Designliebhaber mit einem Schlafbereich, Lounge und einer Essküche. Die Dachterrasse bietet einen Blick über das quirligste Viertel der Stadt, das reich an guten Restaurants ist.

4057 Basel, Feldbergstrasse 42,
079 535 79 96, www.atelier.feldberg42.ch

Volkshaus

NEU

Mit Kunst In Basel sind die «Kunsthalle» und der «Donati» gesetzte Institutionen. Tout Bâle hält ihnen die Treue, was nicht heissen will, dass die Basler nicht offen für Neues sind. So hat sich das «Volkshaus» als Dritter im Bunde etabliert, in dem lustvoll getafelt, zivilisiert getrunken und entspannt übernachtet wird. Zudem kann sich der Gast mit einer Flasche Vieux Télégraphe Blanc in die wohl bedeutendste in einem Restaurant öffentlich zugängliche zeitgenössische Kunst vertiefen. Kulinarisch setzt Küchenchef Benjamin Mohr auf Klassiker, die von einem aufgestellten Team aufgetragen werden. Wem es am Sonntag nicht nach Kochen zumute ist, der geniesst in der Brasserie zwischen 11.30 und 15 Uhr den Brunch à la carte. Für Œufs Bénédicte lasse selbst ich den Sonntagsbraten sausen.

4058 Basel, Rebgasse 12-14,
061 690 93 00, www.volkshaus-basel.ch

Grenzgänge

Mättle

Expansion Nach dem «Eckert» in Grenzach-Wyhlen, der «Krone» in Inzlingen, dem «Drei König» und dem «Hotel Base» in Lörrach gehört nun auch das «Mättle» in Tumringen zur Familie Wiedmer. Hier kocht der Franzose Nicolas Marceau mit sicherem Gespür. Da gibt's Spezereien aus dem Hotzenwald, eine Erbsensuppe oder einen gereiften Schwäbisch-Hällischen Landschweinrücken. Puristen werden sich fragen, ob es eine gebeizte Gelbschwanzmakrele auf Randen an Passionsfrucht-Vinaigrette benötigt oder ob der Schwerpunkt nicht mehr auf Wiener Schnitzel mit Kartoffel-Gurken-Salat liegen sollte. Doch Wirtschaften mit einer einfachen Markgräfler Küche gibt es in der Region diverse, während das «Mättle» das Potenzial hat, Puristen und Trendsetter anzusprechen.

DE-79539 Lörrach-Tumringen,
Freiburger Strasse 314,
0049 7621 588 43 00, www.wiogroup.de

Weinbau Ruser

Guter Wein Karlheinz Ruser ist kein vollmundiger «Winemaker», sondern ein grundsolider Weinbauer, der ohne PR auskommt. Einer von der stillen Sorte, der auf Fragen lieber seine Weine antworten lässt. Eben ein Winzer, der knackig frische Weine mit wenig Alkohol produziert. Klar, nicht jeder Jahrgang ist bei ihm federleicht, wird doch das Markgräflerland aufgrund seiner Sonnentage vollmundig die Toskana Deutschlands genannt, und seine Spätburgunder haben Kraft, hauen aber einen nicht gleich um. Seine filigranen, fruchtigen Gutedel (Chasselas) und Müller-Thurgau lassen sich aber locker für den Frühschoppen entkorken und trinken. Ein süffiger Rosé, ein trockener Winzersekt, Obst- und Hefebrände vervollständigen das Angebot zu freundschaftlichen Preisen.

DE-79539 Lörrach-Tüllingen, Sodgasse 7,
0049 7621 496 20, www.weinbau-ruser.de

Restaurant zum Rössli

Relikt Ernst Gerber ist ein begnadeter Gastgeber, ein wandelndes Lexikon, dem seine Gäste gerne zuhören, wenn er Geschichten von früher erzählt. In seiner Beiz stehen, liegen und hängen zahlreiche Zeitzeugen, wunderschöne Tische in der guten Stube und «horgenglarus»-Stühle im Saal, über den man zur alten Kegelbahn gelangt.Bald wird er seinen Neunzigsten feiern, was ihn nicht weiter stört, denn solange es ihm gut geht, denkt er noch lange nicht ans Aufhören, was die Dorfbevölkerung zu schätzen weiss. Lassen wir ihn einfach hochleben, bringen Freunde, Rauchwürste, Brot und Wein mit, decken die Tische und laden Ernst ein und feiern ihn und sein «Rössli». Wenn er denn das überhaupt will. Aber bis zu seinem runden Geburtstag müssen wir ja eigentlich nicht warten. Lang lebe Ernst.

2814 Roggenburg, Mariabrunnfeldweg 1,
032 431 12 18. Keine Webseite.
Mi – Mo ab 9 Uhr geöffnet.

NEU

Studinger

Der andere Dorfladen Mitten im Dorfkern befindet sich der Tante-Emma-Laden von Sibylle und Christoph Studinger, der auf den ersten Blick etwas verstaubt wirkt. Tomatenbüchsen, Waschpulver, eine Zahnbürste. Wer keinen zweiten Blick riskiert, verpasst eine «Schlaraffia». Hinter der Theke steht Christoph Studinger, der empfiehlt, berät, hier einen Scherz und dort ein Kompliment macht, ob nun der Laden voll oder leer ist. Wer bei ihm einkauft, bringt Zeit mit. Die Käselaibe türmen sich, und in den Regalen versammeln sich Produkte von kleinen Manufakturen. Senf, Salz, Joghurt, Alp- und Käsereibutter, Brot, Biomehl, Konfitüren, Biere, Würste, Schinken, Kaffee. Viel Gutes von einem unabhängigen Detailhändler, der den Goliaths im Handel mit seinem Qualitätsdenken die Stirn bietet.

4105 Biel-Benken, Kirchgasse 23,
061 721 13 18, keine Website

Hofläden Ruepp & Tanner

Hefeduft Biel-Benken hat trotz hohem Villenanteil viel Natur bewahrt, in der verschiedene Bauernbetriebe ihre Ware verkaufen. Natürlich verhalten sich an einem Samstag Frühaufsteherinnen cleverer als Siebenschläfer, können sie doch im Hofladen der Familie Ruepp, ohne lange zu warten, Brot und Zopf noch lauwarm einkaufen. Dabei verpassen sie aber die grandiosen Haselnusshefeschnecken mit Zitronenglasur. Probieren Sie so eine Schnecke einmal aus, Sie werden begeistert sein, genauso wie von den Gemüse- und Früchtespezialitäten von Bauer Tanner, der mit seinem Sortiment die Kunden immer wieder überrascht.

4105 Biel-Benken
Kirchgasse 5b, 061 721 74 09.
Keine Website. Täglich von 7 – 20.30 geöffnet.
Bachgasse 23, 061 721 18 28, www.tannerhof.ch

NEU

Dorfkäsi Allschwil

Der Pragmatiker Pierre Coulins Curriculum ist beeindruckend, seine Titel Dr. sc., Dipl. Ing.-Agr. ETH, Lebensmitteltechnologe sind es sowieso. Ansonsten ist Pierre Coulin eine unkomplizierte, liebenswerte Persönlichkeit, die sich in den Kopf gesetzt hat, in der Region Basel einen Treffpunkt für Käsefreunde zu schaffen, was ihm innert Kürze gelungen ist. Ansonsten hat er es nicht mit der Kürze, sondern er lässt seinem Käse Zeit, dass er optimal reifen kann. Der Unterschied zu anderen Käseverkäufern ist, dass «RegioBale», so heisst sein Unternehmen, nicht nur Käse verkauft, sondern auch Käse herstellt, was in der heutigen Zeit nicht nur heroisch klingt, sondern auch ist. Sein würziger Raclettekäse ist ein grosser Wurf, der selbst kritische Gaumen begeistert.

4123 Allschwil, Baslerstrasse 12, 061 481 22 88, www.regiobale.ch

Kitchen Brew

Unfiltriert Was klein begann, entwickelt sich zu einer mondänen Brauerei, die nicht nur lokal und regional Kunden beliefert, sondern auch national. Und wenn gar Bestellungen aus Zürich kommen, müssen die Biere wohl Charakter haben. Haben sie! Zahlreiche Stammkunden holen stets am Mittwoch ihre Bestellung ab. Dann, wenn in der Braustube gute Pizzen aufgetischt werden. Online bestellten geht aber natürlich auch, ist aber nicht das Gleiche. Zu den Bieren produziert «Kitchen Brew» den aromatischen Seventh-Sens-Gin wie auch die Swiss Mountain Spring Limonaden samt fünf aromatischen Tonic Waters. Mein Liebling unter den Biersorten ist das Cascade Amber Ale, die allererste Kitchen-Brew-Kreation, die der Gründer Fabian Ehinger gebraut hat.

4123 Allschwil, Binningerstrasse 101,
info@kitchenbrew.ch, www.kitchenbrew.ch und
www.fabrik-laden.com

Paphos Weine

Zypern? Zypern! Unter Weinkennern zählt Zypern zu den ultimativen Geheimtipps, dessen Provenienzen Entdeckungen abseits der ausgetretenen Strassen sind. Zwar werden die Weine von der Fachpresse gelobt, trotzdem sind sie in Restaurants mit wenigen Ausnahmen nicht erhältlich. Es lohnt sich, im Online-Shop von «Paphos Weine» zu stöbern oder bei den öffentlichen Verkostungen von Bernhard Furler auf Entdeckungstour zu gehen. Seit Jahren arbeitet er mit den besten Kellereien der neuen Winzerelite Zyperns zusammen, die in den ökologisch vielfältigen Rebbergen bis auf 1500 m ü. M. ihre exklusiven autochthonen Rebsorten kultiviert. Handwerklich sorgfältig produzierte Weine, die in kleinen Stückzahlen abgefüllt werden, kurz, Raritäten zu fairen Preisen.

4132 Muttenz, kein Ladengeschäft,
061 461 71 63,
Onlineshop: www.paphosweine.ch

Stefanelli

NEU

Grande Der Name des Traditionshauses ist der Gleiche geblieben, das Angebot ein appetitanregender Giro Italia, und der Empfang der neuen Besitzer Giulia Grande und Francesco Brucchietti ist von ansteckender Herzlichkeit. Die sehr zu empfehlenden sardischen Ravioli (fatto in casa) sind gefüllt mit Kartoffeln, Pecorino und Minze, die Salumi duften verführerisch vor sich hin und die Salsicce sind genau so, wie sie sich der Nonno wünscht – saftig, aromatisch und grob im Schnitt. Hinzu kommen weitere Spezialitäten, die locken, derweil Francesco lächelnd die Mortadella dünn aufschneidet und dem Kundenandrang mit stoischer Ruhe begegnet. Wer sich Zeit nimmt, trinkt vor Ort einen Espresso und gönnt sich dazu die eine oder andere süsse sizilianische Kalorienbombe.

4132 Muttenz, Hauptstrasse 38,
061 461 07 00, www.stefanelli-spezialitaeten.ch

Più am Kirchplatz

NEU

Stadtgespräch Franz-Xaver Leonardt ist ein umtriebiger Gastrosoph und Politiker, der mir auf dem Velo sitzend im kurzen Gespräch das «Più» empfohlen hat. Zwei Tage später hat mir Roland, der Mann meiner Bügelfrau, vom «Più» vorgeschwärmt, was mich wieder an die Worte von Franz-Xaver erinnert hat. Der nächste Schritt war der Schritt ins Kaffi Più zu Bäcker, Gründer und Besitzer Michael Karlin. Und ja, die beiden Herren haben völlig Recht, mir so vom «Più» vorzuschwärmen. Croissant, Brioche und Laugen sind perfekt, die Brote, die Focaccia, der Zopf sowieso und auch Kaffee und Wein sind ein Grund, etwas länger im «Più» zu bleiben. Gespannt bin ich auf den Spätherbst, dann wenn der beste Panettone nördlich des Gotthards aus dem Ofen kommt. Zumindest steht das so auf der Website geschrieben, woran ich aber keinen Augenblick zweifle.

4132 Muttenz, Kirchplatz 14,
061 462 28 28, www.piu-kaffi.ch

Wein Feer

Der Naturbursche Martin Feers Lebenselixier ist die Natur. Er ist Forstwart, Winzer und Weinhändler, der in den Reben seine Passion auslebt. In Waldenburg, im Oberbaselbiet, hat er Mondeuse angepflanzt und im Tessin stehen seine Rebstöcke (Merlot) oberhalb von Giubiasco im Steilhang, was erfordert, dass die Trauben in Bottichen auf den Schultern ins Tal getragen werden müssen. Sie ergeben herrlich fruchtige, leichte Weine mit Biss. Wenn er nicht in den Reben ist, weilt Martin Feer gerne auf dem Plateau der Tausend Seen in der Haute-Sâone und sammelt in den umliegenden Wäldern vorzugsweise Morcheln und Steinpilze. Oder er geniesst Kutteln in seiner Lieblingsstadt Florenz, denn auch Naturburschen nehmen manchmal eine Auszeit von der Natur.

4142 Münchenstein, Emil-Frey-Strasse 81a, 061 411 11 38 oder 079 322 07 94, www.wein-feer.ch

Birtel

Sinnvoll anders «Birtel» ist eine Mikrobrauerei, die nicht nur gute Biere braut, sondern neue Wege geht. So will sie in Zukunft ihre Biere mit Schweizer Hopfen und Braugerste brauen. «Als Biernation ist es Zeit, die Wertschöpfungskette für die Bierherstellung in der Schweiz aufzubauen. Bier ist mindestens so viel wert wie Wein, aber wer fragt beim Bier schon nach dem Jahrgang, der Hopfensorte oder dem Brauer?», fragen sie auf ihrer Website. Na ja, die Biersommelière wird gefragt, die Biere empfiehlt und kredenzt, genauso wie das der Weinsommelier mit seinen empfohlenen Weinen tut. Allerdings gibt es erst einige wenige Restaurants, die eine Biersommelière beschäftigen. Wie auch immer. «Birtel» denkt und handelt löblich anders. Ich bin gespannt auf ihr erstes reines Schweizer Bier.

4142 Münchenstein, Frankfurt-Strasse 21, 061 331 82 57, www.birtel.ch

Weinbau Simmendinger

Der Umtriebige In den letzten Jahren hat Sascha Simmendinger ganz schön Gas gegeben und seine Produktion ausgebaut, konnte doch sein Angebot nicht mehr mit dem Durst der Kunden mithalten. Auch wurde sein wunderschöner Gewölbekeller mit Fingerspitzengefühl in einen modernen Weinkeller umgebaut, der nicht nur dem Winzer alleine vorbehalten ist, sondern auch von Weinfreunden genutzt werden kann. Seine Rebberge befinden sich in Arlesheim, Aesch, Therwil, Dornach, Münchenstein und Riehen. Seine Provenienzen sind nicht uniformiert, vorwiegend schlank, aber nie flach. Traminer und Cabernet Jura sind meine Favoriten, und obwohl ich sortenreine Weine bevorzuge, finde ich den Cuvée du Soleil (Müller Thurgau und Solaris) eine trinkfreudige Angelegenheit.

4142 Münchenstein, Schmidholzstrasse 42, 078 888 41 12, www.simmendinger.ch

Metzgerei Jenzer Fleisch & Feinkost

Der Musterknabe Was Grossmutter noch wusste, ist im Zeitalter von Facebook und Co. wieder hochaktuell. Den Konsumenten wird schmackhaft gemacht, die Lebensmittelverschwendung am Tier lustvoll zu bekämpfen. «Nose to tail» nennt sich das Neudeutsch, was zur Folge hat, dass Kutteln, Kalbskopf, Nieren und Backen wieder gekauft werden und auf den heimischen Tellern landen. Nur an Edelstücken knabbern ist nicht mehr «comme il faut». Die «Jenzer Fleisch & Feinkost» steht für artgerechte Tierhaltung ein und bietet Spitzenfleischqualität gepaart mit Innovation. Das fängt beim «Bluthund» (überdimensionierte Blutwurst) an und hört mit dem luftgetrockneten Rohschinken von der Witzwiler Freilandsau auf, der selbst Berufsitaliener zum Schwärmen bringt.

4144 Arlesheim, Ermitagestrasse 16, 061 706 52 22, www.goldwurst.ch

Gasthof zum Ochsen

Lust Der «Ochsen» in Arlesheim ist erfolgreich im 21. Jahrhundert angekommen. Das Haus strahlt Würde und Urbanität aus, die Gästeschar ist bunt durchmischt, und die Küche legt das Schwergewicht auf Fleischgerichte, was nicht verwundert, gehört der «Ochsen» doch der Metzgerfamilie Jenzer. So sind die «Ochsen»-Klassiker gesetzt. Dazu gehören das am Tisch zubereitete Tatar vom Rinds-Bavette oder die Ochsenschwanzsuppe, die mit Cognac dezent abgeschmeckt wird. Was nicht fehlen darf, ist der «Butcher's Cut», die Empfehlung des Metzgermeisters, z. B. das Secreto (Muskel) vom Schwein. Die Weinauswahl ist mit grossen Namen und schweren Kalibern vertreten. Wer einfacher, leichter, filigraner und lokaler trinken will, ist mit den lokalen Provenienzen gut bedient.

4144 Arlesheim, Ermitagestrasse 16,
061 706 52 00, www.ochsen.ch

Adler

1001 Nacht Alles ist mit Fingerspitzengefühl dekoriert. Franziska Hasler, die Frau von Küchenchef Mohamed, dekoriert, gestaltet, verkostet und inspiriert Team und Gäste, während Yasser, der Bruder von Mohamed, die Gäste umsorgt. Wer die Vielfalt der Speisen im Gaumen erspüren will, vereinbart einen Pauschalpreis und isst sich quer durch die ägyptische, marokkanische und libanesische Küche. Die indische lasse ich beiseite, da gibt's bessere. Frittierte Kichererbsenbällchen, gefüllte Gemüseteigtaschen, pürierte Aubergine, Rind an Zimt oder mit Chili und Koriander gewürzt, dazu Bioweine aus dem nahen Elsass und Markgräflerland oder ein Grüntee mit Minze, Ingwer und Zitrone. Es lohnt sich, mit einer geselligen Runde und mit Appetit und Neugierde den «Adler» zu besuchen.

4144 Arlesheim, Hauptstrasse 15,
061 703 11 00, www.adler-restaurant.ch

Luba Fuma

Rauchzeichen Luca Baur überzeugt in seiner kleinen Räucher-Manufaktur mit handwerklichem Geschick und Qualitätsdenken. Die Leidenschaft dazu hat ihn vor einigen Jahren in der Räucherkammer seines Onkels gepackt, der ihm die Kunst des Räucherns beigebracht hat. Heute kauft Luca Bio-Lachs aus Irland und Sockeye Wildlachs aus Alaska, die er mit seinen ausgetüftelten Rezepten zu Delikatessen verarbeitet, wofür er zahlreiche selbst gezüchtete Gartenkräuter und spezielle Gewürze verwendet. Der Rest macht der feine Buchenholzrauch, der dem Rohlachs seine unwiderstehliche Geschmacksnote verpasst. Ab und zu bietet Luca auch irische Austern an, die mit ihren Geschmacksnoten das Meer nach Hause bringen.

4144 Arlesheim, Altenmattweg 2,
079 470 43 95, www.lubafuma.ch

Mercuri Olive Groves

Der Baum aller Bäume Die Güter der Familie Mercouri befinden sich im Küstenort Korakochori auf dem Peloponnes. Seit 1995 betreibt Christine Mercouri in ihrem Olivenhain mit 600 Bäumen eine integrierte Olivenölproduktion. Die Bäume sind zum Teil über 100 Jahre alt. Baumpflege, Ernte, Pressung, Filterung, Abfüllung, Lagerung, Marketing und Vertrieb werden in Eigenregie abgewickelt. Aus der Ernte ergeben sich jährlich rund 3500 Liter. Die nicht ganz reifen, meist noch grünen Oliven werden schonend geerntet und handverlesen. Mercouri Olive Groves verfolgt in der Schweiz keine kommerziellen Absichten. Ein allfälliger Reingewinn fliesst in die Unterstützung von Pflege und Produktion in Korakochori.

4144 Arlesheim, Mattweg 76,
079 508 90 43, Vertrieb in der Schweiz durch
niggi.ullrich@bluewin.ch,
www.mercouriolivegroves.gr

Kulturhotel Guggenheim

Mooi Das ist holländisch und heisst schön, attraktiv, erfreulich, gut, hübsch … was das Kulturhotel Guggenheim als Gesamtkunstwerk auch ist. Die Zimmer überzeugen durch einen guten Mix aus Alt und Neu, im Restaurant beeindrucken die Farben, die Einrichtung und die bunt durchmischte Gästeschar. Yvonne und Eric Rütsche gelingt es, einen Ort zu schaffen, zu dem man sich immer wieder hingezogen fühlt. Für einen kulturellen Abend, einen Schwatz unter Freunden, einen Pulled-Pork-Burger oder Hummus mit hausgemachter Focaccia. Das Mittagsessen gibt es zum Freundschaftspreis. Etwa geräucherter Schweinshalsbraten oder gratinierte Polenta-Ecken. Die Abendkarte ist klein, das Angebot durchdacht, die Lammhaxen exzellent. Angebot und Atmosphäre sind stimmig.

4410 Liestal, Wasserturmplatz 6/7, 061 534 00 02, www.guggenheimliestal.ch

Bad Schauenburg

Superb Der Unternehmer und Besitzer Peter Grogg hat das «Bad Schauenburg» komplett sanieren und erweitern lassen. Die ehemalige denkmalgeschützte und brachliegende Scheune ist nun das Restaurant «Zum Schauenegg». Eine Einkehr, die sich auch für die kleinere Brieftasche eignet. Die Sonnenterrasse zieht Wanderer und Ausflügler an, die sich über eine intakte Natur, den begehbaren Kräutergarten und über die gute Regionalküche für kleine und grosse Appetite freuen. Auch das Haupthaus zeigt sich in neuem Glanz, und Spitzenkoch Francis Mandin freut sich über seine Rolls-Royce-Küche. Geleitet wird «Bad Schauenburg» von Stéphanie Häring, der Tochter von Altpatron Fredi Häring, und Maître d'hôtel Urs Hischier, der seit über 30 Jahren mit an Bord ist.

4410 Liestal, Schauenburger Strasse 76, 061 906 27 27, www.badschauenburg.ch

Siebe Dupf

Stimmige Weine An Weinhändlern besteht in der Region Basel zwar kein Mangel, aber seit seiner Neuausrichtung befindet sich das Traditionshaus Siebe Dupf auf der Überholspur, was auch mit dem Ehrgeiz des Verwaltungsrats zu tun hat. «Siebe Dupf» steht heute für ein gehobenes und interessantes Sortiment ein. Ob Tischwein oder Etikette, bei «Siebe Dupf» liegen zahlreiche Flaschen in den Regalen, bei denen nicht nur die Herzen von Burgunder-Freaks höherschlagen. Kommt hinzu, dass die Weine der Eigenkelterei von Kellermeister Thomas Engel nicht nur die Region, sondern auch ein internationales Fachpublikum ins Staunen versetzen. An den Decanter World Wine Awards hat Thomas Engel gleich mehrere internationale Wein-Auszeichnungen auf einen Streich geholt. Gute Aussichten.

4410 Liestal, Kasernenstrasse 25,
061 921 13 33, www.siebe-dupf.ch

Daniel Krois Chocolatier

La Pause Wie so oft ist es der Zufall, der mich zu einer guten Adresse führt. So bin ich auch im Laden von Daniel Krois gelandet. Seine Kokos-Ingwer-Krokants haben es mir angetan, genauso wie die Florentiner und der Haselnussaufstrich. Seine Eigenkreationen überzeugen durchs Band. Truffes, Pralinés, die Tafelschokolade, alles bereitet Freude. Aufgewachsen als Bäckersohn, wurde der Neuenburger Patissier, Confiseur und Chocolatier, bevor ihn eine Allergie aus dem Beruf vertrieb. Als Lebensmittelingenieur liess ihn seine Passion aber nicht los. Heute ist er wieder Chocolatier, der ein kleines Angebot durch reine Handarbeit herstellt. Ab und zu legen die Einheimischen bei ihm eine Pause ein, im Wissen, das er den vorzüglichen Kaffee selbst röstet.

4410 Liestal, Zeughausplatz 31,
076 582 82 68, www.danielkroischchocolatier.com

Heimelig

★

Gutmenschen Das «Heimelig» ist unter Insidern eine kulinarische Instanz und angesichts der Küche, die Hannes Riesen bietet, erstaunt es, dass das Restaurant in der Genussszene nicht als angesagte Adresse kursiert, was eine glückliche Fügung ist, ist das Lokal doch eben heimelig, hat also nicht zu viel Platz. Wer Gefallen an einer Bourgeoise-Küche hat und gerne Prestige-Weine trinkt, der wird bei Marianne und Hannes Riesen sehr schnell zum Stammgast. Hummercreme-Suppe mit pochiertem Königskrabbenfleisch, gebratene Entenleberschnitzel und Kalbsmilkentranchen oder ein geschmortes Appenzeller-Entenragout zeugen vom Können des Kochs. Und wer dazu ein Chambolle-Musigny von Ghislaine Barthod zum Freundschaftspreis trinkt, weiss, dass hier Gutmenschen am Werk sind.

4416 Bubendorf, Murenbergstrasse 5, 061 931 22 18, www.restaurant-heimelig.ch

Abendsmatt

NEU

Idylle Noch so ein Schmuckstück aus einer anderen Zeit. Abgelegen und doch nah bei Liestal geht die «Abensmatt»in der lieblichen Landschaft auf. Früher ein Kurhaus, bietet es heute für unkomplizierte Reisende oder Erholungsuchende einige einfache Gästezimmer an. Hinzu kommen ein schöner Freisitz und eine gute Stube mit Kachelofen, deren Name Programm ist, in der einfache Vesper serviert und gute Kuchen empfohlen werden, die dazu animieren, ein zweites Stück zu bestellen. Einige regionale Landweine runden die sinnliche und so angenehme Einkehr ab. Bei Margret, Annemarie und Ernst Schmutz eine Pause einzulegen und auszuspannen, hat was und ist, hier passt für einmal das Unwort, eine wohltuende Entschleunigung vom Alltag

4432 Lampenberg, Hof Vordere Abendsmatt 14, 061 951 10 24, www.abendsmatt.ch

Villa 27

Begegnung Antiquitäten teilen sich das Haus mit Shabby-Chic-Möbeln. Hier ein Stuhl, dort ein drapierter Vorhang, da ein glänzendes Parkett, kurz, wer die «Villa 27» besucht, tritt eine Zeitreise an und fühlt sich wie einst bei Oma Luise, die hier nicht Luise, sondern Käthi Eglin heisst und mit ihren schwarzen Haaren dem Oma-Groove entgegentritt, aber als Mutter von vier erwachsenen Kindern eben doch eine glückliche Oma ist. Um zwölf Uhr wartet sie mit dem Mittagstisch auf, stets mit einem Traditionsgericht wie Speck und Bohnen oder auch mal mit gefüllten, salzigen Crêpes oder einem Curryreis. Vor und nach dem Mittag gibt's diverse süsse Köstlichkeiten, von der Bäckerin Susi Mahler für die Gäste produziert. Beliebt ist auch der Afternoon Tea mit Scones, Clotted Cream und Co.

4450 Sissach, Hauptstrasse 27, 076 463 28 99, www.villa27.ch

Alpbad

NEU

Zurücklehnen Wer im «Alpbad» nicht entspannen kann, wird es wohl nirgends können. Die Wirtschaft ist gesegnet durch seine Gunstlage und seine angenehmen Gastgeber. Kein Stau ist in Sicht, keine knipsenden Touristen, dafür eine Aussicht auf Wiesen, Wälder und Bauernhof. Hörbar ist das Bimmeln der Kuhglocken, das zufriedene Gemurmel der Gäste, und riechbar ist die saisonale und authentische Küche der Familie Spiess-Hofstettler, die sich «Diräkt vom Buur isch eusi Chochkultur» auf die Fahne geschrieben hat – gehört doch zum Gasthof auch der familieneigene Bauernhof, der seit 1988 nach den Bio-Suisse-Richtlinien bewirtschaftet wird. Wer sich hier im wunderschönen Garten an einem Rindsragout, einem Käsesalat oder einer Rindsleber gütlich tut, wird wohl immer wiederkommen.

4450 Sissach, Alpbad 26, 061 971 10 65, www.gasthofalpbad.ch

Domaine Chiquet

Natur in der Flasche Etikettentrinker lassen es gleich bleiben, zumal die Weine von Ruth und Claude Chiquet-Kunz eigenwillig sind. Und viel mehr Natur geht in eine Weinflasche nicht rein. Claude Chiquet besuchte die Ausbildungskurse für Rebbau, Weinbereitung und Sensorik an der Fachhochschule in Wädenswil. Seine Lehrzeit verbrachte er im Weinbaubetrieb von Silvia und Valentin Blattner im jurassischen Soyhières. Seine Rebparzellen sind in Ormalingen und Maisprach, auf denen PIWI-Rebsorten gepflanzt sind, also pilzwiderstandsfähige Traubensorten. Meine Lieblinge sind die Weissweine Sauvignon S und der dunkelrote Schaumwein Schwarze Perle, hergestellt aus verschiedenen PIWI-Sorten, der an Himbeere, Schwarze Johannisbeere und Kirsche erinnert.

4466 Ormalingen, Hauptstrasse 144,
079 363 13 04, www.chiquet-lesvins.ch

Ochsen

Spenderherzen Grosse Freude herrscht unter den Einheimischen, dass ihr «Ochsen» alle Widrigkeiten zum Trotz noch geöffnet hat. Die Freunde des «Ochsen» haben gespendet, und ihn so am Leben erhalten. Organisatorisch wurde das Kulinarische vom Kulturellen getrennt, das Angebot und die Öffnungszeiten hat Gastgeber Markus Stocker (vulgo Stocky) verkleinert, was die Kosten senkt, die Freude an der unkonventionellen Beiz aber erhält. Geboten werden eine einfache Küche, kleine Weinauswahl, einige Konzerte und unaufgesetzte Freundlichkeit. Zum kulinarischen Pflichtprogramm gehört der Elsässer Flammkuchen, dessen Rezept «Stocky» von seiner Mamama aus Strassburg übernommen hat. Das Fleisch liefert der Nachbar, die Metzgerei Rickenbacher, die nur Viecher von den umliegenden Weiden schlachtet. Der Kreis schliesst sich.

4494 Oltingen, Schafmattstrasse 6,
061 993 70 48, www.ochsenoltingen.ch

Metzgerei Rickenbacher

Von der Wiese nebenan Thomas Rickenbacher macht keine grossen Worte zu seiner Arbeit und zu seiner Person. Etwa Werbung für sich und seine Metzgerei? Gott bewahre! Schon an ein Wunder grenzt es, dass er über eine Website verfügt, die aber eh nicht viel aussagt. Denn wer bei ihm einkaufen will, kommt in seine rar geöffnete Metzgerei, die mitten im Herzen des abgelegenen Dorfs Oltingen steht. Hier wird das lokale Vieh ohne Transportstress vor Ort geschlachtet, der Metzger kennt seine Bauern, sie kennen ihn, und eine grosse Stammkundschaft aus Stadt und Land kennt seine Metzgerei und nimmt den Weg für seine Qualitätsprodukte gerne in Kauf. Wurstliebhaber gehen nicht ohne Cervelat nach Hause. Und über den Rest des Einkaufs entscheidet die Lust und Tagesform.

4494 Oltingen, Hauptstrasse 19,
061 991 04 30 oder 079 333 56 46,
www.metzgerei-rickenbacher.ch

Übernachten im Kanton Baselland

Waldhaus beider Basel

NEU

So nah Zum Waldhaus führen zahlreiche Spazierwege durch sattes Grün. Das Waldhaus ist von Basel aus, mehrheitlich dem Rhein entlang, in gut einer Stunde zu erreichen. Zurück geht's beispielsweise mit dem Rheintaxi, und ab zehn Personen hält das Schiff der Basler Personenschifffahrt auf der Fahrt nach Rheinfelden an der Anlegestelle beim Waldhaus. Tagesausflüge sind das eine, das bürgerliche Restaurant das andere, das bei schönem Wetter von Sonnentouristen überrannt wird. Reservieren lohnt sich frühzeitig und wer lieb fragt, erhält an warmen Tagen vielleicht einen Tisch mit Rheinsicht zugeteilt. Stadtmüde flüchten unter der Woche, lassen sich verwöhnen und übernachten vor Ort. Sind bis 22 Uhr nicht alle Zimmer besetzt, kostet es den dinierenden Abendgast, der zum spontanen Übernachtungsgast mutiert, noch 89 Franken, was ein sympathischer Werbegag ist.

4127 Birsfelden, In der Hard,
061 313 00 11, www.waldhausbeiderbasel.ch

Kloster Schönthal

Bei Mechthild Der ehemalige Werber John Schmid hat vor Jahrzehnten das Kloster Schönthal mit viel Sachverstand in eine Kunstoase verwandelt. Rund um die Liegenschaft führt ein kilometerlanger Skulpturenweg durch die sattgrüne, hügelige Landschaft. In der ehemaligen Klosterkirche finden im Sommerhalbjahr Ausstellungen zeitgenössischer Künstler statt. Wer länger an diesem Kraftort bleiben will, reserviert sich eines der vier geschmackvoll eingerichteten Gästezimmer namens Dorothea, Mechthild, Adelheid und Wilbina. Das grosse Bad wird geteilt. Hinzu kommen eine perfekt ausgestattete Küche für Selbstversorger, ein patiniertes Esszimmer und ein verträumter Innenhof mit grossem Holztisch, der sich für warme Sommerabende anbietet.

4438 Langenbruck, Schönthalstrasse 158, 061 706 76 76, www.schoenthal.ch

Erica

Zeitfenster Langenbruck war einst ein Kurort für begüterte Basler, die hier herrschaftliche Höfe besitzen. Heute zählen das Kloster Schönthal und das von Julia und Kathrin Fritsche stilsicher aus dem Dornröschenschlaf wachgeküsste Jugendstilhotel Erica zu den Eckpfeilern des Dorfes. Bausünden wie die Rodelbahn gehen in der Ofen- und Lesestube oder im Salon schnell vergessen. Der Morgen wird mit einem guten Frühstück eingeläutet, bei dem das Spiegelei perfekt zubereitet ist, was banal klingt, aber nicht selbstverständlich ist. Am Nachmittag stehen Kaffee und Kuchen im Vordergrund und abends wird den Hotelgästen ein saisonales Menü aufgetischt. Die Umgebung bietet Wandermöglichkeiten, wer es nicht so mit Touren hat, nimmt den Skulpturenweg des Klosters unter die Füsse.

4438 Langenbruck, Erikaweg 7, 062 390 11 17, www.hotelerica.ch

Gasthof zum Ochsen (Seite 162)

Landgasthof Adler

Der Adler ist gelandet Die Gastronomen Toni Brüderli und Barbara Nebiker sind die Vollkaskoversicherung für den «Adler». Die Kastanienbäume vor dem Haus stecken den Rahmen für die Frischluftoase ab, im Innern sorgt die Gaststube mit Kachelofen und Eckbank für ungekünstelte Behaglichkeit. Die Speisekarte kommt, die Vorfreude hält an. Aspik vom Tafelspitz, Wurstsalat, Wiener Schnitzel und Cordon bleu sind Klassiker, die einem Landgasthof gut anstehen. Hinzu kommt die Weinauswahl von Barbara Nebiker, die als diplomierte Sommelière ihren Gästen gerne Provenienzen von unbekannten Winzern ausschenkt. Wer das Spezielle mag, entert mit einer geselligen Runde nach telefonischer Voranmeldung für den Aperitif davor oder für die Zigarre danach das Rheinboot des Patrons.

4303 Kaiseraugst, Dorfstrasse 35, 061 813 72 12, www.adler-kaiseraugst.ch

Blume

Beständig Das Gasthaus gehört zu den sozialen Errungenschaften, die zu alt und zu wichtig sind, um modern zu werden. Wohlverstanden Gasthäuser, nicht Konzeptrestaurants. Ein Gasthaus wird vom Charakter des Gastgebers geprägt, nicht von den Trendvorstellungen der Gäste. Die Gäste gehen nicht in die «Blume», sondern zu Kurt. Wer als Gast kommt, hat Vertrauen und zeigt Demut. Kurt ist heiter und freundlich, zeigt Strenge und Gelassenheit und übt sich hin und wieder in vielsagendem Schweigen und wissendem Lächeln. Gegessen wird regional, frei von Allüren und Modeerscheinungen. Beliebt sind Forelle blau, Kalbsleber, Kalbsrückensteak und andere Klassiker. Die «Blume» verzichtet wohltuend auf jegliches Brimborium. Dafür brummt der Laden bereits ab acht Uhr mit «Znüni näh».

4312 Magden, Hauptstrasse 11, 061 841 15 33, www.gasthauszurblume.ch

Urich Fleisch & Feines

Ran an den Speck Die Leidenschaft ist spürbar. Hier sind keine Akkordarbeiter am Werk, sondern Metzger mit Berufsethos. Zu Peter Rhyner, Metzger und Ladenchef, fasst die Kundschaft sofort Vertrauen. Er steht kerzengerade da, die Mütze sorgfältig drapiert, das Messer fest im Griff, der Schnitt sitzt, die Auskunft auch. Natürlich müssen Qualität und Preis stimmen, sonst wird das nichts mit den Wiederholungstätern, so nah bei der deutschen Grenze. Da benötigt es schon Mut, Selbstvertrauen und Können, eine Metzgerei zu eröffnen. Der Erfolg gibt den Inhabern Ernst und Susann Urich-Muggler recht. Der Betrieb läuft, die Spezialitäten überzeugen. Probieren Sie bei sich zu Hause am langen Tisch vom Rohesssspeck. Am besten mit Apfelwein und Holzofenbrot. Herrlich!

4313 Möhlin, Hauptstrasse 61,
061 851 57 57, www.urich-ff.ch

Gasthof Fabriggli

Am Bach Der Zander wird auf dem Grill gegart, der Egliknusperli-Bierteig ist hausgemacht, und das Rezept des Nordseekrabben-Cocktails stammt aus Holland, der Heimat der Gastgeberin Evelien Reukers, die gemeinsam mit ihrem Partner Simon Hauri das «Fabriggli» führt. Sehr beliebt sind bei den Stammgästen die Fischbrote mit Matjes, Zwiebelringen und Essiggurke, derweil sich Karnivore an die exzellenten Bitterballen halten, was nichts anderes ist als panierte und frittierte Fleischkroketten aus Rindsragout (Nachmittagskarte). Puristen trinken dazu einen Bittertje, einen Magenbitter, oder ein frisch gezapftes Bier und Einheimische den Federweissen von Daniel Fürst aus Hornussen. Wer etwas länger am Rhein verweilen will, der macht es sich in einem der vier Gästezimmer gemütlich.

4323 Wallbach, Rheinstrasse 16,
061 861 18 14, www.gasthof-fabriggli.ch

Zollhüsli

NEU

Anlauf Bei meinem ersten Besuch war ich zu früh dran und beim zweiten blieb ich auf der Autobahn kleben. Danach hat's funktioniert. Nora Ibrahimi und Franziska Zurflüh sind sympathische Gastgeberinnen, die viel Frauenpower ins ehemalige Zollhaus einbringen, das bei der alten Rheinbrücke zwischen Stein und Bad Säckingen steht. Sie sind eine beliebte Anlaufstelle für durstige Seelen, für einsame Herzen oder für Zusammenkünfte ehemaliger Schulklassen, die, bevor sie mit den Weidlingen flussabwärts weiterziehen, sich hier einen Apéro riche gönnen. Am Donnerstag geht es im «Zollhüsli» um 14 Uhr los, am Freitag wartet um 9 Uhr der Kaffee, um 12 Uhr der Mittagstisch und am Samstag wird hier der Frühschoppen zelebriert, bevor um 18 Uhr schon wieder die Lichter ausgehen – und ja, an einigen Sonntagen im Jahr wird gebruncht.

4332 Stein, Rheinbrückstrasse 16,
079 481 33 33, www.zollhüsli-stein.ch

Pinte

Zeitsprünge Sehe ich mir die alten Bilder der «Pinte» an, würde ich gerne durch die Zeit reisen. Denn nicht nur alte Häuser verschwinden, auch die einst so täglich zelebrierte Wirtschaftskultur droht auszusterben. Daher mutet es schon heroisch an, wenn ein Gasthaus wie die «Pinte» sozusagen durchgehend geöffnet hat. Bereits in der fünften Generation wirten Carmen und Franz Dominik Brogle-Villiger und verwöhnen ihre Gäste mit Gastfreundschaft, Kutteln, Omeletten, Kalbsleber, Rindsfilet und Geschnetzeltem. Ihre Metzgete, die jeweils im Oktober und November stattfindet, ist ein schnell ausgebuchtes Highlight mit regionalen Produkten. Übrigens! Wer Kalbskopf liebt oder zumindest zu schätzen weiss, der nimmt sich im Januar oder Februar Zeit für einen ausgiebigen Besuch.

4334 Sisseln, Hauptstrasse 9,
062 873 12 70, www.pinte-sisseln.ch

Brauerei Degen Bier

Nicht von der Stange Der Schweizer Biertrinker bevorzugt Klasse statt Masse. Das erklärt auch den Erfolg der Klein- und Kleinstbrauereien. Bier brauen kann jeder. Es braucht nicht viel, um eine trinkbare Brühe herzustellen. Biere mit Qualität zu brauen, benötigt aber Fingerspitzengefühl, Talent, Leidenschaft, Wissen und Können. Claude Degen bringt alles unter einen Hut und überzeugt mit seinem «Pale Ale Kobra», das 2011 zum Schweizer Bier des Jahres gewählt wurde, 2019 den «Swiss Beer Award» gewonnen hat und bei ihm immer zu haben ist. Trinkselige Höhepunkte, bei denen Degen Tabus bricht, tüftelt und experimentiert, sind seine Unikat-Biere, deren Spezialsude er jeweils nur einmal braut und nur in limitierter Menge zur Verfügung stellt.

4800 Zofingen, Trilapark C3, Untere Brühlstrasse 11, 079 767 99 39, www.degenbier.ch

Da Luigi

Bella Italia Im «Alimentari» von Luigi Bello kommt der Gast mit italienischen Gaumenkitzlern dem Süden sehr nahe. Er verzehrt sie gleich bei ihm sitzend am Tisch oder kauft sich einen Sack voller Italianità für zu Hause ein. Luigis Spezialitäten bestechen durch ihre Schlichtheit und kommen ohne Showelemente aus. Unprätentiös liegen sie in der Vitrine. Überbackene Melanzane, Polpette, Arancini, Lasagne, diverse Salami und eine Mortadella am Stück, die Luigi hauchdünn aufschneidet und mit einer Fleischzange kunstvoll aufs Einpackpapier drapiert. Das Ganze ist ein Stück authentisches Italien mitten in Zofingen. Für das Auge fehlen nur noch Wäscheleine und Unterwäsche über der Vorderen Hauptgasse, palavernde Donne und schwadronierende Uomini. «Viva Luigi, viva Italia!»

4800 Zofingen, Vordere Hauptgasse 42, 062 751 13 40, keine Website

Metzgerei Kreienbühl

Von hier Der Ableger befindet sich im luzernischen Reiden, das Herzstück im aargauischen Vordemwald. Die Metzgerei von Peter Kreienbühl ist ein Vorzeigebetrieb mit exzellenten Produkten und diversen Wurstspezialitäten, für die sich der Weg in die Provinz lohnt. Ich kenne einen Luzerner mit gesundem Appetit, der in Basel lebt und extra für Kreienbühls Cervelat mit Tram, Zug und Bus nach Vordemwald fährt, sich eindeckt und wieder zurückfährt. Logisch, dass dabei nicht alle Cervelats heil ankommen und mindestens ein Paar auf der Strecke bleibt. Die Metzgerei besticht als eingespielter Familienbetrieb, der das Vieh aus der Region einkauft, noch selbst schlachtet und nichts aus der Hand gibt, was ein wichtiger Bestandteil in einem natürlichen Ablauf ist.

4803 Vordemwald, Langenthalerstrasse 10, 062 751 67 57, www.metzgerei-kreienbuehl.ch

Bio-Forellenzucht Flückiger

Nachhaltig Die Zuchtforellen leben hier in einer nahezu naturbelassenen Umgebung. Allerbeste Wasserqualität, Aufzucht in Naturweihern, eine niedrige Besatzdichte, eine Mindestlebensdauer von 18 Monaten und der Verzicht auf Chemie ergeben ein wertvolles Nahrungsmittel mit festem Fleisch und bestem Geschmack. Das Futter stammt aus kontrolliert biologischer Produktion, das für Forellen unerlässliche Fischmehl wird aus Abfällen der Speisefischproduktion gewonnen. So wird Nachhaltigkeit garantiert, und es entstehen keine Nebenwirkungen auf Tier, Mensch und Umwelt. Für Susanne Flückiger Alltag und eine Herzensangelegenheit. Für die Bio-Regenbogen- und Bachforellen sowie die nach einem alten Familienrezept geräucherten Forellenfilets lohnt sich die Anfahrt.

4813 Uerkheim, Hinterhubelstrasse 9, 062 721 46 46, www.bioforellen.ch

Garage Bar

Dem Volke dienen Bei diesem speziellen Boxenstopp wird nicht das vier- oder zweirädrige Motorvehikel aufgetankt, hier tanken vielmehr die Gäste mit dem Wissen auf, dass im 17. Jahrhundert die Garage als Beinhaus diente. Logisch, wenn der Kirchplatz der Friedhof war. Neben Wein werden Biotta-Säfte kredenzt, die von verklärten Philosophen und lokalen Koryphäen dezent geschlürft werden. Die «Garasche» ist eine schön schräge Adresse in Aarau und ideal für einen sonnigen Vorfrühlingstag. Dann, wenn am Donnerstag und Freitag die gemeine Mittagssuppe wie auch immer wieder die kochende Gärtnerin oder gärtnernde Starköchin Rebecca Moser und Manuel Stirnemann, Chefkoch und Patentinhaber, im Mittelpunkt stehen. Ja, und vor allem und natürlich «das Volk», dem hier noch zugedient wird.

5000 Aarau, Kirchgasse 6,
062 823 56 14, www.garasche.ch

Restaurant Speck

Der grosse Wurf Der legendäre «Speck» hat sich etabliert. Er gehört zu der Gattung Beiz, wie ich sie liebe. Die Küche bietet Neues und Altes unkompliziert und doch mit Flair angerichtet. Z. B. mit Fritto misto von Fisch und Gemüse, gefüllte Zucchiniblüte, Tafelspitz und viel Gutes mehr. Unter der Retro«speck»tive werden einige Gerichte des langjährigen Vorgängers und Originals Fredy Speck angeboten. Zum Beispiel Tatar, Wiener Schnitzel und butterzarte Kalbsleber. Mein Lieblingsplatz ist an lauen Tagen vor dem Haus am grossen Fenster mit Blick auf das quirlige Aarauer Leben. Chapeau zu diesem Juwel, das auch mit einer spannenden Weinauswahl zu fairem Preis überzeugt und nicht nur abends, sondern auch mittags zu Tisch bittet. Merci, Laura Peter.

5000 Aarau, Zollrain 10,
062 824 39 74, www.speckaarau.ch

Confiserie Brändli

Für Königinnen Wer den Raum betritt, spürt die Geschichte des Hauses. Und wer den Erzählungen über das Haus Glauben schenkt, weiss, das sich im Tea Room schon manche Liebesbeziehung angebahnt hat. Kurz, die Atmosphäre bereitet Freude, die exzellenten Süssigkeiten verzaubern die Gaumen, und wenn selbst die Queen Mum selig bei der Confiserie die berühmten Brändli-Bomben kaufte, ja, dann wird es für alle Ginfreunde höchste Zeit, wenigstens einmal in so eine Bombe zu beissen, im Wissen, dass sich danach der zarte Marzipanduft problemlos mit einem Gin Tonic wegtrinken lässt, wobei ich mir lieber eine El Cigarro (dunkle Ganache) genehmige. Ohne Rauch und Gin.

5000 Aarau, Bahnhofstrasse 37,
062 822 12 28, www.confiserie-braendli.ch

Tuchlaube

Schöner trinken! Mit dieser Ansage werden die Gäste nicht aufgefordert, das Sabbern am Glas zu unterlassen. Vielmehr weisen die Macher der «Tuchlaube» darauf hin, dass sie eine individuelle Trinkkultur zelebrieren. Gin-Trinker werden hier genauso glücklich wie Kaffeetrinker. Und für Nachteulen ist der Caffè freddo, ein doppelter Espresso mit etwas Zuckersirup und gehacktem Eis, der Morgen-Sommerdrink schlechthin. Wer's zu Hause nachmachen will – die Hausmischung der «Tuchlaube» kann im Kilopack vor Ort gekauft werden. Sie wurde gemeinsam mit Angelo Staeldi von «Kaffeepur» entwickelt, während die Esskultur zwischen ordentlich und gut schwankt. Das letzte Mal war es ein Stück Schweinshohrücken in Apfel-Senf-Sauce, das andere Mal ein lauwarmer Süsskartoffel-Federkohl-Salat.

5000 Aarau, Metzgergasse 18,
062 824 24 34, www.tuchlaubeaarau.ch

Schützenhaus / Sevilla

Gemeinsam allein Das «Schützenhaus» und die Tapas-Beiz Sevilla gehören zusammen, verfolgen aber ein anderes Konzept. Was beide bieten, ist beste Gastfreundschaft und ein Augenmerk auf gute Produkte, obwohl die Küchen etwas mehr aus sich herausholen könnten, was aber auch wieder egal ist, denn was bei beiden zählt, ist die aufgeräumte Stimmung und die Einrichtung. Für einen ersten Besuch würde ich zuerst mit Freunden ins «Sevilla» gehen, einige Tapas picken und einen sprudelnden Cava trinken. Danach im «Schützenhaus» eine regionale Wildschweinbratwurst (saisonal) und die Hacktätschli an Rotweinjus mit Stampf geniessen und dazu einen Pinot Noir von Lokalmatador Tom Litwan trinken. Passt!

5000 Aarau, Aarenaustrasse 1,
062 535 99 77, www.schuetzenhaus-aarau.ch
5000 Aarau, Kirchgasse 4,
062 822 25 21, www.sevilla-aarau.ch

Theo

NEU

Bloody Mary Nein, natürlich habe ich nicht gewusst das Theo der letzte Aarauer Messerschmied an der Pelzgasse war und heute Namensgeber der sympathischen Getränkewerkstatt ist, die genau so gut in Zürich ihre Cocktails anbieten könnte, so urban wie sie sich gibt und ist. Nicht zu verpassen gilt es jeweils am ersten Donnerstag im Monat die «Theo y Tapas» oder am Samstagmorgen ab 9 Uhr ein kleines, feines Frühstück mit ausgewählten Zutaten, und wären wir in good old England wäre die Bloody Mary nicht weit, was in East Sussex in Flechting im «Griffin Inn» zum Breakfast als eine «civilised idea» angeboten wird. Wäre doch eine Überlegung wert. Am Abend gönne ich mir im «Theo» gerne einen Rosmarie Sour oder an kalten Winterabenden einen Dark & Stormy bestehend aus Rum, Limette und Ginger Beer. Yes!

5000 Aarau, Pelzgasse 29,
062 822 51 71, www.theo-aarau.ch

Restaurant Jura

NEU

Geheimtipp Asp liegt zwischen Frick und Aarau an der Staffelegg. Das Dorf haben wohl nicht viele Tagestouristen auf ihrem Kompass, dabei bietet sich eine Wanderung vom nahen Thalheim via Ruine Schenkenberg durchs romantische Schenkenbergertal nach Asp geradezu an. Wandern verursacht Durst, der sich entspannt im Restaurant Jura löschen lässt. Einfach Sitzenbleiben bei Kartoffelecken mit Speck (in der Vegi-Variante mit Sour Cream) und einer Flasche Les Amoureuses von Nicole Robatel aus Wil AG, was dazu führen kann, dass das Posti nach dem Verhocken dann mal weg ist, aber die Gästezimmer des nahe gelegenen Seminarhauses Herzberg nah sind.

5025 Asp, Dorfstrasse 26,
062 534 73 81, www.jura-asp.ch

Gasthaus zum Ochsen

Wiederbelebt Das Gemüse stammt von Inhaber Daniel Frey aus dem eigenen Anbau und Handel, was vegetarischen Gästen zugutekommt. Ich bin eigentlich ein Wurstliebhaber, habe aber in der Saison Freude an einem Spargelsalat mit Vinaigrette oder an den knackigen Kopfsalatherzen mit poschiertem Ei, wobei auch der karamellisierte Schweinebauch oder die Rindsleber mehr als eine Überlegung wert sind. Das Weinangebot dürfte etwas mehr Aargau bieten, ist doch der Kanton mit hervorragenden Winzern (Litwan, Haukssson) gesegnet. Der «Ochsen» überzeugt durch seine Gastgeber Patricia und Danilo Senn, die Gaststube, den Weinkeller und den Garten – und wer gleich mit einigen Freunden kommt, setzt sich in der alten Küche zu Tisch und lässt dem Koch Michael Walter freie Hand.

5040 Schöftland, Dorfstrasse 11,
062 721 12 12, www.zum-ochsen.ch

Metzg Rufer

NEU

Hopp Rufer Vor Jahren habe ich die Familie Rufer durch meinen langjährigen Freund Kurt kennengelernt, der in Kirchrued lebte, bevor er der Liebe wegen nach Marokko ausgewandert ist. Seitdem bin ich von der Metzg begeistert, insbesondere von der Cervelat und auch den Rüebli-Fleischkäse mag ich sehr. Auch wenn Werner Rufer sein Original nur noch ab und zu produziert, wobei der klassische Fleischkäse auch ein würdiger Vertreter ist. Seit 30 Jahren liefert die Metzg dem FC Aarau ins Stadion Brügglifeld ihre exzellenten Grillprodukte und als versierter Caterer wird Rufer in der Region für zahlreiche Feste aller Art engagiert. Nicht zu vergessen ist die Rufer-Stube, in der Barbara Rufer diverse Tavolata organisiert und grossartig auftischt.

5044 Schlossrued, Hauptstrasse 206, 062 721 13 88, www.catering-metzg.ch

Litwan Wein

NEU

Klasse Klar, Tom Litwan ist unter Kennern eine Grösse, aber zahlreiche Weinnasen haben ihn nicht auf dem Radar, was gut ist, zumal seine Produktion nach wie vor klein ist. Er produziert auf biodynamischem Weg, lagenrein ausgebaute ehrliche Weine, die in der Jugend noch reduktiv sind und sich mit Zeit und Luft in Meisterwerke verwandeln. Er ist für mich der Winzer im Aargau, der seit Jahren Spitzenweine abliefert und Weine auf den Markt bringt, die eigenwillig perfekt sind. Obwohl ich ein Verfechter von unkomplizierten und holzarmen Weinen bin, liebe ich all seine Weine, meine Lieblinge von ihm sind aber die sprudelnde Offenbarung, der Blanc de Noir, der Kerner Orange und die zwei Cidre, der eine aus Quitte und Apfel, der andere aus Weichselkirsche.

5062 Oberhof, Moosstrasse 280, 079 541 09 30, www.litwanwein.ch

Altbachmühle Wittnau

Von der Mühle Vater Dölf Tschudi hat Freude, dass seine erwachsenen Kinder mit ihm am gleichen Strick ziehen und sich mit Herzblut in den Familienbetrieb hineinknien. Freiwillig, was eine nachhaltige Basis für die Zukunft ist. Die Altbachmühle der Familie Tschudi klappert in achter Generation. Vor Jahren haben sie ihr 250-Jahr-Jubiläum gefeiert, was ohnehin Bände spricht. Qualität ist das oberste Anliegen der Familie. Denn was nützt eine hohe Backkunst, wenn das Mehl nichts taugt? Wer denkt, Mehl ist Mehl, den belehren die Tschudis eines Besseren. Sie produzieren Bauernmehl, unzählige Mehle für exzellente Brote. So haben regionale Bäcker mit dem Mehl der Altbachmühle das «Jurapark-Brot» lanciert, das sich in der Region zum Verkaufsschlager gemausert hat.

5064 Wittnau, Hauptstrasse 41,
062 871 12 19, www.altbachmuehle.ch

Fricks Monti

Alles ausser gewöhnlich Nicht nur das «Monti» ist aussergewöhnlich, auch Martina Welti und Philipp Weiss sind eigenwillige Gastgeber in der Fricktaler Beizen- und Kulturszene, die von heimischen Stammgästen und unkomplizierten Städtern aus Aarau, Zürich und Basel gerne besucht werden. Der innovative Cocktail aus Bar, Restaurant, Kino, Theater und Kulturbühne im «Fricks Monti» ist perfekt. Romantiker buchen die Kino-Balkon-Loge mit einer Flasche Champagner und sehen sich mit feuchten Augen und innigen Liebesschwüren an einem Liebesfilm satt. Kann Wunder bewirken. Beliebt ist auch das Open Air, das, je nach Streifen, Appetit verursacht. Auf eine Gabel voll «Spaghetti Szenario» oder doch lieber auf die hausgemachten Rindshacktätschli. Film und Lust entscheiden.

5070 Frick, Kaistenbergstrasse 5,
062 871 04 44, www.fricks-monti.ch

Siider

Cidre! Das ist doch das schäumende Apfelgetränk aus der Normandie und der Bretagne. In der Schweiz hat sich der Freiburger Jacques Perritaz (Cidrerie du Vulcain) einen Namen geschaffen, dessen Assemblage aus Quitten, Birne und Apfel grandios ist. Der Önologe Cyrill und sein Bruder und Baumpflegespezialist Ivan Hossli sind Apfelfreaks, die viel Zeit in ihre Passion und in die Hochstammbäume ihrer Grosseltern investieren. Ihr Apfelwein, Schaumwein und ihre Pét-Nat-Abfüllungen von reinem Boskoop und Bohnapfel sind eine Entdeckung. Sie überzeugen mit einer Frische und mit klaren Fruchtnoten, wie ich sie so noch nie getrunken habe, ganz zu schweigen von ihrem «Iisiider», der ein schönes Erlebnis im Gaumen ist. Kontakt ist nur per Mail möglich. Die Herren geben sich diskret. Noch!

5075 Hornussen,
info@siider.ch, www.siider.ch

Laurus

Früher Theres Merkhofer und Christian Meyer haben Kaisten aus seinem kulinarischen Dornröschenschlaf wachgeküsst. Als Knirps war ich hier gerne bei meinen Grosstanten in den Ferien. Meine Tanten sind schon lange tot, die Miststöcke vor den Häusern sind verschwunden. Kaisten hat sich stark verändert und nicht mehr den Charakter eines Bauerndorfes; dafür ein stilsicher eingerichtetes und subtil dekoriertes Gasthaus, in dem Theres Merkhofer vorzüglich kocht. Ihre Lammgerichte, deren Fleisch aus der hauseigenen Zucht von Gastgeber, Metzger und Lammzüchter Christian Meyer stammt, sind exzellent, die Atmosphäre im Haus ist entspannt und für den romantischen Garten am Dorfbach wünscht sich der Gast milde Tage. Kurz, das Ganze ist eine schöne, runde Sache, die viel Freude bereitet.

5082 Kaisten, Schulstrasse 5,
079 648 89 15, www.restaurant-laurus.ch

Restaurant Kurve

Achtung Kurve! Der Patron macht keine Worte um seine Person. Er steht lieber in der Küche und kocht so gut wie einst im Mai in der Genossenschaftsbeiz. Wundervolle Retro aus der Küche. Die Wirtschaft ist stets gut besetzt, Stammgäste und Einheimische sitzen in der guten Stube, Zugezogene im romantischen Garten. Vor dem Eingang gibt es einen Gunstplatz, der aus einer Holzbank besteht. Der ideale Ort für den Aperitif oder die spontane Einkehr. Die meisten Produkte sind biologisch, der Tintenfischsalat, die hauseigene Pasta und das karibisch gewürzte Huhn schmecken fein, sekundiert von guten Bieren und Weinen. Und sonst? Für halbe Portionen hat der Patron kein Gehör. Allein die Sättigungsbeilagen ernähren zwei Holzfäller. Bestellen Sie zurückhaltend, oder nehmen Sie gleich einen Holzfäller mit.

5210 Windisch, Dorfstrasse 57,
056 442 16 04, www.restaurantkurve.ch

Gasthaus Bären

Meister Petz Der «Bären» ist eine unscheinbare Beiz mit schönem Interieur, neckischen Details, viel Dekor und einigen Stoffbären, die in der Ecke lauern. Esther Keller dekoriert mit Leidenschaft, was aber zählt, sind die exzellenten Speisen, sorgfältig angerichtet, vorwiegend regional, gut gewürzt, perfekt in den Garzeiten, kurz, mit Liebe gekocht. Der Service unter der Leitung des Patrons ist herzlich und zuvorkommend, der Gast ist willkommen. Nicht verpassen sollte man den vorzüglichen Kalbskopf und, je nach Saison, die im Hause produzierten Glaces, die Weinsuppe, die Hettenschwiler Spargeln, das Gitzi oder im November die opulente Metzgete. Wer will, füllt sich noch seinen Einkaufskorb mit Sirup, Konfitüre, Chutney, eingelegtem Gemüse und Tomatensauce.

5277 Hottwil, Dorfstrasse 19,
062 875 11 45, www.baeren-hottwil.ch

Sternen

NEU

Bilderbuchsonntag Bereits in der siebzehnten (!) Generation führt Gastgeber und Küchenchef Adrian Meier den «Sternen», dem der Spagat zwischen Innovation und Tradition mühelos gelingt. Frisch und saisonal lautet seine Devise mit regionalen Qualitätsprodukten unter anderem aus den nah gelegenen Dörfern Villigen, Döttingen und Melsdorf. Zahlreiche der ausgeschenkten Weine, die mit Charakter und subtilen Geschmacksnoten überzeugen, stammen aus dem Familienweingut seines Bruders. Die Gäste freuen sich über das Rindstatar oder das Cordon bleu, das seiner Gattung alle Ehre macht, und über die Weissweinsuppe, ohne die ein Besuch hier nicht geht. Kurz, der «Sternen» ist das perfekte Gasthaus, um einen unaufgeregten kulinarischen Bilderbuchsonntag zu erleben.

5303 Würenlingen, Endingerstrasse 7, 056 297 40 00, www.sternen-wuerenlingen.ch

Wartegg

«A guete Sau» Im Aargau gehört die Metzgete für jede gute Dorfbeiz zum Standardrepertoire. Pech fürs Schwein. Das Ganze findet vorwiegend im Spätherbst statt. Dann ist die «Wartegg» gerammelt voll. Wer's ruhiger mag, kommt nach der Metzgete, was aber schade wäre. Denn wer will verzichten auf eine perfekte Blutwurst, eine aromatische Leberwurst, auf Rippli, Bratwurst und Kotelett? Auf Apfelstücke, Sauerkraut und Speck? Auf Kesseli-Fleisch, Öhrli und Schnörrli, die Gastgeber und Koch Roland Wetter mit Liebe zum Produkt zubereitet? Eben! Die «Wartegg» ist ein leistungsfähiger Gasthof, der mit Angebot, Preis und Stimmung gutbürgerliche Vorlieben widerspiegelt. Gestelzte Dialoge finden sich hier keine, dafür leer geputzte Teller und nachgefüllte Weingläser.

5306 Tegerfelden, Dorfstrasse 1, 056 245 26 60, www.restaurant-wartegg.ch

Buurestübli

Dr Aare na Diese Beiz habe ich durch Christophe Martin kennen gelernt, der sich als Wirt vom Rüfenacher «Blauen Engel» in die Pension verabschiedet hat. Zwar hat das «Burestübli» nicht die Patina eines Engels, was aber auf den Tisch kommt, macht Appetit. Ruth Kiser Graber zelebriert eine schnörkellose Küche, deren Basis erstklassige regionale Produkte sind, die Gastgeber, Jäger, Sammler und Einkäufer Thomas Graber organisiert. Unterstützt werden sie von Junior Silvan, der den Familienbetrieb ergänzt. Bauernmehlspätzli und Winzerrösti sind bei mir gesetzt, und steht der Wildschweinhackbraten auf der Karte, weiss ich, was ich esse. Nicht fehlen darf der Griff in die Schatztruhe, in der Spezialitäten wie Bratwürste vom Alpschwein oder geräucherter Speck, Rehsalsiz und andere herrliche Delikatessen liegen.

5315 Böttstein, Hauptstrasse 32,
056 245 02 51, www.burestuebli-boettstein.ch

NEU

Müller Metzg

Von Freilufttieren Das Fleisch, das Thomas Müller in seiner Metzgerei verkauft, stammt von Tieren aus artgerechter Haltung. Tiere, die lebhafter, friedfertiger und gesünder leben. Rinder von Bernhard Kohler, deren Kälber auf der Weide bei ihren Müttern aufwachsen und die noch ihre Hörner tragen und nicht auf sie verzichten müssen, nur weil es der Mensch aus fadenscheinigen Gründen so will. Bernhard Kohler begleitet seine Tiere gleich selbst zum nahegelegenen Schlachthaus. Sie gehen so ohne Stress ihren letzten Weg. Nach dem Zerlegen wird das Fleisch in der Metzgerei Müller bis zur perfekten Reifung gelagert. Wer kein Edelstück mag, hält sich an die täglich frisch produzierten Würste. Das kurze Fazit zum Schluss: Reelle Besseresser kaufen bei Metzgern à la Müller ein.

5400 Baden, Weite Gasse 12,
056 222 69 04, www.mueller-metzg.ch

Rebstock

Aufgeweckt Schon der Freisitz vor dem Rebstock zeigt an, dass es gut kommt. Mit Bier von Jérôme Rebetez aus Saignelégier und Destillaten von Lorenz Humbel aus Stetten kann es gar nicht schlecht kommen. Die Palette der Gerichte reicht vom indischen Gemüseteller bis hin zu japanischen Spezialitäten, für die der «Rebstock» auf Profi Tosho Yakkatokuo zurückgreift. Daneben warten Cordon bleu und Hackbraten mit frittierten Kartoffelschnitzen oder je nachdem hausgemachte Pastetli. Das Weinangebot überzeugt mit einigen ausgewählten Provenienzen, wie mit einem Rosso di Montefalco von Filippo Antonelli aus Umbrien oder Riesling vom Weingut Kuhn aus der Pfalz, der mit seinen filigranen Noten perfekt zu einem Apple-Crumble passt, ohne das etwas fehlen würde.

5400 Baden, Untere Halde 21, 056 221 12 77, www.rebstockbaden.ch

Sunntigs-Kafi

Unique! Der kulinarische Alltag mit dem Vorschriftenkatalog ist auch bei den Besenbeizen angekommen. Zahlreiche von ihnen sind von einem normalen Gasthaus nicht mehr zu unterscheiden, die Individualität ist hinter den Paragrafengittern verschwunden. Schön, gibt es Ausnahmen. Etwas ausserhalb von Vogelsang, dort wo sich Aare und Limmat vereinen und die Reuss nahe ist, befindet sich das Sunntigs-Kafi, das nun auch am Samstag geöffnet hat. Das Team hat gewechselt, einige Ideen sind im Köcher, aber noch nicht umgesetzt. Was bleibt, ist der spezielle, stimmungsvolle Ort und der exzellente Kuchen. Ein Besuch lohnt sich für entspannte Beizengänger, die sich nichts mehr beweisen müssen.

5412 Vogelsang, Limmatstrasse 55, 079 633 25 92, www.sunntigs-kafi.ch

Wirtshaus zur Heimat / Oberstadt

Gelungen Tim Munz ist es gelungen, sich in zwei Wirtshäusern zu positionieren. In den meisten Fällen geht das mehr schlecht als recht, bei Tim passt es. Möglich machen das ein eingespieltes Team und ein ideenreicher Küchenchef in der schönen «Oberstadt». Mit Adrian Strub hat Tim einen sicheren Wert, so dass er sich wieder vermehrt auf seine «Heimat» konzentrieren kann. Wer einen neugierigen Gaumen hat, lässt sich durch seine Weltküche verwöhnen: gegrillter Lattich, kalte Erbsensuppe mit Kirschen und gebeiztem Felchen, Krustentiere an Hummerfumet mit Fenchel und Peperoni, Aargauer-Wasserbüffel-Tatar, mit Hoi Sin und Sesam konfierter Schweizer Saibling an Limettensauce, Schweizer Weidelamm-Racks an Misojus, Hummus, Mungobohnen und Kräuter, karamellisierter Ziegenkäse mit Zitrusfrüchten und Eisenkraut sowie Himbeeren mit weisser Schokolade und Balsamico.

5420 Ehrendingen, Dorfstrasse 22,
056 210 38 28, www.zur-heimat.ch
5400 Baden, Oberstadtstrasse 8,
056 222 62 62, www.oberstadt-baden.ch

Weisser Wind

Neuer Wind Der «Weisse Wind» gehört zu jenen raren Exemplaren, die noch über einen schönen Saal verfügen und ihn erst noch optimal zu nutzen wissen, wofür der Verein Kultur im Saal verantwortlich ist, während in der Beiz Alessio Gretz und Verica Mosic die Gäste empfangen und umsichtig verwöhnen. Am Herd in der Küche steht Ricardo Rodriguez, der die Gäste mit Wolfsbarsch und Cordon bleu verwöhnt. Unaufgeregte Normalität auf dem Lande, die vom heissen Stein unterstrichen wird. Ein Evergreen, der zum Weissen Wind passt wie die Badenfahrt zu Baden. Dass der Patron Walliser ist, wird einem spätestens beim Studium des Weinangebots bewusst, bei dem mir der Aargau fehlt, der ja mit Tom Litwan und Co. über exzellente Winzer verfügt.

5423 Freienwil, Dorfstrasse 11,
056 209 14 14, www.weisserwindfreienwil.ch

LägereBräu

Ein Bier, das rat ich dir Mir hat es das bernsteinfarbene Klosterbier «Stella Maris» angetan, wobei alle Biere von Mario Wipfli einen dazu animieren, sie genussvoll zu trinken. Zahlreiche Spezialbiere eignen sich für den gepflegten Mittags- oder Abendtisch, so wie es die Belgier seit jeher handhaben. Und selbst jene, die es mit Bier nicht so können, sollten wenigstens die alkoholfreie Fassbrause probieren. Zivilisierte Bier-Connaisseurs halten sich an die Trouvaillen des Hauses: z. B. an das Tequila I.P.A. oder das freche Whiskey Porter, zwei edle Hopfentropfen, die in 75-cl-Champagnerflaschen abgefüllt werden und leider schnell ausverkauft sind. Das zu einem Dessert oder für einen sinnlichen Abend passende Barrique Rasberry Sour wäre eine freche Alternative.

5430 Wettingen, Klosterstrasse 40,
056 426 19 54, www.laegerebraeu.ch

2 Klosterparkgässli

NEU

Zwöi Da gibt's einen neuen Spanier im «Klosterstüble» – und was für einer. Rafa Martinez heisst er, der umwerfend, fantastisch und überraschend kocht. Es hat siebzehn Plätze für ein Sieben-Gänge-Menü für freundschaftliche 93 Franken. Ich bin für einmal spontan, die A2 ist verstopft, habe also nicht reserviert und nehme an der Bar für eine Runde Tapas Platz mit Coppa vom spanischen Schwein, die Champignons gebraten mit Onsen-Ei, falsche Cannelloni mit Zucchetti und Pflaumen mit Frischkäse gefüllt an fermentiertem Lägernbräu, geflämmter Pulpo auf Kartoffelpüree mit fermentierten Rüebli und Algenpulver, Flanksteak vom Pata Negra. Boah! Alles schlicht und einfach – aber der Wahnsinn. Dann noch eine rosa Schokoladen-Suppe mit Chrunch und Schoggichügeli. Mehr geht nicht. Ich freue mich in Begleitung auf den Siebengänger.

5430 Wettingen, Klosterparkgässli 2,
056 426 06 88, www.2klosterparkgassli.com

Piz Gloria Bar (Seite 191)

Holzofen-Backstube Fisibach

Mit gutem Brot fängt es an Es sind zahlreiche Brotliebhaber, die in die Holzofenbäckerei von Ruth Erne pilgern. Sie backt gemeinsam mit Dina Groppa, Mirjam Wicki und Shuko Makiyama-Hofer am Montag rund zweihundert und am Donnerstag rund 400 Brote. Allerdings ist das mit der Backstube und ihren Öffnungszeiten so eine Sache. Die sind rar. Nur am Montag und am Donnerstag hat ihre Backstube jeweils von 13 bis 18 Uhr geöffnet. Sonst bleibt's beim Träumen, oder man geht am Samstag nach Baden auf den Markt und besucht die Bäckerin an ihrem Stand. Es lohnt sich nicht nur wegen der 22 verschiedenen Brote, sondern es lohnt sich auch für die einmalige Qualität. Meine Lieblinge sind das Halbweissbrot, Roggen-Sauerteig und Schwarzbrot. Und Ihre?

5467 Fisibach, Belchenstrasse 117,
079 293 40 86, www.holzofenbrot-backstube.ch

Piz Gloria Bar ♥

Il Mongetto Haus und Eingang wecken Neugierde, der Inhalt ist ein buntes Sammelsurium. Die Begrüssung des Gastgebers Pit Lauth ist herzlich, das Weinangebot überzeugt, zumindest gefällt es denen, die offen für Neues sind. Gäbe es die Piz Gloria Bar nicht, müsste sie erfunden werden. Das habe ich in diesem Guide schon einmal geschrieben, aber egal, auch hier muss dieser Satz rein. Die Gästeschar ist durchmischt und resistent gegen schwadronierende Prasser. Die Charcuterie stimmt, und die Weinauswahl ist durchdacht und so ausgelegt, dass Nase und Gaumen nie einschlafen. Wer das Piemont liebt, stillt seine Sehnsucht mit Weinen von Il Mongetto, wen es nach Frankreich zieht, der ist mit dem Blanc de Garance, einer Assemblage aus Marsanne, Grenache, Viognier und Roussanne, gut bedient.

5600 Lenzburg, Sägestrasse 44,
079 321 88 22, www.pizgloriabar.ch

Bio Peter

Der Peter macht's Nicht noch ein weiterer Bioladen. Natürlich, hat es doch immer noch viel zu wenige in Stadt und Land. Hinter «Bio Peter» stehen Peter (logisch), Linda und Manuel Schmutz, die in ihren zwei Fachgeschäften in Lenzburg und Frick sowohl regionale und saisonale Früchte anbieten wie auch Gemüse von Bauern in Bio- und in Demeter-Qualität, vegane Weine (die also weder Milch- noch Eiprodukte zur Weinschönung enthalten) sowie eine wohldosierte und überlegt zusammengestellte Käseauswahl. Hinzu kommen Trockenfrüchte, Tee, Kaffee, Naturkosmetik und Putzmittel, die zwar anders riechen als die Massenware vom Grossisten, aber genauso gut reinigen. Nicht vergessen werden darf der Honig, den der befreundete Imker Peter Schmutz liefert. Nur Fleisch hat es nicht im Angebot. Warum auch?

5600 Lenzburg, Stadtgässli 9,
062 891 88 81, www.bio-peter.ch

Gasthof Bären

Glauben Die Dorfbeiz ist in Zeiten wie diesen wichtiger denn je. Denn wo lässt es sich besser diskutieren als in der Beiz, solange sie ihre soziale Funktion wahrnimmt? Eben. Manchmal sind es Zufälle, ab und zu ist es Glück und hin und wieder benötigt es einen Freigeist, der das Unmögliche möglich macht. So geschehen in Dintikon bei Wohlen. Renato Gsell hat mit 20 Enthusiasten den «Bären» gekauft und die Genossenschaft Freunde des Bären gegründet. Es sind Handwerker, Geschäftsleute und Freunde aus der Männerriege. Der «Bären» wurde erfolgreich reanimiert und geht in seiner Funktion als Gasthof mit guter Küche so richtig auf, was auch mit der richtigen Wahl der Gastgeberin und des Kochs zu tun hat. Claudia und Nicolas Züblin, Mama und Sohn, sind der Honig für den «Bären».

5606 Dintikon, Dorfstrasse 57,
056 624 12 21, www.baeren-dintikon.ch

Humbel Spezialitätenbrennerei

Alles klar Tranken meine Eltern am Samstagabend zu Kulenkampff ab und zu einen Armagnac, zauberte ich Jahre später den Grappa auf meine Lebensbühne. Dann kam der schottische Single Malt und blieb. Heute freue ich mich über die grosse Auswahl an Gins, obwohl ich doch immer den gleichen trinke und ihn mit Cucumber Tonic mixe. Einer Liebe bin ich aber stets treu geblieben. Es ist eine klare, schöne Liebe, die ich pflege, vorwiegend an kalten Tagen. Ich schätze sortenreinen Kirsch ohne Zucker zur Abrundung und ohne Karamell zum Nachfärben. Purismus pur. Einen bevorzugten Kirschschnaps von Lorenz Humbel habe ich nicht. Es sind gleich deren drei. Der Rote-Lauber-Kirsch, der Seppetoni-Kirsch, wegen meiner Fricktaler Verwandtschaft, und der Kornelkirschenbrand.

5608 Stetten, Baumgartenstrasse 12,
056 496 50 60, www.humbel.ch

Käserei Duss

Welche Düfte Von Rudolf Trefzer, Freund und begnadeter Hobbykoch, der mit kesser Lippe und spitzer Feder sagt, was kulinarisch Sache ist, habe ich den Tipp zur Käserei Duss bekommen, deren Philosophie mich überzeugt. Sie arbeiten kompetent, begeistern ihre Kunden mit exzellentem Käse, sind motiviert und halten die Tradition hoch, ohne dabei die Innovation aus den Augen zu verlieren. Ein Kompliment an alle Mitarbeitenden der Käserei. Über 170 Käsesorten warten in ihrem Geschäft, entdeckt zu werden. Käse von hier, von dort und von weiter weg. Berg- und Alpkäse und einen Emmentaler haben sie, so einen richtigen, alten, schön tränenden Emmentaler. Hinzu kommen diverse Nebenschauplätze, die von Konfitüren, Chutneys, Polenta und anderen schönen Dingen bespielt werden.

5610 Wohlen, Jurastrasse 8,
056 622 11 56, www.duss-wohlen.ch

Bänziger

★

Offen für Offene Hier wird seit Jahren auf hohem Niveau in einer stimmungsvollen Atmosphäre gekocht. Hinzu kommt ein Weinangebot, das nicht nur mit fairen Preisen überrascht, sondern auch mit einer interessanten Auswahl an zahlreichen Provenienzen. Wer zu Marianne Müller und Martin Bänziger kommt, gönnt sich das vorgeschlagene Menü, das ab zwei Personen aufgetischt wird. Wem das zu viel ist, wählt à la carte, bei der die einzelnen Gerichte einen leicht dazu animieren, zu viel zu bestellen. Also doch lieber gleich das vorgeschlagene Menü? Wobei Artischockenböden auf Salat und ein Kalbsnierstück mit Steinpilzen reizvoll klingen. Kurz, Martin Bänziger kocht seit Jahren eine inspirierende Küche, der selbst die Nörgeleien von GaultMillau nichts anhaben können.

5703 Seon, Seetalstrasse 43,
062 775 11 39, www.restaurant-baenziger.ch

Küferweg – Weine mit Kultur

Kultur im Glas und auf der Bühne Diese Weinhandlung näher vorzustellen, ist eigentlich Wasser in den Hallwilersee getragen. Sie läuft wie ein gut geölter Rolls Royce, der leise schnurrt, gegen aussen dezent auftritt und trotzdem in den Medien glänzt. Die Feste und Konzerte, die in der «Konservi» stattfinden, sind bereits legendär und werden von trinkfreudigen und kulturell interessierten Wein- und anderen Nasen rege besucht. In über 500 Gastronomiebetrieben und 600 Fachgeschäften werden ihre Weine verkauft. Hinzu kommen zahlreiche Private, die treue Kunden sind und sich am Barolo, Dolcetto und Nebbiolo der Familie Brezza oder am Chasselas Non Filtré von Christian Rossel erfreuen. Die hauseigenen Verkaufsstellen befinden sich in Seon und Obfelden.

5703 Seon, Seetalstrasse 2,
043 322 60 00, www.kueferweg.ch

Flusshaus Nomad (Seite 198)

Haldenhof

Vorbild Wie frei sich die Tiere bewegen dürfen, wovon andere nur träumen können, das verdeutlicht der Haldenhof, der ein moderner Landwirtschaftsbetrieb ist und der so sein kann, wie kein Zweiter, weil es Privatpersonen gibt, die mit ihrer Unterstützung eine nachhaltig geführte Landwirtschaft fördern. Das soll die Arbeit und die Lebensphilosophie von Kurt Brunner und Reto Hunziker nicht schmälern, aber ihr Betrieb darf auch nicht mit anderen Bauernhöfen verglichen werden, zu gegensätzlich sind die Grundbedingungen. Es lohnt sich, die Website des Haldenhofs zu studieren, warum z. B. seine Produkte nicht beim Grossverteiler in den Regalen landen, sondern im Hofladen direkt verkauft werden. Wer sich das vor Ort anschauen will, kann das auf Voranmeldung tun.

5705 Hallwil, Haldenweg 241,
kurt@haldenhof-hallwil.ch, www.haldenhof-hallwil.ch

Maria's Esszimmer

Gutbürgerlich Es gab Zeiten, da war gutbürgerlich für die Küche ein Kompliment. Dann kam die Zeit der Schaumschläger und vorbei war's mit dem Bürgerlichen. Einige französisch angehauchte Restaurants hielten die Traditionsfahne der Bourgeoisie hoch, andere kapitulierten. Heute, einige Erfahrungen und Jahre später, gibt es zahlreiche Lokale, die sich wieder aufs Bürgerliche besinnen. Einfach etwas moderner und kalorienbewusster. Das kann gut kommen, muss es aber nicht. In «Marias Esszimmer» ist alles nochmals etwas anders. Die Küche von Bart und Werner ist weder verspielt noch abgehoben, vielmehr interpretieren sie Klassiker auf ihre unbekümmerte Art und Weise analog zu futtern wie bei Muttern – nur besser.

5712 Beinwil am See, Aarauerstrasse 79,
062 772 00 21, www.marias-esszimmer.ch

Biogarten Lieli

NEU

Quartierluft Wohl kein Quartier in Zürich wird von den Kessens-Geschwistern ausgelassen, die ihr taufrisches Gemüse zu über 150 Depots liefern und ihre Ware auch nach Baden und zu diversen Gemeinden rund um Zürich bringen. Wer ein Gemüse-Abonnement löst, erwartet eine saisonale Palette biologischer Köstlichkeiten, die vom Hof direkt im Quartier landen. Randen, Spargel, Salat, Spinat, Zwiebeln, Tomaten – die nicht nur aussehen wie Tomaten, sondern auch so schmecken – gehören zum Angebot sowie auch Kartoffeln, Äpfel, Joghurt, Rohmilchquark, Eier und andere gesunde Produkte, die auch teilweise von befreundeten Bauernbetrieben zugekauft werden.

8966 Oberwil-Lieli, Birchhausstrasse 593, 044 884 62 75, www.biogarten-lieli.ch

Übernachten im Kanton Aargau

Schlaf schön Tuch & Laube

War da was? Dieses Bed and Breakfast hat was, gibt was her und strahlt was aus. Das Altstadthaus wurde 1631 erbaut und mit Augenmass renoviert. Die einfachen, aber stilvollen Zimmer bieten für Entdeckungsreisende und Stadtwanderer ein Zuhause auf Zeit. Die spezielle Lage gibt dem Ganzen das gewisse Etwas. Die Aare ist nur einige Schritte entfernt, wobei nachts das Rauschen vom Stadtbach herrührt, der auf (!) dem Felsen der Stadtmauer unter den Fenstern vorbeifliesst, während im idyllischen Stadthöfli der Brunnen plätschert, was müde Augenlider schnell kapitulieren lässt. Das alles bekommen die Gäste zum Freundschaftspreis. Das einfache Müesli-Frühstück muss man selbst zubereiten, die Cafébar-Alternative wartet gleich nebenan.

5000 Aarau, Stadthöfli 7, 076 335 62 68, www.tuchundlaube.ch

Flusshaus Nomad

Verwöhnen Maya und Roland bezeichnen sich als Reisende, und daher erstaunt es nicht, dass sie ihrem Brugger Altstadthaus den Namen «Nomad» gegeben haben, das sie mit Geschmack in eine sinnliche Oase verwandelt haben. Wer hier zum Freundschaftspreis übernachten will, bleibt vielleicht gleich zwei, drei Nächte, zumal die Atmosphäre auf einen beruhigend wirkt, was dazu führt, dass kein Alltagsmehltau mehr die Gedanken trübt. Das soll nun kein missionarischer Aufsatz werden, vielmehr ist es das Empfinden gleich dreier Scouts, die im «Nomad» etwas länger geblieben sind. Die Materialien im B&B oder im hauseigenen Café passen zueinander, dass kulinarische Angebot ist gesund und stimmig, dass Ganze ein eigenwilliger, schöner Rückzugsort am dahinziehenden Fluss mitten in der Altstadt.

5400 Brugg, Hauptstrasse 64,
076 492 97 79, www.flusshaus.ch

NEU Villa Steiner

Idylle im Wandel Eva Witschi und Ivo Cathomen haben bei ihrer Renovation viel Fingerspitzengefühl gezeigt, sodass aus ihrer Fabrikantenvilla eine stimmungsvolle Alltagsflucht auf Zeit entstanden ist. Heute teilen sie Haus und Privatpark mit ihren Gästen, die aus Nah und Fern zu ihnen reisen. Die Villa besticht durch eine wohldosierte Mischung aus Kunst und Krimskrams, die zwei geräumigen Gästezimmer haben das Bad auf dem Gang, die Herzlichkeit der Gastgeber ist natürlich, und das Frühstück bietet das, was ein Schweizer Frühstück zu bieten hat. Die Villa Steiner ist eine Rundumwohlfühloase mit Blick auf den nahen Hallwilersee, der, wie so einiges anderes, dazu animiert, hier länger zu verweilen. Wer mit Hunden nichts anzufangen weiss, lässt es lieber bleiben.

5708 Birrwil, Obre Wannestrasse 40,
079 635 86 04, www.bnb.ch/2304

Restaurant Speck (Seite 177)

Zentralschweiz

BL
SO
AG
ZH
Greifensee
Pfäffikersee
Hallwilersee
Türlersee
Zürichsee
4915 St. Urban
6285 Hitzkirch
6265 Roggliswil
6330 Cham
6345 Neuheim
6214 Schenkon
Baldeggersee
ZG
6242 Wauwil
6313 Menzingen
6210 Sursee
Zugersee
Mauensee
6024 Hildisrieden
6275 Ballwil
6300 Zug
6319 Allenwinden
Sempachersee
8840 Einsiedeln
6274 Eschenbach
Ägerisee
Sihlsee
6026 Rain
6037 Root
LU
6031 Ebikon
Wägitalersee
6403 Küssnacht
6110 Wohlhusen
6014 Luzern
6003 – 6006 Luzern
6356 Rigi Kaltbad
Vierwaldstättersee
Lauerzersee
Klöntalersee
6016 Hellbühl
6163 Ebnet
6353 Weggis
6010 Kriens
6440 Brunnen SZ
6013 Eigenthal
6363 Obbürgen
6441 Rütli
6370 Stans
6053 Alpnachstad
6377 Seelisberg
6055 Alpnach
6382 Dallenwil
6466 Bauen
6383 Niederrickenbach
6064 Kerns
OW
NW
6060 Sarnen
6460 Altdorf
6173 Flühli
6462 Seedorf
Sarnersee
6388 Grafenort
6467 Schattdorf
Limmern
6074 Giswil
6390 Engelberg
Lungerersee
6474 Amsteg
Brienzersee
6484 Wassen
UR
GR
BE
Göscheneralpsee
6490 Andermatt
VS
TI
0
10 km

Café Bar Salü

Une pour la route Zivilisierte Trinker, Frühaufsteher und Langzeitschläfer, Überhocker und andere sympathische Zeitgenossen bilden das bunt durchmischte Stammpublikum im «Salü», die Espresso, Bier, Wermut, Wein & Co. trinken, je nach Tageszeit und Gemütsverfassung. Die Gäste begrüssen sich, hören zu oder weg, lachen, lesen in der Zeitung, scherzen, zechen und essen eine Kleinigkeit für den gemeinen Appetit. Monica und Richard Beaudoux, die Macher dieser stimmungsvollen Einkehr, verstehen es, mit Flair und Fingerspitzengefühl Treffpunkte zu schaffen, die einem ein Stück heile Welt geben und Fernweh nach la douce France übermitteln, auch wenn die Rauchzeichen der Gitanes-Maïs-Fraktion schon lange nicht mehr durch die Bar-Lüfte schweben. A bientôt.

6003 Luzern, Waldstätterstrasse 5,
041 210 67 77, www.cafedeville.ch

Italo Hispano Comestibles

In den Ferien Ein Besuch im «Comestibles Italo Hispano» gehört für mich in Luzern zum Pflichtprogramm. In ihm zu verweilen, gleicht einer kulinarischen Entdeckungsreise durch den Süden, und wer das erste Mal den Laden besucht, wird vielleicht mit dem opulenten Angebot leicht überfordert sein. Andrea Baumgartner und Philipp Fekete, die zuhören, beraten, aufschneiden, einpacken und kassieren, helfen Ihnen gerne. Wer Appetit auf ligurische Oliven, Südtiroler Speck, spanische Pata Negra hat, sich nicht an der gepflegten Auswahl an Schaf-, Ziegen- und Kuhkäse satt sehen kann, wer seinen Weinkeller aufstocken und wer abends eine morbide Salami aufschneiden und frische Pasta kochen will, der ist bei Andrea Baumgartner und Philipp Fekete in den besten Händen.

6003 Luzern, Moosstrasse 15,
041 210 18 68, www.italohispano.ch

Restaurant Neustadt

Ganz Schweiz Luzern bietet mehr als den See und knipsende Asiaten. Die fotofreie Zone beginnt in der Neustadt. Ein pulsierendes Quartier, das zwar von Trends nicht verschont bleibt, aber eine Traditionsbeiz hat, wie sie sich der Purist wünscht. Im «Neustädtli» wird facettenreich gelebt. Zu Beginn der Achtziger reiste Gastgeber Roland Odoni ins Piemont nach Verduno ins Real Castello. Ein einfaches Schloss, etwas angestaubt, mit einem liebenswerten Hausherrn, damals noch ein Geheimtipp. In dieser heilen Welt kam Odoni auf die Idee, seinen Lebensmittelpunkt in die «Neustadt» zu zügeln. Seitdem brummt die stimmungsvolle Beiz. Das hat mit dem Patron, seinen langjährigen Mitarbeitern und mit dem überschaubaren Angebot zu tun; allein für den Hackbraten ist es den Besuch wert.

6003 Luzern, Neustadtstrasse 21,
041 210 23 71, keine Website

Gänterli Bio-Laden

Bio-Opa-Gänterli Seit 1979 existiert dieser Bioladen in Luzern, der einer der ersten dieser Art in der Schweiz gewesen sein dürfte und mit seiner Fensterfront einen schönen Blickfang hat. Antiquiert ist er deswegen nicht. Alles ist liebevoll herausgeputzt, alles steht in Reih und Glied und ist sorgfältig angeschrieben. Das Gemüse ist frisch und das Angebot vielfältig. Der Kunde wird freundlich bedient, es wird empfohlen und verkauft. Wer bewusst einkauft, verzichtet auf die 08/15-Körperpflege-Produkte des Grossverteilers, sondern kauft im «Gänterli» Rigi-Seife vom Haldihof und die wunderbaren, nach Bergsommer riechenden Salben und Gels aus Soglio im Bergell. Und sonst? Wein, Tee und mehr, Nüsse, Pasta, Kräuter und Gewürze, alles da. Gutes Brot ebenso.

6003 Luzern, Vonmattstrasse 50,
041 240 59 12, www.gänterli.ch

Bayts

NEU

Pflanzlich Bis anhin war «Karls Kraut» so ziemlich der einzige vegane Hotspot in Luzern, was sich mit dem «Bayts» geändert hat, obwohl hier nicht das gepflegte Speiselokal im Vordergrund steht, sondern ein vergnügliches, spontanes «Hereinspaziert» für ein Glas, etwas zum Essen, zum Abschalten, Einschalten, Abladen und Aufladen. Eigentlich für ganz vieles. Wer Lust hat, die Küche näher kennenzulernen, reserviert für den Abend und lässt sich von drei Gängen mit zwölf verschiedenen Komponenten beglücken. Begleitet werden die sorgfältig arrangierten Gerichte von einer wohlüberlegten Weinauswahl, die mit zahlreichen unbekannten Naturweinen zu überraschen weiss. Bespielt wird diese sympathische Einkehr von drei Freundinnen, die hier ihre Liebe zur Gastronomie gekonnt und lustvoll ausleben.

6003 Luzern, Bireggstrasse 24, 041 544 95 27, www.bayts.ch

GlouGlou

NEU

So was auch Letzthin habe ich mit Freunden drei Weine im «GlouGlou» getrunken, die mir bis anhin unbekannt waren. Beiz, Gastgeber und Angebot haben mir zugesagt und ich dachte schon, Luzern hat eine tolle neue Einkehr, die national noch den Status Geheimtipp beibehalten wird, bis wir sie aufgegabelt haben – und was passiert, GaultMillau hat sie zur POP-Beiz des Jahres gekrönt, was ich den Machern von Herzen gönne, die ihre Beiz als eine Hommage an den Genuss bezeichnen. Alles, was aufgetischt wird, zeugt von Qualität, wird sec angerichtet und ist fair kalkuliert. Nicht anders verhält es sich mit dem Weinangebot, das mit einigen Naturweinen überrascht, etwa mit dem Lys-röd Nr. 31 von Christine und Franz Strohmeier aus der Steiermark, die mit der Traubensorte Blauer Wildbacher einen speziellen Rosé produzieren.

6003 Luzern, Am Helvetiaplatz, 079 510 61 24, www.glouglou-luzern.ch

Bayts
(Seite 204)

Drei Könige

Krone auf Wer für den Mittagstisch eine Barbe aus der Reuss angelt oder nach Muscheln taucht (Sie lesen richtig!), der kann einfach nur gut drauf sein. Die Köche Thomas und Lenny sind es, wie auch das restliche Team im «Drei Könige». Sie schätzen eine fadengerade Küche, bei der Omnivore sich an einen Tisch zu einem Menü, kurz zum grande Bouffe hinsetzen und sich freud- und lustvoll überraschen lassen, was die Küche auf die Teller zaubert. Alle anderen weichen auf das kleine À-la-carte-Angebot aus. Wie wäre es mit Austern, gefolgt von einem Rindstatar, danach etwas Schweinebauchspeck vom Ueli-Hof oder doch lieber fangfrische Felchen von Berufsfischerin Sabina Hofer aus Meggen? Die Weinkarte präsentiert sich champagnerstark und überzeugt mit seinem Riesling-Angebot.

6003 Luzern, Klosterstrasse 10,
041 250 76 76, www.3koenige-luzern.ch

Mardi Gras

Petit Eine Telefonnummer existiert nicht, da ich weder im «Mardi Gras» noch im «Petit Mardi Gras» reservieren kann. Wer zu spät kommt, bleibt aussen vor. Nur, wann ist es zu spät, sind doch die zwei zusammenhängenden Lokale vorwiegend «complet»? Mir gefällt es in beiden gut. Im «Mardi Gras» setze ich mich zu Mittag gerne mit einem gemischten Teller von Hummus, Mutabbel und Taboulé auseinander und gönne mir dazu einen kräftigen Verveine-Tee. Im «Petit Mardi Gras» bleibe ich zum Aperitif an einem Chablis Premier Cru hängen und genehmige mir einen Croque Monsieur oder noch lieber einige Austern, die von September bis April auf den Tisch kommen. Und plagt mich schon frühmorgens der Appetit, bestelle ich mir ein Rührei oder eine Omelette mit Schinken.

6003 Luzern, Burgerstrasse 5, keine Reservation,
info@mardigrasluzern.ch, www.mardigrasluzern.ch

Wirtshaus Reussfähre

Lage Seit Jahrzehnten ist das Wirtshaus an der Reuss mit seinen Stuckaturen, seiner Säule, seinem Holzboden und seiner Wurlitzer-Jukebox ein edler Blickfang, und obwohl die Wirtschaft ein beeindruckender architektonischer Zeitzeuge ist, hat sie sich den Nimbus eines Geheimtipps bewahrt, was auch mit der unaufgeregten Küche zu tun hat. Hacktätschli, Cordon bleu, Luzerner Pastetli und Felchenfilets ziehen nun mal keine schwadronierenden Trendsetter an, sondern Schöngeister, die Freude am Beständigen haben und sich an den einfachen Speisen und an den trinkfreudigen Preisen der angebotenen Weine erfreuen. Den Rest machen die Beiz und Lage. Noch eine kleine Fussnote: Einige alkoholarme Schäumer würden der Weinkarte gut anstehen.

6003 Luzern, Sentimattstrasse 14,
041 240 27 98, www.reussfaehre.com

Karls Kraut

Ungeschönt In «Karls Kraut» kommen kein Fleisch, kein Käse und keine Eier auf den Teller. Hier wird das Vegane ausgeschlachtet. Es sind innovative Genussmenschen am Werk, die gut kochen können und für mich perfekte Botschafter für die vegane Küche sind. Da gibt's Apfel-Erbsen-Suppe mit Minzschaum, Fenchel-Carpaccio mit Granatapfel und karamellisierte Zitronen-Walnüsse, Summer Rolls mit Erdnusssauce, Zitronenpolenta, Zucchiniroulade und noch so einiges andere mehr. Wer schlau ist, kommt mit Freunden, teilt die Speisen und isst sich durch das saisonale Angebot, inklusive Lemon Cake. Hier bin ich gerne Veganer auf Zeit. Zum Gaumentanz wird eine gepflegte Auswahl an veganen Provenienzen angeboten. Weine also, die nicht mit Milch oder mit Eiprodukten geschönt werden.

6004 Luzern, St. Karliquai 7,
041 534 77 77, www.karlskraut.ch

Magdi

Neuer Wind Jetzt wird's sentimental. In den Achtzigern habe ich mitten in Luzern gelebt. Das «Magdi» war neben der «Fischerstube» und der «Barbatti-Bar» so etwas wie meine zweite Heimat. Die «Fischerstube» mit Ofen und Ofenrohr gibt es nicht mehr, das alte «Magdi» hat gebrannt und überlebt. Sein Gesicht ist neu, seine lebendige Geschichte ist geblieben, erst recht mit den neuen Gastgebern Martina Odermatt und Thomas Pollet, die mit Vollblutkoch Steffen das «Magdi» bespielen. Mit Fleisch von hier und Gemüse von da. Lokal, regional, ehrlich gut. Grandios. Wer «die kleinen Freuden» bestellt, hat mehr vom «Magdi» und bekommt einen denkwürdigen Querschnitt durch die Küche serviert. Und erst die Weinkarte! Durchdacht, spannend und zahlbar.

6004 Luzern, Eisengasse 5/7,
041 410 42 78, www.magdalena.ch

Jazzkantine

Wein und Jazz Seit Sylvan Müller und Mario Waldispühl die «Jazzkantine» führen, kommen Gäste von nebenan, von hier und dort für ein Glas oder zwei, für das Abendmahl oder den keinen Hunger für Zwischendurch. Urban und jung, reif und gediegen, es sind alle da und glücklich. Sylvan und Mario bieten genau das, was eine gute Beiz ausmacht. Sie legen Wert auf Spitzenqualität, hausieren damit aber nicht, sondern binden sie als Normalität in den Alltag ein. Das fängt beim Sauerteigbrot an und hört bei der Flaschenauswahl auf. Zu essen gibt es Austern und Moules der Extraklasse, das Beste vom See, ab und zu ein perfektes Cordon bleu, so wie man sich diesen Evergreen eben wünscht, und für kalte Tage wartet das mit Fleur de Sel gewürzte Markbein mit geröstetem Brot.

6004 Luzern, Grabenstrasse 8,
041 410 73 73, www.jazzkantine.com

Stiefels Hopfenkranz

★ 🍇

Luigina und Moritz Es gibt keine Routine, keine kulinarische Langeweile im «Hopfenkranz». Moritz Stiefel tüftelt, kocht, richtet Teller an, wie von Courbet gemalt. Die Aromen harmonieren, die Garzeiten stimmen, die Atmosphäre ist luftig und leicht, kein steifes Rückgrat, kein gar nichts, nur Wohlsein im Glas, im Gaumen, in der Seele und im Geist. Wer Stiefels sechs Gänge isst, erlebt einen Abend in völliger Entspanntheit. Er wird den Tisch nie mit einem vollen Bauchgefühl verlassen, sondern über die verschiedenen Geschmäcker sinnieren, die sein Gaumen an diesem Abend erlebt hat. Moritz, sein Team und seine Frau Luigina zeigen sich in Höchstform und verwöhnen ihre Gäste mit einem Genusserlebnis der speziellen Art, das sie nicht so schnell vergessen werden.

6004 Luzern, Zürichstrasse 34,
041 410 78 88, www.hopfenkranz.ch

Casa Tolone

Hubi Gastro-Freelancer Hubert P. Germann, vulgo Hubi, ist ein Genussmensch mit Durst und Appetit und ein Kenner der Luzerner Szene. Neulich hat er mir bei einem Glas Wein von der «Casa Tolone» vorgeschwärmt, die von den Söhnen Dario und Domenico familiär geführt wird. Gemeinsam zelebrieren sie mit Papa Franco eine unkomplizierte Traditionsküche, deren Eckpfeiler die Pasta fatto in casa ist, allen voran die exzellenten Agnolotti, wobei die Stammgäste selten auf das am Tisch flambierte Filet Stroganoff verzichten mögen. Die Vinothek ist mit über 500 Flaschen opulent bestückt und grosse Namen aus dem Piemont und der Toskana stehen im Mittelpunkt. Was mir fehlt, sind einige leichte Weine zum Wegzischen. Zum Beispiel ein perlender Lambrusco Sorbara oder ein knackig-frischer Vernatsch.

6004 Luzern, Fluhmattstrasse 48,
041 420 99 88, www.casatolone.ch

Setpember Vin & Vinyl

Ganz schön schräg So eigen der Name, so speziell die Auswahl an Schallplatten, bei denen Kleinproduktionen und Debütalben das Rückgrat des Angebots bilden. Ob Neuerscheinungen oder Ausgesuchtes aus zweiter Hand, wer das Spezielle liebt und sucht, wird hier fündig. Das verhält sich nicht anders bei den Weinen. Wer glaubt, ganz viele Winzer und Provenienzen schon durchs Band weg zu kennen, denkt falsch. Denn was da an unbekannten Flaschen aus den Gebieten Neuenburg, Tessin, französischer Jura, Burgund, Rhône, Champagne, Vipava-Tal (Slowenien) und Piemont (Ghemme, Gattinara) angeboten wird, versetzt unkonventionelle Weinnasen in Staunen. Das finden auch diverse namhafte Luzerner Beizen wie etwa die «Jazzkantine» oder «Stiefels Hopfenkranz», die hier Stammkunden sind.

6005 Luzern, Guggistrasse 1,
www.setpember.com

Moosmatt

Schönes im Quartier Das «Moosmättli» ist eine schön gealterte Beiz, in der man gerne länger sitzen bleibt und sich «lästernd» einer Runde Gesellschaftsstudie hingibt. Die Küche kann was, und die Gastgeber versprechen nicht zu viel, wenn sie von einem meisterlichen Spagat zwischen einer Quartierbeiz und einem Speiselokal reden. Zum kulinarischen Pflichtprogramm gehören das klassische Tatar mit Zwiebeln und Kapern, das am Knochen gereifte und karamellisierte Schweinskotelett (300 g!) und das perfekte Kalbs-Cordon-bleu. Die Weinkarte wartet mit überraschenden (Tement Blanc) und namhaften (Ornellaia) Provenienzen zu korrekten Preisen auf, und wer im Winter Lust auf flüssigen Käse hat, der kann im separaten, urgemütlichen Fonduestübli die Gabel im Caquelon rühren.

6005 Luzern, Moosmattstrasse 24,
041 310 73 80, www.moosmatt-luzern.ch

Ueli-Hof

Einer wie keiner Um die Vorzüge des «Ueli-Hofs» umfassend erklären zu können, reicht hier der Platz nicht. Den ersten Überblick über diesen Vorreiter und Vorzeigebetrieb verschaffen Sie sich am besten vor Ort. Besuchen Sie den Hof Mättiwil, lassen Sie sich zeigen, wie die Tiere gehalten werden – und Sie werden vom Vegetarier zum Flexitarier. Wie früher, als Fleisch noch keine Alltagsware war. Hier ist eine Erzeugergemeinschaft am Werk, die nicht nur von artgerechter Tierhaltung spricht, sondern sie aus Überzeugung praktiziert. Kaufen Sie in den Metzgereien in Luzern und Ebikon, oder kaufen Sie direkt online ein. Chämispeck, Biohobelfleisch, Wachholderschinken und ein Schweinskotelett mit Rückenspeck sorgen für ein Geschmackserlebnis der anderen Art.

6005 St. Niklausen/Luzern, Mättiwil, 041 911 22 22 oder 079 408 23 77, www.uelihof.ch

Horn + Milch

Kühe verstehen Dafür, dass heute den Kälbern ihre Hörner belassen werden, benötigt es Schutz. Reto Buchli verdient höchste Anerkennung für sein Engagement. «Jedes Individuum besitzt genau jene Eigenschaften, die für seinen Lebenszweck und seine Entwicklung notwendig sind. Und hierzu gehören bei der Kuh die Hörner. Welche Funktionen diese Hörner nebst der besseren Kristallisationsstruktur der Milch, der Mithilfe bei der Verdauung sowie dem sozialen Verhalten der Kuh zudem einnehmen, können wir nur erahnen. Es liegt in unserer Verantwortung, den Kühen mit Horn Schutz und Pflege ihrer natürlichen Ganzheitlichkeit zu bieten.» Nebenbei: Für die nachhaltige Pflege und Aufzucht von Kühen mit Horn kann man auch spenden (siehe Website).

6005 St. Niklausen/Luzern, Stutzrain 62, 079 868 60 03, www.horn-milch.ch

Libelle

Gelandet Die «Libelle» ist eine schöne Quartierbeiz, die pulsiert. Ein soziales Projekt und doch eine selbsttragende Beiz. Es schmeckt hier nach Teamgeist und Sachverstand. Nach einer Wiedergeburt des selbst gekneteten und gebackenen Brots. Nach Blumenkohlsuppe in der Schüssel statt Schaumsüppchen in der Espressotasse. Es geht hier nicht um Themen-Gastronomie, sondern um ehrliche Gastfreundschaft, die ein soziales Projekt beinhaltet, die frömmlerische Heuchelei aber vor der Türe lässt. Gastfreundschaft wird in der «Libelle» aufrichtig gelebt und nicht antrainiert. Bei plötzlichem Andrang gehören Wartezeiten auch mal dazu. Egal. Die «Libelle» zeigt exemplarisch, wie vital eine Quartierbeiz sein und wie zeitgemässe Gastronomie über ein Quartier hinausstrahlen kann.

6006 Luzern, Maihofstrasse 61,
041 420 61 61, www.restaurantlibelle.ch

Übernachten in der Stadt Luzern

Beau Séjour

La vie est belle Einen grossen Koffer für die Abendgarderobe benötigt man für das «Beau Séjour» nicht, aber Durst, Appetit und die Lust, in Luzern Gast auf Zeit zu sein. Schöne Räume, eine Aura vergangener Tage, perfekt eingebunden im Heute und Gäste Gästen, die sich nicht zu wichtig nehmen. Angenehme Zimmer und grosszügige Suiten warten darauf, bespielt zu werden. Wer sich einen Eindruck verschaffen will, besucht das Haus, sieht sich um und gönnt sich ein Glas Crémant de Bourgogne Rosé von Guy Amiot et Fils und wird dabei feststellen, dass die Bezeichnung «Petit Grand Hotel» nicht übertrieben ist. Neu hinzugekommen ist die 400 Meter entfernte stilvolle Villa Maria, die noch näher beim See liegt, aber nicht die Aura des Mutterhauses verströmt.

6006 Luzern, Haldenstrasse 53,
041 410 16 81, www.beausejourlucerne.ch,
www.villamaria.swiss

Klostergasthaus Löwen
(Seite 214)

Klostergasthaus Löwen

Rauchzeichen Pascal Schwarz war in Olten Chefkoch im Zigarren-Member-Club Patoro. So ist seine gediegene Zigarrenlounge im Klostergasthaus keine Überraschung, die sich für «Tubäckler» förmlich anbietet. Mit an Bord ist Küchenchef Marcel Neuenschwander, der die Kochlöffel im «Salzhaus» in Solothurn geschwungen hat, was eigentlich über die Qualität der Küche im «Löwen» schon alles sagt. Zweierlei Foie gras, frisch gebraten und als Terrine, hausgemachte Nudeln, vermengt mit gezupfter Rindsschulter und altem Parmesan und Ossobuco vom Kalb sind vorzügliche Klassiker, die beglücken, während neugierige Omnivore in der guten Stube von Pascal Schwarz Platz nehmen und sich mit einem Sechs-, Acht- oder Zehn-Gänge-Menü überraschen lassen.

4915 St. Urban, Untertor 3,
062 530 34 22, www.klostergasthaus-loewen.ch

Kloster-Metzgerei Haas

NEU

Augenhöhe Die Kloster-Metzgerei Haas, 1952 von Robert Haas Senior gegründet und heute von Inhaber Daniel Käser geführt, hält, was der Werbeslogan verspricht. Die Metzgerei bezieht ihr Fleisch von Landwirten aus dem Oberaargau und dem Luzerner Hinterland. Der Kontakt beschränkt sich dabei nicht auf eine telefonische Bestellung, sondern beginnt mit einem Händeschütteln, das in ein persönliches Gespräch auf Augenhöhe mündet. Artgerechte Tierhaltung, gesunde Fütterung und tiergerechte kurze Transportwege sind Alltag und wirken sich positiv auf die Fleischqualität aus. Gewürze werden in Reinform eingekauft und nach überlieferten Hausrezepten zu schmackhaften Mischungen kombiniert. Probieren Sie doch einfach mal die grobe «Buurebratwurst» oder den Hackbraten.

4915 St. Urban, Murhofstrasse 2,
062 929 11 30, www.kloster-metzgerei.ch

Mezzo Esskultur

Cucina casalinga Das mit der Esskultur ist im «Mezzo» so eine Sache. Das hat nichts mit dem vorbildlichen Qualitätsdenken der Gastgeber Michèle Wyss und Dominik Hertach zu tun, sondern mit den spartanischen Öffnungszeiten. Aber das Warten lohnt sich. Immer am Samstag von 9 bis 16 Uhr hat das Ladencafé geöffnet. Die Türe zum Einkauf ist offen. Da gibt's handgemachte Olivenseifen, Olivenöl aus Apulien und besten Grappa. Wer eine Runde ausspannen will, gönnt sich vor Ort einen Kaffee mit einem Cornetto. Wer Lust auf eine authentische Küche hat, trommelt für einen Pranzo oder eine Cena seine besten Freunde (Anz. 12–40) zusammen und erlebt und atmet ein echtes, tiefes Italien. Wer Heimweh nach dem Süden hat, findet im «Mezzo» seinen kulinarischen Trost.

6010 Kriens, Luzernerstrasse 32,
041 558 18 28, www.mezzo-esskultur.ch

Da Marcello

Wo sonst? Frage ich meine Freunde in Luzern nach der besten Pizza der Region, sagen mir alle: Da Marcello. Was bei ihm geboten wird, hat so gar nichts mit den üblichen Pizzalokalen zu tun. Das fängt schon bei der Grundlage an, dem Sauerteig, der ohne zugeführte Hefe auskommt und 48 Stunden ruhen darf, bevor er weiterverarbeitet wird, bis hin zu den guten Zutaten. Den Grundstein hat vor einigen Jahren Marcello gelegt, seit vier Jahren sind Manuel, Felix und Raphael mit von der Partie. Das Umfeld, die «Teiggi», ist so speziell wie die Pizzen gut sind: eine Genossenschaftssiedlung mit Wohnungen und Ateliers, belebt von einer bunt durchmischten Gesellschaft. Dazu passen auch unkomplizierte Weine, wie der trinkige Frizzante aus der Emilia-Romagna.

6010 Kriens, Schachenstrasse 15b,
041 559 28 00, www.damacrello.ch

Alpladen Neualp

Idylle Was passiert, wenn eine Imkerin und ein Landwirt zueinanderfinden? Sie gründen die «Neualp» und bewirten mit einem innovativen Team einen 70 Hektaren grossen Landwirtschaftsbetrieb mit einer Angus-Zuchtherde mit rund 70 Mutterkühen und ebenso vielen Jungtieren. Neben der Viehhaltung bewirtschaften sie rund 18 Hektaren Biodiversitätsfläche. Zudem bietet die «Neualp» Platz für 30 Bienenvölker und diverse Kleintiere wie auch für Freilandschweine. Wer Zeit und Lust auf einen schönen Spaziergang hat, besucht den Alpladen auf der Schiltalp im Eigental, der mit zahlreichen Produkten aufwartet, auch mit gekühlten Getränken, die sich gemütlich auf der Holzbank vor dem Haus trinken lassen. Wer in dieser Idylle länger bleiben will, mietet sich im Nachbarhaus ein und bleibt einige Tage auf der Alp.

6016 Hellbühl, Neuenkirchstrasse 2,
041 467 12 52, www.restaurant-moosschuer.ch

Moosschür

NEU

Alles bleibt anders Marco Graf hat seine Sporen bei der lebenden Kochlegende Werner Tobler abverdient, und wer das überlebt, hat einen breiten Rücken und viel Wissen im Kopf und Können in den Händen. Die letzten Jahre waren die Grafs auf dem Berg, heute sind sie in den Tiefen des Luzerner Hinterlands angekommen und somit auch per Automobil erreichbar. Sie haben die Traditionsbeiz Moosschür übernommen und bieten vorzügliche Gerichte an. Etwa einen Schwartenmagen der Extraklasse, gebratene, fangfrische Felchen aus dem Sempachersee, hausgemachte Kalbs-Hacktätschli oder Rindsmarkbein aus dem Ofen.

6016 Hellbühl, Neuenkirchstrasse 2,
041 467 12 52, www.restaurant-moosschuer.ch

Bacchus

Ein Freund Natürlich bin ich voreingenommen bei einem Freund, und klar ist meine Meinung vollkommen subjektiv, aber trotzdem stimmt, was ich seit Jahren auf verschiedenen Print-Kanälen predige: Werner Tobler ist ein Spitzenkoch, der dem Lustprinzip folgt, der kocht, so wie ich das liebe, der launisch ist, mal heiter, mal weniger heiter, mal missmutig, mal mutig, auch nein zu sagen, obwohl er das Wort eigentlich gar nicht kennt. Partnerin Uschi Frapolli ist seine Lebensversicherung und die Garantie für Werner, dass alles gut kommt. Auch im Rückwärtigen. Aus der Küche kommen Thunfischtatar und Vitello, mit Hummer gefüllte Zucchiniblüten auf Saubohnen, eine Terrine von der Gänseleber mit Tomatengelee, konfierte Tomate und geräucherter Aal und, und, und … Noch Fragen?

6024 Hildisrieden, Sempacherstrasse 1, 041 530 00 30, www.bacchus-bistro.ch

Käserei Sage

Gäng wie gäng Natürlich sonnen sich bekannte Käser und berühmte Affineure im Scheinwerferlicht, aber der Sbrinz von Fritz Arnold, der in seinem Käsekeller zur Vollendung reift, spricht für sich. Ohne Hochglanzprospekt und TV-Werbung. Fritz hat das Gespür für den Käse von seinem Grossvater geerbt, der mit dem Sbrinz schon umzugehen wusste. Wer die Käserei betritt, wird von Ruth Arnold kompetent beraten und herzlich bedient – und natürlich darf der Kunde ein Stück vom Sbrinz versuchen, den Ruth mit dem Käsemesser bricht und in mundgerechte Stücke teilt. Schnell wird dem Käsefreund klar, dass dieser Sbrinz noch so manchen Parmesan in den Schatten stellt, auch wenn das die Verfechter von Spaghetti, Sugo und Italianità anders sehen mögen.

6026 Rain, Sage 1, ab Juni 2024 Chilestrasse 4
041 458 11 81,
www.sbrinz.ch/herkunft/produzenten/detail/kaeserei-sagen

Restaurant Liebhaberei

Aussicht Seit mehr als 15 Jahren wird in der «Liebhaberei» dem Genuss und der Kultur gefrönt. Mal schräg, mal sec, mal frech, mal gemässigt, aber nie langweilig. Weder für Nase, Zunge, Gaumen noch Geist. Dahinter stehen die drei Enthusiasten Cornelia Portmann, Robert Baumli und Stefan Kadiec. Cornelia ist für die Administration und die Kultur verantwortlich, Robert ist Bauer und Kellner und Stefan ist der Bratkünstler, der sich nichts mehr beweisen muss und gradlinig kocht, verspielt anrichtet und selbst durch die zahlreichen Komplimente der Gäste nicht in Gefahr gerät, die Bodenhaftung zu verlieren. Die «Liebhaberei» polarisiert in der Region und gefällt oder gefällt nicht. Der einstige Kuhstall hat Charme, die Umgebung ist Natur pur und die Aussicht ist an klaren Tagen grandios.

6026 Rain, Oberbuchen 1,
041 911 00 01, www.liebhaberei.ch

Rast Kaffee

Für wahre Clooneys In der vierten Generation führen die Schwestern Evelyne und Beatrice Rast das Familienunternehmen. Beatrice ist für den Einkauf, Evelyne für den Verkauf und Adrian Gisler für die Produktion zuständig. Auch formen sie, in der hauseigenen Kaffee-Akademie, Kaffeeliebhaber zu Kennern. Seit mehr als 100 Jahren ist Rast Kaffee erfolgreich. Handwerk in Perfektion für den optimalen Kaffee. «Wir leben Kaffee», sagt die vierte Generation, die auf ihrer Website eine Rubrik für Kaffeegeschichten unterhält. Lange und kurze, von diversen Autoren. Ein Bonmot sei erwähnt: Als Kirchenmänner in Italien Kaffee als «Satansgebräu» verbieten wollten, sind sie dem aromatischen Geschmack selbst erlegen und segneten umgehend den Kaffee, um Satan zu vertreiben. What else!

6031 Ebikon, Zugerstrasse 9,
041 210 58 66, www.rast.ch

Rössli hü

NEU

Endlich War das ein Galoppieren von Gastgebern, Köchen und Ideen, bis endlich mit Thomas und Celia Peinhaupt Ruhe im Stall eingekehrt ist. Der Gastgeber kommt aus der Steiermark, was die kulinarische Ausrichtung verändert, aber nicht verschlechtert hat. Sprachlich wird's auch etwas anders. Die Tagessuppe heisst nun Supperl des Tages und schmeckt auch so. Anders eben, was wohl mehr Einbildung sein mag, steht doch Küchenchef Pascal Klingels nach wie vor am Herd. Wer mit Österreich nicht viel anzufangen weiss, lässt es bleiben, alle anderen freuen sich über eine Rindsupperl mit Fritatten, ein Steirer Cordon bleu oder über einen «narrischen Eierschwammerlgulasch» mit Semmelknödel, das verrückt klingt, aber gut mundet.

6037 Root, Luzernerstrasse 7,
041 531 91 51, www.roessli-hue.ch

Kapello

Unter Feuer Marco Gelmi ist ein Feinschmecker, der sein Wirtshaus in Ehrendingen erfolgreich an Tim Munz verpachtet hat und nur noch privat für seine Freunde kocht. Ansonsten ist er mit Frau und Hund regelmässig auf kulinarischer Spurensuche. Das «Kapello» ist seine Entdeckung, die Begeisterung gross. Ort, Geschichte, Einrichtung und Angebot überzeugen, die Herzlichkeit der Gastgeber sowieso. Das von Hand geschnittene Tatar gehört genauso zum Pflichtprogramm wie die Grillspezialitäten, die mit Fleisch von hier statt von dort auf der Holzkohle vom Napfgebiet auf den Punkt gegart werden. Dazu kommen Weine ins Glas, die nicht in jeder Beiz zu finden sind. Oder kennen Sie den Abt Dominikus vom Weingut Klosterhof aus dem luzernischen Aesch oder den Noah von der Familie Tenud aus Varen?

6110 Wolhusen, Hackenrüti 7,
041 490 18 18, www.kapello.ch

Brunner Weinmanufaktur (Seite 224)

Lindenhof

Wohlfühlräume Architekten haben es nicht einfach. Entweder haben sie ein zu kleines Budget, um den grossen Wurf zu landen oder den falschen Auftraggeber oder ihnen fehlt das Talent und Können. Was den Machern im «Lindenhof» gelungen ist, zeugt von Klasse. Alles ist im Fluss. Gastgeber und Gäste, Altes und Neues, Natur und Architektur. Restaurant, Hotel und Brauerei, drei Betriebe, eine Passion, eine Idee. Kompliment an das Lindenhof-Team, an die Geldgeber, an die Initianten. Hinzu kommt eine unprätentiöse Küche, die mit lokalem Hirschpfeffer, mit Pilzen und Knödeln, mit einem Biersäuli auf Kabis und Erbsen, kurz, mit Gutem von hier statt von dort aufwartet. Und die exzellente Bierbratwurst ist das Amuse-Gueule unter Freuden.

6163 Ebnet, Lindenhof 1,
041 482 01 00, www.lindenhof-ebnet.ch

Bahnhöfli

Mut zur Farbe Eine stilsichere Einrichtung, eine klare Kochsprache und eine schöne Auswahl an exzellenten Bieren, so lässt sich das «Bahnhöfli» in Sursee prägnant beschreiben. Der Hackbraten ist leicht und luftig, was schon mal eine gute Basis für ein gutes Mittagsmahl ist. Dass der Gast im «Bahnhöfli» sitzt, weiss er spätestens, wenn er die hausgemachte Suppe, den «Dampfkessel» oder die Filetwürfel vom Schweizer Rind, den «Schaffner», bestellt. Elias Schneider und Linard Lüchinger gelingt es, eine unkomplizierte, lustvolle Stimmung zu schaffen, die Jung und Alt an den Tischen vereint. Natürlich mit Bier, das hier eine wichtige Rolle spielt, wie etwa den gehaltvollen Biere der Brauerei Officina della Birra aus Bioggio und natürlich jene der Braustation Sursee.

6210 Sursee, St. Urban-Strasse 3,
041 921 44 21, www.sursee-bahnhoefli.ch

OX'n

Carte blanche Der «OX'n» hat seinen Status als Geheimtipp abgelegt, was für Spontane schade ist, wird's doch schwierig, ohne Voranmeldung einen Platz zu ergattern. In einem stilistisch ansprechenden Rahmen sind hier junge Gastrosophen am Werk, die ihre Gerichte ohne Schnickschnack auf weissen Tellern und mit klassischem Besteck auftischen. Gratulation an die vor Ideen sprühenden Sebastian und Samuel Rensing und Katharina Käser. Also zurücklehnen, Menü bestellen und sich verwöhnen lassen. Das können drei, vier oder fünf Gänge sein. Ist der Gaumen erst einmal warmgelaufen, will er mehr aus der «OX'n»-Küche. Vegetarier und solche, die es werden wollen, dürfen sich den gerösteten Blumenkohl mit Hummus, Zitronencreme und eingelegtem Gemüse mit Brunnenkresse nicht entgehen lassen.

6214 Schenkon, Dorfstrasse 23a,
041 921 20 00, www.oxn-schenkon.ch

Eigenbrötler Backwerke

Brot gut, alles gut! Seine Brote sind reine Handarbeit, die im Holzofen zu etwas werden, was den Namen Brot verdient. Wer einmal seine Brote versucht hat, bestellt sie online, fährt auf den Wochenmarkt nach Luzern oder besucht ihn direkt in seiner designten Bäckerei in Wauwil. In seinem aus Beller Tuff (Vulkangestein) gebauten, ultimativen Holzofen werden seine Brote zur Backkunst. Brote, die nach alter Tradition und unter natürlicher Triebführung produziert werden. Mit hauseigenen Sauer- und Vorteigen, mit heimischem Getreide und Obst und mit Milchprodukten aus regionaler, biozertifizierter Landwirtschaft von Kühen mit Hörnern. Alles in bester Handarbeit, natürlich und ökologisch. Und das Schöne zum Schluss: Seine Söhne Sven und Kevin ziehen und backen mit.

6242 Wauwil, Dorfstrasse 10,
041 980 32 12, www.eigenbroetler.info

Landgasthof Ochsen

Extrawurst Fleischkäse, Schwartenmagen, Brat- und Brühwurst sind Chefsache. Die werden von Patron und Hausmetzger Philipp Blum-Iff persönlich produziert und können auf Reservation auch als delikater Notvorrat mit nach Hause genommen werden. In der Küche schwingt Göttibueb Elio Hiltbrunner die Kochlöffel, der im «Ochsen» für frischen kulinarischen Wind sorgt, derweil Claudia Blum-Iff wie immer souverän zu ihren Kunden schaut. Alles geht Hand in Hand, die Gäste kommen und gehen, die herzliche Stimmung bleibt. Der «Ochsen» brummt ab 11 Uhr, wenn es Zeit für den ersten Aperitif ist, zu dem ein «Schnousi-Teller» sich geradezu aufdrängt. Nicht verpassen sollten Ochsen-Neulinge die Frikadelle mit Stampf und das von Hand geschnittene Rindstatar. Angebot, Stimmung und Gäste passen.

6265 Roggliswil, Dorfstrasse 35,
062 754 13 40, www.ochsen-roggliswil.ch

Restaurant Chlöpfen

Landpartie Es brummt und klopft aus der Küche, wenn Fabian Hartmann an seiner Arbeit ist. Einer, der seinen Beruf mit Leib und Seele ausübt und der nichts dem Zufall überlässt. Seine hausgemachten Lachsforellen-Knusperli sind bei den Stammgästen genauso beliebt wie das Cordon bleu, das er mit geräuchertem Beinschinken und kräftigem Bergkäse füllt. Da werden aber auch exzellente Salzburger Spinatknödel, luftige Kalbshacktätschli oder ein knuspriges Mistkratzerli aufgetischt, und am Tage des Herrn warten der Rinds- und der Schweinsbraten auf Damen und Herren mit gesundem Appetit. Der «Chlöpfen» bietet ein unaufgeregtes Wohlfühlerlebnis, zu dem die sympathische Gastgeberin und diplomierte Sommelière Claudia Turisser viel beiträgt. So geht Gastfreundschaft auf dem Land.

6274 Eschenbach, Rothenburgstrasse 89,
041 448 40 80, www.chloepfen.ch

Weidefarm

Zukunft Die Massentierhaltungsinitiative wurde abgelehnt. Was mich dennoch freut, sind nachhaltige Betriebe wie die Weidefarm von Landwirt und Metzger Cyrill Süess und seiner Partnerin Kathrin Tritten, die aus Überzeugung für das Tierwohl einstehen und es auch umsetzen, was mir wiederum ein gutes Gefühl beim Kauf und nachträglichen Genuss gibt. Da sind Hühner, Schweine und Salers-Rinder auf der Weide, die Platz haben und sich austoben können, so wie ihnen gerade zumute ist – bis der Schlachter kommt. Der gehört mit dazu, wie auch die mobilen Hühnerställe und der weitläufige Mutterkuhstall sowie die eigene Hofmetzgerei, in der alle geschlachteten Weidetiere verarbeitet und an den Frischfleisch-Verkaufstagen angeboten werden. So stelle ich mir eine gute Zukunft für Omnivore vor.

6275 Ballwil, Wissenwegen 4, 079 136 28 00, www.weidefarm.ch

Brunner Weinmanufaktur

Beim Weingärtner Das ökologische Flaggschiff der Weinmanufaktur von Mathias Brunner ist der zwei Hektaren grosse Bio-Streuobstgarten mit 55 Hochstammobstbäumen. Die daraus entstehenden Produkte wie Destillate, Säfte, Honige sind so weit wie möglich naturbelassen und vorzüglich. Hinzu kommt die hauseigene Essigmanufaktur, eine Leidenschaft von Mathias Brunner. Das eigentliche Kerngeschäft, das Herzstück des Unternehmens, ist aber die Weinherstellung. Fünf Lagen, fünf Weingüter, wovon Eichberg rund 80 Prozent der Rebfläche ausmacht. Sie liefern die Basis für die filigranen Provenienzen, die über viel Substanz verfügen und mit ausgeprägter Terroir-Note überzeugen. Mir gefallen die Weissweine sehr, darunter der Silvaner, Müller-Thurgau und Pinot Blanc.

6285 Hitzkirch, Kommendeweg 3, 041 910 20 11, www.brunner-weinmanufaktur.ch

Haldihof

Ein- und Ausblicke Eine Naturstrasse führt zu einer aussergewöhnlichen kulinarischen Oase am Vierwaldstättersee. Vor Jahren hat der Computerspezialist Bruno Muff den Hof gekauft und sein Geld statt in Aktien lieber in diesen wunderschönen Bauernhof an Traumlage investiert, was durchaus Freude macht und nachhaltiger ist, auch wenn die Arbeit als Bauer anstrengend ist. Der Hofladen mit den eigenen Produkten ist rappelvoll, und bei zahlreichen Kunden entscheidet das Budget im Hosensack, was alles in den Einkaufskorb kommt. Am Kornelkirschenbrand führt aber kein Weg vorbei, wobei Siruptrinker sich davon nicht beeindrucken lassen werden. Vor der Hofladentour setzt man sich zwingend an einen der Blechtische und beobachtet bei Kaffee und Kuchen Land, Tiere und Leute. Was für ein schöner Ort.

6353 Weggis,
041 390 45 90, www.haldihof.ch

Übernachten im Kanton Luzern

Kurhaus Flühli

NEU

Zeitreise Als Geheimtipp gehandelt, entwickelt sich das «Flühli» zu einem Hotspot für Gäste, die Freude haben, in die Historie und Geschichte eines historisch wertvollen Hauses abtauchen, das mit viel Fingerspitzengefühl renoviert wurde und mit einer angenehmen Gastfreundschaft überzeugt, die mehr durch Leistung als Lippenbekenntnis auffällt, was auch mit dem sympathischen Gastgeber Pasquale Castagliuolo zu tun hat, der selbst Langschläfern das Frühstück vom Saal noch in die Gaststube bringen lässt. War die Küche zu Beginn noch etwas verhalten, hat sie mit Gerichten wie einem zarten Kaninchenfilet auf Hokkaido-Kürbis-Carpaccio an einem Thymian-Jus oder mit der raffinierten Marroni-Zwiebelsuppe zugelegt. Dem an und für sich durchdachten Weinangebot würden noch einige unkonventionelle Provenienzen gut anstehen.

6173 Flühli, Dorfstrasse 3,
041 488 11 66, www.kurhaus-fluehli.ch

Be und Mee

Bezaubernd Magisch und erholsam ist es hier. Je nach Wetterlage, Regen und Nebelschwaden wird's hier ganz schön mystisch. Oft sind es Sonnentage, die fröhlich stimmen, oder die weisse Pracht, die sich hier seltener zeigt als auch schon. Es ist aber eigentlich egal, zu welcher Jahreszeit und bei welcher Wetterlage man sich hier in der ehemaligen Kapuzinerklause auf dem Berg bei Sandra Gisler eine Auszeit vom Tal und der Hektik gönnt. Die Lage ist betörend, das historische Haus hat Charme, und die herzliche Gastgeberin zaubert ein vorzügliches Biofrühstück auf den Tisch. Das Ganze ist eine angenehme Bleibe für unkomplizierte Ferienkünstler ohne WLAN-Gelüste. Für eine Nacht, ein Wochenende oder in der Ferienwohnung gleich für einige Tage.

6356 Rigi Kaltbad, Staffelhöheweg 9,
041 397 03 90, www.be-mee.ch

Edelweiss

Kräuter All jene, die glauben, dass sich Kräuter und eine Gourmetküche beissen, sind auf dem Holzweg. Höchste Zeit, den zu verlassen. Zeit, sich für eine Alltagsflucht im «Edelweiss» bei Gabriela Egger Vörös und Gregor Vörös einzunisten und Zeit, die inspirierende Küche von Benedikt Voss im «Regina Montium» kennenzulernen, der nicht nur mit Kräutern, sondern mit Fisch, Fleisch und Gemüse ganz wundervoll umzugehen weiss. Das «Edelweiss» wurde von den zwei bekanntesten Genussfibeln ausgezeichnet, was mich natürlich freut, zumal es Gäste anzieht, wenn eine Naturküche mit einem Stern geadelt wird. Gleich zwei Freunde, Jon Bollmann von «Transhelvetica» und der Winzer und Weinhändler Martin Feer schwärmen wie ich von der Küche und dem spannenden Weinangebot.

6536 Rigi Kaltbad, Staffelhöheweg 61,
041 399 88 00, www.kraeuterhotel.ch

Gleis 3

Tobias & Andy Es gibt Wirtshäuser, in denen die Gastgeber weder ausgewechselt werden können noch fehlen dürfen, sonst fühlen sich die Stammgäste nicht mehr wohl. Zwei von dieser Spezies sind Tobias Gadringer und Andy Jost, die im Wallis während zehn Jahren im «Chüestall» für Furore gesorgt haben, was sie nun in Alpnach mit dem «Gleis 3» wiederholen, nur sind die Herren nicht mehr auf dem Berg, sondern bei der Talstation der Pilatusbahn. Mit den Stammgästen vermengen sich eine Menge Tagestouristen, die aber bei Sonnenuntergang wieder weiter gezogen sind. Am Abend warten auf die Gleisgänger drei bis fünf Gänge, die Andy aus dem Ärmel zaubert, oder einige gekonnt zubereitete Klassiker wie etwa die rosa gebratenen Angus-Rindsfiletwürfel mit frischer Pasta und Morchelsauce. Und übernachten geht im hauseigenen B&B auch.

6053 Alpnachstad, Bahnhofplatz 6, 041 541 02 27, www.gleis-drei.ch

NEU Sennerei Flüeler

Den Berg hinauf Natürlich kennen alle die Fluonalp, ihren Käse und ihre Älplermagronen. Den Ort extra vorzustellen, wäre Wasser in den Alpnachersee getragen. Also lasse ich es bleiben und empfehle Ihnen zwei weniger bekannte Adressen. Wer auf die Lütoldsmatt pilgert, kommt direkt bei der Sennerei von Agnes und Oskar Flüeler vorbei, die mit Sbrinz, halbhartem Alp- und Ziegenkäse aufwarten. Hinzu kommen Spezialitäten aus der Region und eine exzellente Butter. Weiter oben folgt dann die Lütholdsmatt, eine reelle Bergbeiz mit kleiner, dunkler Gaststube und einer Panoramabühne im Freien für Sonnentage. Heile Welt, ohne Alpdudelei. Die Bergbeiz ist von Mai bis Oktober in Betrieb; wer sicher sein will, dass sie geöffnet hat, ruft vorher die Nummer 041 670 11 85 an.

6055 Alpnach, Grunderbergstrasse 7, 041 670 16 22, www.flueler-kaese.ch

Restaurant Pappalappa

Abgeklärt Peter «Muffi» Muff hat vor Jahren dem Gasthaus Landenberg, diesem altehrwürdigen Sarner Flaggschiff, neues Leben eingehaucht. Im Parterre hat sich das «Nachtrestaurant» zum ultimativen Treffpunkt der Region entwickelt. Wer wissen will, wer mit wem und warum, verweilt nicht nur an einem der unzähligen Club-Live-Konzerte, sondern lässt sich auf das pikante Chili con Carne ein. Wer den Gaumentanz sucht, der geht eine Etage höher ins «Pappalappa», hin zu trendigen Good-Life-Bowls. Wer das abschreckt, beruhigt sich mit dem Butcher's Cut vom Dry Aged Chuck Steak (Rinderhals mit Fehl- und Querrippe). Der Sommer wiederum wird auf der Terrasse zelebriert, die idyllisch an der Sarner Aa liegt. Mit «Strandbar», «Havanna-Open-Air-Bar» und dem «Rooftop-Stage».

6060 Sarnen, Jordanstrasse 1,
041 660 12 12, www.muffis.ch

Sarner Dorfmarkt

Mai bis Oktober Was die Nidwaldner können, können die Obwaldner ohnehin. Das muss sich wohl der Initiant des Sarner Dorfmarktes, der Gemüse- und Früchtehändler Karl Rammelmeyer, gedacht haben, als er sah, wie rege der 1981 eröffnete Stanser Dorfmarkt besucht wird. Nach einem anfänglich harzigen Start ist nach über 30 Jahren der Sarner Wochenmarkt aus dem Dorfleben nicht mehr wegzudenken. Alles, was die Region hergibt, finden hungrige Mägen und kulinarische Spürnasen jeweils zwischen 8 und 12 Uhr mitten auf dem Dorfplatz. Da gibt's frisches Gemüse, Fleischspezialitäten, Backwaren und den Frischkäse von Elmar Burch. Apropos Leben: Wer das eine oder andere Obwaldner Original sehen und vielleicht kennenlernen will, besucht zuerst den Markt und stärkt sich danach in der «Linde». Mehr Obwalden geht nicht.

6060 Sarnen, Dorfplatz

Rose

Lüpfig Kurz vor neun Uhr morgens geht's hier los. Auch sonntags, wenn nach der Kirche der Frühschoppen wartet, wobei einige schwarze Schafe die Kirchenbank auslassen. Um zwölf Uhr findet der Schichtwechsel statt. Die einen gehen zu Familie und Braten, die anderen kommen mit der Familie, um ein zartes Tafelspitz zu geniessen, oder sie halten sich an das Chateaubriand, das hier nach allen Regeln der Kunst zubereitet wird. Dazu würde ein Regent von Peter Krummenacher passen, der heimisches Schaffen ins Glas bringt. Der Hausklassiker ist das in Klarinettenform servierte Cordon bleu, eine Spielerei, die schon seit jeher von der Familie della Torre zelebriert wird. Denn hier wird nicht nur gut gekocht, sondern ab und zu auch lüpfig aufgespielt. Dies bereits in der dritten Generation.

6064 Kerns, Dorfstrasse 5,
041 660 17 02, www.rose-kerns.ch

Gasthaus Engel

Für alle Fälle Raphael Wey ist ein exzellenter Koch und ein neugieriger Mensch, der sich immer wieder mit Trends auseinandersetzt. Seine Gerichte bestechen durch Fantasie und überraschen den Gaumen mit verblüffenden Kombinationen. Trotz aller Tüftelei gelingt es ihm mit seiner raffinierten und detailverliebten Küche Puristen und Gourmets in seinem Gasthaus zu vereinen. Auch zur Jagdzeit, wenn er Carpaccio vom Reh mit Pfifferlingen und Steinpilzsalat, Randensuppe mit Kardamom oder Waldpilzravioli mit Nussbutter und Kräutern auftischt. Zur Steigerung des Wohlgefühls trägt der herzliche Service unter der Leitung von Jeannine Wey bei. Kurz, der «Engel» ist so wohltuend unkompliziert, dass man ihn übersättigten Foodies als therapeutische Einkehr nur empfehlen kann.

6072 Sachseln, Brünigstrasse 100,
041 660 36 46, www.engel-sachseln.ch

Seiler Käserei

Wer hat's erfunden? Anlässlich des Swiss Cheese Award (was für ein gestelzter Name) wurde der Seiler Raclette geräuchert von Felix Schibli zum Sieger in seiner Kategorie gekürt. Sein milderer Bruder, der Bratkäse, wird seit Jahrhunderten nach traditionellem Rezept hergestellt und ist ein Klassiker der Schweizer Käsekultur. Ursprünglich wurde er von Obwaldner Alpsennen am offenen Feuer erhitzt und direkt aufs Brot abgestrichen. Die Walliser kamen erst später auf die Idee mit ihrem Raclette. Heute wird er als optimaler Käse für die klassische Käseschnitte verwendet. Mein Liebling ist der Seiler Bio Grotto, ein waschechter Innerschweizer Hartkäse, der für mindestens sechs Monate bei idealem Klima in aus dem Fels gehauenen Kavernen unterhalb des Giswilerstocks reift.

6074 Giswil, Industriestrasse 45,
041 660 80 40, www.seilerkaese.ch

Wirtschaft Grafenort

Ein Geschenk Gottes Die Forelle kommt aus einem der heimischen Bergseen, das Fleisch vom Rätischen Grauvieh von der Wiese nebenan. Dem Gastgeber Thomas Matter liegt das Regionale sehr am Herzen, und nach anfänglichen Abstechern nach Frankreich und Australien setzt er das Regionale konsequent um, was löblich ist und ja auch vorzüglich zu einem Klostergastbetrieb passt. Logisch werden da auch die Weine des Klosters Engelberg und die der berühmten Klosterkellerei der Abtei Muri-Gries kredenzt. Sowieso, Wein ist ein Geschenk Gottes und jeder Pater Kellermeister ist stolz auf die Weine seines Hauses. Zur Wirtschaft gesellt sich im Weiler Grafenort das prunkvolle Herrenhaus, das sich mit seinen diversen Räumlichkeiten für Familienfeste oder berufliche Meetings eignet.

6388 Grafenort, Grafenort 1,
041 637 00 85, www.gastbetriebe.ch

The Tea-Room

Good afternoon Die britische Küche hat einen Quantensprung vollzogen, obwohl sie eigentlich schon immer gut war. Martin Pfiffners Afternoon Tea lässt keine Wünsche übrig und wird in der alten Post huldvoll zelebriert. Endlich eine stilvolle Einkehr, die sich nicht scheut, English Pie und Cornish Pasty zu servieren, und die ein fully cooked English Breakfast zelebriert. Mit Baked Beans, Eggs, Tomatoes, Mushrooms, Black Pudding, Bacon und Sausage. Schön wäre es, wenn der regionale Metzger sich den Bacon-Schnitt aneignen und für die Breakfast Sausage eine kleine Schweinsbratwurst mit Kräutern, Ingwer und Apfel hervorzaubern würde. Wenn es jetzt noch englischen Wein und Tim Sutton's Burton IPA aus Dallenwil gäbe, wäre wirklich alles perfekt. Applaus und Hut, sorry, Bowler ab.

6390 Engelberg, Dorfstrasse 29,
041 637 36 56, www.the-tearoom.ch

Übernachten im Kanton Obwalden

Ski Lodge Engelberg

Höhenflug Die mondäne Ski-Lodge ist bekannt für ihre Gastfreundschaft, ihr gepflegtes Haus, die angenehmen Gästezimmer und die gemütliche Bar. Auch die hauseigene Brasserie Konrad hat's drauf, deren Köche mit Snacks (frischen Kartoffelchips und Zucchini im Tempurateig) und Burger ab 15 Uhr und mit der grossen Küche ab 17.30 Uhr loslegen und dabei Vegetarier wie Omnivore gleich spannend bedienen. Hinzu kommt eine Weinkarte, die mit ihren fairen Preisen Freude bereitet. Wer die eigenwilligen Provenienzen von Nicolas Joly aus der Loire und die filigranen Weine von François Mikulski aus dem Burgund ausschenkt, hat Weinverstand, und wer einem gegrillten Rindstatar mit geräuchertem Eigelb und einem taufrischen grünen Salat die gleiche Aufmerksamkeit schenkt, versteht und kann was.

6390 Engelberg, Erdenweg 36,
078 675 33 66, www.skilodgeengelberg.com

Alpwirtschaft und Hof Unterlauelen

A family affair Wer Spezialitäten vom Hof und eine gute Küche sucht, der wird in der Nähe des Pilatus, auf Nidwaldner Boden, bei der Familie Keiser fündig. Hier befindet sich die Alpwirtschaft Unterlauelen, die nur zu Fuss erreichbar ist. Das lohnt sich aber allein schon fürs «Ofätori», ein Kartoffelstock, angereichert mit Speck, Ei und Alpkäse, oder fürs «Stunggis», ein Eintopfgericht aus Kuhfleisch, Speck, Kartoffeln und Gemüse. Für den Proviant im Rucksack warten im Hofladen Spezialitäten wie Trockenfleisch, Käse und so einiges mehr. Bei Postkartenwetter verwandelt sich die Alp in ein fröhliches Festgelände. Laut wird's auch an der Stubete, der Bärgchilbi und an der Metzgete, beschaulich ist es an Silvester, dann, wenn die Sterne am Himmel um die Wette funkeln.

6013 Eigenthal,
041 497 26 25, www.unterlauelen.ch

Gasthaus Trogen

Einfach Madeleine Der Bürgenstock ist für sein Resort mit Hotels, Residenzen und edlen Restaurants bekannt. Die eigentliche Oase findet sich aber an einem Nebenschauplatz ausserhalb vom Dorf Obbürgen kurz vor dem Golfplatz. Die Müllers wirten lustvoll, eigenwillig, kompetent und gekonnt. Madeleine kocht ohne Firlefanz mit dem, was die Produzenten der Region hergeben. Wollschwein, Angusrind, Kalb, Hecht, Felchen und mehr. Ab und zu verbindet sie heimische Produkte subtil mit asiatischen Aromen. Joe tischt salopp auf, entkorkt, schenkt ein und nach. Meine Empfehlung: Reservieren Sie, kommen Sie mit Freunden, und lassen Sie der besten Köchin der Zentralschweiz freie Hand. Zu teuer wird es sicher nicht, die Müllers denken moderat. Möge das hier droben noch lange so weitergehen.

6363 Obbürgen,
041 661 00 10, www.gasthaustrogen.ch

Dorfplatz 9

Einer für alle, alle für einen Selbst am Sonntagmorgen (von 8 bis 12.30 Uhr) haben die vier Detaillisten (Die Genusshandlung, Coldebella, Christen Beck, Metzgerei Stutzer & Flüeler) ihren neugestalteten Laden geöffnet. Die Idee, sich zum «Dorfplatz 9» zusammenzuschliessen, hat sich gelohnt, da sich die Gemeinschaft nicht konkurrenziert, sondern ergänzt und beflügelt. Frische und Qualität sind hier selbstverständlich. Käse, Früchte, Gemüse, Wein, Brot, Würste, Fleisch und mehr, es ist alles da. Genussmenschen haben die Qual der Wahl und lassen sich von ihren kulinarischen Gelüsten oder dem Inhalt der Brieftasche leiten. Bedient werden sie von kompetenten Mitarbeitenden, deren Herzlichkeit nicht antrainiert, sondern ehrlich ist, was das Ganze umso sympathischer macht.

6370 Stans, Dorfplatz 9,
041 619 09 99, www.dorfplatz9.ch

Steiböckli ♥

Einer geht noch Stefanie Mambelli ist in der Region bekannt, hat sie doch in Luzern über Jahre hinweg mit ihren Sushi und Sashimi, die sie nun immer donnerstags im «Steiböckli» in Stans serviert, für Furore gesorgt. Von Donnerstag bis Samstag kommen zusätzlich Moules et Frites zum Zuge. À la marinières, provençale oder poulette. Wem das zu viel Meer ist, entscheidet sich für einen der guten Flammkuchen oder rührt im exzellenten Fondue. Gin-Liebhaber haben die Qual der Wahl. Soll es nun ein Plymouth oder doch lieber ein Luzerner 4-Forest-Gin sein, oder gar beide, aber in welcher Reihenfolge? Stefanie Mambelli weiss Rat, auch für ihre Weinnasen, die an ihrem Bordeaux zum Freundschaftspreis nippen. Kein Wunder, herrscht im «Steiböckli» stets Hochstimmung.

6370 Stans, Stansstaderstrasse 17,
041 530 02 02, www.steiböckli.ch

Drachenried-Laden

Aus der Erde Die Bonmots auf der Website klingen nach Marketing. Wer aber die Bauern und ihre sechs Höfe, die hinter diesem Gemeinschaftsprojekt stehen, kennenlernt, weiss, dass es keine gedrechselten Werbesprüche sind, sondern zur festen Überzeugung der «Drachenrieder» gehört. Das Resultat überzeugt. Von den Freilandeiern und dem Baumnusspesto über die Mehle und Öle bis hin zum Getränke-, Fleisch- und Fruchtangebot – die kreative und innovative Art der sechs Bauernbetriebe ist ansteckend. Wer in der Nähe wohnt, kauft hier unweigerlich ein, und wer vom Norden in den Süden oder umgekehrt unterwegs ist, für den lohnt sich der kleine Umweg in diese Einkaufsoase für Besseresser alleweil. Nebenbei: Haben Sie schon mal «Lewäzahnwey» oder Nusswasser getrunken? Eben!

6372 Ennetmoos, Mittler-Aegerten, 041 011 19 61, www.drachenried.ch

Brauerei Sutton

Real Ale Vielleicht fällt Ihnen beim Lesen auf, dass ich immer mal wieder von Great Britain schwärme. Seit 30 Jahren bereise ich die Insel und fühle mich dort auf eine spezielle Art und Weise zu Hause. Ich liebe das Land, die Kultur, die Spleens, die Küche und den Humor. Ich liebe es, an Heiligabend im Pub vor dem Kamin zu sitzen, den Menschen zuzuhören, Gin Tonic zu schlürfen, Christmas Pork und Christmas Pudding zu essen und im Mund Stilton mit Port zu vermählen. Zum Schluss genehmige ich mir zwei Pints, und in der Kirche, nach der Messe, beisse ich in einen Mince Pie und trinke ein Glas Punch. Fehlt mir die Insel, halte ich mich an die Biere von Tim Sutton, allen voran an sein Bitter und Brown Ale, mit denen ich mein Fernweh in Schach zu halten versuche.

6383 Dallenwil, Wiesenbergstrasse 1, 041 628 20 00, www.realale.ch

Übernachten im Kanton Nidwalden

Culinarium Alpinum

Das Erbe Das «Kulinarische Erbe der Alpen» hat im ehemaligen Kapuzinerkloster von Stans seine Heimat gefunden. Ein Zentrum, das sich mit der Vielfalt von Produkten, Rezepten, essbaren Pflanzen und Tierrassen beschäftigt. Küchenchef David Zurfluh kocht nur mit lokalen-regionalen Produkten, die zum Teil im eigenen Laden verkauft werden. Seinen Ursprung hat dieses in der Schweiz einzigartige Projekt in den Büchern von Autor und Ernährungsforscher Dominik Flammer. In der Herberge warten 14 Gästezimmer auf fröhliche Genussmenschen, die sich über die von Peter Durrer servierten Spezialitäten wie Truthahn-Lebercreme mit Kirschen und Brotklee-Toast, Roastbeef von der jungen Kuh mit Liebstöckel-Mayonnaise und Albsbrinz-Creme mit jungen Kartoffeln freuen.

6370 Stans, Mürgstrasse 18,
041 619 17 17, www.culinarium-alpinum.com

Pilgerhaus

Auf dem Berg Anna-Barbara Kayser und Paul Buchmann haben «ihr Pilgerhaus» gemeinsam mit einem motivierten Team nach ihren Vorstellungen geformt. Das Speiseangebot ist übersichtlich, es wird mit regionalen Produkten gekocht, und der Sonntagsbraten versetzt nicht nur den Herrn Altpfarrer in gute Laune. Wer einige Tage ausspannen will, wählt ein Doppelzimmer mit Dusche und WC, und wer dem Schönwetter-Rummel auf dem Berg entgehen will, sucht das Haus an Nebeltagen auf. Dann, wenn einem der Ort fast allein gehört und das Warten auf die Sonnenstrahlen ihren Reiz hat. In der nahen Klosterapotheke kann man diverse Teemixturen, Magentropfen und den unwiderstehlichen Goldlikör als Mitbringsel für die Daheimgebliebenen kaufen.

6383 Niederrickenbach, Klosterweg 8,
041 611 02 78, www.pilgerhaus-maria-rickenbach.ch

Schmidlins Chäslädeli

Eidgenuss Pascal und Claudia Schmidlin sind sich noch nicht einig, wie der Name ihrer sympathischen Schlaraffia heissen soll. Einig sind sich die zahlreichen Stammkunden, die den kleinen Laden ins Herz geschlossen haben. Im Kanton Schwyz sind die Einheimischen Schwyzer, aber keine Schweizer, sondern Eidgenossen – also wäre der «Eidgenuss» naheliegend. Wie auch immer, was zählt sind die Produkte, die Pascal und Claudia Schmidlin feilbieten. Das fängt mit gutem Käse an, geht aber weiter über exzellente Fleischprodukte vom Ueli-Hof bis hin zu den Würsten vom AlpenHirt, der exzellente Salsize herstellt. Hinzu gesellt sich eine Auswahl an Bieren, Weinen, Schnäpsen, Säften und Lebenswassern. Und ja klar, das mit dem Namen wird noch.

6403 Küssnacht am Rigi, Chlausjägergasse 5, 076 413 09 85, www.schmidlins-chasladeli.business.site

Brasserie Engel

Bitte aussteigen Wer Sehnsucht nach la douce France verspürt, muss nicht mehr in den TGV steigen, sondern fährt mit dem Bummler. Bettina und David Debuyser zelebrieren eine wohltuende Gastlichkeit und eine bourgeoise Küche mit Gerichten, die nicht nur französisch klingen, sondern auch so schmecken. Schwarzwurzeln an Himbeer-Nuss-Vinaigrette, ein Salade périgourdine (geräucherte Entenbrust mit Entenleberterrine und Entenhals), aber auch eine Carbonade flamande, in Bier geschmortes Rindfleisch mit Frites fait maison oder Rindsfilet mit frittiertem Markbein und Schalotten in Rotweinjus. Das weckt den Appetit. Weinliebhaber freuen sich über einen Vosne-Romanée zu freundschaftlichem Preis, und Bierfreunde halten sich an einen nordfranzösischen Hopfensaft.

6430 Schwyz, Schulgasse 13, 041 811 12 42, www.restaurant-engel-schwyz.ch

Café&Laden

Biologisch gemütlich Vegan, laktose- und glutenfrei – wer über die Gasse einkauft, bringt das eigene Geschirr mit, das kann, muss aber Traditionalisten nicht erschrecken. Die bessere Idee ist eh, sich im «Café&Laden» bei Isabel Schwartau und Reto Bommer hinzusetzen und zu geniessen. Sie ist gelernte Schneiderin und Werbekauffrau, er Konditor-Confiseur, der bei Sprüngli in Zürich sein Meisterdiplom erlangt hat, was schon viel über die Qualität des Angebots sagt, das nicht nur das Ökologische, Biologische und Nachhaltige abdeckt, sondern auch exzellent mundet. Wer sich den vorzüglichen Quiches, Käsekuchen, Torten, Kuchen und anderen Süssspeisen widmet, vergisst Fleisch und Fisch ganz schnell. An milden Tagen wartet hinter dem Haus eine grüne Oase für eine entspannte Alltagsflucht.

6430 Schwyz, Schulgasse 7,
041 558 61 00, www.cafeladen.ch

Restaurant Beaufort

Ahoi Werner Maus ist im «Beaufort» in Brunnen vor Anker gegangen. Wortwörtlich, können doch die Freizeitkapitäne mit ihren Schiffen hier anlegen, sich den Picknickkorb mit Leckereien aus Werners Küche füllen lassen und weitertuckern. Mit dem Auto vorfahren und sich auf der Terrasse in der Sonne oder in der Beiz mit Köstlichkeiten verwöhnen lassen, geht aber auch. Wie wär's mit den hausgemachten Würsten, die Werner Maus mit Freund und Metzgermeister Georg Reichmuth aus Schwyz fabriziert, oder mit einer Runde wundervollem Fritto misto und dazu vielleicht ein belgisches Geuze? Kurz, Werner ist in jeder kulinarischen Sparte zu Hause und kocht gerne mal auch mit einem Produkt, das noch nicht so viele von uns auf dem Teller gesehen haben. Herzmilken zum Beispiel.

6440 Brunnen, Gersauerstrasse 91
041 820 05 05, www.restaurant-beaufort.ch
info@restaurant-beaufort.ch

Sternen Bistro

O Wunder Einsiedeln ist bei den Pilgern sehr beliebt, und wer in Demut reist, vergisst dabei pflichtbewusst seine lukullischen Gelüste. So weit die Theorie. Seit einiger Zeit versagt bei mir jegliche Selbstdisziplin. Immer, wenn ich im «Sternen Bistro» von Katherina Steiner-Bucher verweile, gerät meine Askese aus den Fugen. Mariniertes Gemüse mit Knoblauchbrot und ein Glas Räuschling von der Klosterkellerei ist ein guter Anfang, und an den Gänselebermedaillons komme ich erst recht nicht vorbei. Die gebratenen Eglifilets aus dem Zürichsee sind eine angenehme Ergänzung, und die zarte Kalbsleber mit einer Rösti, setzt den Schlusspunkt. Fast, denn da warten noch ein Zwetschgen-Triffle mit Crumble und das Glas Gewürztraminer-Goldmuskateller auf ihre Erlösung.

8840 Einsiedeln, Hauptstrasse 46,
055 422 00 46, www.sternen-bistro.ch

Chez Renate

Klosterblick Trotz der Armada, die GaultMillau einsetzt, finde ich immer wieder Gasthäuser, die der Fibel entgangen sind. Nicht so in diesem Fall, da war sie vor mir da, was egal ist, sind wir doch beide von «Chez Renate» begeistert. Wer aus einer Apfel-Selleriecremesuppe mit gebackenem Salbeimüsli eine Delikatesse zaubert, ist ein Profi, der lustvoll aufkocht. Die gebratene Entenleber auf einer lauwarmen, eingelegten Birne mit mariniertem Zwetschgen-Himbeerragout bestätigt meine Aussage, genauso wie der aromatische Brasato al Merlot, den ich noch nie in solch einer zarten Konsistenz gegessen habe. Vielleicht wäre die Idee, die gute Weinauswahl von Renate Steiner mit einigen Flaschen aus der Klosterkellerei zu ergänzen, eine Überlegung wert.

8840 Einsiedeln, Ilgenweidstrasse 6,
055 412 70 70, www.chezrenate.ch

Walhalla

Nordisch Für einmal ist der Name nicht Programm, zumal Walhalla in der nordischen Mythologie das Haus der gefallenen, tapferen Krieger ist, was ja zur hauseigenen Metzgerei passen würde, wobei es da nicht Krieger, sondern tapfere gestorbene Tiere sind. Wie das Haus zu seinem Namen gekommen ist, wissen nur die Götter, und die sagen nichts. Ich weiss nur, dass Metzgerei und Restaurant auf Qualität achten und dass die Kaninchen nicht aus Ungarn, sondern aus der Schweiz stammen. Einen Namen hat sich die Metzgerei mit ihren Würsten und ihrer Salami-Werkstatt gemacht, die weit über die Kantonsgrenzen hinaus bekannt ist, und wer wieder einmal Lust auf ein butterzartes Stroganoff hat, reserviert zwingend einen Tisch im Restaurant und trinkt einen einfachen Clevner dazu.

8840 Einsiedeln, Mythenstrasse 1,
055 412 22 16, www.walhalla-einsiedeln.ch

Übernachten im Kanton Schwyz

Hotel Sankt Joseph

On the rocks Wird es wärmer, wird es Zeit für die Glaces der Familie Attolini, die mit ihren Eiskunstwerken schon an diversen Concours ausgezeichnet wurde. Im Hotel St. Joseph am Klosterplatz in Einsiedeln lässt es sich angenehm in den preiswerten Zimmern nächtigen. Allerliebst umsorgt von der Familie Attolini. Am Morgen ist der Gang in die zum Haus dazugehörende Café-Bar, in der die Einsiedler ihre Zeitung lesen, unumgänglich. Lesen sie nicht, üben sie sich in einer Runde Tratsch und Klatsch und erzählen, was es an Neuigkeiten in Sachen Kloster gibt. Einsiedeln ist ein gut durchmischter Ort von Pilgern, Weltenbummlern, Trendsettern und Glace-Schleckern oder anders formuliert: Einsiedeln ist das Rom der Schweiz.

8840 Einsiedeln, Am Klosterplatz,
Ilgenweidstrasse 2, 055 412 21 51,
www.sankt-joseph.ch

Bergkäserei Aschwanden

Im Bergheu Angefangen hat alles mit Grossvater Aschwanden, der vor über 75 Jahren begann, die frische Rohmilch zu Seelisberger Bergkäse zu verarbeiten. Heute pflegt die Familie Aschwanden in der dritten Generation mit Leib und Seele ihre Laibe. Der Bergkäse wird nach dem Familienrezept mit frischer Bergmilch ohne thermische Behandlung traditionell im Kupferkessel hergestellt. Der «Miudä», der Milde liegt im Bergheu, und der Name vom «Wirzigä» spricht für sich, wie alle Aschwanden-Käse. Die Infrastruktur der Käserei hat sich den heutigen Bedingungen angepasst: Der Kupferkessel ist grösser und wird nicht mehr mit Holz beheizt, sondern mit Strom, produziert von den eigenen Sonnenkollektoren, unterstützt durch Wasserstrom aus Uri. Nachhaltiger geht's nicht.

6377 Seelisberg, Zingelstrasse 3,
041 820 30 60, www.bergkaese.ch

Rütlihaus

«Wir packen für Sie» Natürlich freut sich der «Rütlihaus»-Wirt über jeden Besucher, der seine Wirtschaft aufsucht, doch zahlreiche Rütli-Pilger picknicken lieber auf der heiligen helvetischen Wiese, statt in die Beiz einzukehren. Und da der Wirt nur so von Ideen sprudelt, ärgert er sich nicht darüber, sondern versucht, sie mit seinen Grill- und Picknickkörben einzufangen. Einfach am Vorabend anrufen und der Korb wird für den nächsten Tag gepackt. Das Rütli ist ein Ort der Geschichte und Geschichten. Dazu passt die patinierte Wirtschaft. Aufgetischt werden Älplermagronen, Rütliwurst vom Hochlandrind oder fangfrischer Fisch aus dem Vierwaldstättersee. Bei den Weinen liegt das Schwergewicht im Wallis, bei dem der Sherpa Blanc, eine Assemblage aus Heida, Blanc de Noir und Chasselas viel Freude verursacht.

6441 Rütli,
041 820 12 74, www.ruetlihaus.ch

Restaurant Tellenbräu

Hut ab In Altdorf ist Tell nie weit. Hier hat er sogar seine eigene Beiz. Das «Tellenbräu» ist eine Wirtschaft fürs Znüni, Zvieri und Feierabendbier oder für den kleinen und den grossen Appetit. Zum Beispiel eine Apfel-Curry-Suppe und ein Urner Schnitzel an Rotweinjus, gefüllt mit Bergkäse und Rohschinken. Gerichte, die auf Wunsch auch im ersten Stock serviert werden. Untermalt wird die Beizenkultur durch alte Tische und Stühle, historische Bilder, Stuckaturen und durch die Rosette an der Decke. Es sind Kleinigkeiten, die das «Tellenbräu» so speziell machen. Wer einen ruhigen Tisch sucht, sucht ihn im Parterre vergebens. Hierhin kommen Gäste, die gerne mit den Tischnachbarn palavern und um eine pointierte Antwort auf einen Spruch vom Stammtisch nicht verlegen sind.

6460 Altdorf, Tellsgasse 6,
041 870 10 49, www.tellenbrau.ch

Fomaz und Schützenmatt

Die Welt zu Gast Das «Fomaz» ist ein Flüchtlings-Integrations-Projekt des Roten Kreuzes. «Fomaz» bedeutet auf Rätoromanisch Heisshunger. In der Praxis sieht das so aus: Satay-Poulet-Spiess mit Erdnusssauce, Orangen-Fenchel-Salat, Rindsfilet-Tatar, Schwarzwurzelsuppe mit «Dürrs», Entrecote, Ofenschlupfer wie vom Grosi und Lebkuchenmousse mit Zwetschgenkompott. Es wird saisonal und mit regionalen Produkten gekocht. Der Mittagstisch wird einfach bespielt, die grosse Bühne erlebt der Gast abends bei gutem Wetter auf der schönen Dachterrasse. Neu zum «Fomaz» gesellt sich die stilvolle «Schützenmatt», in der den Projektteilnehmern mehr Verantwortung, Eigeninitiative und fachliches Wissen übertragen wird.

6460 Altdorf, Tellsgasse 11,
041 870 08 07, www.fomaz.ch und
Hellgasse 1, 041 870 11 60,
www.restaurant-schuetzenmatt.ch

Weingut zum Rosenberg

Wein von hier Das ist kein lauer Scherz, sondern eine bekömmliche Tatsache. Das Weingut zum Rosenberg liegt mitten in Altdorf am Hang des ehemaligen Kapuzinerklosters. Vor über 20 Jahren sind in dieser Lage der Gemeinde Altdorf und der Korporation Uri auf einer Fläche von 1,3 Hektaren Reben gesetzt worden. Aus der Ernte werden ein fruchtig-spritziger Altdorfer Schaumwein (Solaris), ein kräftiger Grauburgunder und ein stiller Solaris produziert. Bei den roten sind es die im Barrique ausgebauten Blauburgunder und Diolinoir. Weine, die durch ihre Struktur überzeugen. Hinzu kommen noch zwei «Grappuri», der eine klar, der andere aus dem Holzfass, sowie ein aromatischer Nocino, der nach einem alten Klosterrezept aus Urner Baumnüssen hergestellt wird.

6460 Altdorf, Kapuzinerweg 19,
079 398 81 48, www.weingut-zum-rosenberg.ch

Kleinbrauerei Stiär Biär

«Äs Wilds» Zwar ist die Urner Kleinbrauerei immer noch relativ klein, aber Team, Logo und Sortiment sind neu. Der Schritt war mutig, der Aufwand hat sich gelohnt. So ist das neu rezeptierte Weizenbier mit einem Swiss Beer Award prämiert, und das erste Saisonbier der Brauerei, ein Sauer-Kirsch-Porter («Äs Scherri»), wird unter Insidern als Bier-Trouvaille gehandelt. Und so wird das wohl weitergehen, zumal das nächste Saisonale «Äs Wilds» (ein Pfeffer-Pils) nicht lange auf sich warten lassen hat. Welchem Bier wird wohl die nächste Bierschaumkrone aufgesetzt? Wer's genau wissen will, besucht am Freitag (von 17 bis 19 Uhr) die Brauerei, trinkt vor Ort sein Feierabendbier und reserviert für sich und seine besten Bierfreunde eine bierselige Besichtigungstour.

6460 Altdorf, Moosbadweg 14,
041 870 65 80, www.kleinbrauerei.ch

Baggenstos Spezialitäten

Nr. 1! Baggenstos ist ein Familienunternehmen, das auf eine lange Tradition und auf bewegte Zeiten zurückblickt. 1905 von Meinrad Baggenstos als kleine Vorzeige-Bäckerei gegründet, hat sich der Betrieb nach Tiefschlägen wieder erholt, stabilisiert und sich zu dem Birnenbrot-Produzenten gemausert. Für Biräweggä, Dörrobst-Biräweggä, Ürner Fiigä-Paschtetä, Seedorfer Nusstorte, Schokoladen- und Aprikosen-Holländer oder einfach nur für gute Nussgipfel lohnt sich die Anfahrt nach Seedorf. Sportler und Kalorienzähler wissen, dass sie sich – logisch – nur mit der Sportlerstolle auseinandersetzen. Wer in Gesellschaft die Baggenstos-Spezialitäten essen will, kann neu zwischen 6 und 13 Uhr, an der Rynächtstrasse in Altdorf den «Zniini»-Shop aufsuchen.

6462 Seedorf, Dorfstrasse 65,
041 870 38 38, www.baggenstos-spezialitaeten.ch

Zwyssighaus

NEU

Alles bleibt anders Wie wäre es mit einer Runde Vierwaldstättersee? Die steife Brise kitzelt an der Nase, die Seeluft am Magen. In Bauen geht's von Bord direkt ins «Zwyssighaus». Angela Hug bedient ihre Gäste herzlich, zuvorkommend, empfiehlt Weine, schenkt ein und nach, während der neue Koch Josuha Lüscher eine inspirierende Küche auf die Teller setzt, die mit seinem Menü optimal zur Geltung kommt. Z. B. mit Schwartenmagen vom Alpschwein, perfekten Kartoffelgnocchi, einem genialen Schweinebauch sowie Käse und Streuselkuchen. Und sonst? Wer Chenin Blanc von der Loire, Grignolino und Pelaverga aus dem Piemont, Carignan von Tom Lubbe und Trousseau von Lucien Aviet nebst unzähligen spannenden Weinen zu trinkfreudigen Preisen offeriert, kann nur Kennerin und Gutmensch sein. Applaus für Angela Hug.

6466 Bauen,
041 878 11 77, www.zwyssighaus.ch

Fischli am See

Morgenrot Wie war das schon wieder mit Pater Alberich Zwyssig? Alberich wer? Eben, der Komponist des Schweizerpsalms, der im «Zwyssighaus» in Bauen geboren und aufgewachsen ist und dessen Denkmal direkt vor der Kirche steht. Aber für einmal geht es in Bauen nicht um das bekannte und kulinarisch gekrönte «Zwyssighaus», sondern um das familiäre «Fischli am See» von Doris und Daniele Blum, die vor Jahren im abgelegenen Bergdorf Verdasio im Centovalli mit einer dezidierten Küche für Furore sorgten. Die Küche präsentiert sich heute um eine Nuance subtiler, die Gerichte sind vorzüglich und nachhaltig, mit Egli aus dem Boden- und Felchen aus dem Vierwaldstättersee. Mir haben es im Speziellen die Knusperforelle und die Egliknusperli angetan. Innen saftig, aussen mit krachender Kruste. Perfekt!

6466 Bauen, Im Dorf 6,
041 878 01 10, www.fischliamsee.ch

Alp Honegg

Alpschweine Wer nicht schwindelfrei ist, steigt vom Talboden zu Fuss den Berg hoch. Wagemutige und solche, die den steilen Weg nicht begehen mögen, nehmen die Mini-Seilbahn und -gondeln von Seedorf nach Gitschenberg. Von der Bergstation geht es in einer Viertelstunde zur Alp Honegg. Hier wird der Wanderer von Kühen, Alpschweinen und von der Familie Gisler herzlich begrüsst. Martha und Sepp verarbeiten mit Sohn Roger in der Saison rund zwei Tonnen Alpkäse, den sie vor Ort und im November am Urner Alpkäse-Markt verkaufen. Es ist eine eigene Welt, so hoch auf der Alp, mit Blick auf die imposante Bergwelt und auf die nicht übersehbare Betonpiste der A2-Autobahn, die durchs Tal zum Gotthard führt und die hier droben für einmal so klein, lautlos und unbedeutend wird.

6467 Schattdorf,
041 870 78 94 oder 079 659 12 88,
www.urner-alpkaese.ch

Hotel Stern und Post

Phoenix aus der Asche Fertig ist es mit dem Geheimtipp Hotel Stern und Post. Wer nicht reserviert, hat Pech. Remo Vetter und Rolf Welti haben das schöne Haus wachgeküsst und restauriert. Fachgerecht, mit Fingerspitzengefühl und noch mehr Geld. Terrasse und Garten sind weitere Gründe, hier länger als eine Nacht zu bleiben. Vielleicht auch, um am nächsten Tag das Maderanertal zu erkunden oder einfach, um im stilvollen Haus die Seele baumeln zu lassen. Dazu passt die leichte Küche, die vorwiegend mit regionalen Produkten kocht. Mit gehaltvollen Jus, hausgemachter Pasta, Forellen aus Uri und einem «Bunet», das den Vergleich mit dem südlichen Nachbarn nicht zu scheuen braucht. Besonderes Lob verdient die Weinkarte, die mit unbekannteren Provenienzen überrascht.

6474 Amsteg, Gotthardstrasse 88,
041 884 01 01, www.stern-post.ch

Martini F

Familiär Wer auf der Alpentransversale kleben bleibt, wird nie die philosophischen Reflexionen eines Göschener Schlammröhrenwurms verstehen können und verschenkt zugleich die Möglichkeit, die Küche von Theres Furrer kennenzulernen, die sie im «Martini F» in Wassen nach dem Lustprinzip für zwei bis zu 16 Gäste kocht. Ihr Haus ist eine farbenfrohe Welt und besticht durch das Design und die Einrichtung ihres Mannes Martin, der die Gäste zuvorkommend verwöhnt und sie mit seinen Bonmots glänzend unterhält. Das Menü besprechen Köchin und Gäste einige Tage im Voraus, was Sinn macht, zelebriert Theres Furrer doch eine saisonale Frischküche mit Pilzen aus den regionalen Wäldern, Wild aus heimischer Jagd und Rind von der Wiese nebenan. Hausgemacht ist bei ihr kein laues Lippenbekenntnis, sondern gelebter Alltag.

6484 Wassen, Gotthardstrasse 34,
041 871 06 26, www.martinif.ch

Übernachten im Kanton Uri

The River House

Die Alternative Im «River House» wird eine gewisse Extravaganz ohne steife Oberlippe gepflegt. Das Ganze findet in einem gekonnten Stilmix statt. Holztäfelung, Gebälk und altes Mauerwerk sind bei der Renovierung des 300 Jahre alten Hauses erhalten geblieben und wurden mit modernen Elementen in hochwertigem Design kombiniert. So ist eine kleine, spezielle Oase entstanden, die sich wohltuend von den grossen Namen mit ihrem genormten Luxus abhebt. Der Betrieb ist jung, locker und unkonventionell, geht offen auf seine Gäste zu, die sich genauso wohl fühlen wie die sympathischen Gastgeber Sarah und Kevin Obschlager. Die zum Haus gehörende «Alte Apotheke» ist der perfekte Ort, um bei einem Glas die Einheimischen näher kennenzulernen.

6490 Andermatt, Gotthardstrasse 58,
041 887 00 25, www.theriverhouse.ch

Platzhirsch

Mit Herz und Hirsch Von der Wand grüsst der silberne Hirschkopf. Das Röhren übernehmen Inhaber Christoph und Teilhaber Josef. Die Gastgeber begrüssen ihre Gäste jovial per Du. 100 Positionen laden zum Trinken ein. Josef ist Weinhändler, Weinakademiker und diplomierter Sommelier. Er betreut ab und zu die Gäste, ist hier und da und überall (auch in seinem Weinladen), schenkt ein und nach. Die Küche bietet eine Tatar-Auswahl von Rind, Kalb, Thun und Lachs an. Wem dies zu üppig ist, kann auf eine vegetarische Variante ausweichen. In der Summe ist der «Platzhirsch» eine angenehme Einkehr, die keine Trends setzen will, aber mit Angebot und Interieur grundbürgerliche Vorlieben widerspiegelt.

6300 Zug, Zeughausgasse 10, Hirschenplatz, 041 710 27 27, www.platzhirschzug.ch,
Vinothek: Grabenstrasse 3,
041 711 17 04, www.vinothek-josef.ch

Confiserie Treichler

Die Beste? Bei der Frage, welcher Kirsch und welche Füllung es für die perfekte Zuger Kirschtorte benötigt, und welcher Confiseur die beste Kirschtorte herstellt, kann die Diskussion mitunter zum Glaubenskrieg ausarten. Denn jeder Zuger weiss es besser. Ich weiss es nach einem Monat Kirschtortenessen immer noch nicht. Trotzdem habe ich mich für die Kirschtorte der Confiserie Treichler entschieden. Warum? Weil sie 1915 von Heiri Höhn erfunden wurde, der 1943 sein Geschäft dem Chefkonditor Jacques Treichler übergab. «Treichler» dokumentiert in seinem Museum die Erfindungsgeschichte dieser Spezialität in 200 Originalexponaten, darunter auch ein Kleid von Hollywoodstar Audrey Hepburn, die in den 1960er-Jahren bei «Treichler» regelmässig einkaufte.

6300 Zug, Bundesplatz 3,
041 711 44 12, www.treichler-zuger-kirschtorte.ch

Unico

Familiär 20 Gäste haben im «Unico» Platz, die sich über das hausgemachte Brot mit krachender Kruste und über die Pasta freuen. Sie freuen sich aber noch über ganz viel anderes Kulinarisches, das Noémie Migliore austüftelt, ausprobiert, verwirft, verändert, wiederholt, kreiert, einfach so lange, bis sie mit ihren Gerichten und sich zufrieden ist. Wer sich als Gast nicht treiben lassen kann, nicht offen für Kräuter, Aromen und fremde Düfte ist, lässt es bleiben, alle anderen neugierigen kulinarisch-affinen Gäste freuen sich auf die Dinge, die Noémie da ausheckt und auftischt. Bei jedem Besuch bleibt alles anders und nichts bleibt gleich, mit vier saisonalen Gängen, die zu begeistern wissen. Das Weinangebot hat Potenzial nach mehr und anders und ist aktuell zu ihrer Küche noch etwas gar brav.

6300 Zug, Aegeristrasse 17,
079 780 52 71, www.unicozug.ch

NEU

Biohof Zug

Für Biofreunde Der Biohof Zug verkauft nicht nur taufrisches Gemüse, vorzügliche Backwaren und lokales Fleisch, sondern bittet von Dienstag bis Freitag in seiner «Schüür 59» zum vegetarischen Mittagstisch. Immer kreativ, fein und reichlich und mit hausgemachten Desserts wie Tiramisu und Früchtekuchen, die hier zum Pflichtprogramm gehören. Wer unter der Woche keine Zeit hat, tröstet sich am Samstag mit einem exzellenten Hefeschneck, der für mich zu den Besten gehört, die mir je zwischen die Zähne gekommen sind oder reserviert sich gleich einen Tisch fürs reichhaltige, gesunde Frühstück. Bei schönem Wetter warten lauschige Gartenplätze mit Ausblick auf See und Berge auf hungrige Tagediebe.

6300 Zug, Artherstrasse 59,
041 711 97 02, www.biohofzug.ch

Heiner's Destillate

Cheers Noch vor wenigen Jahren war es für den Gin-Liebhaber ein Leichtes, an der Bar einen Gin Tonic zu bestellen. Heute ist es komplizierter, da die Auswahl an Gin-Sorten explodiert. Nicht anders verhält es sich mit den Tonics und mit den Ingredienzen, die mittlerweile den Weg ins Glas finden. Noch selten wird in unseren Breitengraden der Gin pur getrunken, was je nach Gin aber durchaus lohnend sein kann. Grossartig sind zum Beispiel die drei Gins «6317» «Minimalist» und «Individuum» von Heiner's Destillate, die je nach Vorliebe pure Freude verursachen. Wer Fruchtschnäpse liebt, wird bei ihnen fündig in den Sparten Kernobst (Roter Williams), Steinobst (Dollenseppler), Beeren (Himbeere) und Wildfrüchte (Holunder). Auch die Liköre (Quitte) wissen zu begeistern.

6300 Zug, Hofstrasse 9,
041 710 25 28, www.heiners-destillate.ch

Klosterhof

Mittendrin Der Klosterhof umfasst 17 Hektar, und mit dem gepachteten Tschuepishof kommen noch 6,5 Hektar Land hinzu. Zusätzlich arbeitet er mit dem Deinikon-Hof von Christine und Beat Horat zusammen. Der Landwirtschaftsbetrieb, auf dessen Fläche wertvolle Hochstammbäume stehen, nämlich 80 Kirsch-, 250 Zwetschgen-, 80 Apfel- und Birnen- sowie 20 Nussbäume, wird von der Familie Horat-Grob ökologisch betrieben. Auf den Feldern grasen Galloway-Rinder und auf dem Tschuepishof tummeln sich 100 Mutterschafe. 50 Freilandhühner liefern frische Eier, und in der hofeigenen Brennerei werden von der Seniorchefin Destillate gebrannt, allen voran der Kirsch, die wie alle anderen Produkte im Hofladen verkauft werden – so u. a. Konfitüren, Chutneys und mehr.

6300 Zug, Klosterstrasse 6,
041 711 05 24, www.klosterhof-zug.ch

249

Henry's ★

Martini Endlich hat ihn die Region wieder, den quirligen, unkonventionellen, gar frechen Koch Florian Martini. Seine Gerichte sind nicht abgehoben, fordern aber den Gaumen heraus. Martini ist kein «Blender», sondern ein «Schaffer», der seine Passion im Beruf auslebt. So einfach ist das. Wo fange ich an? Beim Hummus oder dem arabischen Gemüse, bei der Tomatensuppe, beim Rindstatar, Coq au Vin d'Alsace oder Schlemmerfilet fait maison? Egal, es schmeckt. Allesesser geben dem Koch einen Freipass, handeln den Preis aus und lassen sich verwöhnen. Die Weinkarte bietet einige gute Provenienzen, die zum urbanen Stil des Hauses und zu Martini passen. Ja, und logisch, einen Martini on the rocks bieten sie im «Henry's» auch an. Natürlich gerührt, Bond hin oder her. Cheers.

6300 Zug, General-Guisan-Strasse 6,
041 709 05 70, www.henryszug.ch

Wirtschaft Freimann

Betonfrei Dort, wo Zug und Baar zusammenwachsen, steht in einsamer Gunstlage der «Freimann». Am Stammtisch wird das erste Bier getrunken, der Service deckt für die Mittagstafel ein, auf dem Herd simmert das Ragout, und der berühmte Lebkuchen verlässt duftend den Ofen. Susanne Freimann, Gastgeberin in der 14. (!) Generation, Küchenchefin, Konditorin und Servicefachfrau, ist im Element und mitten in der Arbeit. Der «Freimann» ist eine Wirtschaft, wie sie viele aus ihren Kindertagen kennen, die das Fleisch von ihrem eigenen Hof verwendet. Im Garten stehen unter alten Bäumen schöne alte Tische und Holzbänke, in der urgemütlichen Gaststube mit Kachelofen ist der Gast gut aufgehoben, und am Samstag sind Fleischsuppe und Siedfleisch ein Festessen zum Alltagspreis.

6300 Zug, Letzi 27,
041 741 35 10, www.wirtschaft-freimann.ch

Kuriotz Bar & Kitchen

Anders Zug ist nicht gerade als Hotspot für Trends bekannt. Die werden in Zürich hochgezogen, was für einmal so nicht ganz stimmt. Das «Kuriotz» lädt in einer entspannten und urbanen Atmosphäre zum Mittagessen, Degustationsmenü und Barflair ein. Alles ist unter einem Dach, mit ansprechendem Qualitätsdenken, leichter Küche und lockerem Service. Wer mittags Appetit verspürt und Zeit mitbringt, der setzt sich mit zwei bis vier Gängen auseinander, wer's eilig hat, nimmt mit einem Gericht vorlieb. Gut ist's alleweil. Wer abends zu seinem Cocktail oder Wein etwas schnabulieren mag, geniesst ein Steaksandwich oder knabbert am Rohmilchkäse, und wer es lieber abwechslungsreich mag, der wagt sich abends ans sechsgängige Degustationsmenü heran, das seinen Fokus alle drei Wochen wechselt. Kompliment.

6300 Zug, Pilatusstrasse 1,
041 710 01 61, www.kurioz.ch

Restaurant zur Taube

Angekommen Das «Tübli» war früher so etwas wie meine zweite Heimat, und als die «Taube» davonflog, war ich traurig wie bei noch so manch anderer Beiz, die in den letzten Jahren verschwunden ist. Dass die «Taube» je wieder fliegen würde, damit habe ich allerdings nicht gerechnet, umso freudiger war mein erster Besuch bei ihr. Beeindruckend sind Aussicht und Terrasse und vor allem das Resultat auf dem Teller. Giovanni Mels und Aline Sigrist setzen auf Saisonalität und Nachhaltigkeit. Davon reden zwar viele Gastronomen, aber nur wenige setzen es so konsequent um, wie die Profis von der «Taube». Mit Kreativität und Raffinesse, mit Pata Negra mit Sbrinz, einer Essenz von der Rande, Tagliolini mit Alba-Trüffel, Entenbrust, einer Panettone-Espuma mit Portweinbirne und Weihnachtsgebäck.

6300 Zug, Unter Altstadt 26,
041 530 37 67, www.hotel-lacolombe.com

Sihlmatt

Zu Fuss Idyllisch am Ufer der Sihl gelegen, steht das für seine Forellen bekannte «Sihlmätteli». Neue Hände haben mit neuen Ideen das Zepter übernommen und das in die Jahre gekommene Haus in ein Bijou verwandelt. Sie haben viel Zeit, Geld und Nerven investiert, um aus dem «Sihlmätteli» eine «Sihlmatt» zu formen. Hinzu kommen eine gute Küche, die mit heiss geräucherten Forellenfilets, grillierten Auberginen mit Stanser Ziegenfrischkäse, mit einem Tatar vom lokalen Rind, luftig-leichten Ricotta-Gnocchi mit Basilikumpesto und klassisch mit der Forelle blau überzeugt. Wunderschön, dass hier nicht nur die lieben Kleinen «Fischstäbli» serviert bekommen, sondern auch die Grossen. Hausgemachte, wohlverstanden, und natürlich von der Forelle. Preislich ist alles im Rahmen. Auf ein Neues!

6313 Menzingen, Sihlmatt,
041 755 12 44, www.sihlmatt.ch

Adler

Gelandet Ohne meine Zuger Freundin würde ich Allenwinden nicht kennen. Hier gelingt dem «Adler» der Spagat zwischen Dorfwirtschaft und gehobenem Landgasthof. Freude bereiten die Gastfreundschaft von Lara, Corinne und Patricia sowie die Kochsprache von «Adler»-Initiant Pashk und seinem Mitstreiter Joel. Mit an Bord ist der sympathische Gastgeber Richard, der seine Gäste herzlich begrüsst und ihnen ihre Tische zuweist. Stofftischtuch und -serviette auch zum Mittagstisch, aromatische Hacktätschli an einer Cognacsauce mit einem perfekten Stock, der tatsächlich noch nach Kartoffeln schmeckt, ein auf den Punkt gebratener Zander, ein trinkiger Landwein (eine Assemblage aus Dornfelder, Blauburgunder und Cabernet Sauvignon), kurz, es ist alles so, wie man es sich wünscht.

6319 Allenwinden, Dorfstrasse 5,
041 202 10 50, www.adlerallenwinden.ch

Teehaus Umami

Umarm mi «Entspannend oder belebend, mild oder rassig, betörend oder zurückhaltend, frisch oder zart» – Tee kann den hässlichen Alltag schnell verschwinden lassen. Die Auswahl im «Umami» (Japanisch für Schmackhaftigkeit) ist beeindruckend, der stilvoll eingerichtete Raum ebenso und das Fachwissen und der Charme der Gastgeberin Maya Bachmann sowieso. Im Laden liegt das Angebot bei über 100 Tees und Aufgüsse, und wer mit seinen Teetassen zu Hause unglücklich ist, findet hier garantiert Ersatz dafür. Wer viel mehr über Tee wissen will, besucht einen der im «Umami» immer wieder mal stattfindenden Tea Workshops, und die Idee, den Mittag mit einem delikaten Afternoon tea in den späteren Nachmittag hinein zu verlängern, ist nicht mal so abwegig.

6330 Cham, Schulhausstrasse 1,
041 780 20 78, www.teehaus-umami.ch

Hinterburgmühle ★

Fangfrisch Alte «horgenglarus»-Stühle, schnörkellos eingedeckte alte Tische, eine kompetente Gastgeberin und ein Mitgastgeber, Sommelier und Koch, der weiss, was er will, das sind die Erfolgsingredienzen von Yvonne Warnier und Hanspeter Sidler. Allein schon die Entenleberterrine und die Bündner Winzersekt-Suppe mit Forellen-Burger verraten die ambitionierte Kochsprache von Sidler. Die im Rotwein geschmorte Kalbsbacke, dass Cordon bleu vom iberischen Pata-Negra-Schwein, die fangfrischen Forellen (gebraten oder blau) aus dem eigenen Weiher und die fairen Weinpreise laden zum Zurücklehnen und entspannten Geniessen ein. Zum Beispiel mit einem Gewürztraminer von Marc Kreydenweiss aus dem elsässischen Andlau oder dem Saar-Riesling Fass 16 von Peter Lauer aus Ayl.

6345 Neuheim, Edlibachstrasse 61,
041 755 21 20, www.hinterburgmuehle.ch

Übernachten in der Stadt Zug

City-Hotel Ochsen

Obstsalat Das Tagesgericht von Matthias Hegglin ist Obstsalat. Mit viel Trauben. Eigentlich nur mit Trauben. Fermentierten Trauben. Okay, vielleicht ist es Wein? Es ist Wein! Was heisst das? Alle Weinfreunde, die in Zug im «Ochsen» übernachten, werden nicht darum herumkommen, im Weinschmöker des Hauses zu lesen. Patron Matthias Hegglin ist ein sympathischer Weinspinner, ein Freak, der seine Leidenschaft mit seinen Gästen teilt. Gehen Sie auf die Website und blättern Sie in der Weinkarte. Sie werden Freudentränen aus ihren Augen wischen und augenblicklich ein Zimmer buchen, sich durch die freundschaftlich kalkulierte Weinkarte trinken, zwischendurch einen Teller Kalbsleber essen und danach selig schlafen und von fermentierten Trauben träumen.

6300 Zug, Kolinplatz 11,
041 729 32 32, www.ochsen-zug.ch

Restaurant zur Taube
(Seite 251)

Zürich

Boden
SH
8476 Unterstammheim
8477 Oberstammheim
8462 Rheinau
8453 Alten
8478 Thalheim an der Thur
8193 Eglisau
8459 Volken
8471 Oberwil-Dägerlen
8415 Berg am Irchel
TG
8192 Zweidlen
8164 Bachs
8404 Winterthur
8400 Winterthur
ZH
8108 Dällikon
8046 Zürich
8604 Kindhausen
8037 Zürich
8051 Zürich
8005 Zürich
8006 Zürich
8499 Sternenberg
8004 Zürich
8001 Zürich
8330 Pfäffikon
8003 Zürich
AG
8143 Uetliberg
8002 Zürich
8008 Zürich
Greifensee
Pfäffikersee
8045 Zürich
8038 Zürich
8127 Forch
8342 Wernetshausen
8703 Erlenbach
8135 Langnau am Albis
8914 Aeugstertal
Türlersee
8627 Grüningen
8712 Stäfa
SG
Zürichsee
ZG
Zugersee
SZ
Sihlsee
Ägerisee
0
10 km
Wägitalersee

Chiffon

Top Die Zürcher haben es einfach drauf. Kulinarisch zumindest, aber auch sonst. Das «Chiffon» ist so ein Traum-Ort, der dazu einlädt, den Tag ausgiebig zu verbummeln. Ob im Garten oder im Restaurant, es ist einfach nur schön hier, mit einem gepflegten Angebot, das auch auf dem Teller und im Glas überzeugt, serviert von einem Team, das weder mit Hüpfdohlen noch Griesskrämer kokettiert, sondern mit humorvollen und kompetenten Gastgebern brilliert. Cocktails, Apfelkuchen, Biere, vegane Bruschetta – der Cocktail aus Bar, Café und Restaurant kommt bei den Gästen gut an, und geht der Laden kurz vor dem Mittag auf, brummt er. Wer am Abend kommt, sollte sich das handgeschnittene Tatar nicht entgehen lassen, dass für einmal etwas anders zubereitet und serviert wird.

8001 Zürich, Hirschengraben 36,
043 243 60 63, www.restaurant-chiffon.ch

Lotti

Rastplatz für die Seele Der Vater der Wirtin ist Zürichs Gastro-Urgestein René Zimmermann, dessen Ideen schon immer der Zeit voraus waren. Klar ist auch das «Lotti» ein Erfolg. Wer auf der Flucht vor dem Alltag ist, findet bei Anna und Ralf einen stimmungsvollen Unterschlupf. Mit einer Auswahl an «Züriflade» (z. B. Ziegenkäse und Feige) oder mit dem Tatar von der Bio-Kuh, das von Hand geschnitten wird. Die Butcher's Special Cuts stammen vom Bio-Uelihof, der Rest ist Fleisch aus dem Toggenburg und wird auf dem Holzgrill in Form gebracht. Geliefert wird es von Silvia und Reto Rust, einer Metzgerfamilie aus Neu St. Johann, die noch selbst schlachtet. Kompliment an Gastgeberin Anna Zimmermann und an Koch Ralf Weber.

8001 Zürich, Werdmühleplatz 3,
043 399 01 01, www.lotti-lokal.ch

Franzos / Montmartre

Santé Ich zünde mir eine Gitanes an, starte den Solex und fahre in den «Franzos», lasse das Frühstück aus, setze mich hin und geniesse eine Portion Rillettes de canard, trinke ein Picon-Bière, bleibe sitzen und schlürfe gegen den Abend hin nach der Anisette einen Cidre de Normandie und esse die Sardines millésimées. Danach übernachte ich bei Joséphine im «Montmartre» und träume von der Auvergne. Frankreich in Zürich besuche ich, wenn es mich gefühlsmässig in Richtung Westen zieht und ich keine Zeit habe, zwei, drei Tage im französischen Jura oder im Burgund zu bleiben. Gut, das mit dem Solex ist geflunkert, wohne ich doch im Schwarzbubenland und nach Zürich nehme ich den Zug oder das Auto. Aber sonst – vive la vie et le vin.

8001 Zürich, Limmatquai 138,
044 542 46 33, www.franzos.ch
8001 Zürich, Weggengasse 4,
044 211 19 20, www.lemontmartre.ch

Schwarzenbach

Der Primus Viele Spezereien gingen ein, verschwanden, weil die Kundschaft oder die Nachfolgerin fehlte, und nur wenige konnten dank ihrer Nischenprodukten überleben – und behaupten sich heute mehr denn je, seit wieder eine wachsende Kundschaft auf Qualität setzt. Eine Vorzeigeinstitution in der Schweiz ist der Kolonialwarenladen Schwarzenbach im Zürcher Niederdorf. Seit über 150 Jahren wird der Laden, mittlerweile in der fünften Generation durch Heini Schwarzenbach, geführt, der von 15 Mitarbeitenden unterstützt wird. Der «Schwarzenbach» ist ein Treffpunkt für anspruchsvolle Gaumen. Tafel- und Trinkschokolade, Honig, Mohnsamen aus dem Emmental, alpine Gewürze, Hülsenfrüchte und so weiter und so fort. Bedienung und Beratung sind so genial wie der Laden selbst. Chapeau!

8001 Zürich, Münstergasse 19,
044 261 13 15, www.schwarzenbach.ch

Bederhof

Sicherer Wert Der «Bederhof» ist ein gutes Beispiel der lebendigen und lustvollen Gastronomie in der Holzklasse. Und mittendrin Erik Haemmerli, der umtriebige Patron, der auftischt, was ihm passt, und zugleich weiss, was sich der Gast wünscht und was er hören will. Die «Bederhof»-Klassiker sind unverwüstlich, prägnant, treffend und bleibend. Ich kenne keinen Stammgast, der nicht über das legendäre Rindsfilet Robespierre schwelgt und weiss, dass er sich im «Bederhof» vor einer Überdosis Kräuter nicht zu fürchten braucht. Eher vor Kutteln, Kalbskopf und Co. Nicht wegzudenken sind an diesem Ort «Ghackets und Hörnli» und das Wiener Schnitzel mit Kartoffelsalat. Vegetarier werden mit einem Gemüseragout oder mit einer Artischocke mit Vinaigrette verwöhnt.

8002 Zürich, Brandschenkestrasse 177, 044 285 15 00, www.bederhof.ch

Fork & Bottle

Little Britain Wer das «Fork & Bottle» in Zürich aufsucht, wähnt sich in einem stimmungsvollen Local Pub in Great Britain. Das Public House denkt und redet Englisch, die Gerichte präsentieren sich im properen Pub-Style, und der Crackling Confit of Pork Belly (Schweinebauch) ist jeden krachenden Bissen wert. Dazu von Hand geschnittene Frites und für den zivilisierten Durst eine Flasche L'Abbaye de Saint Bon-Chien, ein fruchtig-saures spezielles Bier aus dem Hause Jérôme Rebetez der Brasserie BFM aus dem jurassischen Saignelégier. Wer am Weekend Lust auf ein Full English Breakfast hat, beginnt den späteren Morgen mit einer Bloody Mary, gefolgt von Sausage, Bacon, Portobello-Champignons, Beans, einem pochierten Ei oder Spiegelei und Toast mit gesalzener Butter. Cheers!

8002 Zürich, Allmendstrasse 20, 044 201 18 17, www.forkandbottle.ch

Bottega Berta

NEU

Im Quartier Der Kreis 3 pulsiert kulinarisch wie wohl kein anderer Stadtteil in Zürich, und wer hier als passionierte Beizengängerin nicht glücklich wird, hat wohl sonst ein Problem. «Goldige Guttere», «Köchlistube», «169 West» und eben die «Berta», sind Einkehren, die für die Leichtigkeit in der Schwere des Seins besorgt sind. Die Bottega Berta würde problemlos in Italien durchgehen. Sie bietet eine herzliche Gastfreundschaft mit grundehrlichen Qualitätsprodukten aus nachhaltiger Produktion. Kein theoretisches Geschwafel, sondern vorgelebte Praxis bei freundschaftlichen Preisen. Da soll mir noch einer sagen, Zürich sei kulinarisch ein abgehobenes Pflaster. Die Bottega Berta ist auf Kurs. Wer sie mit gutem Appetit besucht, teilt die Gerichte und isst sich lustvoll durch das Angebot hindurch.

8003 Zürich, Bertastrasse 36,
043 811 52 00, www.bottegaberta.ch

169 West

Hochspannung Noch so eine geniale Adresse in Zürich. Da kann man als Basler so richtig neidisch werden. Und ohne Rauchmandeln und ein Stück Haselnusskuchen geht es bei mir hier nicht. Ohne Gin Tonic erst recht nicht. An der Tafel sind immer rund ein Dutzend Naturweine aufgeführt, die offen ausgeschenkt werden und stets für aufregende Momente in der Nase und im Gaumen sorgen. Wer mag, isst dazu einige Kleinigkeiten (z. B. Randenhummus), die stets vorzüglich munden. Wein und Kaffee, Bar und Laden – das Konzept ist so einfach wie einladend. Um 22 Uhr ist mit dem Geselligen fertig lustig, weil die Nachbarn keinen Lärm mögen. Unverständlich für jene, für die der Abend erst begonnen hat. Nachvollziehbar für die, die zu Hause bleiben und nach «10 vor 10» ihre Ruhe haben möchten.

8003 Zürich, Weststrasse 169,
044 461 00 33, www.169west.ch

Bottega Berta (Seite 261)

Köchlistube

Im Quartier Die «Köchlistube» gehört zur aussterbenden Spezies von Beizen, die ein Treffpunkt im Quartier sind, in dem sich Gott und die Welt und noch mehr Zürcher treffen und über Gott und die Welt schwadronieren. Je nachdem witzig, banal oder geistreich. Sie gehört unter Artenschutz gestellt und von ihren Gästen gehegt und gepflegt. Die «Köchlistube» ist für ihre einfache, gute Küche bekannt, paniertes Schnitzel und Cordon bleu haben hier Kultstatus. Unter der Woche geht's um neun Uhr morgens los, am Samstag erst um 17 Uhr, und am Sonntag wird geruht. Eine Stange hier, kommt gleich, zwei Schnitzel paniert, wie gewünscht. Zwischendurch ein Jass, ein Schwatz, es klopft, es plaudert, und der «Kaffee fertig» dampft aus dem Glas. Der etwas andere Alltag mitten im Kreis 3.

8003 Zürich, Köchlistrasse 6,
044 242 80 68, keine Website

Kle / Dar

La Reine All jene, die der pflanzenbasierten Küche kritisch gegenüberstehen, sollen das «Kle» von Zineb Hattab aufsuchen. Sie werden sehr schnell auf den Geschmack kommen. Ihre Stages absolvierte sie bei verschiedenen Drei-Sterne-Köchen, bevor sie nach New York zu Olvera und Soto-Innes wechselte. Im Januar 2020 eröffnete sie das «Kle», ein Jahr später das «Dar», bei dem es einfacher, aber nicht minder spannend, zu und her geht. Ihre Kochsprache verblüfft, genauso wie die Weinauswahl und ihr Champagnerangebot. Marokkanisch eingelegtes Gemüse, Sanddorn-Aguachile mit Couscous-Salat, geräucherte Bohnencreme und so Einigem mehr, bieten dem Gaumen einen unvergesslichen, anregenden Abend.

8003 Zürich, Zweierstrasse 114,
044 548 14 88, www.restaurantkle.com
8005 Zürich, Gasometerstrasse 5,
Reservationen nur Online;
booking@restaurantdar.com, www.restaurantdar.com

Zur Goldige Guttere

Zufall Die «Goldige Guttere» wäre nicht auf meinem Beizen-Radar, wenn ich mich im «Art 16» in Saanen nicht so gut mit meinen Tischnachbarn unterhalten hätte. Die zwei frisch Verheirateten waren so tiefenentspannt, glücklich und trinkselig, dass es eine Freude war, mit ihnen am gleichen Tisch sitzen zu dürfen. Dem Menuhin-Festival sei's gedankt. So dauerte es nicht lange, bis ich sie nach ihrer Lieblingsbeiz in Zürich fragte, worauf sie die «Goldige Guttere» hervorzauberten. Was für ein Glück. Die Gastgeberinnen Linda und Meret sind herzallerliebst, empfangen ihre Gäste in einem stilvollen Rahmen und kochen lustvoll auf. Wer in die «Guttere» geht, isst, was auf den Tisch kommt, freut sich über das Eingemachte, das Frische vom Hof, teilt die Speisen und lässt es sich gut ergehen.

8003 Zürich, Sihlfeldstrasse 45,
044 451 14 14, www.zurgoldigeguttere.ch

Restaurant Eichhörnli

Gut In meinen Zürcher Jahren habe ich mit meinen Copains oft im «Eichhörnli» gesessen und noch mehr getrunken. Dann bin ich in den Jura ausgewandert, und heute lebe ich im Schwarzbubenland, wo ich dem Eichhörnchen am Waldrand begegne. Höchste Zeit, wieder einmal nach Zürich zu fahren, Freunde zu treffen und mit ihnen ein Chnoblibrotmaison, eine kleine Portion Kalbsleber und ein Entrecote Café de Paris zu essen. Dazu zwei, drei Flaschen Beaujolais und die Zugabfahrtszeiten gehen angenehm vergessen. Das «Eichhörnli» punktet mit einer klaren Kochsprache und natürlicher Herzlichkeit, die jedem Gast guttut. Mein bevorzugter Platz ist der runde Tisch, nur ist der leider nie frei, und so sitze ich dort, wo's geht, und geniesse die ungekünstelte Atmosphäre und das gute Essen.

8004 Zürich, Nietengasse 16,
044 291 93 39, www.restaurant-eichhoernli.ch

Macelleria Salumeria Fulvi

Come prima Qualität ist kein Zufall bei Patron Giuseppe Fulvi, der im «Chreis Cheib» lust- und gehaltvoll eine grosse Scheibe Italianità zelebriert. Mit Schweinsohren, Schwartenmagen, Spanferkel, exzellenten Brüh- und Trockenwürsten und mit einer Mortadella, die nicht nur ins Auge sticht, sondern auch den Gaumen betäubt. Mehr Lokalkolorit geht fast nicht – und damit wird die Metzgerei, die zugleich eine pulsierende Klatschbörse ist, für zahlreiche Heimwehitaliener zum Ausflugsziel, zumal Italien nicht gleich um die Ecke liegt. Dabei darf die spanische Spezialität Lacón, ein gepökelter und luftgetrockneter Vorderlauf des Schweins, wie auch der nur im Dezember produzierte gefüllte Schweinsfuss (Zampone) nicht vergessen gehen.

8004 Zürich, Schöneggstrasse 28, 044 242 89 57, www.macelleria-fulvi.ch

John Baker Helvetiaplatz

O-Ton Dieser nicht von mir stammende Text von «John Baker» sagt alles darüber, wie gut diese Bäckerei ist. Hier ein Auszug: «Wir müssten an dieser Stelle endlos darüber schwadronieren, wie enorm toll ‹John Baker› ist. Wie grossartig es ist, dass nur regionale, ökologische Bioware verarbeitet wird, der Weizen von glücklichen Feldern stammt und das Schwein freiwillig in die Metzgerei gerannt ist, um endlich Teil eines unserer Sandwiches zu werden. Ach, und wie fantastisch nachhaltig und ökologisch ist unsere Idee, Kunden, die keine Tüte wollen, einen Preisnachlass zu gewähren? Und natürlich respektieren wir jeden Ernährungsfimmel und haben deshalb auch etwas für Veganer, Laktose-Intolerante (obwohl wir grundsätzlich voll gegen Intoleranz sind) und Glutenunverträgliche.»

8004 Zürich, Molkenstrasse 15, 044 281 92 92, www.johnbaker.ch

Comestibles Granada

Mehr als nur Serrano Maria-Dolores Turienzo, kurz Loly genannt, und ihr Mann Rafa bedienen ihre Kunden mit Grandezza und einer Prise Humor. Neben Serrano-Schinken bieten sie zahlreiche spanische Leckerbissen an. Der trockene Manzanilla lässt die Tränen der Heimweh-Spanier versiegen, die sich bei Loly immer wieder mit verschiedenen Delikatessen eindecken und dabei Rafa erklären, warum sie den Manzanilla dem Fino-Sherry vorziehen. Ein Besuch bei Loly und Rafa lohnt sich aber auch für den Bacalhau, die wunderbare Sobrasada, eine luftgetrocknete Wurst, die man aufs Brot streicht, oder – Schleckmäuler aufgepasst – für Turrón, weissen Nougat, der dem piemontesischen Torrone sehr nahe kommt. Seit 1984 existiert das Geschäft. Möge das noch lange so weitergehen.

8004 Zürich, Hohlstrasse 4,
044 242 16 90, www.comestiblesgranada.ch

Ristorante Italia

Bella Italia Mir gefallen einfache Beizen mit klarer Ansage. Das «Italia» ist so eine, die seit Jahrzehnten nicht mehr sein will als das, was sie ist. Es ist nicht irgendeine Beiz, es ist eine Institution, die verbindet und Freunde schafft. Zu essen gibt es gut und reichlich, ein herzhaftes Stück Italien eben. Gekochter Schinken, Spanferkelbraten, Salami und Blutwurst. Begleitet von Brot und Focaccia. Dann Stockfisch mit Stampf, Carne cruda vom piemontesischen Rind und marinierte Sardellen, so wie sie sein müssen. Als «Primi» warten Gnocchi, Pasta aus Ligurien mit Basilikum, Kartoffeln und grünen Bohnen oder einfach eine Portion Rigatoni mit einem Sugo di Salsiccia. Und dann wäre da noch das Wollschweinkotelett oder das eine oder andere «Dolce». Basta!

8004 Zürich, Zeughausstrasse 61,
043 233 88 44, www.ristorante-italia.ch

Welschland

Nach Westen In der Romandie fühle ich mich wohl, und es fällt mir sehr einfach, dort den Tag mit Nichtstun zu verbummeln. Einige Male im Jahr lasse ich mich treiben, wohin mich die Wegweiser auch führen mögen. Ist meine Wurst- und Käsekammer leer und habe ich keine Zeit für einen westlichen Abstecher, dann fahre ich nach Zürich und besuche das «Welschland» an der Zweierstrasse. Der kleine, sympathische Laden mit den herzlichen Mitarbeitern bereitet rundum Freude und offeriert wunderbare Produkte. Etwa eine geniale Auswahl an exzellentem Käse, Weine, Eau-de-vie und so einiges Welsches mehr, wie eine Waadtländer Saucisson oder eine Saucisse mit Randen, die andere mit Heidelbeerschnaps. Und dann erst die Fonduemischung und das Raclette aus dem Val de Bagnes. Formidabel.

8004 Zürich, Zweierstrasse 56,
043 243 98 50, www.welschland.com

Huusbeiz

Härzlich willkommä Was im Oberwallis Alltag ist, hört sich in Zürich schon eine Spur exotischer an. «‹Vo dä Nasä bis zum Schwanz, so d'Philosophie, werdäd diä tiärische wiä au diä pflanzliche Ressourcä möglichst umfangriich verwärtet ...» steht auf der Website. Als Nichtzürcher weiss ich nicht, ob das nun ein fehlerfreies «Züritüütsch» ist, aber egal, der Aufmacher ist ein Hingucker, was zählt, ist die lupenreine Qualität des Angebots. Ob im Alltag oder zu speziellen Themenabenden wie etwa der Metzgete, es «fägt». Gastgeber Nicolas und sein Team verstehen ihr Handwerk. Gurken-Gin-Kaltschale mit Sorbet und Borretsch, Spinatsalat an Himbeerdressing, Kalbsbraten mit Forelle und frittierten Kapern, Kalbshals und Rindermark, Kuh-Nackensteak und andere schöne Dinge.

8004 Zürich, Badenerstrasse 310,
043 931 77 90, www.huusbeiz.ch

Exer Bar

Schön schräg Wer im Weinagebot einen Chenin Blanc und einen Vino frizzante (!) führt, Cider aus Schweden und Lambic aus Belgien ausschenkt, wer ein solch schönes unkonventionelles Angebot präsentiert, und wer mit der Kalkulation nicht übertreibt, natürlich herzlich und doch eine Prise cool distanziert ist, zuverlässig geöffnet und im Regal einen Sloe Gin stehen hat und erst noch gut kochen kann, der kann ja nur Erfolg haben. Hausgemachte Focaccia und Pasta, grillierte Nektarine, sekundiert von Tomate, Käse und Holunderblüte mit einem Stück Angusrind von der Vorzeigemetzgerei Holzen aus Ennetbürgen und mit Zwetschgenknödel und Brösel, wie ich sie im Südtirol nicht besser esse. Das Wunderkind heisst Exer Bar und hat von Montag bis Samstag ab 17 Uhr geöffnet.

8004 Zürich, Tellstrasse 10,
044 242 52 12, www.exerbar.ch

Suppelade

Zum Fenster hinaus Gabriela Rauber und Gina Arnaldini kochen was Lust und Laune hergeben, aber sie haben sich entschieden nur noch ein Suppenfenster zu führen. Ihr stimmungsvolles Lokal ist Geschichte. So mutieren sie von der Beiz zur Einkaufsadresse. Angetan hat es mir die Rüebli-Sesam-Suppe mit Joghurt, Zatar (Gewürzmischung und Bestandteil der nordafrikanischen und arabischen Küche), Sesamöl, Peperoncini, Kurkuma, Zimt, Rüebli, roten Linsen, Kartoffeln, Tomaten, Kokosmilch, Zitrone, Minze, Thymian und Peterli. Da soll noch einer sagen, Suppe verursache keinen Aufwand. Dazu knuspriges Brot aus der Sparte «Mit gutem Brot fängt alles an», und der Tag sieht bei schlechter Laune schon sehr viel besser aus. Applaus auch für die unwiderstehliche sizilianische Gemüsesuppe.

8004 Zürich, Lagerstrasse 119,
078 617 18 09, www.suppelade.ch

Schnupf

Schön schräg Es ist einem Zufall zu verdanken, wie so oft, dass ich den «Schnupf», von dem ich zuvor noch nie etwas gehört habe, begegnet bin, von dem ich auch keine Ahnung habe, woher die Beiz ihren Namen hat. Hier geniesse ich gerne Hacktätschli mit einem frechen Zwiebel-Kartoffelstock, obwohl ich Zwiebeln liebe, aber sie mich nicht. Die Dose Sardinen mit geröstetem Brot und Petersiliensalat mag ich hier auch so sehr, den ich seit ich ihn im «Schnupf» das erste Mal gegessen habe, zu Hause ebenso auftische, oder aber ich setze mich einfach in diese schräge Beiz hinein und freue mich über ein Fritto Misto, nicht aus Innereien, sondern banal genial mit Gemüse, wobei das Geilste (Pardon), was ich hier gegessen habe, ein Blumenkohl mit Béchamelsauce und Sommertrüffel war.

8004 Zürich, Neufrankengasse 29,
044 291 92 73, www.schnupf.bar

NEU Heinrich 109

Endlich Den Elsässer Christophe Obrecht habe ich 2006 in Zürich als innovativen Verfechter des guten Geschmacks kennengelernt. Zu einer Zeit, als die «Delicatessa» für zahlreiche Feinschmecker noch das Höchste der Gefühle war. Na ja, nicht ganz, aber Christophe ist ohne Zweifel der Vorreiter für unbekannte Winzer und kleine Manufakturen, die mit ihren Produkten restlos überzeugen. Wer seit mehr als 15 Jahren die gute Laune nicht verliert und auch in unwirtlichen Zeiten bestehen kann, der macht alles richtig. Was haben wir früher in kleiner Runde bei Christophe Terrinen, Würste und Käse degustiert, Weine und Cidre getrunken, gelacht und eine neue Flasche bestellt. Wunderschöne Momentaufnahmen, die nicht vergessen gehen. Höchste Zeit, Christophe Obrecht aufzugabeln. Vive la différence.

8005 Zürich, Heinrichstrasse 109,
043 300 91 85, www.heinrich109.ch

Morgillo Comestibles

Betrachtige Auch wenn das Frühstück noch nicht allzu lange zurückliegt, kommen Müssiggänger und andere Tagediebe auf ihrer Einkaufstour nicht an den besten Sandwichs (pardon, Panini) der Stadt vorbei, die von der liebenswerten Claudia Morgillo in ihrem kleinen Laden zubereitet werden. Sie alle wissen, was schon Mani Matter wusste: «Was isch es Sändwitsch ohne Fleisch – 's isch nüt als Brot. Was isch es Sändwitsch ohne Brot – 's isch nüt als Fleisch. Ersch wenn d mit Fleisch dys Brot beleisch, ersch wenn d mit Brot umgisch dys Fleisch, berchunnsch es Sändwitsch: Brot und Fleisch.» Bei Claudia sind es ihre hausgemachten vorzüglichen Saucen, die ihre Panini erst zu dem machen, was andere Eingeklemmte nicht bieten können.

8005 Zürich, Gasometerstrasse 30,
044 272 46 81,
claudia-morgillo-hausgemachte.business.site

Im Viadukt

Feine Kost Das «Viadukt» ist ein Sammelsurium des guten Geschmacks. Zahlreiche Genussläden bieten alles an, was das Schlemmerherz begehrt. Benötigt wird dafür ein gut gefüllter Geldbeutel, sind doch die Preise selbst für Zürich satt. Einsame Spitze ist für mich das British Cheese Center, das delikate Käsesorten aus Grossbritannien anbietet, die belegen, was die Briten beim Käse so alles können. Geräucherter Cheddar, Schaf und Geiss aus den Yorkshire Dales zum Beispiel. Beim Blick auf den Kassenzettel könnten die ausgewählten Käse bereits schwer aufliegen. Klar, nichts ist umsonst, und Spitzenqualität hat ihren Preis, aber ein paar Rappen weniger würden dem Ganzen guttun. Trost spendet dann das eine oder andere Glas im Restaurant Markthalle, der Hausbeiz des «Viadukt». Bis die Rechnung kommt.

8005 Zürich, Im Viadukt,
www.im-viadukt.ch

Heuberger Weine & Gewürze

Beim Insider Beat Heuberger hat sich seit über 20 Jahren u. a. seiner Chili-Leidenschaft verschrieben. Seine hauseigenen Chili- und BBQ-Saucen, sein Senf und Ketchup sind so, wie sie nicht besser sein könnten. Er kombiniert seine Rezepturen nach Küchen-Philosophien und Gewürz-Sprachen, die er an den Enden oder an den Anfängen der Welt kennengelernt hat. In der Schweiz sammelt er Pilze, Brennnesseln und findet im Verborgenen das Mädesüss (gehört zur Familie der Rosengewächse). Seine Leidenschaft ist riech- und fühlbar, heftig, anders und einfach nur gut. Zu seinem speziellen Angebot passen auch die Weine von Olivier Binet & Pierre Jacquet, bei denen ich den Faugères rouge Tradition bevorzuge. Hier einzukaufen verursacht Lebensfreude.

8005 Zürich, Zollstrasse 61,
044 281 11 61, www.beatheuberger.ch

Zawan Thai Kitchen ♥

Outstanding Ich gebe es ja zu, dass ich kein Fan der asiatischen Küche bin. Ich bin kein Kenner der chinesischen, japanischen oder thailändischen Küche, auch wenn ich mich immer wieder mal überreden lasse, mitzugehen. Gut, lasse ich mich dazu überreden. Denn was Nunn, die Mama von Gastgeberin Siri Neeser aus der «Zawan»-Küche zaubert, ist für mich einfach nur grandios. Auch der stilvolle Rahmen im Innern, wie auch im Garten passt zur dezidierten Kochsprache des Hauses und kommt so wundervoll ohne Folklore-Klimbim aus. Es lohnt sich mit Freunden dieses Lokal am Rigiplatz aufzusuchen, den «Zawan-Journey» zu bestellen, zu teilen und zu geniessen. Ich verzichte bewusst auf eine Auflistung der Speisen. Nur so viel, kein Gericht ist abgefallen, jedes einzelne war exzellent.

8006 Zürich, Rigiplatz 1,
044 865 88 88, www.zawan.ch

Zum Alten Löwen ♥

Gut gebrüllt «Quartierbeiz für Geniesser» liest der Grosswildjäger auf der Website, und genau, das trifft den Nagel auf den Kopf. Maria und Röbi haben den «Löwen» nicht zum Gähnen, sondern zum Brüllen gebracht. Die zwei Profis sind alte Hasen und haben in der Ostschweiz ihre Lokale zu 15 und 16 Gault-Millau-Punkten geführt, bevor sie nach einer Pause den Zürcher «Löwen» übernommen haben. Majestätisch gut. Alle, die ein Quartier beleben, alle, die an die Tradition anknüpfen, und alle, die eine coole Beiz gebären wollen, kupfern bei Robert und Maria ab. Dann kommt's gut. Zwiebel-Frittata mit Thymian, Auberginen-Involtini, Wolfsbarsch-Tatar, knuspriger Schweinebauch oder banal genial Pulpo auf weissen Bohnen. So gut, wie auch zahlreiche filigrane Provenienzen für neugierige Weinnasen.

8006 Zürich, Universitätstrasse 111,
043 343 11 69, www.altenloewen.ch

Didi's Frieden ★

Ein Klassiker Nicht, dass Sie meinen, mir gehen die Entdeckungen in Zürich aus. Vielmehr verneige ich mich vor Didi Bruna und gable ihn endlich auf. Unglaublich, wie lange er schon das Niveau in seiner Beiz aufrechthält und seine Küche die Stammgäste immer wieder überrascht. Sein innovatives Team denkt mit, arbeitet viel, überzeugt mit Kammmuscheln, Auberginenparfait, Kichererbsentätschli oder einfach mit einem Cordon bleu vom Zürcher Weidekalb. An den Tischen sitzen zufriedene Gäste, die lustvoll essen und ihre Gaumen mit zahlbaren Weinen beglücken wie mit einem Chablis Vieilles Vignes von Luis Michel & Fils. Wer kulinarisch denkt, wählt das Fünf-Gänge-Menü zum Freundschaftspreis, wer geizig denkt, kommt erst gar nicht hin.

8006 Zürich, Stampfenbachstrasse 32,
044 253 18 10, www.didisfrieden.ch

Schlüssel

Zeitlos Alexandre Hannemann und Küchenchef Niclas Ohrmann haben das Niveau im «Schlüssel» angehoben. Die inspirierenden Gerichte sind sec angerichtet, die Kombinationen für Zunge und Gaumen ein raffinierter Genuss. Angelehnt ans Piemont ist das Kalbstatar mit Haselnusscreme und gebratenen Steinpilzen, während die im Zürichsee gefangenen Albeli ein perfekt umgesetzter Klassiker sind, der mit Kapern und Kräutern serviert wird. Hinzu kommt eine Weinauswahl, die es in sich hat. Ich rate, gleich zu viert den runden Tisch zu reservieren und sich durchzutrinken. Mit einem schäumenden Weichselkirsche Brut von Tom Litwan, Sauvignon Blanc Orange von Anne-Claire Schott, Torrette von Michel Vallet und zum Käse mit einem Savagnin von Lucien & Vincent Aviet.

8008 Zürich, Seefeldstrasse 177,
044 422 02 46, www.schluessel-zuerich.ch

f39

Fröhlich Kein Detail, das stört oder auf dem Teller überflüssig ist. Das Gericht stimmt in sich, und jeder einzelne Teller ist in seiner Schlichtheit ein Blickfang. Das Menü will nicht mehr aufhören, doch die Leichtigkeit bleibt – Gericht für Gericht. Alles ist im Fluss, alles klar strukturiert. Philipp Graber und Benjamin Forrer sind das «f39». Sie kochen, servieren, empfehlen und schenken Weine aus, die sich mit ihren Gängen vermählen. Vin Naturels und Pét Nat, von Könnern produziert, werden hier zu anständigen Preisen offeriert. Harmonie pur für gerade mal 16 Gäste, die mit ausgewählter Höflichkeit und konzentrierter Entspanntheit umsorgt werden. Hinzu kommt eine kleine, feine Auswahl an Sherrys und Cidres, die je nach Gang genauso hervorragende Begleiter sind. Das Ganze ist ein Rundum-Wohlfühlerlebnis par excellence.

8008 Zürich, Fröhlichstrasse 39,
044 383 21 39, www.f-39.ch

Rosengarten

A Family Affair Der Garten ist wunderschön, die Gastgeber sind jung und mutig und wissen, was sie wollen. Gian und Nico Gross verwöhnen ihre Gäste mit Siedfleisch vom Tafelspitz und Quarknocken an Salbeibutter. Der Bündner Metzger Ludwig und Sohn David Hatecke liefern das Fleisch, was zeigt, dass die jungen Herren im Qualitätsdenken alte Hasen sind. Bei den Weinen fehlen mir einige freche, leichte Schäumer und Naturweine, die das etwas konventionell ausgelegte Weinangebot auflockern würden. Und sonst? Von 1984 bis 1988 wirteten ihre Eltern im «Rosengarten», dann hörten sie auf und zogen ins Piemont, weil sie ihre Buben nicht in der Beiz aufwachsen lassen wollten. Jetzt ist die Jungmannschaft an die einstige Wirkungsstätte zurückgekehrt, und der Laden läuft wie eh und je auf Hochtouren.

8032 Zürich, Gemeindestrasse 60, 044 251 37 36, www.rosengarten.ch

Café des Amis

Herzlich Tatsächlich, hier treffen sich Freunde oder solche, die es werden wollen oder können. Wie auch immer, das «Amis» gehört zu meinen unzähligen Lieblingsadressen in Zürich, die ich nun aufgable. Hierherkommen, einfach für eine Zitronengras-Limonade, im Winter für einen frisch gepressten Orangensaft oder für eine schöne Flasche Côtes du Rhône aus Séguret, hat was und tut ausnehmend gut. Dazu eine Gemüsequiche ohne Salat, dafür mit mehr Wein, weil der letzte Auftrag in die Hosen ging. Schön, das es noch Beizen gibt die von morgens bis abends geöffnet haben und seine Gäste wie Freunde behandlen. Vive les Amis, die ich hier immer wieder im Café finde.

8037 Zürich, Nordstrasse 88, 043 536 93 81, www.desamis.ch/cafe

Café des Amis
(Seite 274)

Nordbrücke

Danke! Die «Nordbrücke» erinnert mich stark ans «Perronnord» in Sankt Gallen, nur dass sie länger geöffnet hat und heroisch bereits um 8 Uhr morgens ihre Türe öffnet, was in Zeiten wie diesen einen Gesellschaftsorden verdient hat, denn welche Beizen haben in der Schweiz heute noch den ganzen Tag geöffnet? Eben! Am schönsten ist es für mich am Morgen, für den ersten Espresso oder ausnahmsweise für den ersten Campari um 11 Uhr, um mit ihm an den Lippen schlürfend zuzusehen, wie sich die Beiz langsam für den Mittagstisch füllt, an dem ich dann gerne mit einem Glas Roten eine Suppe und einen Menüsalat, gefolgt von einem Kartoffelgratin mit Krautstilragout und Eierschwämmen esse. Nur Mut, auch wer Krautstil nicht mag, die kochen echt gut und es gibt auch andere Gerichte. Täglich frisch.

8037 Zürich, Dammstrasse 58,
044 271 01 77, www.nordbruecke.ch

NEU Haltbarmacherei.ch

Klasse statt Masse Roman Treichler hat an Philipp Kern und Katharina Hofmann übergeben, das erfolgreiche Mikrounternehmen ist sich gleich geblieben. Rund 27 000 Flaschen Sirup und 10 000 Gläser Konfitüre verkaufen sie pro Jahr. Kein Wunder, bei der Natur, die sie für ihre Konsumenten ins Glas und in die Flasche füllen. Wer schon einmal Weichselkirschen- und Cassis-Sirup getrunken hat, wird mich verstehen, wobei meine Lieblinge Ingwer-Limetten und Thymian-Zitrone sind. Die «Haltbarmacherei» verzichtet bewusst auf die Verwendung von biochemischer Zitronensäure, noch verwendet sie Farbstoffe, Geschmacksverstärker, Essenzen oder andere Zusatzstoffe. Das einzige Hilfsmittel, das Philipp und Katharina einsetzen, ist Reinpektin (pflanzlicher Vielfachzucker), was auch die Veganer-Fraktion freut.

8037 Zürich, Rotbuchstrasse 66,
079 937 80 40, www.haltbarmacherei.ch

Bertrams Confiserie

Mr. Windbeutel Website? E-Mail? Gott bewahre. Die Confiserie von Bertram Beerli ist eine Reise nach damals, mit viel Nostalgie an den Wänden und viel Frische auf den Tortenplatten. Allein für sein Laden lohnt sich der Besuch, wobei es die eingeschränkten Öffnungszeiten zu beachten gilt. Bekannt ist Bertram Beerli für seine saisonalen Spezialitäten wie Erdbeer- und Beerentorte. Berühmt ist er für seine Windbeutel oder, etwas feiner ausgedrückt, für seine Profiteroles, die ein einziges süsses Märchen sind. Bertram Beerli ist ein Einzelkämpfer, er arbeitet und lebt in einer stilvollen Wohnung, in die auch sein Laden integriert ist. Und obwohl eine treue und grosse Stammkundschaft zu ihm pilgert, hat es ihn nie gereizt, sein Geschäft zu vergrössern.

8037 Zürich, Nordstrasse 187,
044 361 26 09, keine Website

REB Wein

Natur pur Roger E. Baumann (REB) setzt sich seit 30 Jahren intensiv mit Wein und Weinkultur auseinander. Seine Leidenschaft hat er zum Beruf gemacht und vor einigen Jahren die eigene Weinhandlung eröffnet. 2015 hat er das «Diploma in Wines and Spirits» erworben, eine der weltweit renommiertesten Weinausbildungen. Er kennt seine Winzer persönlich, besucht sie regelmässig und bietet Provenienzen an, die so erfrischend anders sind. «REB Wein» hat sich spezialisiert auf Weine aus dem Piemont, Veneto, der Toskana und Sizilien, aus dem Beaujolais, Languedoc-Roussillon und dem Südwesten Frankreichs sowie den spanischen Regionen Aragon und Kastilien-Léon. Hinzu kommen einige Lambrusco- und Juraweine und neuerdings Provenienzen aus Griechenland (!), die in der Schweiz noch unbekannt sind.

8038 Zürich, Seestrasse 279,
044 482 01 06, www.rebwein.ch

Chäs und Brot

Von der Liebe Dass die Liebe durch den Magen geht, wissen Sie. Dass meine grosse Liebe in Wollishofen gelebt hat, können Sie nicht wissen. Vielleicht wissen Sie aber, dass es im Berner Weiler Oberboltigen bei Bümpliz eine ländliche Siedlung namens Chäs und Brot gibt, was kein Aprilscherz ist. Aber zurück nach Wollishofen zum Quartierladen Chäs und Brot, den ich wie gesagt durch meine … – aber das wissen Sie ja jetzt – kennen- und schätzen gelernt habe. Es ist eine grosse Freude, hier einzukaufen, sich beraten zu lassen, unbekannte Käsesorten zu verkosten, aus guten Broten und verschiedenen Würsten auszuwählen oder einige Weine zu kaufen, die zu Hause gerade ausgetrunken sind. Mit jeder Minute, die ich länger bleibe, steigert sich mein Appetit, egal zu welcher Tageszeit.

8038 Zürich, Mutschellenstrasse 197,
044 481 75 43, www.chaes-und-brot.ch

Restaurant Vereinigung

Auf ein Neues Die «Vereinigung» ist tot. Es lebe die «Vereinigung». Da hört die alte Crew nach einem Vierteljahrhundert auf, sucht vorbildlich Nachfolger und findet die richtigen in Manu, Johannes, Rahel, Bo, Marlene, Joy und Seline, die eröffnen und in kleinen Schritten eine neue «Vereinigung» zelebrieren, ohne das alte Liebgewonnene ganz aus den Augen zu verlieren. Eine Reservierung ist mittlerweile möglich, was mich freut, habe ich doch bei meiner zweistündigen Anreise meinen Tisch auf sicher. Die Weinkarte hält so manche schöne Überraschung bereit, die kleinen, feinen Speisen überzeugen, was sich schon beim hausgemachten Sauerteigbrot ankündigt. Wer mit Zeit kommt (ab 17 Uhr) trinkt sich vor den Schmausereien mit dem einen oder anderen Cocktail warm und freut sich über diese zeitlose und so angenehme Oase.

8045 Zürich, Manessestrasse 132,
044 462 01 48, www.restaurant-vereinigung.ch

Hopfenau

Im Quartier Caspar Grob ist der servierende, Georg Ruis der kochende Gastgeber, die sich vor Jahren im Restaurant Tramstation kennengelernt und damit den Grundstein der heutigen «Hopfenau» gelegt haben. Danach ging jeder seinem beruflichen Weg nach, aber aus den Augen verloren, haben sie sich nie. Und immer wieder diskutierten und sinnierten sie über die eigene, gemeinsame Beiz. Und siehe da, hier ist sie nun, die «Hopfenau», die sich genau so präsentiert, wie sich das passionierte Beizengänger wünschen. Und erst die Küche: Da gibt's ein Ochsenschwanz-Carpaccio, eine Artischockencremesuppe mit Herzen, luftige Süsskartoffelgnocchi und ein 16 Stunden im Ofen gegarter Rindsschulterbraten. Noch Fragen? Ich habe keine, bin nur begeistert. Auch von der Weinauswahl.

8045 Zürich, Hopfenstrasse 19,
044 211 70 60, www.hopfenau.ch

La Flor

Glücklich Mein Schokoladen-Nirwana, obwohl ich kein Schokoladenfreak bin, erlebte ich bei einer Weinverkostung bei Roger Baumann «REB Weine» mit einer weissen Hacienda Limon von «La Flor». Diese rechteckige Offenbarung verkleinerte sich innert kürzester Zeit zusehends, und jedes Stück, das ich in den Mund nahm, liess ich langsam auf der Zunge zergehen – zumindest war so der Plan. Ich kann Ihnen gar nicht beschreiben, wie gut sich das anfühlte, ich bin einfach dahingeschmolzen, was sehr blumig und übertrieben klingen mag, aber kosten Sie mal von der Dark Chocolate Salt, dann wissen Sie, was ich meine. Die Schokoladenproduzentin Laura Schälchli sagt zwar, dass «La Flor» nur ein kleiner Stern am Himmel der Schokoladenwelt sei, ich sage, das mag ja sein, aber keiner leuchtet so hell.

8045 Zürich, Uetlibergstrasse 65,
0778 839 26 62, www.laflor.ch

Wirtschaft zum Transit

Vive la différence Die Band «Sein» mit Musu Meyer, die schön schräge Engelberger Musikgruppe «Jolly and the Flytrap» und die grossartige Formation «Les Lilas Marseille» haben im «Transit» und in seiner Industrie-Baracken-Atmosphäre schon aufgespielt. Es sind Konzerte, die an mir haften bleiben, wie die sympathischen Tischnachbarn, der lauschige Freisitz oder die ausgeprägten Aromen im Essen. Dass vegetarisch nicht langweilig sein muss, erlebe ich mit dem panierten Sellerieschnitzel auf Linsensalat, mit der französischen Zwiebelsuppe mit Käsechips und mit dem rohen Fenchelsalat mit frischen Feigen. Ja, das Essen ist so gut wie bei der junggebliebenen Oma, wenn diese denn kochen kann – und zu der alle immer wieder gerne hingehen.

8048 Zürich, Aargauerstrasse 14, Zürich, 044 419 00 12, www.wirtschaftzumtransit.com

Ziegelhütte

Loblied Wer sich für ein Mittagessen Zeit nimmt und lieber in der Beiz am zarten Siedfleisch mit frischem Meerrettich knappert als an einem Sandwich auf der Bank, hat mehr vom Leben. Die «Ziegelhütte» ist so eine Anlaufstation. Stefan Tamò und Rosemarie Lanfranchi haben ein unkompliziertes und doch anspruchsvolles kulinarisches Kleinod geschaffen, das mit seinem Qualitätsdenken restlos überzeugt. Die Tomaten sind reif, der Schnittsalat ist taufrisch und das Brot verdient die Bezeichnung. Die Speisen verursachen pure Essfreude, und so versteht es sich von selbst, dass auch das Trinken mit zahlbaren Weinen beglückt, wie etwa der filigrane, mineralische Weisser Riesling vom Schlossgut Bachtobel oder der trinkige Lambrusco von der Fattoria Moretto.

8051 Zürich, Hüttenklopfstrasse 70, 044 322 40 03, www.wirtschaft-ziegelhuette.ch

Übernachten in der Stadt Zürich

Signau House & Garden

Stilvoll Wenn Zürich erwacht und die frische Luft die Nase kitzelt, werden die Lust nach einem Espresso und einem Blick auf die Froebeli-Seerosen im Signau-Teich gross. Suzanne Gross und Regula Brucker, die Gastgeberinnen des «Signau House & Garden», sind, salopp formuliert, alte Hasen in der Zürcher Gastronomiebranche. Suzanne Gross war Gastgeberin im «Rosengarten» und Regula Brucker führte mit Jan E. Brucker das Hotel Widder. Zwei Profis, die sich nichts mehr beweisen müssen und die Gäste wie Freunde empfangen, sofern sich diese als Freunde zu benehmen wissen. Den Rest besorgen Lage, Garten, Haus, Räume und Gästezimmer. Ab und zu laden die Gastgeberinnen zu einer Soiree oder zum Chef's Table ein, der von Jungtalenten mit einer Carte blanche bespielt wird. Ein einmaliger Ort.

8008 Zürich, Signaustrasse 6,
044 201 96 96, www.signauhouse.com

Ziegelhütte (Seite 280)

Swiss Truffle

Pilze Riet Klainguti, Benedict Fornaro, Daniel Limacher und Andy Müller setzen ihre Idee der Trüffelzucht, die zu Beginn viele für eine Schnapsidee hielten, im Jurapark Aargau kontinuierlich und erfolgreich um. Mit tausend Bäumen haben sie eine Trüffelplantage aufgebaut. In der Trüffelplantage setzen sie Eichen, Buchen und Hasel als Wirtspflanzen ein. Versuchsweise benutzen sie auch Fichten und Kiefern. Die Wurzeln der Buchen sind mit Sporen der Burgundertrüffel infiziert, während die Wurzeln der Eichen mit Sporen der Périgord-Trüffel geimpft sind. Bei den Haseln, Fichten und Kiefern sind die Wurzeln mit Sporen beider Trüffelarten beimpft. Trüffel-Freaks können ihre Lieblinge in der Saison kaufen, aber auch eine Trüffelbaumpatenschaft eingehen.

8127 Forch, Kronenweg 12,
Kontakt: info@swisstruffle.ch, www.swisstruffle.ch

Karl Abegg Metzgerei & Delikatessen

Der Musterknabe Seit 20 Jahren arbeitet die Metzgerei Karl Abegg nach den Richtlinien von KAGfreiland, dem tierfreundlichsten Biolabel der Schweiz. Das es eine etwas andere Metzgerei ist, verdeutlicht z. B. ihr Mischpaket von der Legehenne. Die Bio-Metzgerei wehrt sich dagegen, dass Nutztiere zu Abfall werden. Die sinnlose Vernichtung von hochwertigem Hühnerfleisch ist für sie ethisch inakzeptabel. Etwa dreimal jährlich stellt sie für ihre Kundschaft dieses beliebte Mischpaket zusammen. Das Fleisch schmeckt hervorragend, wie alles bei der Metzgerei Karl Abegg. Wer also bei einer ausgewogenen Ernährung Wert auf Nachhaltigkeit und auf delikate Lebensmittel aus umweltfreundlicher Viehwirtschaft legt, ist hier am richtigen Ort.

8135 Langnau am Albis, Neue Dorfstrasse 20a,
044 713 20 26, www.metzgabegg.ch

Jurablick

NEU

Für Copains Nahe bei Zürich und doch in einer ruhigen Welt mit Aus- und Einblicken sind Esther Rathgeb und Reto Bühler, die unkomplizierten Gastgeber, die es verstehen, ihren «Jurablick» in eine Oase für die Alltagsflucht zu verwandeln. Wer sich hier niederlässt, will gar nicht mehr weg. Zu friedlich ist dieses Kleinod, in dem der Alltag weit unten und weit weg liegt. Gut, ist diese Beiz nur zu Fuss zu erreichen, was den Appetit und im Nachgang die Verdauung fördert. Was auf die Teller und in die Gläser kommt, überzeugt. Ob ein Schmorgericht oder vegetarischer Eintopf, ob Wein von Litwan oder Saxer, ist dabei egal, Copains, Besseresser und -trinker fühlen sich verstanden und gut aufgehoben. So auch mit dem Fondue, das in den Wintermonaten immer freitags und samstags ab 18.30 Uhr aufgetischt wird.

8143 Uetliberg, Jurablick 1,
079 719 15 94, www.jurablick.com

Neuhof

AWARD 2024

Bei Freunden Rebekka Costa hat Charme und noch mehr Fantasie, was sich auch in ihren eindrücklichen Bildern bemerkbar macht. Sie malt, plant, organisiert, setzt ihre Ideen um und bespielt den «Neuhof» immer wieder auf andere Art und Weise. Seit 2019 leitet sie gemeinsam mit ihrem Mann Lucas Costa die Geschicke dieses wundervoll gealterten Hauses. Rebekka hat das Fingerspitzengefühl, um ein Zuhause auf Zeit zu schaffen. Sie verwöhnt und bewirtet Fremde wie Freunde, wenn diese sich auch als Freunde zu benehmen wissen. Wer kulinarisch offen ist, lässt Lucas freie Hand und setzt sich mit einigen Gängen auseinander. Dabei ist das hausgemachte Ginger Beer mit einem Zander-Forellen-Küchlein und Limettenmayonnaise ein guter Einstieg in einen kulinarisch kurzweiligen Abend. Der «Neuhof» ist die etwas andere Beiz 2024.

8164 Bachs, Sternenstrasse 30,
076 245 59 79, www.neuhofbachs.com

Vivi Kola Bar

Zisch und weg An kühlen Tagen am «Schtrand vo Eglisau», genauer in der Vivi Kola Bar, zu sitzen, hat was. Im Sommer ist dieser Gunstplatz stets ausgebucht, im Spätsommer träumt es sich mit einem Vivi Kola gut und weiter vor dem Kaminofen. Das Team ist motiviert und unkompliziert, schenkt u. a einen Riesling-Silvaner von Lokalmatador Urs Pircher aus und tischt einfache gute Gerichte auf, wie eine hauchdünne Focaccia mit Rohschinken, ein Thunfisch Tatar an einer aromatischen Ingwer-Kokos-Sauce, Spareribs mit Baked Potato und Sauerrahm oder ein knackiger Gemüse-Cocktail, der selbst Carnivore in Stimmung bringt. Die Atmosphäre ist heiter und egal, ob mit oder ohne Wolken, wer hier erst einmal sitzt, verweilt länger, was angesichts der Lage auch nicht weiter überrascht.

8193 Eglisau, Rheinstrasse 10,
078 613 65 71, www.vivikolabar.ch

♥ Sennerei Bachtel

Teamwork Es sind einige Mitarbeitende, die hier für gute Stimmung und vornehmlich für guten Käse sorgen. Vital Brodbeck ist Bauer und Geschäftsführer, ein umtriebiger Zeitgenosse mit dem Sinn fürs Wesentliche, ein liebenswerter Mensch, der auch mal an einem Geburtstagsfest den Raclettekäse streicht und dafür sorgt, das die Gäste nur noch vom Käse schwärmen. Die Sennerei Bachtel bietet Menschen mit einer Behinderung einen Arbeitsplatz, der sie im Alltag motiviert. Und wer als Kunde weiss, dass ihre Milchprodukte ausschliesslich aus silofreier Demeter-Rohmilch von biologisch-dynamisch bewirtschafteten Bauernhöfen gefertigt werden, und von behornten Kühen stammen, die täglich im Freien sind, dem schmeckt der Käse doppelt so gut, was kein Käse ist.

8342 Wernetshausen, Sennhüttenstrasse 13,
043 843 12 20, www.sennerei-bachtel.ch

Rosa Pulver

Pink Lady Das Küchenteam von Michael Dober setzt das Produkt in den Mittelpunkt. Sec, ohne Firlefanz und Tamtam. Fleisch und Fisch muss nicht, aber darf sein. Wer das Gemüse in seiner Bestellung zum Hauptdarsteller kürt, erfährt, wie Gemüse bei richtiger Behandlung eben schmecken kann. Nicht anders verhält es sich bei den angebotenen Weinen, die Ecken und Kanten haben. Wer das «Rosa Pulver» besucht, teilt sich zu zweit zehn Gerichte, was sich lohnt u. a. für Gitzi-Carpaccio mit grillierten Brombeeren und roten Zwiebeln, Kartoffelsalat mit kandiertem Speck und für die Bundkarotte mit Kreuzkümmel und Koriander. Die glasierte Pastinake mit Sommerkräutern an Kalbs-Jus ist ein weiterer Höhepunkt für jeden neugierigen Gaumen. Kompliment auch für das aussergewöhnliche Weinangebot.

8400 Winterthur, Stadthausstrasse 10, 052 212 00 22, www.rosapulver.ch

Schlosshalde

Vielfältig Riemenboden, schlicht eingedeckte Tische, eine Terrasse mit Aussicht, natürliche Herzlichkeit und Kompetenz, eine durchdachte regionale Weinauswahl aus einem Radius von 30 Kilometern, unter anderem von Lokalmatador Stephan Herter (Räuschling «Ferdinand»), und eine entspannte Küche, das sind die Ingredienzen für diese wunderbare Beiz. Ein weiterer Pluspunkt sind die Gästezimmer, die Weinfreunde entspannt zurücklehnen lassen. Am Abend werden drei Gänge aufgetischt wie etwa eine Kräuterschaumsuppe, ein Hasenragout mit Polenta und Käse oder einer der genialen Kuchen aus der hauseigenen Konditorei. Mehr zur «Schlosshalde», ihren Kulturabenden und ihrem Projekt der Integration von Jugendlichen in einer schwierigen Situation lesen Sie auf der Website.

8404 Winterthur, Mörsburgerstrasse 36, 052 233 78 78, www.moersburg-winterthur.ch

Zur Trotte

Wirtschaft & Weinbau Natürlich gibt es einige Restaurants, die es verstehen, mit dem Spargel umzugehen, die ihn nicht verkochen oder zu knackig servieren, die ihm auch bei Andrang die notwendige Aufmerksamkeit schenken, damit er so auf den Tisch kommt, wie er eben sein muss: mit leichtem Biss und vollem Aroma. Kenner essen ihn von Hand, Snobs mit Messer und Gabel. In der wunderschönen «Trotte» wird er mit Bein-, Roh- und Kalbsschinken gereicht, dazu gibt's eine Sauce Hollandaise und Mayonnaise. Butter und Parmesan wäre eine weitere Variante, die für mich besser zum grünen Spargel passt. Jakob und Rosanna Baur-Spinelli führen seit 24 Jahren die «Trotte». Im Frühling gibt's Spargel und im Herbst Wild. Dazu trinken die Gäste die hauseigenen Weine und Schnäpse.

8415 Berg am Irchel, Dorfstrasse 2,
052 318 11 32, www.zur-trotte.ch

Zur frohen Aussicht

Froh, froh Seit Jahren sind Beizen, die den ganzen Tag oder immerhin schon nachmittags geöffnet haben, in der Minderheit. Schön, dass die «Aussicht» bereits um 15 Uhr öffnet und die Rettung für durstige und gesellige Seelen ist. Wer sie besucht, nimmt Zeit mit und geniesst die Herzlichkeit der Gastgeberin Sonja Werner, die einfache, gute Speisen auftischt, wie etwa der Wurst-, Käse- und Ochsenmaulsalat. Dazu gutes Brot und vorab ein Bauernspeck zum selber schneiden, schon sinkt der Puls, und die Welt scheint schwer in Ordnung. Ein Wirtshaus wie die «Aussicht» ist eine Einkehr, die in unserer heutigen Konzeptgastronomie immer seltener anzutreffen ist und die es zu pflegen gilt. Tragen wir Sorge zu ihr, indem wir sie regelmässig besuchen.

8453 Alten, Marthalerstrasse 17,
052 317 10 09, www.aussicht-alten.ch

Neuhof (Seite 284)

Restaurant Post

Gewinn Mit Natalie und Robby Ulbricht hat die legendäre Wirtin Anna Erb nicht nur ihre Nachfolger, sondern auch die Richtigen für ihre schöne Beiz gefunden, die es verstehen, neue Akzente zu setzen, ohne dabei das Alte aus den Augen zu verlieren. So gibt es weiterhin Kutteln und Kalbsleber, aber auch Gerichte wie Schweinebauch mit Polenta oder Suppenfleisch mit frischem Meerrettich. Robby Ulbricht kocht keine gedrechselte Gourmetküche, sondern setzt auf schmackhafte Klassiker. Nebst lokalen Weinen werden auch Flaschen aus Südafrika kredenzt, was nicht einfach ein Spleen der Gastgeber ist, sondern mit der Heimat von Natalie zu tun hat. In der «Post» lassen es sich die Volkener wie auch die luxusmüden Städter gut ergehen. Einige bereits mit Speckspiegeleier oder Rühreier zum Znüni.

8459 Volken, Flaachtalstrasse 30,
052 318 11 33, www.post-volken.ch

Restaurant Augarten

Vom eigenen Hof Da getrauen sich zwei Schwestern was. Anica kocht, Nicole Schmid tischt auf, zartes Fleisch, das vorwiegend vom elterlichen Bauernbetrieb stammt. Zum Beispiel Koteletts, die mit der Braugarten-Biersauce aromatisiert werden, oder butterweiche Schweinskopfbacken. Auch der Bierteig, in dem der filetierte und durch den Fleischwolf gedrehte Alet (Weissfisch) steckt, wird mit dem hauseigenen Flüssigbrot, dem Braugartenbier von Kai Isele, parfümiert. Wer den Sonntag auf dem Lande liebt, sitzt hier mit Freunden in der ersten Reihe oder kommt gleich für ein Wochenende und bezieht eines der Gästezimmer. Schön, dass die Gastgeberinnen über den Genuss-Tellerrand schauen und die soziale Funktion einer Beiz durch ihre Öffnungszeiten ermöglichen. Merci bien.

8462 Rheinau, Untere Steig 15,
052 319 12 67, www.augarten-rheinau.ch

Das Fleisch / KURO

Vorbildlich Nicola Eicke und Urs Keller sprechen Klartext, wenn es um die natürliche Tierhaltung geht. Fünf Höfe arbeiten gemeinsam für das Wohl der Tiere und für besseres Fleisch. Die Tiere kennen die sattgrünen Wiesen, Schweine dürfen sich wie Schweine benehmen, und Rinder werden mit den besten Ingredienzen verwöhnt. Wer als Allesesser bis anhin mit Aktien gehandelt hat, lässt das bleiben und investiert in das Unternehmen Fleisch für besseres Fleisch oder in KURO. Das wäre doch eine reelle Ansage und würde das theoretische Geschwafel am Stammtisch ersetzen. Es gilt mehr denn je Individualisten wie Anja First und Fabio Müller zu unterstützen, die auf ihrem Hof die charakterstarken Kuro-Schweine züchten und denen sie ein gutes Leben in Oberwil Dägerlen und Neftenbach ermöglichen.

8604 Kindhausen,
079 637 59 22, www.dasfleisch.ch
8471 Oberwil (Dägerlen), Hertiweg 1,
079 790 14 62, www.kuro.ch

Hopfentropfen

Hopfen und Malz Schaubrauerei, Hofladen, Besenbeiz und Lehrpfad – es ist alles da, um einen entspannten oder lernreichen Nachmittag zu verbringen. Agrotourismus auf eine gute Art. Was es mit dem Hopfen als Heilpflanze auf sich hat, lässt sich in einem zweistündigen Seminar ergründen. Die Familie Reutimann steckt voller Ideen und vergisst bei allen innovativen und schwung- und lustvoll umgesetzten Angeboten ihr Qualitätsdenken nicht, das breit gefächert ist. Einige Ideen, wie die «Bier-Olümpiade», sind wohl in bierseligen Momenten gereift, Lektionen über Whisky und Bier und was die zwei Komponenten gemeinsam verbindet, sprechen wiederum ein anderes Publikum an, was aufzeigt, dass die Reutimanns ein breites Spektrum abdecken.

8476 Unterstammheim, Kollbrunn 422,
052 745 27 19, www.hopfentropfen.ch

Winkelstube

Die rettende Helferin Wozu so ein mühsamer Stau auf der Autobahn gut sein kann! Ohne den verkehrstechnischen GAU hätte ich die «Winkelstube» nie gefunden, geschweige denn Gastgeberin Elsbeth Helfer kennengelernt, die an diesem Freitag meine persönliche Retterin war und meine denkbar schlechte Laune im Nu aufheiterte. Mit einer Portion Speck vom Brett und Saft vom Fass. Danach mit Kalbsgeschnetzeltem und Rösti, die mich an die Küche meiner Oma erinnerte. Wer hierher in diese wunderschöne Wirtschaft kommt, nimmt nur seine besten Freunde mit, die sich über so ein Kleinod vorbehaltlos freuen können. Am besten am Tage des Herrn, dann, wenn es um zehn Uhr mit dem Frühschoppen losgeht und sich die ganze Region in der «Winkelstube» trifft.

8478 Thalheim an der Thur, Im Winkel 5, 052 336 13 41 oder 079 736 69 32, www.winkelstube.ch

Sternen

Sternstunden Der «Sternen» wurde von Regisseur Christoph Schaub in dem 2004 erschienenen Film «Sternenberg» mit Mathias Gnädinger berühmt in Szene gesetzt. Im Dezember 2016 brannte das Haus leider bis auf die Grundmauern nieder und seit Mai 2020 hat der neue alte «Sternen» wieder geöffnet. Lokale Handwerker haben mit regionalem Holz das Gebäude wieder aufgebaut, und es sieht so schön aus wie früher. Einfach anders. Ein sympathisches Team unter der Leitung von Marianne Brühwiler hält den Wohlfühlfaktor hoch, derweil der neue Küchenchef Kim Muff mit seinen Ideen das Angebot erweitert, ohne das Traditionelle zu vernachlässigen. Nicht wegzudenken ist die gute Seele des Hauses, Mama Vroni Rüegg, ohne die der «Sternen» nicht der «Sternen» wäre.

8499 Sternenberg, 052 386 14 02, www.sternen-sternenberg.ch

Bären

Aufs Leben Christian Mutschler ist Jäger, Fischer und Einkäufer. Lust auf Wels, Wildschwein oder Gams? Auf Mistkratzerli oder Wasserbüffel? Die Jagd hat der Qualitätsfanatiker vor einigen Jahren im Engadin kennengelernt. Anfänglich war er mit dem Fotoapparat auf der Pirsch, dann mit der Flinte. Er nutzt und verarbeitet das ganze Wildbret aus heimischer Jagd. Wer als Gruppe reserviert, kommt in den Genuss von ganzen Wild-Keulen. Die auffallend präzise Küche behelligt ihre Gäste weder mit dicken, zu Tode reduzierten Saucen noch mit zu viel Rahm oder Butter. Es passt und schmeckt. Wer den «Bären» aufsucht, nimmt sich als kultivierter Gast Zeit, geniesst, und verlangt ein Supplement, weil's so gut ist, schenkt sich nach und trinkt aufs Leben.

8627 Grüningen, Stedtligass 26,
044 935 11 76, www.restaurant-baeren-grueningen.ch

Fischstübli

Beim Bildhauer Jérémie Crettol ist Berufswalliser, Bildhauer und ein Original. Ein junges zwar, aber doch ein Original. Er ist mit dem Zürichsee schon länger verbunden als so mancher Einheimischer und ein omnipräsenter Freigeist wie aus dem Bilderbuch. Wer zu ihm kommt, bestellt das, was er empfiehlt. Angefangen hat er mit seinen hausgemachten «Fischstäbli», heute tischt er ab und zu eine Bouillabaisse von Süsswasserfischen auf. Die Pièce de Résistance des Hauses ist sein Raclette, für das Crettol extra einen Holzofen konstruiert hat, an dessen Buchenholzfeuer er den Laib zum Schmelzen bringt. Den Rest machen die Atmosphäre und die Walliser Weine. Und was könnte zu einem Bildhauer besser passen als der TV-Spot von Tourismus Wallis: «Wallis – ins Herz gemeisselt.»

8703 Erlenbach, Schiffländestrasse 15,
079 780 80 14, keine Website

Rössli Beiz

So geht das Das «Rössli» ist so legendär wie schön, patiniert und lebendig zugleich, mit Gastgebern, die ihre Gäste ernst nehmen, sofern sich diese zu benehmen wissen. Seit dem 16. Jahrhundert wird hier gewirtet und gelebt. Mit einem dünn aufgeschnittenen Kalbsbraten an einer Kräutervinaigrette, mit einem Cordon bleu, gefüllt mit Bündner Rohschinken und Bergkäse, oder mit einem Ragout vom regionalen Lamm, geschmort in einem Mix aus Zimt, Koriander und Feigen, was verwegen klingt und wunderbar schmeckt, begleitet von einem Couscous mit Minze. Nicht vergessen werden darf der Hausklassiker, ein Hackbraten von Rind und Kalb, bei dem der gute Jus problemlos ohne Trüffelöl auskommen würde. Kultur wird grossgeschrieben, zahlreiche Veranstaltungen waren und sind legendär.

8712 Stäfa, Bahnhofstrasse 1,
044 926 57 67, www.roesslibeiz.ch

Pastiamo Comestibles

Fatto in Pastiamo Qualität hat ihren Preis, das ist nichts Neues. Boris Bühler und Ralph Sudan denken und handeln aber anders. Bei ihnen einzukaufen und Geld loszuwerden, macht doppelt so viel Spass. Die Käse sind perfekt affiniert und haben die richtige Reife, die Salume sind schön weich oder hart, je nach Vorliebe, die eleganten Olivenöle kommen ab Fass. Delikatessen im Glas oder doch lieber Biofrischfleisch aus artgerechter Haltung, die Tagesform entscheidet. Da gäbe es aber auch noch exzellente Antipasti, feine Panini, hausgemachte Gnocchi und eine gepflegte Weinauswahl, der man vor Ort beim Aperitif zu Leibe rücken kann. Den ersten Kaffee gibt es ab neun Uhr, die Leidenschaft der Gastgeber immer und erst noch gratis.

8712 Stäfa, Banhofstrasse 1,
044 926 61 81, www.pastiamo.ch

Cucina piccante

NEU

Spontan Oft schreibe ich von einer stimmungsvollen Beiz, und daher habe ich nach einen Synonym gesucht und bin fündig geworden: gefühlsbetont, gefühlsselig, gemütvoll, lyrisch, romantisch, würdevoll, beseelt, gefühlerfüllt, seelenvoll und poetisch. Also das alles ist die «Cucina piccante», auch wenn das auf dem Bild nicht ersichtlich ist, in die ich immer mal wieder flüchte, wenn ich einen Termin im Osten spontan schwänzen will und hier zum Mittagstisch einkehre, denn abends ist hier zu, was schade ist, würde sich der Ort auch gut eignen, wenn ich vom Osten her auf der Autobahn nicht weiter komme. Trommle ich zehn Freunde zusammen, dann öffnet die «Cucina». Letzthin ass ich eine Pasta mit Salsiccia und Pfifferlingen. Saugut war's, wie auch die Porchetta vom Freilandsäuli.

8330 Pfäffikon, Kempttalstrasse 8,
043 288 87 13, www.cucinapiccante.ch

Alte Post

Eine Zeitreise Die «Alte Post» ist so einfach wie wünschenswert und besticht mit einem Weinangebot, das mancher gedrechselten Gourmetküche gut anstehen würde. Sabina und Franz Lehner tischen eine einfache Küche auf. Biobrot und Butter, Bratwurst und Kartoffelsalat oder geschnetzeltes Rindfleisch vom lokalen Angus mit Rösti. Ein Gunstplatz ist der verträumte Garten, der sich ans Haus anschmiegt und für wohltuenden Schatten sorgt. Das Ganze ist eine einmalige Mischung aus Mensch, Atmosphäre und Raum zum Atmen. Seit Ende des 19. Jahrhunderts ist die «Alte Post» eine Beiz, 1962 hat sie die Mutter von Sabina, Erika Früh-Küng, übernommen und während 27 Jahren geführt. 1989 ist Sabina in die Fussstapfen ihrer Mutter gestiegen, 1999 ist ihr Mann Franz dazugekommen. Ende gut, alles gut.

8914 Aeugstertal, Pöstliweg,
044 761 61 38, keine Website

Übernachten im Kanton Zürich

Hirschen Stammheim

Wechsel Hatte der «Hirschen» früher nur drei Gästezimmer im Stammhaus, kommen heute in den Häusern «Wyttenbach» und «Graf» weitere Räume hinzu. Stilvoll und ruhig schlafen, gut essen und trinken, das Ganze ist ein entspanntes Retreat von allem, hat aber in den letzten Jahren einige Wechsel hinter sich. Bleibt zu hoffen, dass mit Küchenchefin Barbara Schürch Ruhe eingekehrt ist, die der «Hirschen» vordergründig ausstrahlt. Das Angebot überzeugt und pendelt sich zwischen Tradition und Innovation ein, gekocht für Gäste, die sich über unprätentiöse Gerichte freuen und die auf dem Teller ohne Firlefanz auskommen und dazu verleiten, schnell wiederzukommen, weil's so gut war.

8477 Oberstammheim, Steigstrasse 2, 052 745 11 24, www.hirschenstammheim.ch

Ostschweiz

SH
8200 Schaffhausen
03 Buchthalen
8253 Diessenhofen
8272 Ermatingen
9050 Unterschlatt
8218 Osterfingen
8266 Steckborn
8260 Stein am Rhein
25 Wilen bei Neunforn
8524 Buch bei Frauenfeld
Bodensee
8554 Wigoltingen
8590 Romanshorn
8524 Iselisberg
8524 Uesslingen
8580 Sommeri
455 Rüdlingen
TG
8570 Weinfelden
9314 Steinebrunn
9503 Lanterswil
9325 Roggwil
9320 Arbon
ZH
9512 Rossrüti
9246 Niederbüren
9422 Staad
9300 Wittenbach
9500 Wil
9212 Arnegg
9000 St. Gallen
9413 Oberegg
9410 Heiden
9442 Berneck
9042 Speicher
9044 Wald
9064 Hundwil
9053 Teufen
Pfäffikersee
9122 Mogelsberg
9043 Trogen
9063 Stein
9104 Waldstatt
9050 Eggerstanden
Greifensee
9050 Appenzell
AR
9107 Urnäsch
AI
9633 Hemberg
ürlersee
Zürichsee
8645 Rapperswil-Jona
9651 Ennetbühl
8730 Uznach
ZG
SG
ugersee
SZ
8872 Weesen
8878 Quinten
Ägerisee
Sihlsee
Walensee
8753 Mollis
Wägitalersee
8754 Netstal
Lauerzersee
Klöntalersee
7304 Maienfeld
8750 Klöntal
8762 Schwanden
rwaldstättersee
7307 Jenins
8772 Nidfurn
7326 Weisstannen
W
GL
8784 Braunwald
7559 Tschlin
Limmerensee
7017 Flims
7156 Pigniu
7152 Sagogn
7554 Sent
7157 Seth
7122 Valendas Sagogn
7050 Arosa
7553 Tarasp
7122 Valendas
7543 Lavin
UR
7156 Breil-Brigels
7130 Ilanz
7416 Almens
7173 Surrein
7114 Fürstenau
7148 Lumbrein
7187 Camischolas
7430 Rongellen
7189 Rueras
7107 Safien
7536 Santa Maria
7109 Thalkirch
7482 Bergün/Bravuogn
GR
7440 Andeer
7502 Bever
7435 Splügen
7448 Juf
7514 Sils im Engadin
TI
7603 Vicosoprano
7742 Poschiavo
7605 Stampa
6543 Landarenca
7745 Li Curt
6538 Verdabbio
Lago di Vogorno
6517 Arbedo
0
10
20
30 km

Le Tre Beffane

NEU

Surprise Die in die Jahre gekommene, heimische Italianità-Szene schwärmt von der Gastgeberin Isabella Nardozza und der Köchin Roma Cirillo. Mit den beiden Frauen hat die Munot-Stadt zwei würdige Nachfolgerinnen für die legendäre Wirtin und Köchin Elvira Rossi-Bergamini (Beckenburg) und Luciana Eckert (Schiff) gefunden. Ihre Taverna Le Tre Befane ist so einfach wie wünschenswert und vermittelt ein echtes Stück südliches Italien. Die Pasta ist fatta in casa wie alle Gerichte, die sie mit Grandezza auftischen. Unbedingt frühzeitig reservieren – und sich dann einfach überraschen lassen, es gibt keine Speisekarte. Wer Angst vor zu vielen Kalorien hat, mietet sich ein Weidling (Boot) und sticht mit eigener Muskelkraft rheinauf- und -abwärts und setzt sich danach mit einem Bärenhunger zu Tisch (www.myweidling.ch).

8200 Schaffhausen, Nordstrasse 104, 079 819 11 01, www.taverna-letrebefane.ch

Mondo Caffè

NEU

Salve So einfach und unkompliziert, wie es der Alltag verträgt, wird im «Mondo» lustvoll gekocht und aufgetischt. Der Stimmungsbarometer der Gäste schwankt zwischen heiter bis fröhlich, die Qualität des Essens bleibt sich gleich und ab und zu wird ein Pizza-Festival ausgetragen, was bei einer Pizzeria aber nichts Ungewöhnliches ist. Das «Mondo» ist mehr als eine belanglose Pizzeria, vielmehr ist sie Pasteria, Caffè, Bistro und Bar, kurz ein beliebter Treffpunkt auf ein Glas, für den Kaffee und Grappa, ein Gelato oder Fladenbrot, für das kleine oder grosse Mahl, die Pasta oder für die Calzone, meine Lieblingspizza. Nicht unerwähnt lassen darf ich die Polpette und die grillierte Salsiccia und der gepflegte Absacker danach. Kurz, eine Beiz für alle Fälle.

8200 Schaffhausen, Grubenstrasse 92, 052 558 88 22, www.mondocaffe.ch

D'Chuchi

In der Küche Auf die Idee muss erst mal einer kommen, in einer Hintergasse eine Beiz zu eröffnen und sicher zu sein, dass die Sache funktioniert. Jan Schmidlin und Andrea Zürcher führen «D'Chuchi» mit Elan und Esprit. Die Kochsprache von Jan Schmidlin überrascht, überzeugt und hat ihren Preis. Wer seine Karte studiert, dem fällt das Verhältnis zwischen Produkt und Preis auf, das nicht so recht zusammenpassen will. Wer seine ausgetüftelten Gerichte kennenlernt, wird verstehen, was da in der Küche abgeht und wie viel Arbeit dahintersteht. Die Tomate mit Joghurt, Mandel und Dill ist nicht nur eine beliebige Kombination dreier Produkte, sondern ein ausgeklügeltes Gericht, das in einer Symbiose im puren Geschmack endet. Klingt etwas abgehoben, schmeckt aber ungemein.

8200 Schaffhausen, Brunnengasse 3,
052 620 05 28, www.dchuchi.ch

Daniele

AWARD 2024

Sensorik Die Sensibilisierung für den Genuss hat Daniele Peruch von seiner Mutter Elsa, das Talent für die Mechanik von seinem Vater Giacomo. Seine Frischteigwaren sind exzellent, die Rezepte stammen von seiner Nonna, was schon alles sagt. Kosten Sie von den Wildschweinravioli, dann wissen Sie, was ich meine. Einzigartig ist die Essigmanufaktur. Daniele ist in der Schweiz der Verfechter und Experte für Aceto balsamico, wie auch für Apfel- und Traubenessig. Er macht mit seinen Spitzenprodukten klar, dass er mit den Produzenten aus Modena, dem Olymp der Essigmacher, problemlos mithalten kann. Nur gut, dass seit drei Jahren mit Marco Peruch die zweite Generation das Familienunternehmen führt. Der Gaumenschmaus ist für die nächsten Jahre gesichert. Daniele ist unser Einkaufskorb 2024.

8200 Schaffhausen, Fronwagplatz 7,
052 625 82 70, www.daniele.shop

Chäs Marili

Alles Käse Mit etwas mehr als 22 Kilogramm pro Kopf pro Jahr ist die Schweiz eine Nation von Käseliebhabern. So weit die Switzerland Cheese Marketing in ihrem Bericht zur Käselage der Nation. Das freut nicht nur die Käser, das freut auch die Käsehändler. All jenen, die die Käseauswahl in Beat Hofstetters Käseladen sprachlos macht, erklärt der Patron wortgewaltig und sachkundig jeden einzelnen Käse. Das kann dauern, aber lohnt sich. Falls Sie ihn am Samstag besuchen, üben Sie sich in Geduld, wird doch der Laden durch die Stammkunden in Beschlag genommen. Ob Frischkäse oder Käse mit Edelpilz, mit Schimmel- oder gewaschener Rinde – es ist alles da und in einem optimalen Reifestadium. Wer keine Zeit hat, vorbeizuschauen, bestellt online, was aber nicht das Gleiche ist.

8200 Schaffhausen, Fronwagplatz 9, 052 625 16 37, www.chaes-marili.ch

Annegreth's Schützenstube

Chapeau! Annegreth Eggenberg ist eine Köchin, die kulinarische Trends schon lange in die Pfanne haute, als diese noch nicht zum Alltag gehörten, und sie war die Erste in der Region, die ihren Gästen «Nose to Tail» schmackhaft machte. Als das Fleisch von «LUMA» noch nicht in aller Munde war, hat sie auf die Jungunternehmer gesetzt. Heute arbeitet sie mit regionalen Bauern zusammen, die nachhaltig denken und ihr Vieh artgerecht behandeln. Und auch die vegetarische Küche steht immer mal wieder bei ihr im Mittelpunkt, wie auch Gastgeberin Anita Schwegler gerne Weine von unbekannten Winzern ausschenkt. Auf den Punkt gebracht: So geht Beiz! Doch wie lange noch? Die zwei Damen denken immer lauter über den Ruhestand nach. Mein Tipp: Einfach noch mal hingehen, bevor sie sich verabschieden.

8200 Schaffhausen, Schützengraben 27, 052 625 42 49, www.schuetzenstube.ch

Frohsinn Buchthalen NEU

Heiliger Bimbam 2026 wird Heike Möckli ihr 40-Jahr-Jubiläum feiern. Die letzte grosse Sause war 2016, ansonsten geht es bei ihr in der Quartierbeiz beschaulich zu und her, falls sich nicht am Stammtisch gerade zwei Ständeratskandidaten mit der Zeitung ins wählbare Licht palavern zu versuchen. Wirtschaftsbeziehungen können verblassen, aber nicht zu einer Gastgeberin wie Heike, bei der weder die Begrüssung noch der Toast Hawaii daneben gehen. Sie ist eine Gute-Laune-Wirtin, die für jeden Gast ein gutes Wort übrig hat und mal besser, mal Heike kocht. Für die Gastfreundschaft gibt es keine Sterne, aber sie zieht Gäste an, die so was nicht vergessen, sondern täglich schätzen. Mag der Alltag noch so schwer sein, im «Frohsinn» finden alle zivilisierten Gäste eine Schutzzone, die einmalig ist. Auch nach Jahren.

8203 Schaffhausen, Hintergasse 1,
052 625 17 69, keine Website,
Mo – Fr ab 8 Uhr geöffnet,

Bad Osterfingen

Bilderbuchgarten Bad Osterfingen ist ein stattliches Gasthaus und renommiertes Weingut mit einem wunderschönen Bilderbuchgarten, einer vorzüglichen Küche, in der die Spätzli frisch geschabt werden, das Brot in den Holzofen geschoben wird, die Frites von Hand ihren Feinschnitt erhalten und der Sonntagsbraten nach allen Regeln der Kunst zubereitet wird. Alles frisch, alles fein und dies bereits in der dritten Generation. Nicht einmal die unzähligen medialen Lobeshymnen haben der Oase von Ariane und Michael Meyer etwas anhaben können. Es bleibt im «Bad» so, wie es immer war – bürgerlich gut. Die Seligkeit vollkommen machen die Weine von den eigenen Reben. Natürlich hat der «Zwaa» Kultstatus; mir persönlich schmeckt der einfache Blauburgunder am besten.

8218 Osterfingen, Zollstrasse 17,
052 681 21 21, www.badosterfingen.ch

Bistro Chez Ulrique

Musik Barock statt Rock, Jugendstil statt Bauhaus – der sympathischen Gastgeberin Ulrike Bieri ist ein schöner Wurf gelungen, als sie das Parterre im Haus an der Schwarzhorngasse 5 in ein opulentes Café-Bistro verwandelt hat, das zum einen von den Konzerten und zum anderen von seinen Stammgästen lebt. Natürlich zieht Stein am Rhein in den Sommermonaten zahlreiche knipsende und neugierige Touristen an, die mal ihre Nase in das stilvolle Bistro stecken, aber das Leben findet auch an einem pittoresken Ort wie Stein am Rhein in den Wintermonaten statt, zu denen Ulrike Bieri eben zu ihren ausverkauften Konzertabenden einlädt, die in der Region Kultstatus haben und bei den Einheimischen sehr beliebt sind. Einfach eine Kleinigkeit essen und trinken geht aber auch.

8260 Stein am Rhein, Schwarzhorngasse 5, 076 343 13 67, www.bistro-chez-ulrique.ch

Stube

Freude herrscht Die «Stube» hat nicht nur einen gepflegten Garten, sondern macht mit ihren gemütlichen Ecken ihrem Namen alle Ehre. Hinzu gesellen sich Herzlichkeit und Zuvorkommenheit eines aufgestellten Teams. Wer hierher kommt, freut sich an den gedämpften oder gebackenen Fischklassikern. Ich liebe die Stube-Platte mit einem Potpourri aus Egli, Zander, Felchen und Hecht, sekundiert von der hausgemachten Mayonnaise. Der Kabissalat mit Speck gehört als Entrée ebenfalls zu meinem Pflichtprogramm. Dazu eine Flasche Rüdlinger Riesling-Silvaner von Kümin aus Freienbach oder einen Buchberger Räuschling von Jörg Fehr. Schleckmäuler wiederum wissen, dass das Soufflé Glace au Grand Marnier hausgemacht ist und reservieren sich bereits frühzeitig eine Portion.

8455 Rüdlingen am Rhein, Hinterdorfstrasse 25, 044 867 01 30, www.stuberuedlingen.ch

Übernachten in der Stadt Schaffhausen

Kastanienbaum

Rar Noch vor 40 Jahren stritten sich Solothurn und Schaffhausen darüber, wer die grössere Beizen-Dichte hat. In der Zwischenzeit ist die Munot-Stadt ins Hintertreffen geraten. Viele Namen sind verschwunden, zahlreiche Restaurants gibt es nicht mehr, was mich traurig stimmt, obwohl ich nur ein kleiner notorischer Nostalgiker bin. Gerade mal an zwei Abenden haben die Gastgeber Maxime Bolli und Jonas Hagoort ihren «Kastanienbaum» geöffnet, und wem das zeitlich nicht geht, kann sich sein Menü nach Hause bringen lassen. Allesesser lehnen sich im Lokal entspannt zurück und wählen aus einem kleinen durchdachten Angebot vier Gänge zu fairem Preis. Ein weiteres Plus ist das stilvolle Gästezimmer, das ab zwei Nächten gebucht werden kann.

8200 Schaffhausen, Webergasse 8,
079 936 32 56, www.fineseasons.ch

Hotel 2B

Wer sucht, der findet Schaffhausen macht es seinen Besuchern nicht einfach. So wird die Suche nach einer stilvollen und doch unkomplizierten Übernachtung in der Altstadt zur Herausforderung. Per Zufall habe ich durch eine Heimwehschaffhauserin das Hotel 2B kennengelernt, das acht individuelle, unkonventionelle und komfortable Zimmer anbietet. Die stilistisch eigenwillige Einrichtung und die erstaunlich ruhige Lage am Münsterplatz sind die Pluspunkte des Hauses. Für den Check-in geht's in die lebendige Vordergasse zum US-Mex-Restaurant, und wer sich ein Frühstück wünscht, wird enttäuscht, was nicht weiter tragisch ist, warten doch an der Vordergasse die Confiserien Reber (die mit den Schaffhauserzungen) und Rohr (das älteste Wiener Kaffeehaus der Region) auf Hotelgäste mit Appetit.

8200 Schaffhausen, Münsterplatz 30,
052 649 40 41, www.hotel2b.ch

Gourmet am Rhein

Feinkost-Manufaktur Die Leidenschaft zu den Wildkräutern hat Helga Maurer dazu veranlasst, ihre zwei Ausbildungen zur zertifizierten Kräuterfachfrau und zur Aromatologin Modul 1 + 2 zu absolvieren. Auf der Alp Pargitsch in Churwalden, dort wo u. a. der Löwenzahnhonig entsteht, werden viele Rohwaren für die Produktion geerntet und zum Teil auch vor Ort verarbeitet. Ihre Feinkost-Manufaktur bietet zahlreiche Köstlichkeiten wie Liköre, Essige und Öle, Konfitüren, Salze und Gewürze, Sirupe und anderes Feines, die bei ihr im Hausgang in Diessenhofen gekauft oder online bestellt werden können. Öffnungszeiten gibt es keine. Also immer vorher anrufen und nachfragen oder am PC auf der Website nachsehen, was die Kräuterfee gerade so alles an Lager hat.

8253 Diessenhofen, Rhyäcker 9,
052 657 33 81, 079 446 52 38,
www.gourmetamrhein.ch

Bulant's Käsespezialitäten

Im «Milchlädeli» Das war einmal vor knapp 100 Jahren. Heute warten auf Käseliebhaber oder solche, die es werden wollen, im Familienbetrieb über 150 exzellente Käse, darunter ein Stilton, den ich nicht mit Portwein aromatisieren würde. Vorbildlich sind dabei die Reifegrade der Käse und die spannende Selektion an Rohmilchkäse. Wer Lust auf englische Ales und belgische Trappistenbiere sowie Single Malt Whiskys hat, findet hier zudem ein spannendes Angebot, ebenso wie gutes Fleisch und Brot. Also doch noch «'s Milchlädeli» oder der Tante-Emma-Laden mit Käse und Vorbildfunktion? Wie auch immer, mit Beatrice und Philippe Bulant-Stierli ist seit 1996 die dritte Generation an der Reihe und schenkt der Region mit ihrem «Laden» Lebensqualität. Applaus.

8266 Steckborn, Obertorstrasse 9,
052 761 23 81, www.bulant.ch

Seegarten

Geruhsame Einkehr Rund 11 000 Tonnen Egli werden jährlich in die Schweiz importiert. Die Nachfrage nach Schweizer Wildfang ist gross, der Ertrag ist klein. Dazu hat auch die Überdüngung der Schweizer Seen beigetragen, die zum Aussterben diverser Felchen- und Saiblingsarten führte. Heute sind es, bildlich gesprochen, die Berufsfischer und traditionellen Fischköche, die vom Aussterben bedroht sind. Jungköche setzen sich vorwiegend mit Edelfischen auseinander, die zu Ruhm, Punkte und Sterne führen sollen. Dass es auch anders geht, zeigen Myrtha Graf, Luzia Graf-Meier und Rolf Meier in ihrem «Seegarten», der mit Garten, Stube, Kachelofen und familiärer Stimmung aufwartet. Das Tagesangebot richtet sich nach dem Fangglück von Berufsfischer Rolf Meier.

8272 Ermatingen, Untere Seestrasse 39, 071 660 06 21, www.seegarten-ermatingen.ch

Wirtschaft zum Hirschen

Gefühlsecht Der «Hirschen» ist ein rares Exemplar einer lebendigen Dorfwirtschaft. Eine Wirtschaft in der Abgeschiedenheit der Thurgauer Provinz, die immun gegen jegliche kulinarischen Eskapaden ist. Die Spezialitäten des Hauses sind schnell aufgezählt, wobei das so eigentlich nicht stimmt, nur kehre ich immer wieder zu dem luftigen Hackbraten zurück. Die Hausspezialität schlechthin ist das Schweins- und Kalbs-Cordon-bleu mit Käse aus dem Angebot von Susanne Tritten. Speziell ist auch das Hechtessen mit Fischen aus dem Buchemer Hasensee, gefischt von Angler-Stammgästen, während in der Halali-Zeit ab und zu auch ein heimisches Reh, aus dem der begehrte Rehrücken, Rehpfeffer und die Rehschnitzel zubereitet werden, auf dem Küchentisch landet.

8524 Buch bei Frauenfeld, Hauptstrasse 17, 052 746 14 28, www.hirschen-buch.ch

Zur Aussicht

Auszeit mit Ausblick Der Weiler Iselisberg muss wohl ein Kraftort sein, so entspannt, wie ich mich im wunderschönen Garten fühle. Unter den Bäumen die Natur zu sehen, beruhigt das Auge, entspannt Geist und Seele und lässt den Alltag sehr schnell vergessen, was mir durch den ersten Bissen in eine von Tannenschössling eingehüllte Pecoretta-Käsekugel kulinarisch bestätigt wird. Die Gerichte von Mischa Lisa Jordi verursachen Zufriedenheit, fordern die Geschmacksnerven, aber überfordern sie nicht. Dazu passt der unkomplizierte Hauswein von Besitzer und Winzer Christoph Wiesmann oder der knackig frische Brut Blanc de Noir vom Weingut Adank. Kurz, Samuel, Mischa Lisa und Severin Jordi sind auf Kurs, bieten eine herzliche Gastfreundschaft und innovative Küche mit nachhaltigen Produkten, die sie bei kleinen regionalen Anbietern beziehen.

8524 Uesslingen-Buch, Iselisberg 12, 052 746 10 90, www.aussicht-iselisberg.ch

Morgensonne

Grenzenlos Mitten durch Wilen verläuft die Grenze zwischen den Kantonen Thurgau und Zürich. Die «Morgensonne» ist grenzenlos, die von der sympathischen Familie Stürzinger bespielt wird. Mit von der Partie ist auch Tochter Svenja, die eine junge, exzellente Köchin ist und der Beiz mit einem wöchentlich wechselnden Angebot neues kulinarisches Leben einhaucht. Z. B. mit lokalem grünem Spargel, geschmortem Fleisch und Rhabarbermousse. Sommerfrischler genehmigen sich vor dem Beizengang ein Bad im Dorfweiher, den sie sich mit allerlei Fischen wie Hecht, Zander, Rotaugen, Schleien und Karpfen teilen. Das Fischen ist den Einheimischen vorbehalten, die «Morgensonne» mit ihrem idyllischen Garten und dem verträumten Vorplatz samt Gartenbank ist für alle da.

8525 Wilen bei Neunforn, Dorfstrasse 38, 052 745 12 33, www.wirtschaftzurmorgensonne.ch

Wartegg

In vino veritas Wigoltingen ist bei Gourmets berühmt fürs «Schäfli», dabei hat die Region mit Christoph Frei eine gesetzte Alternative, der im schön gealterten Landgasthof Wartegg eine inspirierende Küche zelebriert: Rindstafelspitz an Wasabi-Dressing mit gebratenen Steinpilzen, Thurgauer Reh an Soja-Ingwer-Reduktion und zum Dessert Birne Helene, das sich aus pochierter Birne, Birnensorbet und Schokoladensauce zusammensetzt. Das Weinangebot ist ein grosser Pluspunkt des Hauses, mit einer Auswahl an Thurgauer Weinen, die ich so noch nie gesehen habe. Mit Raritäten vom Schlossgut Bachtobel, vom Weingut Martin Wolfer, aber auch – einer meiner neu entdeckten Winzer – vom Weingut Michael Broger. Muss die Passion von Christoph Frei sein. Hut ab und santé.

8554 Wigoltingen-Hasli, Mühlheimerstrasse 3, 052 770 0808, www.landgasthof-wartegg.ch

Eigenhof

NEU

God save the King Das ist doch eine schöne Momentaufnahme, wenn eine Wirtschaft von sich behaupten darf, dass sie von der sechsten Generation bespielt wird. 2020 hat Sabrina Bornhauser das Traditionshaus von ihrem Papa Hans-Kaspar übernommen. Zuvor stand sie in London bei Anton Mosimann am Herd und hat beim Hochzeitsessen von Kate und Prinz William die Löffel mitschwingen dürfen. Zwar geht es im Thurgau etwas weniger pompös zu und her, aber nicht minder gut: Klassiker wie Crevettencocktail, Rindstatar oder saftiger Braten, und auch das Dörrtomatentatar mit Mozzarella und Rucola überzeugen mit Aromen und Biss. Wer am Sonntag den Eigenhof besucht, erlebt Szenen wie wir sie sonst nur noch in den Schweizer Heimatfilmen vorfinden. Familien sitzen vergnüglich an der langen Tafel und lassen es sich am Tage des Herrn gut gehen.

8570 Weinfelden, Frauenfelderstrasse 29, 071 622 55 27, www.eigenhof.ch

Löwen

Gut gebrüllt! Ein wundervoller Garten, ein unkomplizierter Service, moderate Preise und eine motivierte Küche, das ist der «Löwen» auf den Punkt gebracht. Die Geschäftsphilosophie der Wirtschaft liest sich wie ein Manifest und beeindruckt mit Inhalt. Kurz nach zwölf kehrt bei den Gästen gefrässiges Schweigen ein. Mit einem Gemüsespiess, Panzanella (Brotsalat), Pasta al forno, Hirsetätschli, gebratenen Champignons mit Sherry und Knoblauch oder mit geschmorten Saftplätzli vom Rind. Stehen Capunet auf dem Programm, dürfen Sie diese Puschlaver Spinatgnocchi aus Rosinen und Kartoffeln nicht verpassen. Genauso wenig wie das Griessköpfli mit warmem Zwetschgenkompott. Bei den Weinen schlägt das Pendel Richtung Spanien, Italien und Frankreich aus, die regionale Ausrichtung fehlt.

8580 Sommeri, Hauptstrasse 23,
071 411 30 40, www.loewen-sommeri.ch

Das kleine Café

NEU

Am See Zu finden ist es ganz leicht. Mitten im Seepark von Romanshorn steht es da, dass kleine Café, das wirklich klein ist, aber selbst in der Wintersaison seine Fangemeinde hat, die es besucht. Warmduscher kommen natürlich nur im Sommer, dass wundervolle, schon fast kitschige Augenblicke liefert, aber an kalten Tagen ist es ruhiger, sinnlicher, ja irgendwie romantischer. Allerdings hat es dann nur am Sonntag und an Feiertagen von 11-17 Uhr geöffnet. Mit Glühwein, Punsch und Suppe, aber auch mit einem offenen Feuer, auf dem die Wurst ganz wunderbar vor sich hin brutzeln kann. Kuchen und Gebäck sind eh vorhanden, die gute Laune sowieso. Anita und Felix Brunner haben hier am See ein Herzstück erschaffen, das nicht mehr wegzudenken und für viele die erste Anlaufstelle in Romanshorn ist.

8590 Romanshorn, Badstrasse im Seepark,
077 401 00 02, www.daskleinecafe.ch

Öpfelfarm

Wie früher Begonnen hat alles 1994, als Monika und Roland Kauderer auf die Idee vom eigenen Hofladen kamen. Als erste Direktvermarkter der Region traten sie mit einem professionellen Marketing auf. Von Beginn an haben sie alles auf eine Karte gesetzt, Eltern und Schwiegereltern eingespannt, keine Kompromisse gemacht und auf Qualität gesetzt. Es hat sich gelohnt. Inzwischen werden jährlich 270 Tonnen Äpfel und 30 Tonnen andere Früchte verarbeitet. Mit 100 Prozent Thurgauer Naturstrom getrocknet, nicht gedörrt. Laufend kommen neue, handgemachte Spezialitäten hinzu. Wie anno dazumal, nur besser. Zum klassischen Hofladen wird als nächstes Projekt ein professionell aufgebauter Internet-Shop zur Verfügung stehen. Die «Öpfelfarm» ist an sieben Tagen und rund um die Uhr geöffnet.

9314 Steinebrunn, Olmishausen 18, 071 470 01 23, www.oepfelfarm.ch

Mausacker

In der Mausefalle Der «Mausacker» ist ein Biohof mit Beiz, und jeden zweiten Donnerstag lädt die Gastgeberfamilie zum «maus»ikalischen Happening ein. Im Sommer unter den Bäumen, im Winter in der guten Stube. Zuvor wird jeweils vegan gekocht. Berühmt ist der «Mausacker» für seinen Stockfisch, der im Februar und März und für kurze Zeit im Sommer aufgetischt wird. Die Beiz hat Stil, die Küche konzentriert sich auf das Wesentliche, was mit den Menschen, die sie betreiben, zusammenhängt, die so natürlich wie unkompliziert sind. Umgeben von Tieren und noch mehr Hochstammbäumen ist der «Mausacker» ein idealer Gunstplatz für die kleine Alltagsflucht.

9314 Steinebrunn, Mausacker 1, 071 477 11 37, www.mausacker.ch

Michelas Ilge

Buongiorno Die Beiz öffnet bereits um neun Uhr und wird von den Einheimischen schon morgens rege frequentiert. Michela Abbondandolo war zehn Jahre lang Privatköchin eines Barons, hat Kapaune mit Trüffel gefüllt und ein gutes Leben geführt, bis sie sich zur eigenen Beiz entschloss. Ein Glücksfall für Arbon. Genussmenschen geben Michela eine Carte blanche und lassen sich überraschen. Mit einem geräucherten Bodensee-Felchenfilet auf einem süss-sauren Randen-Carpaccio, Pasta fatta in casa mit einer Wildschweinbolognese oder doch lieber ein Sherry-Risotto mit gebratenen Pilzen, gefolgt von einer Tagliata di Manzo mit Tomatensalat. Zum Dessert ein Zitronen-Soufflé oder ein sieben Stunden gegarter und gewürzter Apfelkompottturm, ein Grappa, die Rechnung. Basta e grazie.

9320 Arbon, Kappellgasse 6,
071 440 47 48, www.michelasilge.ch

Huus-Braui

Bier gut, alles gut Die Biere der «Huus-Braui» sind international unbekannt, national unbedeutend, aber regional verwurzelt und trinken sich vorzüglich. Da gibt's Hell, Gold, Dunkel, Indian Pale Ale, Weizenbock und immer mal wieder ein Spezialbier im Offenausschank. Wer auf der Durchreise ist und Durst verspürt, legt hier eine längere biertechnische Schnupperpause ein und atmet den unverwechselbaren Duft von Hopfen und Malz ein, kommt mit den Tischnachbarn bierselig ins Gespräch und probiert den guten Bretzel mit einer Portion Speckmocken und Bierkäse, gefolgt von den Weisswürsten. In dieser Reihenfolge. Ja, und dann gäbe es da zum Finale noch den Nussbretzel, zu dem die Gäste keinen Espresso trinken, sondern ein kaffeebraunes Dunkel mit hellbraunem Schaum. Prost!

9325 Roggwil, Schlossgässli 2,
071 450 06 36, www.huus-braui.ch

Löwen (Seite 308)

Linde

Hinterhof Metzgerei

In die Wiege gelegt Papa Walter Tobler war Wirt des «National» in St. Gallen, ausgebildeter Biersommelier und Initiant der «Huus-Braui» in Roggwil. Onkel Werner schreibt Kochbücher und kocht im «Bacchus» in Hildisrieden grandios. Bei so viel gastronomischem Blut erstaunt es nicht, dass Sohn Christian als Bratkünstler zur Welt kam. Gemeinsam mit seiner Frau Ramona hat er die «Linde» innert Kürze zum kulinarischen «Headquarter» der Region gekürt, ohne dabei die Bodenhaftung zu verlieren. Vielmehr versteht er es, Innovation und Tradition gekonnt miteinander zu verbinden. Mit Rindstatar, Egli (!) aus dem Bodensee, Entenbrustwürfel und Rindsleber. Im Herbst zelebriert er eine grandiose Metzgete u. a. mit «Chesselifleisch», «Suure Läberli», «Wädli» und «Schnörrli».

9325 Roggwil, St. Gallerstrasse 46,
071 455 12 04, www.linde-roggwil

Delikat Der Berner Adrian von Weissenfluh ist ein Gastgeber mit Prinzipien, der seinen Gästen nicht nur Fleischedelstücke aus artgerechter Tierhaltung auftischt, sondern ihnen auch Fleisch von alten Milchkühen schmackhaft macht. Lokal, regional und national. Im Frühling 2022 hat er mir von dem diplomierten Fleischsommelier Michael Vogt aus dem thurgauischen Staad vorgeschwärmt, den auch die Presse entdeckt und mehrfach vorgestellt hat. So ist der ehemalige Insidertipp zur gefragten Adresse für Fleischtiger mutiert. Michael Vogt ist Quereinsteiger, der den Magen hat, ein delikates Steak einer 17 Jahre alten Milchkuh zu verkaufen. Ein Widerspruch? Absolut nicht. Es kommt auf die Reifung an. Rund 25 verschiedene Special-Cuts warten darauf, von neugierigen Genussmenschen entdeckt zu werden.

9422 Staad, Hafen 2,
079 469 23 72, www.hinterhofmetzgerei.ch

Bio-Beck Lehmann

Duftwolken Wein und Brot sind eine perfekte Vermählung. Das wusste schon Jesus und das weiss auch Roger Rebmann, der zwar Wasser nicht in Wein verwandelt, aber dafür immer wieder spezielle Weine und Produzenten entdeckt und sie an seinen Degustationen zusammenführt. So habe ich Anna Lehmann kennengelernt; sie führt den Bio-Beck Lehmann mit seinen 50 Mitarbeitenden, die dazu beitragen, dass die Produkte der Bäckerei, Konditorei und Confiserie über die Kantonsgrenzen hinaus bekannt sind. Den Grundstein haben 1976 ihre Eltern Mares und Andreas Lehmann gelegt, die den Fokus auf Bio von Beginn an miteingebunden haben. 1997 haben sie das ganze Getreide auf Bio-Knospe-Qualität umgestellt. Lohnenswert ist auch ihr Basis-Brotbackkurs in Lanterswil, der aus Laien Könner macht. Na ja, fast.

9503 Lanterswil, Schulstrasse 8,
071 655 11 51, www.biobeck-lehmann.ch

Übernachten im Kanton Thurgau

Villa Mon Repos

Zeitreise Wer als angespannter Gast ankommt, geht entspannt. Sich hier nicht wohl zu fühlen, ist unmöglich. Die Herzlichkeit, Zuvorkommenheit, Gelassenheit, Unkompliziertheit und Verwöhnkultur von Susanne und Andreas bilden das Fundament für eine schöne Momentaufnahme. Mit Fingerspitzengefühl und Liebe zum Detail haben die Gastgeber ein Kleinod geschaffen, das ein nostalgisches Basislager bildet, um den Thurgau zu erobern, der viel mehr als «nur» den Bodensee zu bieten hat. Nach einem ausgiebigen Frühstück wird das Velo gesattelt und die Tour de Thurgau in Angriff genommen oder doch lieber im Garten in der Hängematte herumhängen und den Tag mit einem Buch vergeigen? Wandern geht natürlich auch, vielleicht zur nächsten Beiz, von denen es in der Region so einige hat.

8355 Aadorf, Bohlstrasse 10,
079 858 94 36, www.bnbmonrepos.ch

Klosterbistro (Seite 321)

Bier Factory

Craft Beer An Ideen fehlt es dem ehemaligen Chemiker, Biotechniker und heutigen Braumeister Stephen Hart nicht. Eines seiner Projekte ist das Swiss-Beer-Abo, bei dem die Kunden monatlich per Post ein Sixpack mit Schweizer Bieren erhalten. Die Bier Factory hat vor Jahren erfolgreich ihre Türen geöffnet und gilt als eine der ersten Craftbeer-Brauereien der Schweiz. Durch kontinuierliche Innovationen und die Produktion von hochwertigem Bier hat sich die Brauerei unter den Bier-Profis und -Amateuren einen Namen erbraut. Alle Biere sind unfiltriert und mehrheitlich obergärig. Bier Factory produziert Pale Ale, IPA, Stout, Craft Lager wie auch saisonale Spezialitäten. 75 000 Liter Bier werden jährlich produziert. Die Bier Factory hat mittlerweile Kultstatus.

8645 Rapperswil-Jona, Eichwiesstrasse 6, 076 201 72 00, www.craftbier.ch

Schäfli

Im Wirtschaftswunder Gastgeberin und Köchin Tanja Büsser philosophiert nicht über eine marktfrische Küche, sie kocht sie. Was sie auf die Teller zaubert, hat Hand und Fuss und schmeckt. Ihr Stil ist heiter und undogmatisch, ab und zu gewagt, nie abgehoben dafür gut und besser. Die von ihr verarbeiteten Produkte kommen alle von Kleinproduzenten, die Tanja Büsser in ihrer Freizeit aufstöbert. Fleisch, Fisch, Gemüse, Früchte und Käse, alles, auch das Spülmittel. Glücklich werden bei Tanja reife Genussmenschen, die der Köchin freie Hand lassen. Birnensuppe, Albelifilet, Felchenleber, Schinken-Carpaccio, Milken, Nieren und Haxe vom Bündner Grauvieh. Das durchdachte Weinangebot besticht mit filigranen Schweizer Provenienzen und Naturweinen von weniger bekannten Winzern.

8730 Uznach, Städtchen 28, 055 290 26 90, www.restaurant-schaefli.ch

Paradiesli

NEU

Unter dem Kiwibaum Der Landgasthof Paradiesli ist eine Oase am Walensee. Die Anreise mit dem Auto verlangt Gelassenheit. Die Strasse von Weesen-Fli nach Betlis ist nur einspurig befahrbar und wird zur halben und vollen Stunde für einige Minuten freigegeben. An einem Wochenende teilt sich der Automobilist den Weg mit Bikern, Spaziergängern und Hunden, was zum Spiessrutenlauf mutiert. Es ist besser, das Auto in Fli zu parkieren und nach Betlis zu spazieren oder gleich mit dem Kursschiff hinzufahren und von der Anlegestelle in einer Viertelstunde den Hügel hochzuklettern. Das Kleinod wird neu und umsichtig von Melanie, Benjamin, Sebastian und Christine geführt. Im 2024 soll es so richtig losgehen und alles wird anders bleiben. Mit Ziegentrockenwurst, Linsen-Humus, Rillettes vom Lamm und anderen schönen Dingen.

8872 Weesen, Obere Betliserstrasse 12, 055 611 11 79, www.paradiesli-betlis.ch

Perronnord

Bitte einsteigen! Der Blick fällt auf den Bahnhof. Menschen kommen und gehen, dass «Perronnord» bleibt. Und mit ihm viele Stammgäste, die hier bei einem Glas oder zwei in den Abend einsteigen – und einfach sitzen bleiben. Hier findet das Leben in seinen Facetten statt. Augenmenschen, Schwätzer, Zuhörerinnen, Hobbypsychologen, Schöngeister und zivilisierte Trinker treffen sich, tauschen sich aus oder lauschen der Musik, die Patron Juri Schmid aus der Jukebox drückt. Er und Fredi Birrer, der bodenständige Koch und Geschäftspartner von Juri, bieten ihren Gästen eine einfache, gute Küche, deren Pièce de Résistance einige Schweizer Klassiker sind. Cordon bleu gehören genauso zum kulinarischen Programm wie an kalten Tagen eine Suppe oder eine Wurst mit Brot.

9000 St. Gallen, Rosenbergstrasse 48, 071 220 11 30, www.perronnord.ch

Restaurant Baratella

Italien liegt im Graben Die Zutaten der Wohlfühloase sind so einfach: Eine wunderschöne Gaststube, eine Küche, die perfekt zubereitete Klassiker kocht, und ein Serviceteam, das auf einer Höhe ist. Einer dieser exzellenten Klassiker ist das Cotoletta Pappagallo, das aus einem 260 Gramm grossen Stück Kalbfleisch besteht und mit Schinken und Käse gefüllt wird. Da wären aber auch noch die Piselli alla Mamma Dorina, Erbsen mit Speck und Zwiebeln. So einfach wie wunderbar, genauso wie das Bollito misto, das vornehmlich in den Wintermonaten am Samstagmittag aufgetragen wird. Das «Baratella» ist wie ein Kleintheater. Ein perfekt funktionierender Familienbetrieb, in dem auf der Bühne St. Galler Dialekt und hinter den Kulissen italienisch palavert wird.

9000 St. Gallen, Unterer Graben 20,
071 222 60 33, www.restaurantbaratella.ch

Lagerhaus

NEU

Feuer Das wundervolle «Lagerhaus» hat 2006 neue Zeichen in der Ostschweizer Gastronomie gesetzt. Lange vor dem Big Green Egg haben sie mit ihrem einmaligen Buchholzgrill mitten in der Beiz die kulinarischen Wünsche aller unglücklichen Hobbygrilleure geweckt, die hier endlich einmal ein gutes Stück Fleisch oder einen Fisch vom Grill essen können, was ihnen zu Hause verwehrt bleibt, da sie eben das Grillieren nicht beherrschen. Das Publikum ist durchmischt; nicht nur Fleischtiger sitzen in der luftigen Beiz, sondern auch Vegetarier, da sich Gemüse ja auch ganz gut grillieren lässt und eine St. Galler Bratwurst sowieso, wobei mir ein lokaler Metzger verraten hat, das er seine Wurst nicht brät, sondern im Wasser siedet und danach wie eine Weisswurst zuzelt.

9000 St. Gallen, Davidstrasse 42,
071 223 70 07, www.restaurantlagerhaus.ch

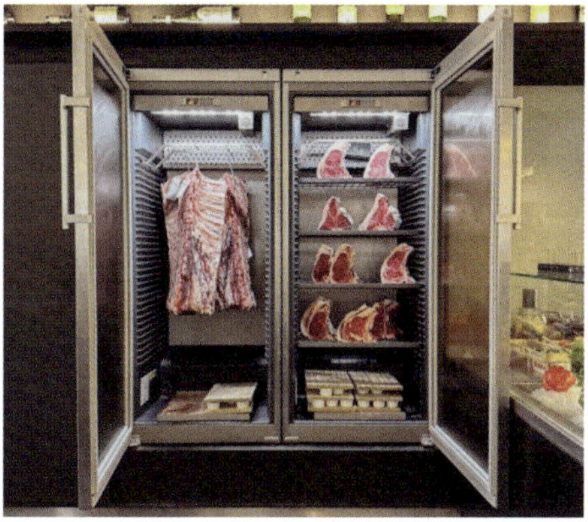

Kaffi Franz

Hundis Allein schon die Torten und Kuchen sind den Besuch wert, und auch der Brunch ist eine Bereicherung. Hundis, die am Sonntag die Butterschnitte gewöhnt sind, müssen diese allerdings zu Hause fressen, sind sie doch im «Franz» zum Brunch aus Platz- und hygienischen Gründen nicht zugelassen, was die einen freut und die anderen traurig stimmt. Die Hundis oder deren Besitzer sollen nicht beleidigt sein, wissen sie doch, dass das in Frankreich und in Italien zum Alltag gehört. Egal, ich halte mich im «Franz» eh lieber an sein Wienerschnitzel, das sich hier genau so präsentiert, wie sich ein echtes Wienerschnitzel zu präsentieren hat, und ziehe ich mit meinem vegetarischen Freund um die Häuser, wählt er im «Franz» den Blumenkohl mit dem japanischen Katsu-Curry. Auch gut.

9000 St. Gallen, Linsebühlstrasse 35, 071 525 34 33, www.kafi-franz.ch

Praliné Scherrer

Intensiv Anders. So schmecken die delikaten Pralinen und Truffes von «Praliné Scherrer». Das junge Team von Inhaberin und Geschäftsführerin Vittoria Kreis ist erfinderisch, ohne dabei die Tradition aus den Augen zu verlieren. Für ihre veganen Pralinés stammen die Kakaobohnen aus rein pflanzlichen Zutaten und nachhaltigem Anbau aus Peru, die nur kurz geröstet werden. Die dunkle Schokolade hat einen Kakao-Anteil von 73 Prozent. Sie wird mit der Geschmacksessenz unbehandelter Haselnüsse und mit einer geschickt dosierten Prise Salz verfeinert. Wen vegan nicht interessiert, aber einen erlesenen Single Malt zu Hause hat, kann ihn gleich zu «Scherrer» bringen und exklusiv seine eigenen Whisky-Truffes produzieren lassen, was alles andere als eine Schnapsidee ist.

9000 St. Gallen, Marktgasse 28, 071 222 18 52, www.praline-scherrer.com

Drahtseilbähnli

Braun Im «Drahtseilbähnli» treffen sich wieder Birkenstock und Gucci, Schlips und T-Shirt zu Frühstück, Lunch, Kaffee und Kuchen, Aperitif und Abendessen, was der Verdienst der Familie Braun ist, die unter den Einheimischen mit ihrer erfrischenden Gastfreundschaft gute Stimmung verbreiten. Diese freuen sich über Klassiker wie Kalbsleber, St. Galler Olma-Bratwurst oder das vorzügliche «Ghackets mit Hörnli» und Apfelmus. Neben dem Wein-Standardangebot wird immer wieder mal eine andere Weinregion vorgestellt. So auch das Languedoc-Roussillon, bei dem mich der Cabernet Franc aus den Côtes de Thongue überzeugt. Schön ist auch zu sehen, dass aus meiner Region ein trinkfreudiger Gutedel des Weinguts Ziereisen aus dem badischen Efringen-Kirchen angeboten wird.

9000 St. Gallen, St. Georgenstrasse 3,
071 222 42 17, www.drahtseilbaehnli.ch

Kaffeehaus

Windgeflüster und Donnergrollen Das ist der Titel eines Geschichtenabends mit Akkordeon und Liebesgeschichten, der Freude macht wie alle Kulturabende, die Gallus Hufenus für sein Kaffeehaus organisiert. Den Journalisten hat es bei einer Reportage über Kaffeehäuser in Argentinien gepackt, sodass ihm nach seiner Rückkehr nichts Besseres einfiel, als selbst ein Kaffeehaus zu eröffnen. Ausgerechnet im Linsebühl-Quartier, dem einstigen Sündenpfuhl der Stadt. Gallus Hufenus bezeichnet es als ein «Hier-geht-noch-was-Quartier». Mir gefällt es in seinem Kaffeehaus, in dem nicht nur der hausgeröstete Kaffee exzellent ist, sondern auch Brioche, Croissant und Kuchen. Ein Ort zum Durchatmen, oder um einen verkaterten oder verregneten Samstag über die Runden zu bringen.

9000 St. Gallen, Linsebühlstrasse 77,
071 534 34 24, www.kaffeehaus.sg

Kündig Feinkost

Wachablösung! Barbara und Matthias Kündig haben ihr Unternehmen an die neuen Inhaber Thomas Stiegler und David Vincze verkauft, die die Tradition und Innovation des Hauses hochhalten, ja sie vielleicht noch eine Runde steigern. Der Kunde hat nach wie vor die Qual der Wahl. 500 Käsesorten bieten sich ihm an. Davon zahlreiche von «Kündig» affinierte Käse. Es ist nicht allein die Menge, die beeindruckt, sondern auch das Qualitätsdenken. Zur immensen Käseauswahl gesellen sich gutes Brot, grossartige Butter, Lachs aus Wildfang, Frischteigwaren aus der Region, erstklassige Olivenöle und noch so einiges mehr. Es ist ein Laden, der es in sich hat, und bei dem immer die Gefahr besteht, viel mehr einzukaufen, als geplant ist.

9000 St. Gallen, Webergasse 19,
071 222 28 59
9400 Rorschach, Am Marktplatz 6,
071 841 17 75, www.kuendigfeinkost.ch

G'nuss

Rauchzeichen Am Bach tief im Tal und auf dem Berg holt sich Stefan Bischof im Alltag seine kulinarischen Inspirationen. Für die Ferien plant er stets einen Besuch bei einem seiner Vorbilder ein. Beeindruckt war er von Meisterpatissier Jordi Bordas, dessen revolutionäre Methode der Schokoladeherstellung (B-Concept) dazu führt, dass eine Patisserie mit viel weniger Fett und Zucker auskommt, was Stefan bei seinen Kreationen seither umsetzt. So ist auch meine Lieblings-Patisserie, der «Peat of Islay» entstanden. Dafür verwendet er einen rauchigen Laphroaig, mit dem er gemeinsam mit der Felchlin «Grand Cru Cocolate Grenada 65 Prozent» eine schmelzende Ganache herstellt. Das Ganze wird mit getränktem «Cocolatebiskuit» über einem Knusperboden zusammengesetzt und als Finish mit einer glänzenden «Cocolateglasur» überzogen. Cheers.

9000 St. Gallen, Lämmlisbrunnenstrasse 4,
071 223 29 77, www.gnuss.info

Brauwerk

Raritäten Die Brauerei Schützengarten war anderen Brauereien stets einen Schritt voraus. Sie ist in der Region verwurzelt, wird geschätzt und hat sich mit dem «Brauwerk» eine Kreativ-Brauerei geleistet, dessen Herzstück das klassische Sudwerk mit einer Braukapazität von 500 Litern ist. Ihre gebrauten Spezialbiere reifen während vier Monaten im Holzfasskeller. Nach der Lagerung werden sie von Hand in Champagner-Flaschen abgefüllt. Ein Trinkerlebnis, das sich Bierfreude nicht entgehen lassen. Sie sind auch gute Essbegleiter, was in der Schweiz noch etwas ungewohnt, in Belgien Alltag ist. Das «Brauwerk» eignet sich für den Durst wie für den gemeinen Appetit, der sich durch gute Klassiker beruhigen lässt. Bratwurst, Fleischkäse, Backhendl, Weisswürste – alles da.

9000 St. Gallen, Bahnhofstrasse 19,
071 222 85 90, www.restaurantbrauwerk.ch

Klosterbistro

Quiche und mehr Im Klosterbistro trinke ich morgens einen perfekten Espresso und gönne mir ein luftig-leichtes Croissant. Hausgemacht, versteht sich. Am Mittag warten Gerichte wie Lasagne, Focaccia, Caponata und Quiche auf Gäste mit Appetit, am späteren Nachmittag ist ein frischer, mineralischer Chenin blanc eine schöne Idee. Wer das Klosterbistro besuchen will, schaut vorbei, ob es Platz hat, und wem das zu vage ist, reserviert sich im Schwesterbetrieb «Focacceria», an der Metzgergasse, einen Stuhl im lauschigen Garten. Wer hier länger als zwei Stunden sitzen bleiben will, teilt dies bei der Reservation explizit mit, da ansonsten der Tisch an die nächsten Gäste vorzeitig vergeben wird.

9000 St. Gallen, Klosterhof 6e,
Kontakt: info@klosterbistro.ch,
www.klosterbistro.ch und www.focacceria-sg.ch

Weinstube zum Bäumli

Wie früher Das vorletzte Mal als ich das «Bäumli» besuchte, erinnerte mich die Gastgeberin an meine Grossmutter, was sich heute grundlegend geändert hat. Gut, dazwischen liegen immerhin 22 Jahre. Jaqueline Kert hält die Tradition des Hauses hoch. Das «Bäumli» hat nichts von seiner Schönheit verloren, und die bäumigen Klassiker sind geblieben: Kutteln an Weissweinsauce, Kalbsleber und St. Galler Kalbsbratwurst. Die Kutteln sind vorzüglich und der empfohlene hausgemachte Hackbraten mit Kartoffelstock ist so, wie ich mir einen Hackbraten vorstelle. Schön, das Jaqueline Kert einer meiner Lieblingschampagner (ich habe noch einen Terres Rouges im Keller) ausschenkt, und auch sonst überzeugt ihr Weinangebot mit grandiosen Produzenten zu fairem Preis.

9000 St. Gallen, Schmiedgasse 18, 071 222 11 74, www.weinstube-baeumli.ch

Restaurant Helvetia

Lichtblick Kaum war Spitzenkoch Beat Blum in St. Gallen angekommen, hat er die «Helvetia» wieder verlassen, um doch wieder in Bern zu reüssieren. Die «Helvetia» musste aber nicht lange auf ihre neuen Gastgeber warten. Heute ziehen Svenja Bellmann und Adrian Nessensohn mit ihrer inspirierenden, regionalen Küche unkomplizierte Geniesserinnen an, die sich schnell zu Stammgästen entwickeln. Wer nicht reserviert, muss sehen, wo er bleibt, und wer mit kulinarisch gleichgesinnten Freunden die «Helvetia» besucht, teilt die Gänge und lernt die Vielfältigkeit der raffinierten Gerichte kennen. Die Weinkarte überrascht mit Weinen von lokalen Winzern wie dem Cabernet Jura vom Weingut Stegeler, ergänzt mit Flaschen aus anderen Regionen wie dem Mondeuse von Christophe Schenk aus der Waadt.

9000 St. Gallen, Vonwilstrasse 39, 071 277 21 27, www.helvetia-sg.ch

Rössli

Bloderchäs Mogelsberg ist ein kleines Dorf im Toggenburg. Das Gasthaus Rössli trabt seit über 40 Jahren an den Zügeln von Sabine Bertin. Sie, die einst auszog, um die Welt zu erobern, fand das «Rössli», und das «Rössli» fand sie. Sie sitzt nach wie vor im Sattel, die Ideen gehen ihr nicht aus, sie ist innovativ, ohne dabei das Bewährte aus den Augen zu verlieren. Sie ist eine wunderbare Köchin und hat ihr Wissen und Können an ihr gut gelauntes Küchenteam weitergegeben. Aufgetischt werden mal Lamm, mal Huhn, mal Fisch, Gemüse aus der Biogärtnerei und Pilze aus den umliegenden Wäldern oder einfach «nur» mal einen «Bloderchäs». Für Gäste, die sich gerne etwas länger mit der gut sortierten Weinauswahl auseinandersetzen, hat es einige angenehme Gästezimmer.

9122 Mogelsberg, Dorfstrasse 16,
071 374 15 11, www.roessli-mogelsberg.ch

Forster Metzgerei

Die Beste Wenn ich einmal im Jahr in die Ostschweiz fahre, dann ist ein Stopp in Arnegg Pflicht. Nicht wegen einer Beiz, auch nicht wegen dem Dorf, das wohl nie den Wakkerpreis gewinnen wird. Der Grund liegt in der Metzgerei Forster. Zwar gilt die Metzgerei Schmid in St. Gallen als Gralshüter der St. Galler Bratwurst; die für meinen Geschmack mit Abstand beste, kaufe ich aber bei Peter und Marcel Forster ein. Vater und Sohn kaufen das Vieh regional ein, schlachten und wursten im Betrieb und sind eine Metzgerei wie aus dem Bilderbuch. Übrigens: Braten Sie die Kalbsbratwurst nicht, sondern lassen Sie die Wurst 20 Minuten im heissen Wasser ziehen, entfernen Sie die Haut wie bei einer Weisswurst und essen Sie das Prachtstück ohne Senf mit einem Bürli von Hand.

9212 Arnegg, Bischofzellerstrasse 338,
071 385 16 68, keine Website

Alte Herberge

Gut aufgehoben Niederbüren hat einen Freizeitpark, einen Golfplatz und ein Rock- und Popmuseum. Es hat Wege, die an der Thur, an Bächen, Wiesen und Feldern entlang und durch Wälder führen. Als Lager bietet sich die «Alte Herberge» an, die neu von Jasmin Angehrn geführt wird, die ihre Ausbildung zur Köchin im «Anker» in Teufen und ihre Zweitausbildung zur Konditorin-Confiseurin in der Chocolaterie Kölbener in Horn abgeschlossen hat. Die «Alte Herberge» liegt also in guten Händen. Das Haus offeriert angenehme Gästezimmer und überzeugt mit einer schnörkellosen Küche durch Mario Knof. Dabei sind die Gemüsebouillon mit Kräuterflädli sowie der überbackene Markbeinknochen und die Kalbsleber mit Kräuterknoblauch, sekundiert von einer perfekten Rösti, gesetzt. Das Ganze ist eine unaufgeregte Landpartie, die Freude macht.

9246 Niederbüren, Staatsstrasse 35,
071 422 20 91, www.alte-herberge.ch

Schloss Dottenwil

Schlossnachrichten Warum nicht an einem Wochenende mit Freunden, der Familie, zu zweit, allein, für ein Fest, ein Essen, für den Aperitif, ein Konzert oder eine Ausstellung ausgetretene Pfade verlassen und Schlossluft schnuppern? Das 1543 erbaute Schloss Dottenwil hat eine bewegte Geschichte hinter sich. Nur so viel: Ein Heer von Freiwilligen gab dem Anwesen in rund 30 000 Arbeitsstunden sein ursprüngliches Gesicht zurück, seitdem fasziniert das Schloss Gäste von nah und fern. Rund 250 freiwillige Helfer sind unter dem Jahr mit dem Schloss beschäftigt. Ohne sie würde das Ganze nicht funktionieren. Wer hierhin findet, ist angekommen, wird herzlich bewirtet oder kann das Schloss unter der Woche mieten und entspannt feiern. Stilvoll an einem wundervollen Ort.

9300 Wittenbach, Dottenwil 1094,
071 298 26 62, www.dottenwil.ch

Schmid Wetli

Eine Familiengeschichte Die Wetlis sind eine Familie von Vollblutwinzern, angefangen bei Mama Susanne und Vater Kaspar bis zu den Söhnen Kaspar, Matthias, Florian und Adrian. Dabei kommen am Familientisch Routine, Erfahrung und neue Ideen zusammen. Das sind beste Voraussetzungen, um exzellente Provenienzen zu produzieren. Der Freisamer und der St. Johannis (Johanniter) sind nur zwei Beispiele für Weissweine, die mit viel Frische und mineralischen Noten für unkomplizierte Trinkfreude sorgen. Komplexer wird es bei der Premiumlinie. Da halte ich mich bei den Rotweinen lieber an die einfachen, die gehobenen sind mir zu üppig und zu konstruiert. Meine Lieblinge, die filigranen Weine von «Schmid Wetli», kommen aus den ehemaligen Reben von Ex-Winzer Felix Lutz aus Wienacht-Tobel.

9442 Berneck, Tramstrasse 23,
071 747 90 90, www.schmidwetli.ch

Vinothek Freischütz

Mirto von Weber Keine drei Akte, sondern sechs Tische, keine romantische Oper, sondern eine schöne Beiz, keine Agathe, sondern Giovanni in der Küche. Der «Freischütz», die romantische Oper von Carl Maria von Weber in drei Akten, dauert rund drei Stunden. Der «Freischütz» in der Wiler Altstadt ist etwas jünger, keine Oper, sondern eine Beiz, die 1876 erstmals schriftlich erwähnt wird. Für diesen «Freischütz» reichen drei Stunden nicht aus. Wer sich bei Errico Mirto erst einmal hinsetzt, bleibt sitzen. Zu gut ist die Stimmung, zu gut das Essen und die Weine, zu angeregt das Gespräch mit dem Nachbarn. Wer kommt, plaudert, trinkt und isst wie in einer grossen Familie. Mit drei Antipasti, einem Primo und einem Secondo oder manchmal nur mit einem Teller Pasta. Perfetto!

9500 Wil, Marktgasse 51,
071 911 17 56, www.vinothek-wil.ch

Waldrose

Rare Öffnungszeiten Eigentlich wollte Karin Mueller das Gastgewerbe hinter sich lassen. Bei der Suche nach einem privaten Anwesen für sich, ihren Mann und ihre Pferde hat sie die «Waldrose» entdeckt. So ist sie in ihr Metier zurückgekehrt. Sie hat das Deux-Pièces aus- und die Kochjacke angezogen, den Schreibtisch mit dem Kochherd getauscht, was bei dieser Aussichtsterrasse mit Blick auf Säntis und Alpstein auch nicht weiter verwundert, der so traumhaft ist, wie ihr Wurstsalat, in dem Cervelat, Käse, Kohlrabi, Radieschen, Apfel und Meerrettich zusammenfinden. Ja, und dann gäbe es da noch so einige Schmorgerichte oder ihre Käsespätzle nach einem Rezept aus dem Bregenzer Wald. Leider werden mit den Jahren die Öffnungszeiten rar. Also unbedingt hingehen, wenn sich ein Zeitfenster öffnet.

9512 Rossrüti, Boxloo 564,
071 565 19 20 www.waldrose.ch

Gasthaus und Pension Frohwies

Der Gasthof lebt Der Emmentaler Mundartbarde Dänu Wisler hat mich auf seinen musikalischen Beizengang mitgenommen und mir «sein» Toggenburg gezeigt. Und dazu gehört der «Frohwies». Gasthaus und Bauernhof sind eine romantische Insel, abseits aller Verkehrsströme, mit tiefen Decken, ehrlicher Küche und Kühen mit Hörnern. Es ist eine Einkehr fürs Gemüt, mit Gastgebern, die wissen, was ihre Gäste mögen. Es gibt eine Rösti, so, wie sie sein muss, mit oder ohne Spiegelei, ein zart-saftiges Kotelett – und nach dem Essen ein wohlig-warmes Gefühl, das bleibt. Jeden dritten Freitag im Monat wird ein Stück Heimat musiziert, und wer dabei über den Durst trinkt, wird sich in einem der einfachen Gästezimmer bei Monika und Christian Müller sicher wohl fühlen.

9633 Hemberg, Bächli, Wisstrasse 42,
071 377 11 43, www.frohwies.ch

Rössli (Seite 323)

Löwen

Vom guten Leben In der Gaststube dominieren Kuhglocken, die Tradition vermitteln, und aus der Küche kommen gute Klassiker. In sich eine stimmige Einkehr mit herzlichen Gastgebern, die an einem Strick ziehen und ihre Gäste verwöhnen. Seit einigen Jahren führen Elsbeth und Ruedi Roth den «Löwen». Unterstützt werden sie von Tochter Marlene, und in der Küche kocht Mattias Schlegel. Rindfleischvogel an Rotweinjus, Tafelspitz mit einer Kräutervinaigrette, hausgemachte Safran-Gnocchi und Zander mit einer Radieschen-Quarksauce, die besser nicht sein könnte. Vegetarier halten sich an den Ziegenkäse mit Hemberger Bienenhonig auf Randen-Carpaccio oder an ein Gemüsecurry. Die Weinkarte besticht mit einem löblichen Preis-Leistungs-Verhältnis. Alles gut? Alles! Auch die Gästezimmer.

9633 Hemberg, Wattwilerstrasse 1,
071 377 24 14, www.loewen-hemberg.ch

Übernachten in der Stadt St. Gallen

Militärkantine

Bekanntmachung! Die «Militärkantine» ist alleine wegen seiner subtilen Architektur einen Besuch wert. Die stilsichere Einrichtung beschränkt sich spartanisch auf das Notwendige, was angenehme Leere in den Räumen lässt. Die Gaststube ist mit Holztischen und -stühlen von «horgenglarus» eingerichtet, was das Seinige dazu beiträgt. Blickfang ist die Bar mit ihrem Bilderfries und die Gartenwirtschaft unter den Kastanienbäumen. Das Kommando in der «Militärkantine» teilen sich die Gastgeber Anna Tayler und Martin Kappenthuler. Die Küche ist vorzüglich, ohne preistreibenden Schnickschnack. Die Karte wird jeden Tag neu geschrieben und verursacht Freude mit paniertem Tomme auf Blattsalat und Lammkoteletts vom lokalen Hausmetzger Bechinger.

9000 St. Gallen, Kreuzbleicheweg 2,
071 279 10 00, www.militaerkantine.ch

Übernachten im Kanton St. Gallen

Alpenhof

Auf den zweiten Blick Wer Lust auf eine historische Unterkunft hat, die von zwei sympathischen Typen geführt wird, dem lege ich den «Alpenhof» ganz hinten im Tal ans Herz. Die Zimmer sind zum Teil ursprünglich, haben ein altes Lavabo, aber kein Bad, das, je nach Zimmer, meilenweit entfernt ist. Die Lesestube im Parterre ist stilvoll renoviert. Der Rest soll irgendwann wieder einmal in seine ursprüngliche Form zurückgebaut werden. Eine erste Etappe konnte im Winter 2020 realisiert werden. Zwei frisch renovierte Biedermeier-Zimmer mit eigener Dusche und Toilette erstrahlen in neuem, altem Glanz. Diese abenteuerliche Zeitreise, mit bodenständiger Küche und einigen interessanten regionalen Weinen, ist nicht nur für Historiker und Alpengänger zu empfehlen.

7326 Weisstannen, Oberdörflistrasse 16,
081 723 17 63, www.alpenhof-weisstannen.ch

Tremondi

Auf Kurs Bonvivants kennen Jonny und Alain Diacon aus ihrer Zeit im «Tremondi» in Zürich. Wie es der Zufall will, haben die zwei in Quinten ihr Boutique-B&B eröffnen können. Aus einer Anzahl von Bewerbern wurden sie von der Stiftung «Quinten lebt» ausgewählt, was für alle Beteiligten ein Glücksgriff ist. Mit naturbelassenen Materialien gebaut und mit Geschmack eingerichtet, ist das «Tremondi» eine Anlaufstelle für Romantiker und solche, die es noch werden wollen. Nur nicht während den Schulferien, dann, wenn das Schiff anlegt und 200 Kampfwanderer den Ort stürmen. Genussmenschen mit Verstand kommen unter der Woche oder bei schlechtem Wetter und lassen sich mit Steinpilz-Riesling-Suppe, Dinkel-Quiche und Ravioli al Ragù verwöhnen. Zwei der Gästezimmer bieten Balkon und Seeblick.

8878 Quinten, Dörfli 1370,
081 284 30 00, www.tre-mondi.ch

Laui

Im Refugium Silvia Schaub ist nicht nur Journalistin, den Künsten und der feinen Küche zugetan, sie ist auch eine charmante und zuvorkommende Gastgeberin. Mit ihrem Partner Beat Herrmann hat sie sich ihren Traum verwirklicht und 2016 ihr «B&B Laui» eröffnet. Ursprünglichkeit, Qualität, Design und Architektur haben sich in diesem Haus gefunden. Als Gast fühlt man sich auf Anhieb wohl, und hat man erst einmal sein erstes Frühstück hinter sich, will man gar nicht mehr weg, sondern einfach noch etwas länger bleiben. Dies mit Blick auf Säntis, Stockberg, Speer und sattgrüne Wiesen inmitten eines Stücks heiler Welt. Das gefällt nicht nur den Gastgebern und Gästen, sondern auch Jamie, der gerne im Halbschatten döst und entspannt über das Leben als Haushund nachdenkt.

9651 Ennetbühl, Lauistrasse 782,
076 369 00 09, www.laui-ennetbuehl.ch

Wirtschaft zur Stube (Seite 302)

Gasthaus Richisau

Bei Anne und Jacob Eine Finnin und ein Holländer sind die Gastgeber. Sie haben in der «Blume» in Teufen gezeigt, wie eine grundehrliche Küche zum Erfolg führt. Und wer die Appenzeller versteht, versteht auch die Glarner. Anne Hurmerinta und Jacob van Seijen haben im Klöntal eine neue Heimat gefunden, in der sie eine löbliche Wirtschaftskultur zelebrieren. Nichts ist abgehoben oder bemüht, alles besticht durch subtile Schlichtheit. Erwähnt sei die Apfel-Meerrettich-Suppe mit Trockenfleisch, das Cordon bleu, die Kalbsleber mit Rösti oder das Roastbeef mit den ersten Spargeln. Natürlich gehen die Glarner Spezialitäten nicht vergessen, die je nach Saison ebenfalls zu haben sind. Das Gasthaus Richisau ist ein Rückzugsort für eine kleine Flucht vor dem Alltag.

8750 Klöntal, Richisauerstrasse 106,
055 640 10 85, www.gasthaus-richisau.ch

Löwen

Gut gebrüllt Der Franzose Cédric Bertrand hat sich mit dem «Löwen» seinen Traum der eigenen Beiz verwirklicht. Die Wirtschaft hat Stil, der Service ist kompetent und die Küche ist gut. Klassiker wie Kalbsfilet mit Morcheln oder Wolfsbarsch beherrscht er perfekt. Ab und zu werden Austern angeboten, die genauso gut schmecken wie die eine oder andere Glarner Spezialität. Das Glück wäre für mich vollkommen, wenn Cédric, der aus dem berühmten Périgord stammt, noch einige Spezialitäten aus seiner Heimat auftischen würde: Frittierter Entenmagen auf Friséesalat zum Beispiel oder ein in Gänseschmalz eingelegter Entenschlegel, serviert mit in Gänseschmalz gebratenen Kartoffeln – eine Kalorienbombe zwar, aber halt schon himmlisch. Und als Wein dazu ein Bergerac oder ein Cahors.

8753 Mollis, Bahnhofstrasse 2,
055 610 33 33, www.loewen-mollis.ch

Molki Milch und Fleisch

Glarner Handwerk Das Arsenal der breit ausgelegten Spezialitäten bereitet helle Freude. Glarner Schüblig, Kalberwurst und eine überdurchschnittlich gute Cervelat sind nur drei exzellente Beispiele einer grossen Palette von hausgemachten Würsten. Schöpfer der fleischigen Wunder ist Matthias Schnyder, ein Metzgermeister wie aus dem Bilderbuch, der noch so einige andere exzellente Qualitätsprodukte herstellt. Brot, Käse und weitere Milchprodukte ergänzen das durchdachte Angebot. Wer näher bei den Würsten und dem Käse sein will, kann eines der Zimmer in der oberen Etage mieten. «Molkibett» nennt Schnyder sein Bed and Breakfast. Wer in der Nacht mit Heisshunger erwacht, muss sich aber in Geduld üben, die Tür zum Laden ist verschlossen. Leider.

8754 Netstal, Landstrasse 11,
055 640 22 55, keine Website,
Details zum «Molkibett» unter www.bnb.ch

Bächibeizli

Einblick Von Braunwald aus ist der romantische Oberblegisee in zweieinhalb Stunden zu erreichen. Eine andere Variante ist die Fahrt mit der Luftseilbahn von Luchsingen zur Bergstation auf dem Brunnenberg, die 300 Meter unterhalb des Sees liegt. Im Hochsommer wartet nach dem Aufstieg das kühle Bad oder das trockene Gras zum Hinlegen, Durchatmen und Wolkenzählen, wobei der direkte Weg zur Beiz, in der das kleine Angebot durchdacht ist und die Gastgeber Claudia und Fridli herzallerliebst sind, auch seinen Reiz hat. Wer die innere Ruhe sucht, wird hier am Anfang der Welt fündig. Für den Gaumentanz gibt's Alpkäse, Wein, Wurst mit Brot und Kuchen. Es ist alles da, es ist alles gut, auch zwei, drei warme Gerichte. Das «Bächibeizli» bereitet rundum Freude. Egal ob bei Regen, Nebel oder blauem Himmel.

8762 Schwändi, 079 257 45 62,
www.freudeamberg.ch

Übernachten im Kanton Glarus

Berghotel Mettmen

Mitten in der Natur Das Berghotel Mettmen ist eine Oase für Alltagsfluchten. Es erwarten Sie eine stilsichere Architektur und eine zeitlose Einrichtung, die dem Haus das gewisse Etwas verleiht. Ergänzt wird das Äussere durch die Küche von Romano Frei-Elmer, der eine nachhaltige Kochsprache zelebriert und traditionelle Gerichte modern interpretiert. Wer den Weg zum Berghotel Mettmen findet, kommt mit Zeit, und wer sie nicht hat, findet sie hier bei Gastgeberin Sara Frei-Elmer. Für die Tagestouristen fehlen weder das «Zigerbrütli», eine Brotscheibe mit einer Schicht «Anggäziger», noch die «Zigerhöräli» mit «Öpfelmues». Wer länger bleibt, kommt in den Genuss eines Sternenhimmels, so Gott will, und eines in vier Gängen servierten Überraschungsmenüs, so der Koch will.

8762 Schwanden, Mettmen 2,
055 644 15 15, www.berghotel-mettmen.ch

Landvogthaus

500 Jahre Geschichte Das «Landvogthaus» wird im Kanton Glarus noch immer als Insidertipp gehandelt. Nicht einmal die Glarner wissen, dass im Grosstal ein einmaliges Privathotel steht, in dem Gäste geschichtsträchtig, komfortabel logieren und neuerdings dinieren können. Die Besitzer Armin Serafim Trinkl und Chritian Reto Behring sehen es als ihre Pflicht an, das «Landvogthaus» als Gebäude von nationaler Bedeutung für zukünftige Generationen zu bewahren, zu pflegen und die Werte der Nachhaltigkeit zu leben. Hier kann man sich auf eine Zeitreise begeben und an einem ungewöhnlich beruhigenden Ort entspannen. Vielleicht ergeht es Ihnen wie dem Paar, das mitten im Winter bei ihnen anklopfte, zögernd eintrat und dann gleich eine ganze Woche geblieben ist.

8772 Nidfurn, Vordergut 1,
055 644 11 49, www.landvogthaus.com

Ortstockhaus

NEU

Hoch hinaus Genuss im Baudenkmal ist eine Ansage, und was für eine, die zuerst erlaufen sein will, was eigentlich beim Namen des Hauses eh schon klar ist. Hier in der Abgeschiedenheit, das Tal und den Alltag hinter sich lassen, und vielleicht gleich eine Woche bleiben, ist eine gute Idee und kann ich nur allen empfehlen. Und wer schon Stunden im Stau gen Süden verbracht hat, geniesst hier droben die Freiheit, Aussicht, Gastfreundschaft und die allgegenwärtige Natur, selbst dann, wenn sich der Laden bis zum letzten Platz hin füllt. Lage und Team sind zu einmalig, als das hier der schnöde Stress eine Chance hätte, was auch mit der herzlichen Frauenpower von Sabrina und Gaby zu tun hat, die ihre Gastgeberolle perfekt ausüben und ein Abendessen servieren, das einen an das Gute im Menschen glauben lässt.

8784 Braunwald, 1772 ü. M.,
055 533 59 31, www.ortstockhaus.ch

Ernst

NEU

Das Leben halt In den letzten dreissig Jahren war ich immer wieder mal betrübt, wenn eine meiner Lieblingsbeizen dichtmachte, was mich als sentimentalen Beizengänger entlarvt. Was hatte das Appenzell einst Gunstplätze, die nicht mehr sind! Wirtschaften wie die «Linde» vom Nieschberg, der «Teufenberg» oberhalb von Urnäsch oder das «Lerchenfeld» im Hüsli, nur um drei Einkehren zu nennen. Gottlob gibt es heute noch Quereinsteigerinnen, neue Gastronomen, die den Mut haben und allen Unkenrufen zum Trotz es wagen, eine unkomplizierte Einkehr zu eröffnen und sie mit Herzblut und viel Fingerspitzengefühl zu führen. So erlebt im «Ernst» in Trogen. Klein, fein und gut ist es hier von und mit Sarah, Michi und Ändel, denen grosser Dank gebührt. Hier am Mittagstisch zu verweilen und den Nachmittag mit Freunden zu verbummeln, tut gut.

9043 Trogen, Hinterdorf 6,
071 340 02 12, www.ernst-trogen.ch

Landgasthaus Hörnli

NEU

Alleine auf weiter Flur Mein erstes Buch ist 2010 über den Jura erschienen, mein zweites in 2012 handelte von einer Tour de Suisse, in der ich in Trogen im «Hörnli» bei Erwin und Walter hängen geblieben bin, die – «Nomen est omen» – in unzähligen Variationen ihren Gästen Hörnli-Gerichte aufgetischt haben. Danach eröffneten sie dass «Kafi Anton» auf dem St. Anton, das sie verkauft haben. Heute wirtet Erwin Schirmer alleine im «Hörnli» und bietet «nur» einige Kleinigkeiten an, weil er lieber bei seinen Gästen sitzt, als alleine in der Küche zu stehen. Seine Gästezimmer können ab drei Nächten bezogen werden und wer «ais tubäckle» mag, geht rüber in die Muuh-Lounge und hört den Geschichten zu, die hier erzählt werden. Das Ganze ist ein Kleinod, das am Freitag ab 17 Uhr und am Samstag von 11 bis 18 Uhr geöffnet hat.

9043 Trogen, Eugst 2,
071 344 23 68 oder 077 403 83 87,
www.hoernlitrogen.ch

Hirschen

Södworscht So wie es die Wirtschaft mit der Metzgerei oder mit der Brauerei in Teilen der Schweiz gab und auch noch vereinzelt gibt, ist der «Hirschen» im appenzellischen Wald ein schönes Beispiel in der Sparte Gasthaus mit Bäckerei, die leider auch zur aussterbenden Spezies gehört und nur noch vereinzelt in der Ostschweiz gepflegt wird. Schade, denn zuerst das Brot «poschten» und dann in den Frühschoppen gehen hat was. Wer mittags oder abends vorfährt, für den gibt's Käsesalat oder -fladen, aber auch Chäshörnli, die mit «Södworscht», Zwiebelschmelze und Apfelmus serviert werden. Für das restliche Glücksgefühl sorgen die patinierten Stuben und die Herzlichkeit der Gastgeber. Wer die Region länger erkunden will, nistet sich in einem der Gästezimmer ein und lässt sich treiben.

9044 Wald, Büel 123,
071 877 11 46, www.hirschenwald.ch

♥ Metzgerei Fässler

Bei Franz Der preisgekrönte Lehrmeister Franz Fässler hat gemeinsam mit seiner Frau Margrit in seiner Metzgerei zahlreiche Fleisch-Novizen ausgebildet. Seit April 2020 führen die Söhne Benjamin und Reto Fässler gemeinsam mit ihrer Schwester Denise Meyer-Fässler das Familienunternehmen, und im Sommer 2020 hat der 50. Lernende seine Ausbildung abgeschlossen, notabene der Sohn des ersten Metzgerlehrlings von 1990. Das Familienunternehmen, dessen kurzweilige Betriebsführungen, bei denen das Abfüllen, Kochen und verkosten der Appenzeller Siedwurst mit dazugehört, sehr beliebt sind, ist auf Erfolgskurs. Alle Produkte der Metzgerei sind vorzüglich, zu meinen Favoriten zählen das geräucherte Schweinsfilet, der Rauchschinken und natürlich die Siedwurst.

9050 Appenzell, Rinkenbach 33,
071 788 09 50, www.metzgerei-faessler.ch

Altes Bild

Erste Hilfe Die Wirtschaft Altes Bild ist ein Gefühlsverstärker in einer sattgrünen, lieblichen Gegend. Mit seinem «Worschtmöhli» bietet es bei schlechter Laune erstklassige «Erste Hilfe». Dann wird's «gmögig». Die «Södworscht» wird hier mit Kartoffelsalat serviert und nicht mit «Chäshörnli». Silvia Koller ist eine gute Köchin, deren einfache Gerichte begeistern, die ihr Mann Paul mit einer Prise Humor auftischt. Sei es ein Schweins- oder Kalbsbraten oder ein heisser Bauernschinken: Es schmeckt. Dazu einen halben Appenzeller Wy, weiss oder rot, und die Welt scheint schwer in Ordnung. So einfach geht das hier. Na ja, nicht ganz: Ihre Spezialitäten gibt es nur auf Voranmeldung, und vier Freunde sollten es dann schon sein, am Sonntag mindestens zehn, sonst bleibt die Wirtschaft zu.

9050 Eggerstanden,
071 780 07 07, www.altesbild.ch

Anker

NEU

Im Hafen Einst hatten die Appenzeller den Plan, ihren Fluss Sitter zu stauen und unterhalb von Appenzell einen See anzulegen. Der See blieb ein Plan, Fluss und «Anker» sind geblieben. Durch die alte Gaststube gelangen die Besucher in einen modernen, hellen Neubau, wo einst die Scheune stand. Gastgeberin Myrtha Geiger empfängt, empfiehlt und verwöhnt ihre Gäste, die ihrem Mann Daniel eine Carte blanche geben und sich überraschen lassen oder sich über leicht interpretierte Klassiker freuen, wie Weissweinsuppe mit Chili und gebratener Crevette, von Hand geschnittenes Tatar, pochierter Fisch, Risotto, Pot au Feu, Entrecôte vom Appenzeller Rind oder ein Cordon bleu der Sonderklasse, gefüllt mit Landrauchschinken und Appenzeller Käse, gewendet im hausgemachten Paniermehl.

9050 Appenzell, Unterschlatt 14,
www.anker-unterschlatt.ch

Hirschen

Klein, aber fein Die Appenzeller haben noch Beizen, von denen die übrige Deutschschweiz nur träumen kann. Denken wir nur an das «Alte Bild» in Eggerstanden, die «Krone» in Speicher oder eben den «Hirschen» in Teufen, der von Ingrid und Jürgen Wetzold bespielt wird. Zwei Gastrosphen, die dem «Hirschen» mehr als gut tun, was alle Puristen und Liebhaber alter Beizen freut, ist doch der «Hirschen» weit mehr als nur eine schöne Wirtschaft. Auf den Teller kommen Schwartenmagen mit Kürbiskernöl, Mistkratzerli, Kalbsleber – das normale Programm. So richtig spannend wird's mit den Spezialanlässen wie die Metzgete oder wenn in der Küche Österreich zu Gast ist. Bei der Weinkarte fehlen mir einige Ostschweizer Weine, getröstet werde ich aber durch einen Châteauneuf-du-Pape Télégramme zum unschlagbaren Freundschaftspreis.

9053 Teufen, Hauptstrasse 25,
071 333 24 44, www.hirschen-teufen.ch

Bsonderig

NEU

Wiedergeburt Als Sepp Kölbener seinen «Sonder» schloss, trug die Region Trauer. Eine der schönsten Beizen war geschlossen, was schlimm ist, mal abgesehen davon, das ich seine Kaninchenleber nicht mehr essen kann, was noch schlimmer ist. Nun ist aus dem «Sonder» ein «Bsonderig» geworden, was eine schöne Wortspielerei ist. Yvonne und Ralph Frischknecht sind bekannte Appenzeller Gastronomen und ihr «Sternen» in Bühler ist bekannt und beliebt. Obwohl ich kein Freund von Beizenteilete bin, läuft es für einmal gut, mal abgesehen davon, dass der «Bsonderig» am Sonntag geschlossen ist. Die Qualität wird hochgehalten, das Ergebnis auf dem Teller stimmt. Selbst der «Grüsig» hat den Wechsel überlebt, und wenn Sie mich fragen, was das denn sei, rate ich Ihnen einfach mal vor Ort anzudocken und nachzutrinken.

9063 Stein, Sonder 249,
071 367 11 44, www.bsonderig.ch

Kabier

Für Besseresser Mehr Appenzell geht mit Sepp Dähler nicht. Das Bild vervollkommnen seine Frau Magdalena, seine vier Lausbuben und sein Vorzeigebauernhof mit glücklichen Viechern, die von Sepp gestriegelt und massiert werden. Die Brauerei Locher suchte vor Jahren nach einer Möglichkeit, ihre Nebenprodukte Biertreber, Bierhefe und Biervorlauf sinnvoll zu verwerten. Nach der Grundidee der japanischen Wagyu-Rinderhaltung verfüttern Sepp und Magdalena die Bier-Nebenprodukte an ihre Kälber und Rinder und reiben sie zweimal täglich damit ein. Ihre Fleischspezialität haben sie unter dem Namen Kabier® (Kalb und Bier) schützen lassen. So schliesst sich der Kreis. Zum Betrieb gesellen sich noch Lämmer und Wollschweine, die ein sauwohles und lammfrohes Leben führen dürfen – bis der Schlachter kommt.

9063 Stein, Blindenau,
071 367 17 19, www.kabier.ch

Holzofenbäckerei Brotkorb

Alles echt Eine unscheinbare Holzofenbäckerei, leicht zu übersehen, da sie gleich nach einer Kurve liegt. Wer wissen will, wie gutes Brot schmeckt, legt hier einen Zwischenstopp ein. Milch, Butter und Eier bezieht Christof Engetschwiler täglich von den umliegenden Landwirten. Die 250 Kilogramm Honig pro Jahr liefert ihm ein Imker aus Waldstatt. Vorräte kauft er keine ein. Täglich wird er mit der notwendigen Mengen an Rohmaterial beliefert. Auch seine, an vergangene Tage erinnernde Bäckerei, sieht sehr aufgeräumt auf. Christof Engetschwiler produziert nicht mehr als er pro Tag benötigt. Da kann es halt schon mal vorkommen, dass Kunden anrennen und mit leeren Händen dastehen. Die Klugen reservieren deshalb vor, was wiederum allen zugutekommt.

9104 Waldstatt, Mooshaldenstrasse 35,
071 351 22 62, keine Website

Blattendürren

NEU

Rührgeschichte In den 80er war das Appenzell das Beizen-Paradies der Schweiz. Selbst in den abgelegensten Weilern gab es eine Beiz, in kleinen Dörfern waren es oft gleich deren drei Wirtschaften, die eine Kleinigkeit anboten und in denen sich Gäste und Gastgeber stets sehr viel zu erzählen hatten und die Musik aufspielte. Kurz, an allen Ecken und Enden gab es Wirtschaften. Leider haben die gesellschaftlichen Veränderungen, die Vorschriften, der Amtsschimmel oder das Alter der Wirtsleute auch vor dieser Region nicht haltgemacht. Einige wenige sind geblieben, so wie die Bergwirtschaft Blattendürren, die mit beseelten Gastgebern und entspannter Gastfreundschaft aufwartet, die ihre Gäste in der Saison mit heimischem Wild, mit einer Fünfliber-Metzgete und mit drei verschiedenen Fondues verwöhnen.

9107 Urnäsch, Blattendürren 351,
077 261 54 54, www.blattenduerren.ch

Sonne

Lass den Sonnenschein herein Wer zur «Stobete» kommt oder die «Huusmetzgete» besucht, der weiss, warum die «Sonne» so beliebt ist. Stammgäste sind nicht nur die Einheimischen, sondern zahlreiche «Sonnen»-Fans aus der ganzen Deutschschweiz, die mit einem Kalterer, der Deziliter für Fr. 1.80 (!), dieses Stück heile Welt in Blatten zu schätzen wissen. Wer einen gesunden Appetit hat und sich lustvoll satt essen mag an «Rippli», Speck, Voressen, «Chesselifleisch», Blut- und Leberwurst, Kotelett und Geschnetzeltem, der sitzt hier in der ersten Reihe. Dazu werden Kartoffeln, Sauerkraut, Apfelmus und Apfelschnitze serviert. Nicht irgendwelche, sondern aromatische Lederäpfel, die heute genauso selten zu finden sind wie schön gealterte, charaktervolle Beizen wie u. a. die «Sonne» eine ist.

9413 Oberegg, Blatten,
071 891 15 85, www.sonne-blatten.ch

Wirtschaft Rütegg

Danke Mit dem Verleger, Schriftsteller und Beizengänger Werner Bucher habe ich einige Male in der «Rütegg» am Tisch sitzen dürfen. Durch ihn und sein Kult-Buch «Urwaldhus, Tierhag, Ochsenhütte & Co.» habe ich zahlreiche Gunstplätze kennengelernt. Einfache, schlichte Beizen, die ihren Charakter durch die Trends hindurch bewahrt haben. Daniel Muscionico schreibt zu seinem Tod treffend: «Von Beiz zu Beiz wanderte Werner Bucher durch sein Appenzell. Er, sein Hund und seine Fragen. Weggehen ist leicht, wenn zu Hause eine wartet und wirtet wie Irene.» Irene Bosshart wirtet noch. Sie schenkt Wein ein und «Saft» aus, schiebt auf Vorbestellung ihren «Chäsflade» in den Ofen und tischt Knoblauch-Pantli oder Nussgipfel auf. Mehr gibt es nicht, muss es auch nicht geben.

9413 Oberegg, Rüteggstrasse 48,
071 888 15 56, www.ruetegg.ch

Übernachten im Appenzell

Hotel Krone

Himmlisch Wenn Nebelschwaden wie eine Wolldecke auf dem winterkalten Bodensee liegen, locken die sonnendurchfluteten Hügel des Appenzells. Das wissen die St. Galler, das wissen die Zürcher, die bei schönem Wetter am Wochenende die Hochebene erobern. Ein gutes Basislager ist das Hotel Krone in Speicher. Zwar steht es nicht einsam in der Hügellandschaft, sondern nah an der Strasse. Wer erst einmal angekommen ist, vergisst diesen Umstand schnell. Vielmehr freuen sich die Gäste über ein Carpaccio von der Schweinsbrust, die zwölf Stunden gart, bevor sie aufgeschnitten wird. Genauso gut wie die mit Ribelmais gefütterte Mörschwiler Poularde, die frischen Bodensee-Felchen oder ganz banal, aber ungemein gut, der gemeine Wurstsalat.

9042 Speicher, Hauptstrasse 34,
071 343 67 00, www.krone-speicher.ch

Rössli

NEU

Authentisch Was für eine Häuserzeile voller Geschichte aus alten Zeiten, die einmal besser waren oder sagen wir anders – die heute wieder so richtig aufblühen dürfen, wie das «Rössli», dass zwar nicht mehr als Wirtschaft aufblüht, aber immerhin als Seminar- und Unterkunftshaus. Seine Gästezimmer sind schlicht und haben so gar nichts mit den uniformierten Zimmern der Boutique-Hotels zu tun. Hier lebt die Vergangenheit in der Gegenwart. Und auch wenn sich die Toiletten und Duschen auf dem Gang befinden, lohnt sich eine die Übernachtung, zumindest für alle, die dem Altehrwürdigen etwas abgewinnen können. Frühstück gibt's keines und ist im Preis auch nicht inbegriffen, aber der «Ernst» und sein Frühstück ist nah. Wer in Geschichte nächtigen will, liegt mit diesem authentischen erhaltenen Appenzellerhaus goldrichtig.

9043 Trogen, Hinterdorf 5,
077 275 22 16, www.roesslisaal.com

Linde

NEU

Hackbrett Die Zimmer sind sec renoviert und der Saal, in dem es sich unbeschwert feiern lässt, ist erhaben. Wer den schönen Künsten zugetan ist, bleibt gleich etwas länger, zumal die Kulturkommission Lindenblüten stets ein vielseitiges Programm auf die Beine stellt, die damit besorgt ist, das der historische Saal nicht nur kulinarisch, sondern auch kulturell genutzt wird. Hier einmal den Silvester erleben, hat was. Mit Hackbrett, Bassgeige und Geige, dann, wenn das bekannte Trio «Rond om de Säntis» aufspielt. Dazu Erbensuppe mit Eierschwämmen, Waldpilztatar mit Trauben-Chutney, Buchweizen-Crèpes mit Waldpilzfüllung oder einfach einmal ohne Pilz eine butterzarte, auf der Zunge zergehende Kalbsleber. Dazu einen Appenzeller Wienachtswy, also einen Pinot Noir vom Weingut Schmid-Wetli.

9410 Heiden, Poststrasse 11,
071 898 34 00, www.lindeheiden.ch

Da Erminia

Nonna Erminia Erminia hat Prinzipien. Seit Jahrzehnten. Neu bietet sie ein B&B an. Das hat ihre Tochter Christina eingefädelt, die im Hintergrund agiert und ihr alles Schwere abnimmt. Manchmal schleichen sich die Enkelinnen Siria und Giorgia in die Küche, naschen oder helfen gleich mit beim Rüsten. Wer spontan bei Nonna Erminia vorbeikommt, wird mit Coppa, Salami, Lardo, Käse und dem Hauswein verwöhnt. Wer sich telefonisch anmeldet und mit Erminia das Menü bespricht, für den wird gross aufgetischt. Klassiker, wie Risotto, Schmorbraten, Kaninchen mit Polenta und Tessiner Mortadella mit Saubohnen. Je nachdem. Bei Erminia lehnen sich die Gäste zurück, nehmen sich eine Auszeit und bleiben manchmal über Nacht. Ascona, Design und Luxus sind weit weg. Das Heute ist der Traum von gestern.

6538 Verdabbio,
091 827 16 07, www.daerminia.ch

Osteria Landarenca

Im Abseits Ja, ich gebe es zu, wäre ich nicht Abonnent von Transhelevtica würde ich hier nicht über diese Osteria schreiben. Ihr Artikel hat mich motiviert, den Rucksack zu packen und loszuziehen, ins begnadete Abseits, bei dem sich tatsächlich Fuchs und Has noch gute Nacht sagen. Auf alle Fälle empfehle ich diese Oase für alle Ruhesuchende (auch wenn es musikalische Abende gibt), die Freude an einer authentischen, wohlschmeckenden Küche haben, die von Noemi und Valentino zelebriert wird, die nicht nur kochen können, sondern auch humorvolle und herzliche Gastgeber sind. Das Problem ist, man kann nicht einfach nur so weiter ziehen. Nicht der Steinpilze, dem Kaninchen, Gitzi und der unglaublich guten Gemüsesuppe wegen, es ist das Ganze, was den Ort so einmalig macht. Wer länger bleiben wil, mietet sich im «Ca'Speranza» ein.

6543 Calanca, Landarenca 1/3,
078 826 13 80 oder 078 617 45 22,
www.landarenca.ch

Casa Berendi

Sulla montagna Einst war hier die Capuns-Hochburg von Charly Bieler, heute sind Antoinette und Sven Behrendt die sympathischen Gastgeber, die mit ihrer unkomplizierten Art und ihrer opulenten Küche Novizen sehr schnell in Stammkunden verwandeln. Ihre kulinarische Sprache, eine authentische italienische Küche, verbunden mit einer Prise douce France, verstehen alle. Carne cruda umhüllt von grosszügig gehobelten Trüffeln (!) zum Beispiel. Den Rest machen die Aussicht auf Land und Köstlichkeiten sowie der Gunstplatz Foppa. Die Anreise richtet sich nach den Fahrtzeiten des Sessellifts, zu Fuss wäre auch eine Möglichkeit, mit dem Auto ist es keine. Ein oder gleich fünf wundervolle Gänge und ein Risotto der besseren Art machen das Ganze zur Pflichtvisite in der Region. Bravissimi!

7017 Flims, Foppa,
079 241 32 51, www.casa-berendi.ch

Alpenblick

Auf der Alp 2020 erhält der «Alpenblick» ein Facelifting, der Hotelteil wird kernsaniert und präsentiert sich im Charme von gestern und mit dem Komfort von heute, auch wenn die Gäste die modernen Toiletten und Bäder auf der Etage teilen müssen. Was zählt, ist die Atmosphäre, die Herzlichkeit der Gastgeber, das gute Essen, dessen Gerichte auf den Ideen von Beat Caduff und Hitsch Leu beruhen. Der Weinkeller bietet viel, auch 200 zusätzliche Trouvaillen von Beat Caduff, der 22 Jahre in Zürich sein berühmtes Wine-Loft geführt hat. Im Hotel habe ich noch nicht geschlafen (hole ich nach), aber gut gegessen und getrunken, das dann schon. Artischockenherzen, die kleine Portion Hacktätschli und das Siedfleisch mit Meerrettich. Dazu ein Riesling vom Weingut Dönnhoff.

7050 Arosa, Ifängiweg 9,
081 377 14 28, www.alpenblickarosa.ch

Gasthaus am Brunnen

★ 🍇

Am Brunnen vor dem Tore Der Gunstplatz liegt vor dem Haus, direkt an Europas grösstem Holzbrunnen. Reisende, Feriengäste und Einheimische sitzen friedvoll miteinander und freuen sich über den beeindruckenden Auftritt von Gastgeberin Elvira Solèr Althof und Spitzenkoch Matthias Althof, der es sich nicht nehmen lässt, persönlich seine Speisen den Gästen an den Tisch zu bringen. Tänzelnd, pfeifend und lächelnd, was keine Show, sondern Ausdruck purer Lebensfreude ist. Wählen Sie das Menü mit acht Gängen und seien Sie offen für einen Gaumentanz. Alpkäse-Zitronen-Fonduta, Rhabarber-Vanille-Risotto mit gebratenen Kalbsmilken, gefüllten Zucchiniblüten, das Beste vom Spiegelschaf mit Kräuter-Crêpes und last but not least ein Pfefferminz-Parfait. Applaus.

7122 Valendas, Dorfplatz,
081 920 21 22, www.gasthausambrunnen.ch

Zwischenstation / Handwerk

Im Bahnhof Ich liebe Beizen, die quer in der Landschaft stehen. Bespielt von Individualisten, die es sich leisten, Gastgeber zu sein, ohne stets aufs Budget zu schielen. Nicht, weil sie es sich unbedingt leisten können, sondern weil sie wissen, dass es irgendwie funktionieren wird. Mit meinem Gedankenspiel beziehe ich mich nicht auf die sympathische Gastgeberin Alexandra Primuth, es ist mir einfach bei ihr in der «Zwischenstation» eingefallen, in der ich am langen Tisch den Alltag eh ganz schnell vergesse, auch mit Freunden und einem Fondue, das von November bis April auf Vorbestellung ab vier Personen aufgetischt wird. Ansonsten hat es immer eine Kleinigkeit zu schnabulieren. Alexandra Primuth verkauft auch schöne Handwerksarbeiten aus Altholz.

7122 Valendas, Bahnhof Valendas-Sagogn,
081 921 26 93, keine Website

Städtlibeiz

Von 1500 So alt ist das Haus, das mit dem erhaltenen Eingangsportal, den schönen Böden und dem Kreuzrippengewölbe historischen Charme versprüht. Schöner und sakraler lässt es sich in einer Wirtschaft nicht sitzen. Die sympathischen Gastgeber Inge Graiss und Daniel Truniger, die in Chur während eines Vierteljahrhunderts die Brasserie Süsswinkel erfolgreich geführt haben, bespielen die mit viel Fingerspitzengefühl renovierte «Städtlibeiz». Angerichtet wird auf weissen, runden Tellern. Kein Firlefanz, kein gar nichts stört. So stelle ich mir Capuns, Schmorbraten mit Stampf und Siedfleisch an Meerrettichrahm vor. Aufgetischt von Inge Graiss, die ebenso kompetent und mit diskretem Charme Weine empfiehlt, kredenzt und ihre Gäste aufmerksam durch den Abend begleitet.

7130 Illanz, Rosmaringässli 1,
081 925 20 25, www.staedtlibeiz.ch

Pensiun Alpina

Der schönste Freisitz Die Pensiun Alpina ist eine in die Jahre gekommene Pension. Sanfte Renovationen sind geplant, zum Teil im Gang und werden irgendwann mal beendet sein. Was hier zählt, ist die herzallerliebste Gastfreundschaft der Familie Capaul und der einmalige Gunstplatz hinter dem Haus. Schöne Blechtische und Holzstühle warten im Gras, um genutzt zu werden, sekundiert von einem atemberaubenden Blick ins Tal. Hier zivilisiert eine Flasche zu leeren, wird zum Entspannungsserum, das jede Zelle durchdringt. Dazu eine Portion der sensationellen Rüeblitorte mit Frischkäse und alles wird einem egal. Auch die Abfahrtszeiten des Postautos, zumal einige Gästezimmer zum Bleiben animieren. Leider denkt die Familie über eine Schliessung nach. Hoffentlich bleibt's nur beim Denken.

7148 Lumbrein, Fontauna 32,
081 931 15 37 oder 079 798 27 47,
www.alpinalumbrein.ch

Ustria Stiva Grischuna

Göttlich Um 14 Uhr öffnet die «Ustria», und ab 18 Uhr wird gekocht. Und wie gekocht wird! Capuns, Maluns und Gulasch mit Bizochels, wie sie besser nicht sein könnten. Göttlich gar wird es bei den Raviuls, deren Füllung unter anderem aus gedörrten Birnen und Zwetschgen besteht. Vervollständigt wird das Angebot durch eine kleine, feine Weinauswahl. Bemerkenswert hier der Resvegl (Rebsorte Solaris), der von Aron Candrian 2012 in Sagogn angepflanzt wurde und von dem der Jahrgang 2018 exakt 282 Flaschen ergeben hat. Klingt alles nach Geheimtipp, was die Ustria aber schon lange nicht mehr ist. Wer kommt, reserviert frühzeitig. Sonst wird's nichts mit den Spezialitäten von Elisabeth Coray und ihrer Schwägerin Anna Canetas-Coray, die diese Oase gemeinsam führen.

7152 Sagogn, Via Vitg Dado 5,
081 921 60 70, www.stiva-grischuna.ch

Restaurant Alpina

«I bi de Kurt» Wer Wert auf formvollendete Etikette legt, ist bei Kurt fehl am Platz. Wer zu ihm kommt, wird geduzt. Egal, wer da kommt. Kurt ist ein Wirt wie aus dem Bilderbuch. Bodenständig, redselig, geerdet – der kochen kann und seine Gäste mit einfachen Gerichten verwöhnt. Zum Pflichtprogramm gehören die Käsewurst und die hausgemachte Siedwurst oder die obligaten «Hörnli mit Ghackets». Schweizer Klassiker, wie ein Cordon bleu oder eine gebratene Cervelat sind ebenso vertreten wie der allgegenwärtige Charme von Kurt, der für Damen den Tisch auch gerne mal weiss eindeckt. Das gute Essen bleibt sich aber gleich. Mittlerweile sind Kurt und das am Eingang des Panixertals gelegene Bergdorf Pigniu so miteinander verbunden, wie der Papst mit dem Vatikan.

7156 Pigniu, Miasas 28,
079 620 12 16, www.alpina-restaurant-pigniu.ch

Ustria Steila

★

Tradition reloaded Streunen im Val Lumnezia, bummeln in der Surselva, ankommen in Siat. Gabriella Cecchellero ist eine geerdete Spitzenköchin, die sich schon vor Jahren vom Punkte- und Sterne-Karussell verabschiedet und sich mit ihrem Partner Hugo Hess in die Provinz zurückgezogen hat. Ihre Kochsprache überzeugt mit einer klaren Ansage für Zunge und Gaumen, die Freude macht. Wer Wein mag, geht gleich selbst in den Keller und wählt sich eine Flasche aus oder lässt sich von Hugo kompetent beraten. Er ist ein aufmerksamer Gastgeber, der lieber ein Wort zu wenig als zu viel sagt. Durch den Zürcher Unternehmer Theo Schaub und durch das Können des Bündner Stararchitekten Gion A. Caminada ist hier eine stilvolle Begegnungsstätte entstanden, in der man gerne länger verweilt.

7157 Siat, Vitg 12,
081 925 19 19, www.ustriasteila.ch

Mazlaria Schmed

Wir sind! «Ja, wir sind einheimisch, denken und arbeiten so». Die Metzgerei Schmed ist stolz auf ihre Arbeit. Zu Recht, ist doch die 1969 gegründete Metzgerei ein Vorzeigebetrieb. Ihr Fleisch kommt von den Viechern gleich von der Wiese nebenan. Von lokalen Bauern, die seit jeher für eine artgerechte Tierhaltung einstehen. Venanzi Schmed führt die Metzgerei seit 1993 in der zweiten Generation. Lokal, frisch, sympathisch. Mit eigenem Schlachthof und zehn motivierten Mitarbeitern. 40 verschiedene Salsiz lassen den Kunden rätseln, welcher wohl am besten zu seinem Gaumen passt. Ich bleibe immer beim Steinbock- und beim Leber-Salsiz hängen. Da wären aber auch noch der Beinschinken, der Pfefferspeck, der hausgemachte Rohschinken oder das Brigelser Trockenfleisch.

7165 Brigels, Cadruvi,
081 941 15 77, www.metzgerei-schmed.ch

Ustria Val Sumvitg ♥

Beinvegni e viva! Es gibt Wirtschaften, da geht man nur mit den besten Freunden hin und bleibt länger. Die «Ustria Val Sumvitg» ist so eine. Wunderschön gelegen, ist die Beiz für sich alleine schon eine Augenweide. Authentisch, echt, sympathisch. Wer hierher kommt, nimmt sich Zeit oder lässt es gleich bleiben. Capuns, Maluns und Bündner Gerstensuppe sind hier vorzügliche aromatische Klassiker, die einfach nur Freude bereiten. Wer vor Ort schläft, hält sich abends an die Halbpension und lässt sich mit einem Pilzrisotto der besseren Art oder in der Saison mit Wild aus heimischer Jagd verwöhnen. Wildpfeffer zum Beispiel. Die «Ustria» ist ein begnadetes Abseits, ausser es wird vor Ort geheiratet oder Brent Moyer spielt zum Wohnzimmerkonzert auf.

7173 Surrein-Val, Val 392,
079 357 85 74 oder 081 943 11 96,
www.ustriavalsumvitg.ch

Cuschina Menono ♥★

Mengia und Erwin Es war die Liebe, die den Südtiroler Erwin Braunhofer nach Jahren in der «Krone» in Wassen über den Berg nach Camischolas geholt hat. Die Liebe heisst Mengia und ist die Gastgeberin der «Cuschina Menono», die mehr Privathaus als Restaurant ist. Erwin ist Verfechter einer Alpenküche, die viele regionale und saisonale Aspekte berücksichtigt, denen er seine Note verpasst. Steht Wild aus heimischer Jagd an, kann es schon mal vorkommen, dass er aus einem Rehstück ein Cordon bleu schneidet, es mit Steinpilzen füllt und dem Fleisch einen Haselnussmantel umlegt. Immer eine Rolle spielt bei ihm das Dessert, was bei einem gelernten Konditor auch logisch ist. Und plagt ihn das Heimweh, kommen «Schlutzkrapfen» auf den Teller und Lagrein ins Glas.

7187 Camischolas, Via Alpsu 153,
079 220 40 53 oder 079 219 17 64,
www.menono.ch

Restaurant Viva

Ohne Gaskocher Camping im Winter ist auf den ersten Blick nicht zwingend. Es erweist sich aber als eine naturnahe Auszeit für Körper, Geist, Seele und Magen. Ohne Gaskocher und Konservenfutter, dafür mit der Culinarica Surselva der sympathischen Gastgeberin Nicole, die ihre Gäste seit knapp drei Jahren mit ihrer lebendigen Kochsprache verwöhnt. Unterstützt wird sie von einem innovativen, lebendigen Team, das in der kleinen Küche mithilft, unaufgeregte, aber umso schmackhaftere Gerichte zu kochen, sodass selbst eine banale Kürbissuppe zu einem Festessen mutiert. Den Rest machen die beeindruckende Landschaft, die aufgeräumte Stimmung und das knisternde Feuer im Kaminofen. Da soll noch einer auf die Idee kommen, nicht zu campen, wobei auch Stubenhocker in der Beiz willkommen sind.

7189 Rueras, Via Prau Cumin 11,
079 126 80 61, www.campingviva.ch/restaurant

Veglia Stiva Grischa

NEU

Tout le monde Flurina und Michael Haisch-Maissen verstehen es in ihrer «Veglia Stiva Grischuna» mit subtilen Noten, Tradition und Innovation miteinander zu verbinden. Schön, dass die ehrwürdige Stube bereits um 9 Uhr seine Türen öffnet und ihre Gäste herzlich willkommen heisst, die miteinander reden, diskutieren, sinnieren und lachen oder sich einfach nur zuhören, in der Zeitung blättern und ihren Aperitif geniessen. Am Mittag halten Stadt und Land Einzug, ist doch die «Stiva» weit über die Kantonsgrenzen hinaus bekannt, und delektieren sich an Maluns, Capuns und an den unwiderstehlichen Ravioli, die mit zart geschmortem Braten gefüllt und durch Salbeibutter und Sbrinz parfümiert werden. Wer Klassiker zu schätzen weiss, freut sich über Papa Norberts Filet Stroganoff, das in der «Stiva» nach allen Regeln der Kunst zubereitet wird.

7180 Disentis, Via Cavardiras 3,
081 947 52 36, www.stivagrischuna.ch

Lipp Weingut & Destillerie

Henri Begonnen hat alles mit Margrit und Martin Kunz-Keller, die auf die Idee kamen, Karotten, Randen und anderes Gemüse zu Schnaps zu brennen. Nicht als Trend, sondern als anregenden Gaumenkitzel und als betörender Sekundant fürs Gemüse. Sie sind aber nicht nur bei diesen Destillaten hängen geblieben, sondern haben sich intensiv mit dem Grappa auseinandergesetzt. Hinzu kamen einfache, gute Weine von den eigenen Reben. Dies ist der erste Teil der Geschichte, der zweite geht mit Tochter Carina Lipp-Kunz weiter, die gelernte Winzerin ist und seit einigen Jahren mit ihrem Mann Reto den Betrieb führt. Bei den Schnäpsen gibt es neben Williams, Kirsch, Erdbeere und Himbeere auch Überraschendes wie Fenchel, Absinth, Maienfelder Gin und Henri, einen unfiltrierten Marc, der im Barrique gereift ist.

7304 Maienfeld, Fläscherstrasse 2,
081 330 15 55, www.lipp-destillerie.ch

Restaurant Falknis

Volltreffer Der «Falknis» ist ein Bild von einem Gasthaus, die Stube ist holzgetäfelt und kommt ohne jeglichen Folklorebarock aus. Einheimische und Reisende vereinen sich an den Tischen. Die Auswahl der Gerichte ist nichts Spektakuläres, sondern einfach Gutes für Gaumen, Magen und Seele, was Gion Rudolf Trepp zu verdanken ist, der eine exzellente Küche pflegt, die allen gefällt. Vitello tonnato, Parpaner Hauswurst mit frisch zubereitetem Safranrisotto machen Appetit und vermitteln pure Freude und Lebenslust. Eine Extraklasse sind der hauseigene Schwartenmagen mit Kräutervinaigrette, das Schweinskotelett mit Schwarte oder das Mistkratzerli. Es lohnt sich, seine Reise ins Engadin so zu planen, dass genügend Zeit für eine kulinarische Stippvisite in Maienfeld bleibt.

7304 Maienfeld, Bahnhofstrasse 10,
081 302 18 18, www.restaurantfalknis.ch

Stall 247

Wein und mehr Das Konzept von Fabienne, Yannik und Haris scheint aufzugehen. Im «Stall 247» trifft sich die Region, sie trinkt, isst mal klein, mal gross und redet über die Befindlichkeiten, die das Leben so mit sich bringt. Sie lesen die Stall-Zitig, die ihnen mitteilt, was es zu essen gibt. Plättli «Dies und Das» und Käse mit Brot. Kurz, es gibt das, was es so zu einer Flasche Wein für den kleinen Appetit benötigt. Dass die Herren auch kochen können, beweisen sie mit ihren spontanen Gerichten, die sie radikal regional ausrichten. Das Weinbuch der drei ist beeindruckend, die Bündner Herrschaft ist sozusagen komplett vertreten. Der Pinot Blanc von Irene Grüenfelder habe ich das erste Mal in der «Casa Caminada» getrunken, schön, dass ich ihn hier wieder gefunden habe.

7304 Maienfeld, Spitalgasse 16,
081 599 46 76, www.stall247.ch

Alter Torkel

Langanhaltend Seit Julia und Oliver Friedrich den «Alten Torkel» übernommen haben, weht in ihm ein neuer, frischer Wind, was dem Alten sehr gut tut und die Region erfreut. Auch die Küche verlassen neue Düfte. Mal sind es Pilzravioli, mal Käsespätzle mit Röstzwiebeln und Speck, oder wenn es edler werden soll, geht's für Fleischtiger zum Porterhouse-Steak oder doch lieber zum Pulled-Beef-Bun mit gebratener Entenleber und einer Melange aus Apfel, Sellerie und Trüffel, was sich nicht nur nett liest, sondern auch ungemein gut schmeckt. Wer's dann doch lieber eine Stufe kleiner haben will, weicht auf den unverwüstlichen Evergreen «Ghackets mit Hörnli» aus. Nicht verpasst werden darf zum Finale der lang anhaltende Abgang der Scheurebe, die sich perfekt mit dem Käse und Birnenbrot vermählt.

7307 Jenins, Jeniserstrasse3,
081 302 36 75, www.alter-torkel.ch

Casa Caminada / OZ

Heute Thomas Fritsche kocht im «OZ», dem neusten Coup von Andreas Caminada, für ein Dutzend Gäste vegetarisch. Nur so viel, es ist grossartig. Punkt! Gourmets dinieren im Schloss, Pragmatiker sitzen in der «Casa Caminada» und lassen sich von Gastgeber Edi Magalhães und Susanne Hartmann verwöhnen. Mathias Kotzbeck zaubert aus der Küche Gerichte wie Gurke (in drei Variationen) mit Forelle, Rindertatar, Gitzi, Schweinebauch mit Kopfsalat und Kalbsvoressen mit Quark-Bizochels. Nicht zu vergessen die Bündner Klassiker Maluns, Capuns und die Ravioli, gefüllt mit gedörrten Birnen, sekundiert von Nussbutter und Salsiz. Dazu einen Pinot Blanc von Irene Grünefelder und einen Pinot Noir von Möhr-Niggli. Grosses Kino inklusive geräumigen, schönen Zimmern zu fairem Preis.

7414 Fürstenau, Obergass 68,
081 632 30 50, www.andreascaminada.com

Landhus Almens

Besser! Freunde von mir mit Appetit und Durst haben das «Landhus» besucht und mir von dem Haus und ihren Gastgebern vorgeschwärmt. Die vordergründig einfachen Speisen verblüffen mit Raffinesse, wovon die Spinatquiche mit Ziegenkäse und rosa Pfeffer wie auch die Gerstensuppe aus Gran-Alpin-Bio-Gerste mit Speck, Trockenfleisch und Rahm zeugen. Selbst Klassiker wie «Gschwellti und Chäs» rufen subtile Gaumenfreuden hervor. Und endlich wieder einmal gute Kartoffeln, die wie Kartoffeln schmecken, sekundiert von gereiftem Käse mit Käsereianke und -quark, Chutney und Eingelegtem. Ein Festmahl, so wie es am Tage des Herrn der Sonntagsbraten mit Stampf und Seeli und saisonalem Gemüse ist. Grazcha fich.

7416 Almens, Dorfstrasse 12,
081 655 11 05, www.landhus-almens.ch

Zur alten Post

Damals Bei Monika und Werner Ambühl lehnen sich die Gäste zurück, im Wissen, dass sie Zeit haben. Das Publikum ist durchmischt, die Küche saisonal und ehrlich. Ihr Gasthaus ist kein musealer Ballenberg, sondern vergessener Alltag von früher, konserviert für die Gegenwart. Spontane Besucher werden mit einer Säumerplatte oder einer warmen Suppe bedient. Gäste, die länger verweilen, rufen im Voraus an und bestimmen mit der Gastgeberin und Köchin Monika Ambühl das Wunschmenü. Die Köchin hat Prinzipien, und ihre Frischküche benötigt Vorbereitung. Wer die «Alte Post» besucht, staunt über das schöne Haus, hört den Einheimischen zu, isst Braten mit Stampf oder in der Saison Spargeln aus Reichenau mit Sauce Hollandaise und nippt zum Finale am Lebenswasser.

7430 Rongellen, Italienische Strasse 3, 081 651 33 77, www.alte-post-rongellen.ch

Spezialitätenmetzg Splügen

Esst Wurst Die Würste von Orlando Strub sind grandios. Punkt! Angefangen bei der Königin der Schweizer Würste, der Beinwurst, die fast kein Metzger mehr produziert, bis hin zur Schwartenwurst oder der Hirschbratwurst aus heimischem Wild. Aber da wären auch noch die Haus- und Käsewurst, das Vitellini vom Kalb oder die exzellente Cervelat. Von den Salsiz ganz zu schweigen, die in zahlreichen Varianten hergestellt werden. Natürlich sind nicht nur die Würste begehrt, sondern in der Saison auch Gams und Hirsch, daneben Coppa, Speck, Jägerschinkli und Bündner Rohschinken. Eigentlich alles, was Orlando Strub produziert. Seine Produkte sorgen immer wieder für geniale Geschmacksmomente oder anders formuliert, für diese Metzgerei lohnt sich jeder Umweg.

7435 Splügen, Italienische Strasse 44, 081 664 11 07, www.strubmetzg.ch

Alter Torkel (Seite 353)

Stizun da Latg

Eine Herzenssache Käser haben keine Freizeit. Kühe, Bauer und Milch können nicht warten. Die Käsemeisterin Maria Meyer und der Senn Martin Bienerth nehmen sich in ihrer «Stizun da Latg» viel Zeit für Milch und Käse. So schmeckt auch das Resultat. Ihre Käse haben ein wundervolles Aroma und werden, bevor sie in den Verkauf kommen, von Hand liebkost. Täglich. Maria und Martin benötigen keinen TV-Spot, der nicht hält, was er verspricht. Ihr Käse spricht für sich und verblüfft die Fachwelt immer wieder, die mit Auszeichnungen nicht geizt. Aus ihren vier Grundrezepten haben sie zahlreiche Sorten entwickelt. Sie beliefern die Schweiz, das Ausland und Übersee. Maria und Martin zahlen den Bauern für ihre Milch einen korrekten Preis und zeigen dem Grossverteiler, was alles so möglich ist.

7440 Andeer,
081 661 13 15, www.sennerei-andeer.ch

Kurhaus Bergün

Damenwahl Das Kurhaus Bergün ist eine ehrwürdige alte, aber quicklebendige Dame, die von den sympathischen Maya und Christof Steiner geführt wird. Hier elegant zu tafeln und danach an der Bar das letzte Glas vom Tag zu trinken, hat was. Auch die Sonnenterrasse ist ein Argument für die Einkehr. Das Haus macht von Beginn an gute Laune, lange bevor das Essen serviert und der Wein kredenzt wird. Es kommen grosse und gute Gefühle auf. Dass hier auch noch zwischen gut und vorzüglich gekocht wird, lässt den Besuch für genussfreudige Romantiker zur Pflicht werden. Kommen mir die Spaghetti mit Speck, Salsiz mit Ei, Ricotta-Gnocchi, das Filisurer Bio-Lamm mit Polenta und der Schokoladenkuchen in den Sinn, nehme ich sogleich den Telefonhörer in die Hand und reserviere.

7482 Bergün, Puez 112,
081 407 22 22, www.kurhausberguen.ch

Tessanda Handweberei

NEU

Weben Eine Freundin hat mich motiviert, bei der Handweberei Tessanda einen Boxenstopp einzulegen und mir diese anzusehen. Obwohl mir das Weben mit meinem Harris-Tweed-Sakko eigentlich präsent sein sollte, habe ich, selbst in Schottland, vom Weben keine Ahnung, bis zu dem Augenblick, als mir die Geschäftsführerin und Präsidentin des Stiftungsrats, Maya Repele, «Tessenda» vorgestellt und mich tief beeindruckt hat, zumal das Weben für mich mehr als ein Handwerk ist, und mir beim Zusehen klar wurde, dass ich sowas im Leben nie schaffen würde. Einigen wir uns gemäss Broschüre darauf, dass es Handwerkerinnen sind, die mit Talent und Hingabe, Schönes und Hochwertiges schaffen und Qualität für eine halbe Ewigkeit produzieren, was seinen Preis hat, aber auch einmalig ist. Starten Sie beim ersten Einkauf mit dem Küchenlappen.

7536 Santa Maria, Via Val Müstair 169, 081 858 51 26, www.tessanda.ch

Hotel Piz Linard

Mittendrin Seit über 150 Jahren steht das Hotel Piz Linard mitten in Lavin. Schön und lebendig, mit wachen Geistern und mit Meistern im Verwöhnen. Hans Schmid hat sich zurückgezogen, ganz verschwunden ist er aber noch nicht. Zumindest sind seine Texte noch da. Bespielt wird das Haus nach wie vor von einem aufgestellten Team, das jünger ist und voller Ideen steckt, die unter der Federführung von Janina Mosimann spielend umgesetzt werden. Mit einem Dorfzmorge, einfachen Mittagsmahl, Stammtisch und einer Abendbar sowie einer Cena Genuina. Hinzu kommt eine bemerkenswerte Auswahl an Weinen, Bieren und alkoholfreien Getränken. Die Gästezimmer sind einfach oder edel, klar oder verspielt, je nach Lust und Laune und Budget. Hinzu kommen schöne Begegnungsräume. Das Ganze ist ein lebendiger Ort für alle Fälle.

7543 Lavin, Plazza Gronda 2, 081 862 26 26, www.pizlinard.ch

Bistro Staziun

Halt auf Verlangen Das Bistro Staziun lässt die alte Tradition des Bahnhofbuffets aufleben und ist unter diesen wohl das kleinste der Schweiz. Unter der Woche ist das Bistro ein Wartesaal, von Freitag bis Sonntag ein Bistro, in dem sich eine bunte Gästeschar an Suppe, Fondue oder einfach an Käse und Trockenfleisch vom lokalen Biohof gütlich tut. Wer Glück hat, kann sich über die delikaten Wollschweinwürste freuen. Aufgetragen wird lokal, zahlreiche Produkte stellen die Mitgastgeber Rebekka Kern und Jürg Wirth selbst her. Das Bier ist von hier, die Weine sind aus der Bündner Herrschaft, aus dem nahen Veltlin und auch mal von hier und dort. Das Bistro Staziun ist ein unprätentiöser Kultur- und Kultplatz und wird wohl noch lange einer sein, auch dann noch, wenn der letzte Zug abgefahren ist.

7543 Lavin,
079 438 50 08, www.staziun-lavin.ch

Hof Uschlaingias

Höhenluft Jürg Wirth ist ein journalistischer Bauer oder bauernder Journalist, der gemeinsam mit Rebekka Kern den Familienbetrieb Uschlaingias in Lavin bewirtschaftet – und an den Wochenenden den Dorfbahnhof ins Bistro Staziun verwandelt. Auf einer Fläche von 20 Hektaren arbeiten sie nach biodynamischen Richtlinien, auf der sich das Rätische Grauvieh, die Wollschweine und Esel friedlich herumtummeln. Sämtliche Milch wird zu Käse verarbeitet, und alle Produkte werden direkt ab Hof verkauft. Darunter auch diverse ProSpecieRara-Kartoffelsorten und die höchst gewachsenen Artischocken Europas, die durch ihren intensiven Geschmack bestechen und in der Saison von privaten Kunden wie auch von der Gastronomie begehrt werden.

7543 Lavin,
081 860 33 41 oder 079 438 50 08,
www.uschlaingias.ch, www.staziun-lavin.ch

Metzgerei Hatecke

Der Edelmetzger Wer ein Salsiz von Ludwig Hatecke kauft, mag etwas irritiert und sich nicht ganz sicher sein, ob in der edlen Verpackung auch tatsächlich ein Salsiz steckt. Er steckt! Hatecke macht nicht nur den Unterschied im Fleisch, sondern gibt seinem Erscheinungsbild ein spezielles Design, das für einen Metzger wohl einzigartig ist. Geschmack sichtbar machen. Schweinsleberwurst, Gamsschlegel, Coppa, Brühwürste, die Arme-Leute-Kartoffelwurst als Meisterwerk oder eben die Qualität eines Salsiz ohne Fett, ohne Sehnen, nur pures Fleisch von Tieren, die artgerecht auf Engadiner Wiesen aufgewachsen sind. Mittlerweile gibt es einige Filialen u. a. in Zernez, St. Moritz und Zürich, in denen nicht nur Spezialitäten eingekauft, sondern auch vor Ort mit einem Glas Wein gegessen werden können.

7550 Scoul, Stradun 197,
081 864 11 75, www.hatecke.ch

Gasthaus Avrona

Glücksfall Die Aussicht passt. Der Weiler Avrona ist ein Hideaway oberhalb von Tarasp. Am Mittag hat die Oase für spontane Gäste offen, dann geht's mitunter hektisch zu, was nichts mit dem perfekten Service zu tun hat, sondern mit ungeduldigen Wanderern. Am Abend sind die Tische für die Pensionsgäste reserviert, je nach dem auch für Auswärtige auf Voranmeldung. Die Stüva, der Blick von der Terrasse und die Küche sind drei Highlights. Am Mittag kann das ein Dinkel-Roggen-Brot aus dem Holzofen mit Ochsenherztomaten sein oder eine geräucherte Engadiner Bratwurst mit Polenta. Am Abend wird die Kür mit einem Überraschungsmenü zelebriert. Die Stiftung Bergschule Avrona hat das Gasthaus von den langjährigen Besitzern Peter und Helen Witmer kaufen und Claudia Kläger verpflichten können.

7553 Tarasp,
081 861 20 20, www.avrona.ch

Pensiun Aldier

Immer gerne Wer die Pensiun Aldier besucht, lässt sich auf kein Abenteuer ein, sondern auf ein kleines, feines Hotel, das etwas anders tickt als andere. Die Geschäftsführerin Nadia Rybarova ist herzlich und hilfsbereit, die mit Augenmass dafür sorgt, dass das «Aldier» so zuverlässig läuft, wie ein Rolls Royce mit Chauffeur. Wer Stammgast der Pensiun ist, dem wird der Charme und das Lachen von Patron Carlos Gross fehlen, der durch seine Krankheit das Irdische viel zu früh verlassen hat. Seine Familie, Suzanne, Gian und Nico vertreten ihn an einigen Tagen, alles andere bleibt sich mit Nadia gleich. Selbst Carlos kulinarische Herzangelegenheit – Konfitüren, Wermut und Sloe Gin – werden nach seinen Rezepten in Handarbeit weiter produziert, und auch die Küche ist sich mit ihren gradlinigen und schmackhaften Gerichten treu geblieben.

7554 Sent, Plaz 154,
081 860 30 00, www.aldier.ch

Bun Tschlin

Lokal In Samnaun wird zollfrei eingekauft. Ein unwirklicher Ort, der an Widersprüchen kaum zu überbieten ist. In Tschlin wird nachhaltig eingekauft. Ein wunderschönes Dorf im begnadeten Abseits. Wer hier überleben will, hat Geld oder Ideen. Was für Tschlin spricht, sind seine erhaltenen Häuser, ist das Lebendige hinter den Kulissen. Über 30 Betriebe tragen ihre Produkte und Dienstleistungen im Rahmen von «Bun Tschlin» zu Markte. Vom Bier über die Wurst bis hin zu Käse, zum Roggenbrot und ja klar zur Nusstorte. Ein kulinarischer Einblick erhält der Frischling im Dorfladen, der zahlreiche lokale Produkte anbietet und wo Myrta und Jachen Andrighetti-Jenal ihr lokales Insiderwissen gerne weitergeben und wer freitags einen kleinen Appetit verspürt, lässt sich in der Alpenbrauerei Girun mit Weisswürsten verwöhnen.

7559 Tschlin,
081 864 02 02, www.buntschlin.ch

Vitto

Feines aus dem Bergell Es war ein trauriger Moment, als Monika Müller und Christian Speck bekannt gaben, nach vier Jahren den «Palazzo Salis» in Soglio zu verlassen. Sie haben das Haus belebt und zahlreichen Gästen mit ihrer unkomplizierten Art einige nachhaltige Ferientage beschert. Tempi passati. Als Gründerin von «Vitto» tüftelt Monika Müller heute an alten und neuen Rezepten für ihre Spezereien. Sie sucht naturnahe Rohstoffe und verarbeitet diese direkt vor Ort. Sie schafft Spezialitäten, die die Vielfalt des Bergells widerspiegeln. Nebst der Arbeit in der Manufaktur kultiviert sie die verschiedenen Gärten von «Vitto». In diesen experimentiert sie mit alten und neuen Obst- und Beerensorten und lässt sich für ihre tägliche Arbeit inspirieren. Ihre Rauchkastanien und ihr Nougat sind genial.

7603 Vicosoprano, Val Torta,
079 646 72 42, www.vitto.ch

Hostaria

Unscheinbar Weinkenner treten sogleich ein, Novizen setzen den ersten Fuss zögernd über die Schwelle. Die «Hostaria del Borgo» ist Weinbar und Restaurant zugleich, ist rustikal und modern und eignet sich für Puristen wie Trendsetter. Mitten im Leben werden traditionelle Gerichte aufgetischt mit Produkten aus dem Valposchiavo und Veltlin. Wer mit Freunden kommt, bestellt, teilt und isst sich schon beim Aperitif durch die Würste und das Trockenfleisch. Danach eine Buchweizensuppe, gefolgt von Capunet, Polenta mit Speck, Haxe, gekochter Mortadella – und, klar, dabei das Teilen nicht vergessen. Sonst wird das nichts mit dem «sich durch die Karte essen». Dazu Weine aus dem Veltlin, Nebbiolo aus dem Stahltank, klar, frisch und trinkig. Eine gute Adresse.

7742 Poschiavo, Via da Mez 135,
081 844 00 79, www.hostariadelborgo.ch

Macelleria Scalino

Slowfood Was für eine authentische Metzgerei, was für fantastische Produkte und was für ein Metzgermeister, der mit seinem Onlineshop den Rest der Schweiz am kulinarischen Glück seiner Region teilhaben lässt. Slow Food hat der Ur-Fleischpastete Furmagin da Cion von Sandro Marchesi ihr Label verpasst, die nicht nur national, sondern auch über die Landesgrenzen hinaus berühmt ist. Diese wieder zum Leben erweckte traditionsreiche Pastete hat es geschmacklich in sich. Mit dem Schweinefleisch werden Innereien, Zwiebeln, Gewürze, Bouillon und Rotwein vermengt und die Masse wird im Schweinenetz im Ofen gebacken. Archaisch und authentisch gut. Es ist aber nicht nur diese exklusive Spezialität, es sind noch zahlreiche andere geniale Produkte, die zum Kauf anregen. Online oder lustvoller gleich vor Ort.

7745 Li Curt, Sant'Antonio,
081 844 02 67, www.scalino.ch

Übernachten im Kanton Graubünden

Nühus

Entdeckt Auch der Schweizer Heimatschutz hat das Kleinod entdeckt und lobt das «Nühus» in seinem Guide «Die schönsten Hotels der Schweiz», der mit «Aufgegabelt» in jedes Handschuhfach oder in jede Satteltasche gehört. Das «Nühus» ist ein Ort mit Perspektive, eine Oase mit Geschichten und Gerichten, die abends als dreigängiges Menü aufgetischt werden. Zum Wohlfühlfaktor gehören auch der Specksteinofen, das Kaminzimmer und die stilvolle Möblierung. Der Zauber des Ortes macht die Lage auf der Sonnenterrasse Bruschgaleschg auf 1636 Metern über Meer oberhalb von Safien Platz aus, in der die natürliche Entspannung auf einem Graspolster zu den kleinen Schönheiten zählt. Eine verwunschene Einkehr mit viel ursprünglicher Bausubstanz.

7107 Safien Platz, Bruschgaleschg,
079 590 11 77, www.safientalferien.ch

Gasslihof

NEU

Schlaf Schon lange nicht mehr habe ich so gut geschlafen wie hier. Reine Luft, Ruhe, mal abgesehen von den Kuhglocken, die mich aber mehr in den Schlaf wiegen als stören, verbunden mit einem exzellenten Abendmahl, das zeigt, das sich die weite Reise ins abgelegene Safiental mehr als lohnt. Bei der Ankunft heisst es nicht lange überlegen, sondern handeln und eine Portion Bio reinziehen mit hausgemachtem Brot, einem Salsiz und Safier Alpkäse, dazu von der Bündner Herrschaft einen Pinot Noir. Ankommen und zurücklehnen lautet die Devise, und am Abend gibt's was es gibt, was ein Hackplätzli oder Geschnetzeltes sein kann oder einfach eine exzellente Suppe. Und vergessen Sie mir nicht ins «Totabeindli» zu beissen, das im Gegensatz zum «Mohrekopf» und «Meitschibei» noch nicht der Sprachpolizei zum Opfer gefallen ist.

7109 Thalkirch, Gässli 19,
079 746 20 87, www.gasslihof.ch

Alpenrose

NEU

Zuoberst Es gibt sie tatsächlich noch, die abgelegenen einfachen Gasthäuser, geführt von herzlichen Gastgebern an einem verträumten Ort in intakter Natur mit Einblicken in eine unverfälschte Küche und Ausblicken über Berg und Tal. Juf, das höchst gelegene bewohnte Dorf in der Schweiz, ist so ein Rückzugsort für Stunden oder Tage. Für den Moment in der Beiz, für ein entspanntes Retreat übers Wochenende oder unter der Woche. Trotz Abgeschiedenheit: Langweilig wird's einem hier nicht. Und wie wusste bereits Goethe: «Über allen Gipfeln ist Ruh? In allen Wipfeln spürest Du kaum einen Hauch; die Vögelein, schwelgen im Walde. Warte nur! Balde ruhest du auch.» Gut, nicht unter dem Boden, sondern in einem der angenehmen Gästezimmern.

7448 Juf, Ober Juf 14,
081 667 11 99, www.gasthaus-alpenrose-juf.com

Spinas

Halt auf Verlangen Roland Gruber wäre für jede Outdoor-Werbung die Idealbesetzung. Für einen exzellenten Gin ist er schon vor der Kamera gestanden, was ihn aber sein Kinn nicht höher tragen lässt. Der mit Bodenhaftung geerdete Südtiroler ist der geborene Gastgeber. Herzensgut, nicht geschwätzig, dafür gesprächig, empfehlend und informativ. Das per pedes oder mit dem Zug zu erreichende «Spinas» bietet ein saisonales Angebot und eine Weinkarte mit zahlreichen überraschenden Provenienzen. Das Ganze ist eine Einkehr für Menschen, die eine persönliche Note zu schätzen wissen. PS: Die Baustelle Neubau-Albula-Tunnel ist zwar noch da (bis 2024/25), trübt den Aufenthalt aber nicht, da die lärmigen Arbeiten erledigt sind.

7502 Bever, Val Bever,
081 851 19 20, www.spinasbever.ch

Fex

Im stillen Tal Schon Friedrich Nietzsche wusste, dass es ihm in Grunde nirgendwo so gut gefällt wie im Fextal, was jetzt nicht der originellste Einstieg in diesen Text ist, da dieses Bonmot auf der Website des Hotels steht, in dem ich gerne in einem der mit Fingerspitzengefühl renovierten Zimmer nächtige. Das Haus hat Stil, die Lage ist grossartig, der Tagestourismus hält sich in der Zwischensaison in Grenzen, auch wenn der Kuchen am Nachmittag ein verlockendes Argument ist, das Hotel Fex für einen kurzen Moment zu besuchen. Die Küche kann mit der Lage mithalten und überzeugt mit einer Engadiner Hirschwurst und zarten Rehschnitzel aus heimischer Jagd. Die Marronitorte begleitet von einem Kastanienbier verursacht bei mir die erforderliche Bettschwere. Ein Ort, um wiederzukommen.

7514 Sils-Fex, Via da Fex 73,
081 832 60 00, www.hotelfex.ch

Casa Chalavaina

Der Geschichte auf der Spur Hinter jeder Ecke des fast 770 Jahre alten Hauses lauert die Historie, über die der sympathische Gastgeber Uli Veith seinen Gästen gerne erzählt. Allein die Atmosphäre des Gebäudes sagt schon viel aus, und wer sich in der guten Stube niederlässt, kommt aus dem Staunen gar nicht mehr heraus, zumal die Casa aus jedem Blickwinkel eine Augenweide ist. Passend dazu sind die schlichten Gästezimmer und das kulinarische Angebot von Olivier Thialer, der es perfekt versteht, Klassiker luftig-leicht zu interpretieren. Zum Beispiel Leberknödel oder pochierter Saibling, Schlutzkrapfen oder Wild aus heimischer Jagd. Kurz, die Gerichte und das Weinangebot sind durchdacht und bereiten vorbehaltlos Freude. Die Casa ist unser Unter einem Dach-Retreat 2024.

7537 Müstair, Plaz Grond 24,
081 858 54 68, www.hotelchalavaina.ch

Casa Pontisella

Angesagt Dieses alte Patrizierhaus hat es mir angetan. Als ich es vor Jahren sah, wusste ich nicht, dass es einst zugänglich werden würde. Heute ist es ein angesagtes Bed and Breakfast, das in zahlreichen Magazinen porträtiert wurde. Der Fotograf und Wirt Sylvan Müller hat mir das «Casa Pontisella» wieder in Erinnerung gerufen, der genauso von den Räumlichkeiten, der Aura des Hauses schwärmt wie ganz viele Schöngeister, obwohl das Haus mit seiner persönlichen Note und seiner speziellen Lage, direkt an der Strasse zwischen Maloja und Chiavenna, nicht mehrheitsfähig ist. Gottlob, ist es doch schon jetzt fast immer ausgebucht. Die gute Seele und Besitzer des Hauses ist Daniel, der mit seiner unkomplizierten Art den Gästen ein Zuhause auf Zeit bietet.

7605 Stampa, Strada Principale 141,
081 852 30 56, www.pontisella-stampa.ch

Palazzo Glaser/Kunz

Details Magdalena und Daniel Kunz sind Künstler und pragmatische Ästheten, die einen Zuckerbäcker-Palazzo in Poschiavo gekauft und zu neuem Leben erweckt haben, nicht nur für sich, sondern für alle, die das Spezielle, das Ursprüngliche für eine temporäre Zeitreise suchen. So haben sie die Stiftung Ferien im Baudenkmal mit eingebunden, über die der Palazzo auch angeboten wird. Bei der feinfühligen Renovation haben die Künstler grossen Wert auf den Erhalt unzähliger historischer Details gelegt. So u. a. auf den 200-jährigen Parkett, die Stuckaturen im Eingangsbereich oder die historischen Kachelöfen. So präsentiert sich dieses wundervolle Haus in seinem Originalzustand, der den Luxus früherer Zeiten elegant ins Heute überführt.

7742 Poschiavo, Via dal Ginasi 7,
palazzo@glaserkunz.net, www.glaserkunz.net

Romandie

2944 Bonfol
2900 Pruntrut
2950 Courgenay JU
2902 Fontenais
2807 Pleigne
2800 Delémont
2882 Saint-Ursanne
2802 Develier
2855 Glovelier
2856 Boécourt
NE
2353 Les Pommerats
2362 Montfaucon JU
2350 Saignelégier
2340 Le Noirmont
2338 Muriaux
2336 Les Bois
Alpage Chasseral
2333 La Ferrière
2300 La Chaux-de-Fonds
2400 Le Locle
2053 Cernier
Bielersee/Lac de Bienne
Moossee
2000 Neuenburg
2037 Montezillon
2012 Auvernier
Wohlensee
2015 Areuse
2017 Boudry
Lac de Morat/Murtensee
2016 Cortaillod
2113 Boveresse
2022 Bevaix
1585 Salavaux VD
1585 Bellerive VD
2112 Môtiers
2024 Saint-Aubin-Sauges
2027 Montalchez
Lac de Neuchâtel
1452 Les Rasses
1426 Corcelles-près-Concise
1450 Sainte-Croix VD
BE
1400 Yverdon-les-Bains
1438 Mathod
1354 Montcherand
FR
1343 Charbonnières
1353 Bofflens
1407 Bioley-Magnoux
1343 Charbonnières
1321 Arnex-sur-Orbe
1416 Pailly
Schwarzsee
VD
1147 Montricher
1053 Montheron
1142 Pampigny
1141 Sévery
1052 Mont sur Lausanne
1096 Cully VD
1112 Echichens
1003 Lausanne
1097 Riex
1110 Morges
1098 Epesses
1005 Lausanne
1659 Rougemont VD
1173 Féchy
1169 Yens
1071 Chexbres
1166 Perroy VD
1162 Saint-Prex
1803 Chardonne
1183 Bursins
1164 Buchillon
1071 Rivaz VD
1268 Begnins
1184 Vinzel
1800 Vevey
1833 Les Avants
Le Léman
1260 Nyon
1856 Corbeyrier
1853 Yvorne
GE
1222 Vésenaz
1880 Bex
1242 Satigny
1201 Genf
1209 Genf
1207 Genf
1204 – 1205 Genf
1227 Carouge
3 Bernex-Lully
VS
0
10 km

Boucherie Pierre Bilat

Aus dem Bilderbuch Pierre Bilat ist ein Metzgermeister wie aus dem Bilderbuch. Seine rote Backen leuchten, die mich an meine erinnern, unter der Schürze ist ein Bauchansatz zu erkennen, seine Stirn glänzt, und über seine Lippen kommen immer mal wieder einige launige Bonmots. Er ist ein Mann voller Tatendrang und Ideen, die er umsetzt und damit seine Kunden immer wieder kreativ überrascht. Zuvorkommend bedient er sie, die bei ihm an einem Samstag für einen Schwatz gerne vor der Theke bis auf die Strasse hinaus anstehen. Seine aromatischen Würste sind exzellent, die Terrinen luftig, perfekt gewürzt und optimal in der Konsistenz, und sein Fleisch ist von seinen Nachbarn, den Bauern der Region. Kein Wunder kaufen bei ihm Spitzenköche ein.

2336 Les Bois, Rue du Doubs 1,
032 961 12 85, www.boucheriebilat.ch

Croix Fédérale

Wiedergeburt Das altehrwürdige Gasthaus aus dem 17. Jahrhundert dümpelte in den letzten Jahren so vor sich hin, hatte immer wieder mal einen Pächterwechsel und konnte seine Schönheit gar nie ausspielen. Das änderte sich mit dem neuen Besitzer, der mit sicherer Hand (mit wenigen Ausnahmen) das Haus umfassend sanierte und mit Deniz und Frédéric Pache zwei sympathische Profis gefunden hat, die wissen, was im Jura kulinarisch funktioniert. Das Angebot der Gastgeber zeugt von ihrem früheren Engagement bei Spitzenkoch Georges Wenger in Le Noirmont. Huhn, Schwein, Rind werden raffiniert in Szene gesetzt, die Pasta ist fait maison und die Weine heben sich vom Mainstream ab. Hinzu kommen einige komfortable Gästezimmer, was Reisende freut, zumal die Gegend damit nicht gesegnet ist.

2338 Muriaux, Muriaux 3,
032 535 42 53, www.lacroixfederalemuriaux.ch

Auberge de la Bouège

Schlafen am Fluss Für romantisch veranlagte Alltagsflüchtlinge kommt hier der ultimative Tipp. Tagesausflügler erobern die verträumte Oase mit dem Auto und setzen bei Le Noirmont den Blinker, Wandervögel marschieren mit gutem Schuhwerk von Goumois den Doubs aufwärts nach La Goule und von dort zur Auberge de la Bouège. Kurt Zwingli und Palmira Simoes tischen den Gästen ihre subtil zubereiteten Spezialitäten wie Forelle blau, Beinschinken, Pilzschnitten und Fondue auf. Die Weinauswahl ist klein, die Desserts sind fait maison, der Absinth ist stark und das BFM-Bier speziell. Den Rest macht die einmalige Lage, die es so kein zweites Mal am Doubs gibt. Im Sommer wiegt einen das Quaken der Glockenfrösche in den Schlaf; die Welt scheint heil und der Alltag weit weg.

2340 Le Noirmont,
032 953 30 40, www.aubergedelabouege.ch

Boucherie St-Hubert

In der Schlange Unter der Woche geht's schneller als am Samstag, dann nämlich, wenn das ganze Dorf in der Metzgerei ansteht, was nicht weiter erstaunt, überzeugt doch die Familie Sauser mit ihren Produkten selbst verwöhnte Gaumen. Die Reise lohnt sich schon wegen der Terrinen, die voller Aromen sind. Eine weitere Spezialität ist der Beinschinken, der von einem Brotteig umhüllt ist und als ganzes Stück für den Familien- oder Festschmaus gekauft wird. Das angebotene Fleisch stammt aus den Freibergen – kein Wunder, darf da Pferdefleisch nicht fehlen, was hier nichts Anrüchiges hat, sondern zur Alltagsküche gehört. In der kälteren Jahreszeit gehört Le Boudin zum Pflichtkauf. Perfekt im Geschmack und Schnitt. Hier anzustehen, macht tatsächlich Freude.

2340 Le Noirmont, Rue du 23-Juin 2,
032 953 11 26, www.boucherie-st-hubert.ch

Brasserie BFM

Gekrönt Für die klassische Bierbrauerszene war Jérôme Rebetez ihr einstiges Enfant terrible. Heute wird er sogar von den Traditionalisten anerkannt, was auch damit zu tun haben dürfte, dass eines seiner Biere in New York zum weltbesten Bier gekürt wurde – was aber eigentlich auch schon wieder ein alter Zopf ist. Jérôme habe ich in seinen Anfängen kennengelernt, als er mit dem Trottinett die Gastronomen besuchte und ihnen seine Biere verkaufte. Heute ist der ehemalige Weinbauer ein erfolgreicher Bierbrauer, der eine neue Bewegung ausgelöst hat. Er war für mich der erste in der Schweiz, der mit eigenen an die belgische Braukunst angelehnten Ideen sehr eigenwillige Biere braute, die heute so sind wie keine anderen, was keine Drohung ist. Gut Ding will Weile haben.

2350 Saignelégier, Chemin des Buissons 8, 032 951 26 26, www.brasseriebfm.ch

Cheval Blanc ★

Primeur Website? Handynummer? Visitenkarte? Nein. Warum auch? Die Telefonnummer steht vor dem Eingang auf der Schiefertafel. Ein elegantes Haus, ein junger Koch, eine charmante Gastgeberin. Die Tische sind weiss eingedeckt, die Servietten aus Stoff, die Preise für den Jura ambitiös. Die Weinauswahl ist gepflegt. Als Gast ist es hilfreich, die Gepflogenheiten des Hauses zu kennen. Zwei Menüs stehen zur Wahl, sekundiert von einigen Gerichten. Ohne Reservation läuft nichts. Das letzte Mal sassen französisch sprechende Gäste an den Tischen, die mit dem einen oder anderen Stirnrunzeln dieser neuen, für Jurassier ungewohnten und eigenwilligen Gastfreundschaft begegnet sind. Mal sehen, wo das hinführen wird.

2353 Les Pommerats, Bas du Village 12, 032 950 13 13, keine Website

Aux Couleurs du Terroir

Allez! Begonnen hat alles mit einem verwitterten Gebäude, das nach und nach mit Fingerspitzengefühl renoviert wurde. Von Beginn an wurde hier auf regionale Produkte gesetzt. Es ist beeindruckend, was Lina Dubied im Jura so alles an Produkten aufstöbert und ihren Kunden zu korrektem Preis verkauft. Wer einmal vorbeischaut, wird schnell zum Stammkunden. Ebenso etabliert hat sich ihr unkonventionelles Restaurant, in dem es sich angenehm speisen lässt. Am Abend von Donnerstag bis Samstag und unter der Woche von Dienstag bis Samstag jeweils mittags. Am Tage des Herrn wird zwischen 9.30 und 12 Uhr dem Brunch gehuldigt und gefrühstückt, ab 12.30 Uhr werden die Milch- durch die Weinflaschen ersetzt und es kommen Fisch, Fleisch und Gemüse auf den Tisch.

2362 Montfaucon, Communance 12, 032 955 11 03, www.couleursduterroir.ch

Restaurant Komachi

O shokuji o o tanoshimi kudasai «Bon appétit» geht aber auch. Der Koch ist Jurassier, die Gastgeberin Japanerin, die Atmosphäre herzlich, die Beiz klein und die Lüftung schlecht. Wer nach der Tafelrunde das «Komachi» verlässt, trägt in seinen Kleidern den kulinarischen Querschnitt des Abends, was aber allen egal ist. Die Küche ist vorzüglich, die Speisen sind perfekt gewürzt und die Portionen haben den richtigen Umfang. Wer sich ein Menü zusammenstellt, kann das ganze «Komachi»-Kochspektrum erleben. Der Wakame-Gurken-Salat, die frittierten Pouletstücke, die gefüllten japanischen Ravioli überzeugen wie alles, was aufgetischt wird. Wer Sake kennenlernen will, hat die Gelegenheit dazu. Für wenig Geld werden dem Gast zu den Speisen sechs Glas Sake ausgeschenkt.

2800 Delémont, Rue de l'Hôpital 39, 032 423 00 53, www.komachi.ch

Lauber

Kult Wer im Jura an Unterzuckerung leidet, legt in der Boulangerie und Pâtisserie Lauber in Delémont einen Boxenstopp ein. Es ist ein antiquiertes Fachgeschäft, das kein belangloses, sondern vorzügliches Brot (Tosardé ist mein Liebling) anbietet, das dem Namen Brot auch noch gerecht wird. Hinzu kommen eine delikate Quiche Lorraine und Croustade (Kuchen mit einer Füllung aus Schinken und Spinat), Pralinés, Macarons und Truffes, Carac- und Citron-Tartelettes. Auch für die Region ungewohnte Produkte wie Bündner Nusstorte oder Panettone überzeugen, genauso wie das Schokoladen-«Branchli», das mit einem «Schlumbi» kombiniert an vergangene Tage erinnert. Mit Jacques Lauber steht seit 1989 die fünfte Generation in der Backstube. Möge das hier bitte noch lange so weitergehen.

2800 Delémont, Rue de Fer 2,
032 423 36 45, www.boulangerie-lauber.ch

La Claude Chappuis

Aus erster Hand «La Claude Chappuis» ist ein alleinstehender Bauernhof oberhalb von Develier mitten in der Natur. Die Gastgeber und das Personal sind herzlich und das Haus ist zweckmässig renoviert. Als Zeitzeuge hat die beeindruckende Holzdecke in der Gaststube überlebt. Sandra und Jean-Claude Tschirren verstehen es, eine frische regionale Küche zu zelebrieren, sorgfältig gekocht und schön angerichtet. Zum Beispiel ein Kalbsragout mit Stampf und Gemüse, das nach einem Supplement verlangt und einen zufrieden stimmt. Oder die hausgemachten Frites, die tatsächlich nach Kartoffel riechen und die ich so gerne von der Platte weg picke. Das Brot kommt aus dem Holzofen, die Meringue ebenso. Die Weinauswahl ist ordentlich und setzt mit Klassikern trinkfreudige Zeichen.

2802 Develier,
032 422 14 17, www.la-claude-chappuis.ch

Les Mergats

Adieu Insider Es gibt Weine und Weine. Und es gibt die Weine von Silvia Blattner. Mit ihrem früheren Partner, dem Schweizer Rebenzüchter Valentin Blattner, hat sie zahlreiche pilzwiderstandsfähige Sorten gezüchtet. Valentin berät in der Welt Winzer, die auch in exotischen Weinländern wie Holland, Kanada oder Thailand zu Hause sind, während Silvia Blattner den Weinberg Les Mergats in Courfaivre bewirtschaftet. Daraus entstehen charaktervolle Weine, die bei Kennern regen Zuspruch finden. So trifft für sie die Bezeichnung Insidertipp nicht mehr zu, was zwar wirtschaftlich für sie gut ist, aber spontane Kunden vor Probleme stellt, sind doch ihre Weine schneller ausverkauft, als einem lieb ist, was eine frühzeitige Bestellung für Ravel Blanc, Cabernet Jura und Vin Mousseux erfordert.

2805 Soyhières, Sur la Fin 103,
079 484 56 55, www.lesmergats.ch

Hôtel de la Gare

NEU

Anders Auf die Idee muss ein Koch und Hotelier zuerst einmal kommen: in einer Region, die für opulente Gerichte bekannt ist, gesund, leicht, wild, natürlich, lokal und spontan zu kochen. José Forlani kocht für den Jura eine ungewöhnliche Küche. Seine Produkte sind biologisch, die Gerichte schmackhaft, seine Beiz vorwiegend leer, mal abgesehen von den Hotelgästen, die Glovelier als Zwischenstation nutzen, bevor sie die Freiberge erklimmen. Zu Fuss, per Velo oder mit dem Zug, der sie bis La Chaux-de-Fonds führt. Das Weingebot ist so eigen, wie es die Gerichte sind und wartet mit einigen überraschenden Trouvaillen auf die Weinfreunde. In der Küche hilft die Mama mit, der Sonnenschein des Hauses. Wer im Jura einmal mehr als Jambon à l'Os avec les Frites essen will, ist hier gut aufgehoben.

2855 Glovelier, Rue de la Gare 18,
032 426 72 22, www.hotel-glovelier.ch

Les Esserts

La reine du toétché Auf dem Bauernhof von Thérèse und Samuel Scheurer dominiert die Backstube mit ihren drei grossen Holzöfen die Szenerie. Thérèse ist berühmt für ihre Brote, Zöpfe, Meringues, Kuchen, Torten und für den besten Toétché, den ich kenne. Toétché? Das ist ein Fladenkuchen aus Mehl, Butter, Eiern, Hefe, Rahm und Salz. Seinen Geschmack verdankt er der Säuerung des Rahms. Vor der Erfindung des Eisschranks setzte sich bei kühler Lagerung das Milchfett als Rahmschicht an der Oberfläche ab und nahm von den Milchsäurebakterien einen fein säuerlichen Geschmack an. Heute sorgen Joghurtkulturen für die Säuerung. Alles, was der Hof hergibt, wird verwertet. Immer samstags verkauft Thérèse Scheurer, oder eines der Familienmitglieder, im Hofladen die vorzüglichen Produkte.

2856 Boécourt, Les Esserts 138,
032 426 62 27, keine Website

Tables d'hôtes de Jeanne Cuenin

AWARD 2024

Sehnsucht Schon als Knirps bin ich mit meinen Eltern im Jura in der Auberge Chez-Le-Baron gelandet, die heute leider Geschichte ist. Nun haben mir drei Bäuerinnen, die immer samstags von Juni bis Oktober in St-Ursanne ihre Produkte verkaufen, Jeanne Cuenin empfohlen, die ihre Gäste mit einer inspirierenden Küche verwöhnt. Zwei saisonale Menüs sind gesetzt, die bei der Reservation und auf der Website vorgestellt werden. Die Tables d'hôtes findet in einer stimmungsvollen Atmosphäre statt, und wer nicht mehr fahren will, reserviert sich frühzeitig das Gästezimmer mit Blick ins Grüne oder hängt in einem der Appartements drei, vier Tage an und entdeckt Land und Leute. Jeanne Cuenin ist unser Newcomer 2024.

2882 St-Ursanne, La Joux-Chaupe 1,
079 133 05 45, www.juratabledhotes.ch

Nora Mario

Gaumentanz Porrentruy hat eine schöne Altstadt, zwei, drei gute Boutiquen, ein marokkanisches Dampfbad, eine exzellente kleine Auberge, eine kleine Brauerei, einen jungen Brenner, einige Künstler, mehrere Überlebenskünstler und einen funktionierenden Samstagsmarkt. Tja, und dann wäre da noch die Boulangerie, Pâtisserie und Chocolaterie von Nora und Mario Piccina, die Aussergewöhnliches leisten. Nicht zwingend beim guten Brot und den Croissants, aber bei der delikaten Patisserie und bei den Schokoladen-Produkten, die in ihrer Qualität an die Meilleurs ouvriers de France in der Sparte Chocolatier erinnern. Unter den zahlreichen süssen Kreationen regen die Tonneaux à la damassine und die Pavés de porrentruy sowie zahlreiche andere Spitzenprodukte den Gaumen an.

2900 Porrentruy, Rue Auguste-Cuenin 19, 032 466 70 07, keine Website

Distillerie de Porrentruy

Gehaltvoll Alles ist stilistisch sicher und ohne Nippes arrangiert. Kein Detail hat es zu viel oder zu wenig. Hervé Blanchard ist die Freundlichkeit in Person, entspannt, aufmerksam, höflich und ein Verfechter seiner Destillate, was er ja auch sein muss. Aber eben, ich kenne keinen Brenner, der so humorvoll und aufmerksam zugleich seine Destillate präsentiert. Dass er nur gute Früchte der Region verwendet, versteht sich von selbst, spätestens dann, wenn der erste Schluck durch die Lippen auf die Zunge in den Gaumen rinnt. Was für eine Geschmacksexplosion von Aprikose, Quitte, Himbeere und natürlich Damassine, dem Digestif der Ajoie. Wer Hervé besucht, nimmt sich Zeit, hört ihm aufmerksam zu und degustiert konzentriert. Das Einkaufen kommt von allein.

2900 Porrentruy, Chemin des Grandes-Vies 26, 079 754 64 37, www.distilleriedeporrentruy.ch

Boucherie Müller

In der Räucherkammer Allein für den saftigen Beinschinken und die schmackhaften Würste der Boucherie Müller lohnt sich der Abstecher nach Fontenais. Die Saucisse d'Ajoie besticht durch eine feine Kümmelnote, der Boudin à la crème hat eine perfekte Konsistenz und ist subtil gewürzt, und das Atriau, die jurassische Antwort auf die Leberwurst, überzeugt mit seiner dezenten Lebernote. Allerdings ist Letzteres keine Wurst, sondern ein Fleischküchlein, das im Schweinenetz eingewickelt ist. Boudin und Atriau sind in den Wintermonaten erhältlich, während der restlichen Zeit tröstet sich die Kundschaft mit geräucherten Spezialitäten von Patron Pierre Müller. Dazu gehören Jambonneau (Gnagi), Côtines (Rippli), Bajoue (Schweinekinn) und eine Rindszunge der besseren Art.

2902 Fontenais, Bacavoine 157,
032 466 59 78, keine Website

Grütli

Karpfen, was sonst Zwar hat das «Grütli» eine Speisekarte, nur will die niemand studieren, denn alle kommen wegen der Spezialität des Hauses – der Karpfen, die fein geschnitten und im dünnen Bierteig ausgebacken werden. Sonntags steht Maryse Enderlin am Herd, unter der Woche hat Sohn Sebastian in der Küche das Sagen, wobei ich die Panade von Mutter Maryse eine Spur besser finde als jene vom Junior. Die Mayonnaise ist nicht der Rede wert, der grüne Salat wird in der Schüssel serviert, und die Frites sind angesichts der Qualität und der Menge an Karpfen überflüssig. Das Weinangebot hat Verbesserungspotenzial, der Mont-sur-Rolle überzeugt. Nach dem Gelage und dem «Lebenswasser» bieten sich die bischöflichen Weiher von Bonfol für einen romantischen Verdauungsspaziergang an.

2944 Bonfol, Place Louis-Chevrolet 73,
032 474 40 15, keine Website

Boucherie Maillard

Die Spürnase Roland Maillard ist ein Metzger mit Leib und Seele, der in seinen Ferien den Metzgereien nachreist, sehr zum Leidwesen seiner Frau. Ob er in Italien, Spanien, Frankreich oder Belgien weilt, ist egal – Monsieur Maillard kauft die jeweiligen Spezialitäten der Region ein, verkostet sie und stellt sie zu Hause nach seinem Gusto her. Seine Tessiner Salametti sind perfekt, seine Porchetta besser als das italienische Original und seine französischen und jurassischen Spezialitäten überzeugen auch feine Gaumen. Milkenterrine, Presskopf (Jambon persillé), wie sie nicht besser sein könnten. Das spricht sich herum, nicht nur bei den Einheimischen. So ist der Andrang gross. Vornehmlich samstags, wenn selbst vor der Tür angestanden wird.

2950 Courgenay, Rue Adolphe-Gandon 1, 032 471 11 54, keine Website

Übernachten im Kanton Jura

Le Soleil

NEU

Klassiker In den 80ern war das «Soleil» der Anziehungspunkt der Alt-68er und SP-Fraktion, vorwiegend Genossinnen und Genossen zechten hier um die Wette und liessen es sich gut ergehen. Heute ist das Publikum gemischter, die Küche hat zugelegt, die Weinauswahl ist verschwindend klein und die Biere kommen von Jérôme Rebetez, dem Bierseigneur der lokalen Brasserie BFM, die im Offenausschank erhältlich sind. Das Haus ist ein Lichtblick in dem nicht sehr grossen Übernachtungsangebt in den Freibergen. Auch der Freisitz unter den Bäumen ist mit ein Grund, das «Soleil» aufzusuchen, um an den langen Tischen mit Einheimischen ins anregende Gespräch über Bundesrätin Elisabeth Baume-Schneider zu kommen. So geschehen beim letzten Besuch bei einem ungemein zarten Ragout.

2350 Saingelégier, Rue du Marché-Concours 14, 032 951 16 88, www.cafe-du-soleil.ch

Auberge du Mouton

NEU

Persönlich Die Auberge war einige Jahre meine Stammbeiz, da ich auf dem Berg hinter Porrentruy zehn Jahre lang abgelegen lebte. Das war in einer Zeit, als das «Mouton» noch zum Mittagstisch einlud und an dem le Welsch und die Deutschschweizer unbekümmert miteinander palaverten. Heute ist le Welsch eigentlich nur noch auf der Weinkarte zu lesen, von Gästen, die vorwiegend Deutschschweizer sind, sekundiert von einigen wenigen ausländischen Touristen. Ich hoffe und wünsche mir sehr, dass die ambitiösen neuen Besitzer des «Mouton», Rebecca Leaver und Samuel Tobler, den Mittag wieder kultivieren werden, bei dem sich le Welsch und le Deutsch gemeinsam bei Speis und Trank wieder finden und das «Mouton» wieder mehr sein darf als nur ein schöner Rückzugsort für Reisende.

2900 Porrentruy, Rue du Cygne 1, 032 535 83 57, www.dumouton.ch

Manoir de la Côte-Dieu

Im Norden Möchten Sie Ihre Hochzeit in einem entspannten Rahmen mit nicht mehr als 30 Gästen zelebrieren? Dann bietet sich dieses Manoir an. Mit einem geschichtsträchtigen, einfachen Speiseraum, einer verträumten Terrasse mit Ausblick über die Dächer von Porrentruy und mit vier Gästezimmern, wodurch Ehepaar, Trauzeugen und ein VIP-Paar untergebracht wären, und für die restlichen Gäste hätte es im stilvollen «Mouton» genügend Zimmer. Porrentruy ist eine schmucke, lebendige Kleinstadt, in der die Einheimischen am Samstag nach ihrem Einkauf ihren Aperitif trinken oder durch die Gassen schlendern und ihre Handwerker besuchen oder sich im marokkanischen Hamam verwöhnen lassen. Kommt also die Frage auf, ob stöbern und kaufen oder doch lieber kneten und strecken.

2900 Porrentruy, Cras Mouche 2, 077 401 32 91, www.cote-dieu.ch

Kantonsgrenzgang

Hôtel de la Chaux-d'Abel

Natur Seit elf Jahren führt die Besitzerin Gabriela Haas ihr Hotel im Berner Jura durch die Schwere der Zeit. Wer bei ihr einkehrt, erlebt Gelassenheit und Herzlichkeit. Service und Küche sind eingespielt, der Laden brummt, was auch dem Haushund Popeye gefällt. Nach einem Tag in der Natur oder mit einem Buch im Liegestuhl, treffen sich die Gäste zum Aperitif im Salon vor dem Kamin oder unterhalten sich beim Nachtessen über die exzellenten Käse aus dem Hause Sterchi, die immer mittwochs im Mittelpunkt stehen. Die Gästezimmer sind von der Grösse und Einrichtung her unterschiedlich, die historischen und die mit privatem Bad/WC gibt's ab zwei Nächten. Wer mit seinen Freunden feiern will, kann für rund Fr. 3000.- gleich das ganze Haus zur alleinigen Benützung mieten.

2333 La Ferrière, La Chaux-d'Abel 88,
032 961 11 52, www.hotellachauxdabel.ch

Brasserie Le Cardinal

Glückliches Neuchâtel In der Brasserie zu sitzen, die von den Einheimischen «Le Cardoche» genannt wird, ist Lebensqualität für Gaumen, Magen und Gemüt. Das Haus erinnert an vergangene Tage und an Paris. Die Küche ist auf ihrer Höhe, die Klassiker überzeugen, auch die Meeresspezialitäten wie Seeteufel, Sardinen und Co. lassen die Gäste schwelgen. Das Spektrum der Gäste ist so breit wie die Speisekarte: Foie gras, Schnecken, Muscheln, Fischsuppe, Entrecote Café de Paris mit Frites fait maison. Das Ganze ist eine abgeklärte Gastlichkeit, wie sie früher in Frankreich häufig anzutreffen war und heute fast nicht mehr zu finden ist. Die Distanz zur Deutschschweiz erkennt man auch daran, dass die Weinflaschen auch mittags auf den Tischen stehen.

2000 Neuenburg, Rue du Seyon 9, 032 725 12 86, www.lecardinal-brasserie.ch

Vin Libre

Freie Weine Unfiltriert, mit wenig Alkoholgehalt, im Beton-Ei oder in der Amphore, im Stahltank oder im grossen Eichenfass ausgebaut. Naturweine sind anders als die herkömmlichen. Natürlicher eben. Mal Stinker, mal filigran. Noch vor wenigen Jahren wurde ich ausgelacht, mir solche Weine anzutun. In der Zwischenzeit haben die, die es nicht können, aufgegeben. Na ja, fast. Die Könner unter den Naturwinzern sind erfolgreich, ohne Label und Punkte, einfach mit dem Wissen und guten Gewissen, Hand in Hand mit der Natur zu arbeiten. Wer eine neugierige Weinnase ist, sucht eine Weinhändlerin wie Joëlle Edme auf, die in ihrem «Vin Libre» eigenwillige Provenienzen aus der Ardèche, dem Jura, der Loire, dem Burgund und Beaujolais sowie anderen Regionen Frankreichs verkauft.

2000 Neuenburg, Rue des Chavannes 15, 032 721 37 27, www.vinlibre.ch

La Cantine du Neubourg

Proper Die Bilder an der Wand, die Möblierung, der Raum, das vielseitige Angebot, die Herzlichkeit der Gastgeber und die Unbeschwertheit des gemischten Publikums, kurz, hier riecht es nach Lust und Freude am Leben. Ein Salü hier, ein Santé dort, die Runde schwatzt, lacht, isst und trinkt. Wow. Das eher traditionelle Neuenburg hat eine neue luftige Oase, die jeder Stadt gut anstehen würde. Die Abläufe sind leichtfüssig, die Küche taufrisch und ausgezeichnet. Das Auge registriert normale Ansagen, der Gaumen entdeckt puren Geschmack. Weisser Pfirsich mit Burrata, grillierter Pulpo, butterzartes Côte de Bœuf, im Ofen geschmorter Blumenkohl – die Gerichte überzeugen und werden von Weinen sekundiert, die bei neugierigen Weinnasen Trinkfreude verursachen.

2000 Neuenburg, Rue des Fausses-Brayes 19, 032 724 63 55, www.lacantineduneubourg.com

Brasserie du Poisson

Pittoresk Auvernier allein ist die Reise wert, hinzu kommen zwei lohnenswerte Einkaufsadressen. Zum einem wäre da die hervorragende Metzgerei Vitto, zum anderen das schweizweit bekannte Weingut La Maison Carrée. Wen in Auvernier nun den Appetit plagt, ist in der Brasserie gut aufgehoben. Z. B. mit einer Cassolette von regionalen Pilzen oder Felchenfilets aus dem Neuenburgersee, die meunière oder ausgebacken mit Frites auf den Tisch kommen. Zu empfehlen sind auch die Ravioli, die mit Rindsfleisch oder mit Spinat und Ricotta direkt im Hause produziert werden. Nicht verpasst werden darf das feine Käseangebot von der regionalen Fromagerie Sterchi und eine Tarte Fine Feuilletée au Crème Citron. Auch die Weinkarte überzeugt mit einer durchdachten Auswahl an französischen und regionalen Weinen.

2012 Auvernier, Rue des Epancheurs 1, 032 731 62 31, www.poisson-auvernier.ch

Pinte la Golée

Alles fliesst Auvernier besticht mit Kopfsteinpflaster, herausgeputzten Häusern, einem herausragenden Weingut und einer Pinte, in der man sich von Véronique und Gabrielle umfassend über die Weine der Region beraten lassen kann. Für den Appetit gibt es Trockenwürste und ein gutes Fondue. Die Pinte ist in der Region beliebt und gut besucht. Im Sommer ist der Freisitz vor dem Brunnen ein Gunstplatz, im Winter sitzt es sich in der dunklen Pinte urgemütlich. Dann und wann finden Konzerte (laut) und Lesungen (leise) oder kulinarische Themenabende statt. Im Februar sind die Tripes à la neuchâteloise Trumpf. Kutteln in Gemüsebrühe, mit geschwellten Kartoffeln, Zwiebeln, frischer Mayonnaise und sämiger Vinaigrette. Dazu wird der erste Non Filtré der Saison getrunken.

2012 Auvernier, Grand-Rue 34–36,
032 731 67 46, www.lagolee.ch

♥ Boucherie Vito Viande

Saumässig Was wortwörtlich zu verstehen ist. Martin Graf ist Fotograf, hat das Titelbild und die Prämierten fotografiert und ist sonst, wenn er nicht knipst, den kulinarischen Dingen zugetan. Er hat die Nase eines Trüffelschweins, womit ich nicht die Form seiner Nase meine, sondern dass er mit ihr immer wieder gute Produkte aus Stadt und Land entdeckt. So hat er für mich die Boucherie Vito aufgegabelt, die ich seitdem wegen ihrer Produkte regelmässig besuche. Begeistert bin ich von der groben und dünnen Salsiccia, die mit Fenchel oder Chili angereichert wird und der Porchetta, ein eingerollter, am offenen Feuer grillierter Schweinebauch, für den ich auch noch nach Genf fahren würde wie auch für die Foie gras à l'armagnac und die Foie gras au torchon.

2012 Auvernier, Rue des Epancheurs 10,
032 740 14 88, keine Website

Domaine de la Maison Carrée

Boden und Passion Die biodynamischen Weine der Maison Carrée in Auvernier sind von der Vereinigung Mémoire des Vins Suisses geadelt. Ihre Weine sind sehr schnell ausverkauft, vor allem der Pinot Gris oder die Pinot Noirs, die mit Kraft, Eleganz und Alterungspotenzial überzeugen. Auch der Savagnin Blanc, oder der gehaltvolle Perdrix Blanche bieten ein grandioses Trinkerlebnis. Die Familie Perrochet ist überzeugte Verfechterin einer regionalen Identität, die nur klassische Traubensorten der Gegend anbaut. Die Qualität ihrer Weine entsteht zu 70 Prozent im Rebberg. Im Keller wird dieses Qualitätspotenzial genutzt. Ihre Reben sind im Durchschnitt mehr als 30-jährig, und die saisonalen Arbeiten werden auf die Mond- und Planetenzyklen abgestimmt. Diese bewährten Methoden helfen, gute und gesunde Trauben zu verarbeiten. Ein Kompliment an die Familie Perrochet für ihr nachhaltiges Schaffen.

2012 Auvernier, Grand-Rue 33,
032 731 21 06, www.lamaisoncarree.ch

Plage de Boudry

Es lächelt der See Schwimmen wird hier zur Nebensache. Die lässige Buvette über der kleinen Plage liegt am Ende einer schmalen Strasse. Manche legen hier mit dem Boot an, andere legen vom Alltag ab. Geschäftsleute machen mal Pause oder handeln neue Verträge aus. Die Gäste reden, schweigen und träumen ins Weite. In der kleinen Küche wird der Fisch mit Kräutern gefüllt, das Fleisch weich geklopft, das knackige Gemüse in Butter geschwenkt, im Fondue gerührt und das Brot mit krachender Kruste geschnitten. Alles ist da, auch die gute Auswahl an regionalen Weinen. Baden ginge auch, wäre aber schade. Wer es einrichten kann, kommt unter der Woche und lässt die Wochenenden in der Hochsaison sausen, an denen die sonst gute Leistung des Betriebs ins Wasser fallen kann.

2015 Areuse, Route du Lac 15,
032 841 28 22, keine Website

Le vins Porret

Familienbande Den Non Filtré habe ich vor Jahrzehnten zu Tripes à la neuchâteloise bei Evelyne Bühler im Hotel von Bergen in La Sagne trinken dürfen. Den von der Familie Porret habe ich erst vor einigen Jahren in der «Alten Post» in Aeugstertal durch Franz Lehner kennengelernt, der eine Spürnase für weniger bekannte Winzer ist. Bei einem Mittagessen hat er den Non Filtré entkorkt, und schon beim ersten kräftigen Schluck war ich von der knackigen Frische und den filigranen Noten begeistert. Das Gleiche hat sich am späteren Nachmittag mit dem Mousseux wiederholt. Zwei Entdeckungen, die dazu geführt haben, dass ich mit Sabina und Franz im Januar gemeinsam den Non Filtré bei den Porrets abhole, verbunden mit einem Essen in der Brasserie Cardinal in Neuenburg. Empfehlenswert.

2016 Cortaillod, Rue de la Goutte d'Or 20, 032 842 10 52, www.porretvins.ch

Domaine Du Pambre

Die Ruhe selbst François Gasser empfängt seine Gäste höflich, entkorkt die Weine, schenkt ein und erzählt alles Wissenswerte zu seinen Provenienzen. Mit einer dezenten Herzlichkeit beantwortet er die langatmigen Fragen der Weinfreunde. Seinen Non Filtré habe ich im 2019 in der «Jazzkantine» in Luzern getrunken, der mir so zugesprochen hat, dass ich immer einige Flaschen bei der Luzerner Weinhandlung Setpember Vin & Vinyl gekauft habe, bevor ich Gasser 2022 mit dem Fotografen Martin Graf besucht habe. Sein Gewürztraminer überrascht mit subtilen Aromen, die so gar nichts mit dem zum Teil so aufdringlichen Elsässer Pendant zu tun haben. Der einfache Pinot Noir hat einen schlanken Körper und seine Textur ist frei von jeglicher pampigen Schwere. Ein Wein, der sich für leichte Gerichte eignet.

2017 Boudry, Route de Grandson 4, 032 842 14 21, www.pampre.ch

Auberge du Plan-Jacot

Einblick Es ist schön, wenn einem Winzer nach der Verkostung ihre lokalen Beizentipps verraten. So bin ich oberhalb von Bevaix in der Auberge du Plan-Jacot gelandet. Vorbei an der industriellen Zone hin zu Land und Teller. Die authentische Auberge ist in der guten Stube überschaubar, während unter den Bäumen bis zu 120 Gäste Platz finden, wobei nie das Gefühl entsteht, in einem Biergarten zu sitzen. Die Atmosphäre ist distinguiert, die Gastgeber und ihr Team sind zuvorkommend und freundlich. Aufgetischt wird eine klassische Küche, die sorgfältig zubereitet wird und überzeugt. Feuilleté mit Morcheln, Terrine von der Hühnerleber, Rindszunge an einer Kapernsauce und eine Saucisson neuchâtelois an einer hervorragenden Pinot-Noir-Sauce. Dazu lokale Weine aus der Region. Jawohl!

2022 Bevaix, Route du Plan-Jacot 4, 032 846 32 70, www.planjacot.ch

La Maison du Village

Im Dorf Marc Strebel gelingt es unverkrampft mit den grossen Namen der Region mitzuhalten. Seine Küche ist exzellent und hebt sich wohltuend von anderen Gourmetlokalen ab. Er ist eine meiner Lieblingsadressen der Region, was auch mit dem herzlichen Service von Caroline zu tun hat. Guide Michelin hat ihn mit einem Stern, GaultMillau mit 16 Punkten ausgezeichnet. Mehr muss es auch nicht sein, sonst wird es für Küche und Service kompliziert. Im Sommer bietet sich die Terrasse mit Seeblick an, im Winter ist es die aufgeräumte Stube. Felchen aus dem Neuenburgersee mit Rüben und Waldmeister oder eine zarte Schweinsbrust sind nur zwei von zahlreichen exzellenten Gerichten. Alles ist bezahlbar, auch die Weine, bei denen die Auswahl umfassend ist.

2024 Saint-Aubin-Sauges, Rue de la Fontanette 41, 032 835 32 72, www.maisonduvillage.ch

Domaine des Peleuses

Der Weinbrötler Ein zivilisierter Trinker vor dem Herrn, hat mich auf die Provenienzen von Laurent Pierrehumbert aufmerksam gemacht. Den Winzer zu besuchen, habe ich leider noch nicht geschafft. Sein Non Filtré gehört zu meinen drei Favoriten unter diesen Weinen. Dank seiner «moschtigen» Frische trinkt sich dieser so ungemein leicht. Wegzischen nenne ich das, während sein filigraner Pinot Noir und der kräftige Gamaret schöne Essensbegleiter sind, die immer schnell ausverkauft sind. Falls Laurent keine mehr im Keller hat, können Sie die Weine im Hôtel de la Béroche trinken. Z. B. am Stammtisch oder auf der Terrasse mit herrlichem Blick auf den Dorfbach. Dazu ein Roastbeef mit Frites und Sauce tartare.

2024 Saint-Aubin-Sauges, Les Peleuses, 032 835 15 79, keine Website

Hôtel de la Berôche

Am Bach Sein verträumter Garten lässt sich nicht erahnen, und wer mit dem Auto vorfährt, fährt wieder zum zentralen Parkplatz zurück. Für die Eingeborenen ist der Gunstplatz der runde Stammtisch, für Romantiker und Hotelgäste ist es der Garten, durch den der Dorfbach plätschert, und für hungrige Ausflügler ist es die Terrasse mit den grünen Blechtischen. In der Beiz sind die Wände mit Kunst und Nippes dekoriert, auf der Schiefertafel stehen das Tagesangebot und die Spezialitäten des Hauses. Von Hand geschnittenes Tatar (auf Reservation) und Entrecote vom regionalen Rind und je nach Fang Felchen oder Hecht aus dem Neuenburgersee. In der Saison warten exzellente Moules aus la France. Zu allem lokale Weine mit einigen Abstechern in die Waadt und nach Frankreich.

2024 Saint-Aubin-Sauges, Rue du Temple 29, 032 835 15 20, www.hoteldelaberoche.ch

Buvette la Baronne

NEU

In der Mitte von Nirgendwo Der Creux du Van ist eine mystische, schöne, einmalige Landschaft in der Schweiz, so wie keine zweite, die trotz seiner Weite an den Wochenenden von Kampfwandern und Ausflüglern überflutet wird. Flüchten kann der Ruhesuchende in die unscheinbare Buvette la Baronne, die zwar nicht den Bekanntheitsgrad anderer Beizen auf dem Creux du Van hat, aber bei schönem Wetter ebenso ausgebucht ist. Es lohnt sich unter der Woche oder an weniger schönen Tagen die Oase aufzusuchen. Hier werden die Gäste herzlich und persönlich empfangen und bedient, im Fondue rühren gehört hier zum Pflichtprogramm, als Alternative käme der saftige Beinschinken in Frage, der von einer Rösti, so wie sie sein muss, begleitet wird. Wer das Urige liebt, sitzt hier in der ersten Reihe.

2027 Montalchez, La Baronne,
032 863 31 34, www.buvettelabaronne.ch

L'Aubier

Das Leben Der Blick nach Süden führt das Auge über den Neuenburgersee hin zu den Alpen, der Blick nach Norden an die schroffe Jurakette. Montezillon weiss um seine Gunstlage. Hier ist das Unternehmen L'Aubier zu Hause, zu dem ein biodynamischer Landwirtschaftsbetrieb, zwei Hotels und Restaurants in Montezillon und Neuenburg, eine Kaffeerösterei und eine Demeter-Käserei gehören. «L'Aubier» wird von einem Team von sechs Personen geleitet, unterstützt von 50 Mitarbeitenden, ermutigt und finanziert durch über tausendfünfhundert Sympathisanten, die sich aufteilen in Aktionäre und Inhaber von Partizipationsscheinen, Leihkonten und Obligationen. Wer Interesse hat, studiert die Website, packt den Koffer und lässt sich verwöhnen oder geht einfach mal mit dem Einkaufskorb vorbei.

2037 Montezillon, Les Murailles 5,
032 732 22 11, www.aubier.ch

Neuchâtel Vins et Terroir

Unfiltriert Die einen lieben ihn, die anderen lehnen ihn ab. Der Non Filtré polarisiert. War er in der Deutschschweiz vor 30 Jahren noch unbekannt, ist heute die Nachfrage so hoch wie noch nie, was auch mit der Sensibiliät zu unfiltrierten Weinen und Naturnahen Weinen im Allgemeinen zu tun hat. 1975 hat der mittlerweile verstorbene Weinbauer Henri-Alexandre Godet den Non Filtré sozusagen erfunden. Der aktuelle Jahrgang kommt jeweils im Januar in die Flasche und auf den Markt. Frisch, knackig und trinkig. Einen Überblick der Produzenten verschafft die Website der Neuchâtel Vins et Terroir. Zwei meiner bevorzugten Non Filtré sind der von Chantal Ritter aus Le Landeron und der von Jean-Christophe und Nicole Porret aus Cortaillod.

2053 Cernier, Route de l'Aurore 4,
032 889 42 16, www.neuchatel-vins-terroir.ch

Métairie de Dombresson

Bodenständig Leicht ist die Küche von Chantal Torche nicht, aber ungemein gut. Die Stammgäste genehmigen sich zum Aperitif einen Absinth mit einer Trockenwurst von Metzgermeister Alexandre Junod aus Corgémont, andere rühren gleich von Beginn an im exzellenten Fondue. Saftig ist der Beinschinken und butterzart das Rindsfilet, das mit einer delikaten Morchelsauce und perfekter Rösti serviert wird. Dazu passt ein erstklassiger Neuenburger Wein, und nach der obligaten Meringue empfiehlt sich zur Verdauung eine Gentiane. Die «Métairie de Dombresson» liegt zwischen dem Berner und Neuenburger Jura in wilder Natur, in der mir ein ausgedehnter Spaziergang vor dem Mahl den erforderlichen Appetit verschafft.

2057 Villiers, Alpage Chasseral,
032 751 20 10 oder 078 640 77 81,
keine Website, von Mitte Mai bis Ende Oktober
täglich ab 10 Uhr geöffnet

Mauler

Im Keller Seit 1829 werden im ehemaligen Benediktinerkloster Saint-Pierre auf traditionelle Art Schaumweine produziert. Viele kennen den Namen Mauler und seine guten Basisweine aus dem Grosshandel; die Spitzenprodukte, die den Vergleich mit der Champagne nicht zu scheuen braucht, sind direkt vor Ort erhältlich. 19 Cuvées erzeugt Mauler. Ein Besuch der Kellerei Saint-Pierre, lohnt sich und hat schon manchen Kenner überrascht. Dem Önologen Julien Guerin, der seit 2011 Kellermeister bei Mauler ist, gelingen immer wieder grosse Würfe wie die Cuvée Bel Héritage Brut, deren facettenreiche Aromatik zu begeistern vermögen. Jährlich werden eine halbe Million Flaschen produziert, was für die Schweiz beachtlich, im internationalen Vergleich aber nur ein kleiner Fisch ist.

2112 Môtiers, Rue Prieuré St-Pierre, 032 862 03 03, www.mauler.ch

La Valote Martin

Messieurs, c'est l'heure! Das erste Rezept findet sich 1794 im Tagebuch von Abram-Louis Pernod. 1798 nimmt in Couvet die erste Brennerei ihren Betrieb auf. 1805 eröffnet Sohn Henri-Louis Pernod in Pontarlier den ersten industriellen Betrieb. Bald wird Absinth salonfähig, ab 1850 küren ihn Dichter und Denker zu ihrem Treibstoff. 1910 wird er in der Schweiz verboten. Fortan wird Absinth im Verborgenen gebrannt und getrunken. Wenn es bei Altmeister Francis Martin um Absinth geht, wird der Destillateur zum Professor. Vor dem «Maison des Chats» blüht der vom Heimatschutz renovierte Absinth-Garten, in der Brennküche verbreitet sich Anisduft, aus der Brennblase tropft das Destillat. Sohn Philippe hat die Brennerei übernommen. Die Geschichte geht weiter.

2113 Boveresse, Rue du Quarre 10, 032 861 26 54, www.absinthe-originale.ch

La Ferme des Brandt

Die Stadt auf dem Land Erst wer durch die Strassen von La Chaux-de-Fonds streift und in den Beizen sitzen bleibt, lernt die Stadt kennen, verstehen und vielleicht lieben. Ein guter Einstieg wäre «La Chaux-de-Fonds à pied», ein zweistündiger Rundgang, der zu Denkmälern und Sehenswürdigkeiten führt. Das eigenwilligste Lokal der Stadt ist die an der Peripherie gelegene «Ferme des Brandt». Sie überzeugt und begeistert mit einer vorzüglichen Terroir-Küche und einer vorbildlichen Weinauswahl. Wer hier einmal ein Poulet mit Morcheln isst und dazu einen Vin Jaune trinkt, weiss, wovon ich rede. Ob im archaischen Inneren des historischen Hauses oder im verträumten Garten, Cyril Tribut und seine Beizen-Philosophie überzeugen und erfreuen Seele und Magen.

2300 La Chaux-de-Fonds, Petites-Crosettes 6, 032 968 59 89, www.fermedesbrandt.ch

Crème Renversante

Magasin Bar à Chocolat Ihre Produktionsstätte liegt im Vallée de la Sagne, einem einsamen, mystischen Tal, tief eingebettet zwischen La Chaux-de-Fonds und der Vue des Alpes. Hoch, rau, weit, erschlossen von einem Bahntrassee und Autostrasse, an der die einzelnen Höfe wie am Tropf hängen. In dem verschlafenen Les Ponts-de-Martel produziert die sympathische Valérie Henchoz ihre zahlreichen Köstlichkeiten. Caramels, Truffes und Pralinen, Schokolade von einem anderen Stern und andere verführerische Schleckereien. Die Anlaufstelle für Freunde des süssen Geschmacks befindet sich in ihrer Dependance direkt in La Chaux-de-Fonds. Der Laden beinhaltet eine schöne «Bar à Chocolat». Noch ein weiterer Grund, die Heimat von Le Corbusier zu besuchen.

2300 La Chaux-de-Fonds,
Rue Daniel-Jeanrichard 17,
032 913 05 77, www.cremerenversante.ch

La Maison du Fromage

Alles isst Käse Pierre-Alain Sterchi ist ein Meister seines Fachs. Die von ihm affinierten Käse sind grandios, und die anderen, die er zusätzlich einkauft, überzeugen mit Spitzenqualität. Der Mann hat die Käsenase schlechthin, und sein Fachgeschäft bringt mich ins Schwärmen. Da finden sich neben zahlreichen heimischen Spezialitäten auch solche aus Frankreich, Italien und England. Der biologische und in seiner Konsistent perfekte Blue Stilton hat es mir angetan. Wer diesen Käse mit einem Schluck Portwein im Gaumen vermengt, wird für einen Augenblick über dem Boden schweben. Also Vorsicht! Wer es bisher nicht nach La Chaux-de-Fonds geschafft hat, warum auch immer, und Käse liebt, hat wegen Sterchi einen starken Grund dazu hinzufahren.

2300 La Chaux-de-Fonds, Hall'titude,
Rue de la Serre 19–21,
032 968 39 86, www.sterchi-fromages.ch

Le Croissant Show

Gipfeltreffen Der Australienfreund, Bäcker und Konditor Marcel Vogel hat sich in die Pension verabschiedet und die Zepter seinem Team übergeben. Seine Rezepte sind geblieben und werden nach wie vor in der Bäckerei angewendet. Die Patisserie, die exzellenten Kuchen, die exquisiten Torten und sonstigen Schleckereien sprechen Klartext, und die Croissants sind nicht zu butterig oder zu trocken, sondern genau richtig. Das Brot ist gehaltvoll und luftig zugleich, und der feuchte Thon-Kuchen ist eine Entdeckung für sich. Da wäre aber auch noch die Tarte aux noisettes, die Suchtpotenzial birgt. Alle Füllungen sind frisch zubereitet, nichts ist vorgefertigt. Die Milch ist regional und von Kühen mit Hörnern. Viel Freude bereitet das kleine, zum Laden gehörende Café mit einer guten Kaffee- und Teeauswahl und wundervollen heissen Schokoladen.

2300 La Chaux-de-Fonds, Rue du Versoix 4,
032 968 76 34, keine Website

Carvi Noir

Entdeckt Früher war ich in La Chaux-de-Fonds Stammgast im «Café de Paris», und im «des Brandt» verbummelte ich vernebelte Sonntage. Die «Ferme» ist geblieben, und das Café hat sich als «La Différence» nach Italien verabschiedet, mit Pasta fatto in casa und Co. So weit, so gut. Neu ins Spektrum gerückt ist bei mir das «Carvi Noir» mit seinen petrolblauen Wänden, seiner schlichten Einrichtung und dem kleinen, romantischen Garten. Gastgeber Arpad Antonietti steht ein für eine ungekünstelte Küche, die überzeugt mit Gerichten, so wie wir sie eigentlich von unseren Omas her kennen, nur leichter, moderner, anders eben. Hinzu kommt eine kleine, durchdachte Auswahl an Vins Naturels und ein nonchalanter Service, zwei weitere Eckpfeiler, die zum allgemeinen Wohlbefinden beitragen.

2300 La Chaux-de-Fonds,
Rue Daniel-Jeanrichard 19,
076 439 44 93, keine Website

No9 Bar à vins

NEU

Unterschätzt Die höchtsgelegene Stadt der Schweiz macht es seinen Besuchern nicht einfach, und auf den ersten Blick verliebt sich wohl niemand in diese Stadt, die nicht mit einer Postkartenschönheit glänzen kann. Vielleicht verliebt er sich aber auf den zweiten, dritten Blick oder er verlässt halt fluchtartig die Stadt, falls er den Ausweg wieder findet, da die Verkehrsführung sehr eigen ist, so wie die Beizen der Stadt gut sind, zu denen auch die «No9 Bar à Vins» gehört, die mit Charme, Konzerten, einer entspannten Atmosphäre und mit kleinen, feinen Speisen aufwartet. Das Weinangebot ist immens, das sich nur mit zahlreichen Besuchen durchdegustieren lässt, begleitet von bester Charcuterie und Käse der Region. Wer will, kommt nur auf ein Glas oder bleibt am Mittag oder Abend länger sitzen, zumal die Küche mit guten Gerichten glänzt.

2300 La Chaux-de-Fonds, Rue Neuve 9,
032 968 30 36, www.numero9.ch

Übernachten im Kanton Neuenburg

Maison Du Bois

Ankommen Als Bed and Breakfast in der Schweiz noch in den Kinderschuhen steckte, war das «Maison DuBois» bereits geboren. Mit stilsicherer Hand eingerichtet, verbindet es den Charme von gestern mit dem Komfort von heute. Es ist ein Lichtblick für eine wohnliche Übernachtung im Neuenburger Jura. Hinzu kommt eine herzliche Gastfreundschaft und ein Frühstück, bei dem Wert auf regionale Qualitätsprodukte gelegt wird. Zudem ist die sympathische Gastgeberin Céline Jeanneret auch eine exzellente Köchin. Ihre Table d'hôte ist bekannt und wird von den Gästen sehr geschätzt, von denen zahlreiche schnell zu Stammgästen werden. Ein Haus für eine längere Auszeit oder für zwischendurch und immer wieder.

2400 Le Locle, Grande-Rue 22,
079 342 25 37, www.maisondubois.ch

Fleur de Lis

Einspurig Wer will schon nach Le Locle, auch wenn eine einspurige Bahnlinie den Ort mit La Chaux-de-Fonds, einer der höchstgelegenen Städte Europas verbindet? Das Hotel de la Fleur de Lis wäre so ein Grund, dem der architektonische Spagat zwischen Moderne und Tradition mühelos gelingt. Wer Urbanität und lokale Gelassenheit zu schätzen weiss, eine geradlinige, regionale und taufrische Küche liebt, sitzt und liegt hier richtig. Natürlich ist Le Locle kein barocker Hotspot wie Solothurn, aber die allgegenwärtige Natur um die Stadt hat was, und die nicht so frequentiert ist wie anderswo. Saut du Doubs, Creux du Van, Vallée des Ponts; es hat zahlreiche Gebiete für Menschen, die nicht nach jeder Tanne irgendwelche Tagesausflügler grüssen wollen.

2400 Le Locle, Grande-Rue 1,
032 930 09 90, www.fleur-de-lis.ch

La Bavaria

NEU

Alte Liebe Als ich in Lausanne noch zur Schule ging und mich nicht sehr erfolgreich mit dem Französisch auseinandersetzte, mich aber umso intensiver mit dem Kulinarischen befasste, dachte ich nicht nur beim Fondue daran, dass die Romands mit dem Leben etwas legerer umgehen als wir Deutschschweizer. Als ich das erste Mal in einer Pinte ein Fondue bestellte und das Brot nicht in Stücke, sondern in Scheiben geschnitten auf dem Tisch kam, war ich zuerst etwas ratlos, einfach weil ich seit Kindesbeinen nur die zugeschnittenen Würfel kannte. Das kam mir in den Sinn, als ich mich im «Bavaria» nach allen Regeln der Kunst und sehr Welsch, Beizenname hin oder her, verwöhnen liess. Mit Os à moëlle, Tartare de Bœuf vaudois und Tête de veau, kurz, das ganze Programm, obwohl ich zu Beginn das Bayerische mit Weisswurst und Bretzel hochleben liess. Die Brasserie gehört für mich zum schönsten Einkehren in einer spielerisch bayerischen und traditionsreichen welschen Melange.

1003 Lausanne, Rue du Petiti-Chêne 10,
021 323 39 13, www.labavaria.ch

Le Vieux - Lausanne

NEU

Applaus Noch so eine schöne Beiz mit Gerichten und Geschichten, die täglich brummt und in der sich das Leben abspielt und das Essen zur Nebensächlichkeit werden kann. Nicht das hier schlecht gekocht wird, ganz im Gegenteil, aber in diesem Umfeld spielen die Gerichte eine untergeordnete Rolle, zumindest hier die Redensart, das Auge isst mit, nicht aus der Luft gegriffen ist. Bœuf bourguignon, Pot-au-feu, ein Cassoulet, das mit demjenigen aus Carcassonne mithalten kann, einige gute Weine zu normalen Preisen, ein Salü hier, ein Bonjour dort. Es schwatzt, es trinkt, es lebt sich ausgezeichnet, auch im wundervollen Garten, und dabei stelle ich mir andauernd die Frage, wo finde ich das im Osten der Schweiz?

1003 Lausanne, Rue Pierre-Viret 6,
021 323 53 90, www.vieux-lausanne.ch

The Great Escape

Ganz schön verrückt Lausanne bietet eine lebendige, unprätentiöse und doch so spezielle Gastronomie. Ein heimwehgeplagter Engländer hat mich ins «Great Escape» entführt. Ich kenne kein vergleichbares Lokal in der Deutschschweiz, wahrscheinlich würde es auch in dieser Art und Weise nicht funktionieren. «The Great» ist so schräg wie der Schiefe Turm von Pisa. Das fängt beim Gebäude und der Einrichtung an und hört in der Küche auf, die nicht vorgibt, mehr zu sein als das, was sie ist. Gute Drinks im Glas und die Premier League am Bildschirm, bei der das Zusehen Durst und Appetit (in dieser Reihenfolge) verursacht. Bei Erbsensuppe mit Minze, Slow Pulled Pork Burger und einem Pint of Bitter fühle ich mich in den «Fountain Head» nach Branscombe in Devon versetzt.

1003 Lausanne, Rue de la Madeleine 18, 021 312 31 94, www.the-great.ch

Le Vestibule

NEU

Cocktails Wer keine Lust auf eine grosse Küche hat, aber bei einem Glas Appetit auf eine Kleinigkeit hat, findet im «Vestibule» die idealen Voraussetzungen dafür. Oft beginnen die Gäste den Abend mit einem Drink, wechseln dann zum Wein und geniessen die vorzügliche Saucisse au vin rouge. Andere bleiben bei trinkigen Klassikern hängen, wie an einem Negroni, bevor sie in die Sparte modern zu einem Tant Kaffir oder Bloody Bear wechseln. Dazu einige anregende Gespräche, um mit einem Last Word oder Old Fashioned den Abend zu beenden. Ab und zu finden Themenabende statt, z. B. befassen sich die Gastgeber mit Costa Rica, der Heimat meiner vor 50 Jahren ausgewanderten Schwester. Und das sei hier gerne verraten – sie können es.

1005 Lausanne, Rue Cité-Devant 4, 021 515 29 39, www.le-vestibule.ch

La Couronne d'Or ♥

Die unperfekte Schöne Es spielt gar keine Rolle, ob das Essen in der «Couronne» gut ist oder nicht. Zumindest nicht für Freunde stimmungsvoller Beizen, so wie sie immer wie weniger anzutreffen sind. Sie gehören unter Artenschutz gestellt. Wann begreift die Obrigkeit endlich, das Wirtschaften keine genormten Schluckstuben, sondern soziale und kulturelle Institutionen sind, die es zwingend zu erhalten gilt. Die «Couronne» ist weder perfekt noch eine genormte Schönheit, aber sie erfüllt ihre Aufgabe als lebendiger Treffpunkt. Wenn in einer Beiz gutes Brot frisch geschnitten wird, kann das Essen gar nicht schlecht sein. Eine Terrine du Moment, eine Trockenwurst, eine Saucisse mit Lauch, vier lokale Weine, mehr benötigt es für eine gute Momentaufnahme nicht.

1005 Lausanne, Rue des Deux-Marchés 13, 021 311 38 17, www.couronnedor.ch

Auberge du Chalet des Enfants ♥

Institution Wer sich aus dem Weg gehen will und in Lausanne lebt, besucht die Auberge nicht, deren Markenzeichen nicht ihr Name, sondern ihr Qualitätsdenken ist, das sie seit jeher pflegt. Sie ist eine Lausanner Institution, die allen gefällt. Familien, Gruppen, Einzel- und Mehrgänger lieben sie, kommen in die Natur, essen, trinken und schwelgen an langen Tischen bei humanen Preisen. Täglich ab 9.30 Uhr, sieben Tage in der Woche. Wurstliebhaber, die das erste Mal hier einkehren, dürfen weder das Atriau aus Séverey noch die Boutefas aus Prilly verpassen. Auch die Croûte aux champignons oder an kalten Wintertagen ein Fondue der Extraklasse gehören zur Pflicht, und die Weinkarte entpuppt sich als ein Stelldichein der besten Winzer der Region.

1052 Le Mont-sur-Lausanne,
Route du Chalet des Enfants,
021 784 44 80, www.chaletdesenfants.ch

Abbaye de Montheron

♥★

Entspannt Der Besuch in dem mit viel Fingerspitzengefühl renovierten Herrschaftshaus lohnt sich vorbehaltlos, ist es doch ein Highlight, das nachhält. Nichts gibt's zu mäkeln, alles ist im Fluss. Pächter Romano Hasenauer, Gastgeber David Donneaud und Küchenchef Rafael Rodriguez empfangen urbane und junge, reife und gediegene Gäste. Saisonal und regional ausgerichtet sind die Gerichte, deren Produkte Rafael aus der Nähe bezieht. Rillette von der geräucherten Forelle, Rindstatar, Zander mit Teeschaum, Hechtfilet, Jungschwein und Gurkenglace mit Minze. Gäste mit Kalkül lassen sich von der Küche überraschen, indem sie ihr eine Carte blanche geben und den Weinempfehlungen von Gastgeber David folgen. Die Auswahl ist reich an regionalen Flaschen und diversen Naturweinen.

1053 Montheron, Route de l'Abbaye 2,
021 731 73 73, www.montheron.ch

Boulangerie Bidlingmeyer

Mit gutem Brot fängt alles an Der erste Bidlingmeyer kam 1791 aus Göppingen nach Chexbres. Mittlerweile wird die Boulangerie in der achten Generation durch Jean-Marc geführt. Sie überzeugt die Region mit guten Broten und einer nicht überkandidelten Patisserie. Den einzigen Wermutstropfen bildet der Tea Room, zumindest wenn man das Heute mit dem nostalgischen Vorgestern auf den alten Bildern vergleicht. Irgendwann wird alles zu Tode renoviert, bei den Cafés hat es in der Schweiz wohl alle erwischt. Was zählt, sind die Produkte. Mit den Broten Vaudois, Maggia und Rotoillon blanc lässt sich der Tag gut beginnen, mit einem reich gefüllten Sandwich entspannt fortsetzen und mit einem süssen Stück aus der gepflegten Torten- und Kuchenauswahl angenehm beenden.

1071 Chexbres, Grand Rue 1,
021 946 10 28, www.bidlingmeyer.com

Domaine Potterat

Santé Wer Cully sagt, denkt zuerst an Altmeister Louis Bovard. Doch nicht nur sein Name bürgt für gute Weine. Im traditionsreichen Weindorf steht auch das 600 Jahre alte Winzerhaus der Domaine Potterat, die heute von Jean-François, Jacques und Guillaume geführt wird. Die Familie Potterat bringt authentische Weine hervor, so den Plant Robert aus einer einzigartigen, endemischen, historischen Rebsorte. Das Flaggschiff der Domaine ist der Chasselas Vieilles Vignes, ein kräftiger Gutedel mit Lagerungspotenzial. Gut gefällt mir auch der komplexe und frische Savagnin, der, kaum abgefüllt, schon ausverkauft ist. Schön ist auch, dass die Familie Potterat an ihren antiquierten Weinetiketten festhält. Sie stechen selbstbewusst aus dem modernen Einheitsbrei hervor.

1096 Cully, Rue du Temple 15,
021 799 15 63, www.vins-potterat.ch

Café de Riex

Mit Seitenwagen Peter Hasler ist mehr Welscher als Deutschschweizer, wobei er sein Deutsch um keine Silbe verlernt hat. Er kocht in seinem Traumbistro munter drauf los, was Saison und Region hergeben. Frische Morcheln mit Felchen aus dem Genfersee, Milken, Nieren und an gewissen Tagen ein Fondue der besseren Art. Dazu Weine aus der Region, was will ich mehr? Im Bistro und Speisesaal unterhält Rogerio die Gäste mit Witz und Charme. Auf der Bonsai-Terrasse, die wie ein Motorrad-Seitenwagen am Haus klebt und einen schmalen Blick über die Dächer von Riex und den Lac Léman freigibt, stehen ein kleiner Blechtisch und zwei Tabourettli. Ideal für ein Glas oder gleich eine Flasche vor oder nach dem Essen oder fürs Lebenswasser zwischendurch. Ein einmaliges Kleinod.

1097 Riex, Route de la Corniche 24,
021 799 13 06, www.cafe-de-riex.ch

Auberge du Vigneron

So gut Wohl kaum ein anderer Kanton kann auf so eine Fülle von guten Lokalen zurückgreifen. Natürlich ist er gesegnet mit Sterne- und Punktehäusern, die interessieren mich aber nur am Rande. Ich bevorzuge die kulinarischen Zwischentöne. Und auch wenn GaultMillau die Auberge mittlerweile mit 13 Punkten bewertet, werden die Gastgeber Estelle und Laurent Frutig nicht übermütig. Sie sagen Danke und kochen lustvoll weiter. Sie sind herzliche Gastgeber, und ihre schnörkellose Küche bereitet Freude. Würde ich in der Waadt leben, wäre ich bei ihnen häufiger zu Gast. Für den in der Haselnusspanade ausgebackenen Tomme Vaudois, das von Hand geschnittene Rindstatar, das butterzarte Rindsentrecote oder einfach für eine Portion Forellen- oder Eglifilets.

1098 Epesses, Route de la Corniche 16, 021 799 14 19, www.aubergeduvigneron.ch

La Pinte au XXème Siècle

Avec plaisier Die urige «Pinte» ist schön gealtert. Sie datiert von 1850. Thierry Mundler hat den langjährigen Patron und Koch Nicolas Sautebin abgelöst und kocht im gleichen Stil weiter. Aufgetischt werden diverse Klassiker wie Beinschinken und je nach Saison Malakoff, gegessen von den üblichen Verdächtigen, vorwiegend Einheimischen und einigen mutigen Touristen, die wissen, was im Waadtland Sache ist. Z. B. ein Fondue oder eine Saucisson vaudois. Für Connaisseurs hat's noch Rindszunge an Kapernsauce und auf Vorbestellung Pieds de porc au madère. Den Rest macht die «Pinte», ihre Stammgäste, die viel zu erzählen haben, und das langjährige Servicepersonal. Stets von Dienstag bis Samstag ab 9 Uhr. So wie es sich für eine Institution gehört.

1110 Morges, Passage de la Couronne 5, 021 801 27 00, www.xxemesiecle.com

L'Envie

Très chic Der Gunstplatz ist für mich der runde Tisch unmittelbar beim Fenster mit Blick auf die Grand-Rue. Nein, nicht um mit einem Auge dem Treiben zuzusehen – ich sitze einfach gerne an runden Tischen. Die herzliche bretonische Gastgeberin und diplomierte Sommelière, Célia Russo, hat in Frankreich in Sternehäusern gearbeitet, war in Australien und Argentinien unterwegs, bevor sie in Morges ihre Weinbar eröffnete, in der es sich nicht nur gut trinken, sondern auch vorzüglich essen lässt. Z. B. eine Crème brulée au Gruyère mit Aprikosensalat, ein Tatar von der Walliser Forelle, hausgemachte Pasta mit einem Mandel-Pesto und Parmesan oder klassisch ein Filet de Bœuf mit Café de Paris. Zu trinken gibt's diverse Flaschen aus der Waadt, dem Wallis und natürlich aus La France.

1110 Morges, Grand-Rue 18,
021 802 35 08, www.lenvie-morges.ch

Domaine Henri Cruchon

Biodynamik In der Domaine von Père Henri Cruchon teilen sich die Söhne Michel (Rebbau) und Raoul (Keller) die Arbeit gemeinsam mit der Familie, die in verschiedenen Sparten eingebunden ist. Von der Administration bis hin zum Weinbau, was garantiert, dass die Zukunft der Domaine gesichert ist. Sie kultivieren zahlreiche Rebsorten auf diversen Parzellen. Jeder dieser Rebberge hat sein Terroir, sein Mikroklima und seine Charakteristik. Auf der Domaine werden zwei verschiedene Weinanbaumethoden angewendet: Ein kleiner Teil wird «konventionell» gemäss den IP-Normen mit chemischen Mitteln kultiviert, wobei mehrheitlich die Parzellen biodynamisch bewirtschaftet werden, also ohne Einsatz von chemischen Produkten auskommen und mit dem Label Demeter gekennzeichnet sind. PS: Mein Liebling ist der Altesse.

1112 Echichens, Route du Village 32,
021 801 17 92, www.henricruchon.com

Carvi Noir (Seite 394)

Moulin de Sévery

Kaltpressung! Am Ufer der Morges befindet sich die historische Mühle von Sévery. Sie ist eine der letzten aktiven Handwerksmühlen. Die erste urkundliche Erwähnung findet sich im Jahre 1228. Die heutige Mühle wurde 1845 errichtet und ist seit sechs Generationen im Besitz der Familie Bovey. Der aktuelle Besitzer, Jean-Luc Bovey, hat die Mühle im Jahre 2002 übernommen. Sie hat sich etabliert und ist weit über den Röstigraben hinaus bekannt. Natürlich sind die Spezialitäten der «Moulin» in zahlreichen Deutschschweizer Kleinläden erhältlich, es lohnt sich aber ein Besuch vor Ort. Das dezente Walnussöl ist mein klarer Favorit, den ich sehr gerne für herbstliche Salate verwende und den ich manchmal mit einigen Tropfen Quittenessig von der Mühle kombiniere.

1141 Sévery, Route du Moulin 10,
021 800 33 33, www.huilerie-de-severy.ch

Buvette du Mont Tendre

NEU

Der Montblanc vor der Haustür Ende September ist jeweils die Saison vorbei, und die grosse Stammkundschaft muss sich bis zum Mai gedulden, bis die Buvette wieder ihre Türen öffnet. Was bleibt sind schöne Erinnerungen und ist die allgegenwärtige Natur, von der sich Jurafreunde nur schwer trennen können. Egal, ob an klaren Tagen oder bei Regenwetter: Die Atmosphäre im «Mont Tendre» ist stimmig, der Patron herzlich und das Essen regional und ausgezeichnet. Stammgäste empfehlen zur Verdauung den balsamischen Beistand einer «Gentiane» – wir den Abstieg zum Lac de Joux. Santé!

1147 Montricher, Route du Mont-Tendre,
021 864 37 19, www.buvette-mont-tendre.ch

Confiserie Boillat

Die hohe Kunst Die Confiserie Boillat ist in der Waadt ein Begriff, eine Institution, obwohl die Confiserie erst seit 1997 existiert. Patisserie und Schokolade können sie in einer Perfektion kreieren und produzieren, die nur Freude bereitet, keine Frage. Der Einrichtungsstil wäre hingegen eine Überlegung wert. Schade, dass es ihnen nicht gelingt, die Atmosphäre ihrer sechs Verkaufsläden dem Niveau ihrer wundervollen Spezialitäten anzupassen. Zumindest sehe ich das so. Was aber zählt, ist ihre grossartige kulinarische Kunst, die überzeugt. Auch in der Abteilung Traiteur sind sie Weltklasse. Ich kenne nur wenige Betriebe, die in solch einer Qualität auftreten und den Apéro riche oder die Vernissage zu einem kulinarischen Feuerwerk gestalten.

1162 Saint-Prex, Rue de la Gare 1,
021 806 13 44, www.confiserieboillat.ch

L'Accent

Ohne Pinzette Im Mittelpunkt steht das unverfälschte Produkt. Angerichtet wird weder im Baukastenstil noch werden üppige Kunstwerke oder überladene Teller präsentiert. Die Portionen haben den richtigen Umfang, zumindest für mich im fortschreitenden Alter. Ich habe mich ohnehin zum Vorspeisenesser entwickelt. Den Hauptgang lasse ich oft weg und wage mich lieber an drei, vier Entrées heran. Eine Terrine, ein von Hand geschnittenes Tatar, Ceviche vom Felchen und eine Foie gras, so wie ich sie mir wünsche, obwohl ich mir sie nur noch selten genehmige, wie Kalbfleisch im Übrigen auch. Weniger Fleisch ist eh gut. Beim Wein habe ich mir noch keine Restriktionen auferlegt, und bei der Auswahl und Preispolitik, wie sie das «L'Accent» offeriert, kommt zivilisierte Trinkfreude auf.

1164 Buchillon, Place du Village 1,
021 808 25 25, www.laccent-buchillon.ch

Auberge de la Passade

Geht doch! Die heile Welt in Frankreich ist mehr Mythos als reell. Staatliche Reglementierungen, hohe Steuern und Personalkosten machen ihr zu schaffen. Grosse Flaggschiffe federn das besser ab, zumal es immer noch genug finanzkräftige Sternejäger auf der Genusspiste gibt. Olivier Dalmier stammt aus der Region Toulouse, die für ihre nahrhaften Gerichte berühmt ist, und die sich problemlos mit der üppigen Waadtländer Traditionsküche vereint. Wer sich mit Appetit bei ihm niederlässt, lässt sich auf das Menü ein, alle anderen wählen weniger. Z. B. fangfrische Egli- oder Felchenfilets, zuvor etwas Rohschinken und zum Finale eine Tartelette au citron. Auch das Rindsfilet an einer Pinot-Noir-Sauce, die Rindszunge oder eine Saucisse aux choux ist den Versuch wert.

1166 Perroy, Ruelle des Jardins 20, 021 825 16 91, keine Website

Artisan Chocolatier Tristan

Die Krönung Er gilt unter Kennern als der Chocolatier der Waadt, der Romandie, ja, der Schweiz. Je nachdem wer's sagt und wie ausgeprägt das Lokalkolorit ist. Ob Tristan Carbonatto tatsächlich die Nummer eins ist, weiss ich nicht, dass seine Produkte unverschämt gut sind, das aber schon. Das wird mir immer wieder dann bewusst, wenn mir in seinem üppig ausgestatteten Laden seine Delikatessen bereits in Gedanken auf der Zunge zergehen, bevor ich sie überhaupt gekauft habe. Hier wird Spitzenqualität in seiner Vollendung ausgelebt. Wer hierherkommt vergisst den mahnenden Zeigefinger, vergisst Waage und Kalorien und kauft sich satt an Pavées, Rubis, Rêves und Truffes. Wer in der Gegend ist und Schokolade mag, legt hier zwingend einen Boxenstopp ein.

1166 Perroy, Chemin des Quatre-Vents 1, 021 807 21 25, www.chocolatier-tristan.ch

Auberge de la Croix d'Or

Très fin Am Pied du Jura finden sich Wege, die zu einigen unscheinbaren Aussichtspunkten führen. Hier ein Waldrand, dort ein moosbedeckter Stein, da eine Holzbank mit Sicht auf Alpen, See und das 1500-Seelen-Dorf Yens, das über dem Tal des Boiron eingebettet liegt und in dem Olivier Hiernard in seiner patinierten Auberge eine delikate Küche zelebriert. Seine Klassiker wie eine Flusskrebssuppe, Kalbsterrine oder einen Kalbskopf mit Sauce gribiche sind exzellent, und wer seine vielfältige Küche näher kennen lernen will, wählt sein hervorragendes Gourmetmenü zu fairem Preis. Alles gut? Alles!

1169 Yens, Grand-Rue 18,
021 800 31 08, www.auberge-communale-yens.ch

NEU

Domaine La Colombe

Teamgeist Thomas Vaterlaus hat im Weinmagazin «Vinum» Raymond Paccot als beschwingten Freigeist und als Winzerlegende bezeichnet und über ihn ein kurzweiliges und liebenswertes Portrait geschrieben. Noch besser ist ein Besuch auf der Domaine La Colombe. Seit 2010 wird die Betriebsfläche von 20 Hektaren nach den Richtlinien von Demeter bewirtschaftet. Übrigens: Paccot gehört in der Waadt zu den Ersten, die auf Demeter gesetzt haben und mit Tochter Laura Paccot ist die Winzernachfolge geregelt, wobei sich ein zehnköpfiges Team die Arbeit teilt. Wer es trinktechnisch klassisch mag, hält sich an den «Bayel», einen Chasselas, der mit seiner Frische überzeugt. Wer es speziell liebt, dem empfehle ich die Amédée, ein Savagnin der mit Finesse und Frische zu begeistern vermag.

1173 Féchy, Route du Monastère 1,
021 808 66 48, www.lacolombe.ch

l'Union

Ohne Worte Wer die Waadt kennt, kennt das «Union», ist es doch eine der ultimativen Traditionsadressen des Kantons, über die alle Bescheid wissen oder zumindest so tun. Die Adresse überzeugt seit Jahrzehnten mit ihren Hausspezialitäten Malakoff und Coquelet aux morilles, obwohl es immer wieder mal einige Unkenrufe gibt. Wer im «Union» mal etwas anderes essen will, hält sich an Schnecken, Omelette, Wachteln oder Beinschinken. Befindet sich die delikate Zitronen-Tartelette im Angebot, heisst es nicht lange überlegen, sondern zugreifen. Die Beiz hat Charme, die Gastgeber sind leger drauf, und wer die Waadt und seine Eingeborenen endlich verstehen will, lernt sie im «Union» vordergründig kennen.

1183 Bursins, Route de la Perette 2,
021 824 12 04, www.union-bursins.ch

Au Cœur de la Côte

Bei Malakoff Wer die besten Malakoffs zubereitet, ist eine heikle Frage, die ich unbeantwortet lasse, da jeder Eingeborene eh weiss, wo er die Besten isst. Aber was benötigt es eigentlich für diese Pièce de Résistance? Marianne Kaltenbach selig hat es in ihrem legendären Kochbuch manifestiert: Die Zutaten sind geriebener Greyerzer, Mehl, gepressten Knoblauch, Backpulver, Cayennepfeffer, Muskatnuss, Kirschwasser, rundes Toastbrot, Eiweiss und Öl zum Frittieren. Ob im «Au Cœur de la Côte» die gleichen Zutaten verwendet werden, weiss ich nicht. Was ich weiss, ist das sie vorzüglich sind, und obwohl das kleine Angebot noch einige andere Spezialitäten anzubieten hat, komme ich hier an den Malakoffs nicht vorbei. Wer das Stimmige liebt, achtet bei der Reservation darauf, dass er an einem Tisch bei den Tresen sitzt.

1184 Vinzel, Route du Vignoble 12,
021 824 11 41, www.malakoffvinzel.ch

Ty Nico

Degemer mat e Breizh Willkommen in der Bretagne! Und das in Nyon. Wer Lust auf eine Prise Meer und Urtümlichkeit hat, kann sich im «Ty Nico» sattkaufen, an Cidre, Salz, Gebäck, Rillettes, Patés, Fischsuppen aus der Büchse und noch so einigen anderen bretonischen Spezialitäten. Frischen Fisch haben sie auch, ebenso einen Foodtruck, mit dem sie auf den lokalen Märkten Fisch verkaufen und mit dem sie diverse kulinarische Abende anbieten. Da gibt's unvergessene Momente mit Moules Frites, Austern und Meeresfrüchten, Crêpes und Galettes oder Fish 'n' Chips, was eigentlich eine britische Spezialität ist, aber die Bretonen genauso gut können, sind sie doch die keltischen Verwandten der Kornen, was zwar die hochdeutsche Bezeichnung ist, ich aber lieber Cornish People schreibe.

1260 Nyon, Rue de Saint-Cergue 39,
022 361 39 67, www.tynico.ch

Mon oncle

Schon wieder Die kleine Pinte hat sportlich geöffnet. Sieben Tage in der Woche von 10-24 Uhr, was sich für Deutschschweizer schon heroisch anhört. Die Beiz ist mehr Schlauch als Raum, was sie nicht ungemütlich macht. Hier an einem verregneten Tag im Fondue rühren oder an den Filets de perche aus dem Lac Léman zu knabbern, wenn denn der Fischer Fangglück hatte, ist keine schlechte Idee. Da wären aber auch noch die mit Petersilienbutter parfümierten Schnecken oder das exzellente Markbein, das im Doppel aufgetischt wird. Tja, und am Mittwoch bleibt kein Stuhl frei – dann – wenn die formidablen Malakoffs de Luins aufgetischt werden und tout Nyon im «Onkel» zu Tische sitzt. Momentaufnahmen, wie sie schöner nicht sein könnten.

1260 Nyon, Rue de Rive 40,
022 361 23 18, www.resto-chezmononcle.com

Boucherie Jemmely

Die Fleischboutique Ein hoher Qualitätsanspruch, verbunden mit einer Portion Innovation und Nachhaltigkeit, zeichnet die Boucherie Jemmely aus, die in der dritten Generation angekommen ist und die sich in der Region als Traiteur einen Namen gemacht hat. Die für Deutschschweizer Ohren eher ungewöhnlichen Fleischstücke von Pferd (Viande chevaline), Wapiti und Bison (Hamburger) gehören zu den Stärken des Hauses. Berühmt ist «Jemmely» auch für seine Saucisses artisanales, zu denen auch die unvergleichliche Saucisse aux choux gehört. Hinzu kommt ein saftiger und aromatischer Jambon à l'os. Wer am Samstag die Metzgerei aufsucht, reiht sich einfach mal in die Schlange ein, unterhält sich mit den Stammkunden, entwickelt Appetit und kauft nach Lust und Laune ein.

1260 Nyon, Rue du Collège 11,
022 361 17 57, www.boucheriejemmely.ch

Café du Raisin

Aufgestellt Gedämpftes Licht, eine behagliche Stimmung, freundliche Mitarbeiter und ein dezentes Lächeln von Madame Marie-José Defferrard heissen die Gäste willkommen. Im «Raisin» trifft sich die Schickeria von Nyon mit der Dorfbevölkerung von Begnins. An den Tischen werden Stücke von Foie gras weggeputzt, üppige Hausterrinen und von flüssiger Butter triefende Schnecken aufgetragen, Fischsuppen geschöpft, und fangfrische Felchen auf Silberplatten mit Frites fait maison serviert. In der Küche wird zartes Fleisch geschmort, gebraten und pochiert, während das quirlige Personal die ersten Desserts an die Tische befördert. Der Champagner schäumt, Gläser klirren, Sprüche und Wünsche werden in Französisch und Englisch ausgesprochen – Nyon und die UEFA sind nah.

1268 Begnins, Grand'Rue 26,
022 366 16 18, www.cafeduraisin.com

Boucherie Chez Philou

Erste Klasse Philippe Grange ist seit Jahren ein Vorzeige-Metzgermeister fürs Kalenderblatt. Er ist nicht zum banalen Fleischverkäufer mutiert, sondern produziert Spezialitäten, für die die Waadt so berühmt ist und geschätzt wird. Sein Lard de Begnins ist phänomenal, die Saucisse aux choux fumée à l'ancienne, das abgehangene Rindfleisch am Knochen, die Boutefas, das sind alles Delikatessen, wie ich sie sonst von keinem zweiten Metzger her kenne. Aber auch seine Trockenwürste haben das gewisse Etwas an Konsistenz und Würze, die einfach nur Freude bereiten. Seine Pasteten und Terrinen lohnen die Reise ins Hinterland. Am Samstag wird wieder brav in der Reihe gestanden, wie das in dieser Region noch so bei einigen anderen Metzgereien der Fall ist.

1268 Begnins, Grand'Rue,
022 366 13 14, www.lard-de-begnins.ch

13 Coteaux

NEU

Unbekannt Natürlich hat die Waadt grosse Winzernamen zu bieten, denken wir nur an Bovin, Cruchon, Paccot oder Chollet. Wer sich an den Nebenschauplätzen im Herzen der Côtes de l'Orbe umsieht, findet 14 spannende Weine von relativ unbekannten Winzern. Kennengelernt habe ich eine Auswahl an Provenienzen bei Ueli Indermühle in seinem «La Maison du Prieur» in Romainmôtier, der nur noch Weine von der Cave 13 Coteaux ausschenkt, darunter auch alte autochthone Sorten wie einen Plan Robert. Eine sorgfältige Weinbereitung bietet den neugierigen Weinfreunden eine Auswahl an schlichten Weiss-, Rosé- und Rotweinen, die im Stahltank, im grossen und zum Teil auch im kleinen Eichenfass gekeltert werden.

1321 Arnex-sur-Orbe, Place du Village 1,
024 441 39 93, www.13coteaux.ch

La Maison du Prieur ♥

Auf Zeitreise Mystisch, sakral, anmutig und ungemein schön, so präsentiert sich Romainmôtier an kalten Tagen. Vergessen ist der Sommer mit den knipsenden Tagestouristen, vergessen die Drängelei und das Gewirr an Stimmen. Im Advent wird in der ältesten romanischen Abtei der Schweiz eine beeindruckende Krippe installiert, und gleich nebenan im monumentalen Priorenhaus mit seinen gewaltigen Feuerstellen knistert am Sonntag das Feuer und schmoren die Poulets, die der Gastgeber und Koch Ueli Indermühle über dem offenen Feuer zum Garpunkt führt und mit zerlassener Petersilienbutter, sekundiert von einer perfekten Rösti, seinen Gästen auftischt, begleitet von Weinen aus dem Cave 13 Coteaux. Das Leben ist schön.

1323 Romainmôtier, Cour du Cloître 18, 024 453 12 01, www.maisonduprieur.ch

Brasserie La Brasse-Mortier

Durst Romainmôtier hat viel Kultur zu bieten, eine einzigartige Abtei, ein einmaliges Priorenhaus und ein intaktes Ortsbild, sehe ich einmal von der neu und unsensibel geteerten Dorfstrasse ab. Es ist ein Flecken Erde, wie es ihn in der Schweiz nicht noch einmal gibt. Ich liebe den Ort an vernebelten und somit touristenfreien Tagen, was so auch wieder nicht stimmt, hat dann doch die kleine Bar der lokalen Brasserie seine Türe verriegelt. Bier vor Ort gibt's nur in der ereignisreichen Sommerzeit. Vor allem das L'IRAscible, ein Bière ambrée, das einem Irish Red Ale sehr nahe kommt, hat es mir angetan. Und ja, ich gebe es zu, dafür fahre selbst ich an einem lauen Wochenende nach Romainmôtier, um beim Brunnen dem regen Treiben zuzusehen.

1323 Romainmôtier, Rue du Bourg 9, 076 249 37 70, www.brassemortier.ch

Caves du Pélerin

Sechs Monate Im Keller schlummern diverse fantastische Käse, die mit Wissen und Leidenschaft affiniert werden. Von September bis März ist das dazu gehörende Magazin täglich geöffnet, in dem man sich mit Alp-, Schaf- und Ziegenkäse und natürlich mit dem berühmten Vacherin Mont d'or eindecken kann. Hinzu kommen französische Juraweine wie Savagnin, Chardonnay, Vin de paille und Vin Jaune. Nicht vergessen gehen dürfen die regionalen Spezialitäten wie Schnecken aus Vallorbe oder Enzian aus dem Vallée de Joux. Dem Haus ist ein kleines Museum angeschlossen, das die Historie rund um den Vacherin Mont d'Or dokumentiert. Jeweils gegen Ende September findet in Charbonnières das grosse Fest um seinen berühmten Käse statt. Mit Alpabzug und Markt.

1343 Les Charbonnières, Rue du Mont-d'Or 17, 021 841 10 14, www.vacherin-le-pelerin.ch

Christian Dugon

Der unbekannte Bekannte Christian Dugon ist in Bofflens zu Hause, nicht weit von Romainmôtier, dem einzigartigen Flecken am Pied du Jura. Von sechs Hektaren Reben produziert er zahlreiche Provenienzen, darunter diverse Assemblagen, aber auch einen filigranen Gewürztraminer oder einen gehaltvollen und zugleich frischen, nicht zu fetten Chardonnay. Er ist in der Deutschschweiz nicht so bekannt wie Cruchon, Paccot oder Bovard, spielt aber in der gleichen Liga. Zu meinen Lieblingen gehören sein unprätentiöser Chasselas und sein aromatischer Savagnin Blanc. Auch seine Assemblage aus Gamaret x Humagne (Neuzüchtung) überzeugt mit einem intensiven, komplexen Bukett, kräftigen Tanninen, gut eingebundener Säure und erfreut den Gaumen mit einem langen Finale.

1350 Bofflens, Derrière l'Église 8, 024 441 35 01, www.dugon.ch

La Ferme

Auf dem Hof in der Stadt Glückliches Yverdon. So ein Laden wünscht sich jede Stadt in der Schweiz. Mittendrin hat es eine Ferme, die die Bauernhöfe und die Spezialisten der Region vertritt und mit ihren zahlreichen exzellenten Produkten, auch aus den Nachbarskantonen, auftrumpft. Immer unter dem Aspekt von Qualität und nachhaltigem Umgang mit der Natur. Fleisch, Fisch, Käse, Wurst, Brot, Gemüse, süsse Schleckereien, Weine, Schnäpse, Säfte, Öle und noch so vieles mehr. Ist der Korb erst einmal voll, das wird er bei mir immer schnell, und die Kasse nah, wird es mir beim Gedanken an den Kassenzettel Angst und bange. Danach die staunende Kontrolle der Quittung, verbunden mit der ungläubigen Frage, ob sie nun wirklich alles getippt haben. Sie haben!

1400 Yverdon-les-Bains, Rue de la Plaine 15, 024 425 66 56, www.lafermeyverdon.ch

À la Petite Auberge

Das Leben ist ungerecht Die «Petite Auberge» ist ein Haus mit grünen Holzklappläden, die der zweite Blick als Aluminiumläden entlarvt. Schade, aber nicht so störend wie der Steinboden in der Beiz. Da hat die Gemeinde als Besitzerin auf pflegeleicht gesetzt. Versöhnt wird das Auge durch die schönen Holzstühle, die türkisfarben gestrichene halbhohe hölzerne Wandverkleidung und die liebevoll eingedeckten Holztische. Die Beiz ist «complet», und mehr als 60 Prozent der Gäste laben sich an – Amphibienfreunde bitte mal weglesen – Cuisses de Grenouilles à la provençale oder am Petit Coq rôti au four mit Pommes alumettes. Alles ist frisch und mit Liebe zubereitet. So einfach geht das bei den neuen «Aubergistes» Winch und Chanel.

1407 Bioley-Magnoux, Place du Village 9, 024 433 11 78, www.a-la-petite-auberge.business.site

Auberge De Pailly

Im Herzen Camille und Michel Emmett sind sympathische Gastgeber auf dem Lande, die mit lokalen und regionalen Produkten eine schmackhafte Küche zelebrieren, die zwischen Tradition und Innovation hin und her pendelt, die 500 Gramm Fleischstücke auftischt, genauso wie gebratene frische Gänseleber auf einem Kürbistatar oder hausgemachte Ravioli. Natürlich darf weder die Saucisson Vaudois fehlen noch das beliebte Fondue Chasseur mit Hirschfleisch. Und sonst? Getrunken wird schweizerisch, mit Weinen aus beinahe allen Kantonen, und wer das Haus betritt, wird feststellen, dass im Gegensatz zur schönen Fassade im Innern irgendwer mal irgendwann eine Spur zu viel renoviert hat, was schade, aber nicht weiter tragisch ist, bei dieser Gastfreundschaft und diesem Essen.

1416 Pailly, Grand'Rue 14,
021 888 30 10, www.auberge-de-pailly.ch

Oberson Pêcheurs

Fischers Fritz Mit Papa Robert hat alles begonnen. Heute führen seine Söhne Alain und Philippe Oberson die Fischerei am Neuenburgersee. Mit modernen Hilfsmitteln, aber nicht mit weniger Arbeit. Sie fahren täglich um 5 Uhr mit ihren Booten auf den See zu ihren am Vortag ausgelegten Netzen, die eine Spannweite von 100 Metern haben und für den Felchenfang bis in eine Tiefe von zehn Metern gehen. An guten Tagen fangen sie rund 800 Bondelles und Palées (Felchen). Egli sind Mangelware. Einige Seeforellen und Hechte ergänzen den Ertrag an anderen Fangplätzen und in anderen Tiefen. Die Familien der Brüder helfen bei der Verarbeitung der Fische, die säuberlich geschuppt, filetiert und über dem warmen Rauch des erstickten Buchenholzfeuers geräuchert werden.

1426 Corcelles-près-Concise, Le Moillat 16,
024 434 14 42, keine Website

La Croix Fédérale

Damals Im Militär bin ich unzählige Male durch Mathod marschiert und ab und zu im «La Croix Fédérale» eingekehrt. Hierhin komme ich zurück, dachte ich damals. Dass es über 40 Jahre dauern würde, überrascht mich, hat aber auch damit zu tun, das es mich immer wieder nach Onnens in die schönste Beiz am ganzen Pied zu Jura gezogen hat – ins «Au Bon Vin» von Michel Kunz, das leider nicht mehr existiert. Der Auslöser meines Besuchs war die Winzerin Sabine Steiner, die mich ans «Croix Fédérale» erinnerte. Schade, dass die Schönheit der Beiz nur noch auf alten Fotos erkennbar ist. Wer durch die Gegend reist, kehrt ein, extra hinfahren muss nicht sein. Die Küche kocht mittags und abends saisonal und frisch, die Gerichte sind gut und für Karnivore ist die Hausspezialität die Entdeckung.

1438 Mathod, Route d'Orbe 10,
024 459 17 23, www.croixfederalemathod.ch

Restaurant Belle5 ♥

Neuer Wind Eva und Sandro haben das «Belle5» an Lisa und Julian übergeben. Das Kleinod wurde herausgeputzt, ohne dass die neuen Gastgeber dabei übertrieben haben. Die Küche ist frisch, saisonal und schnörkellos, manchmal gar überraschend. Wer sich auf der schmalen Terrasse niederlässt, bleibt oft länger sitzen, als er eingeplant hat, was mit Lisa und Julian, der Aussicht und dem unprätentiösen kulinarischen Erlebnis im Allgemeinen zu tun hat. Selbst Naturkindern fällt es an solch einem Ort leicht, nur auf den See zu blicken und nicht in ihm zu schwimmen. Und falls das mit dem Wetter und der Terrasse nicht funktioniert, wartet im Innern ein Kaminofen, der nicht nur Zierde ist, sondern auch angefeuert wird. Eine frühzeitige Reservation macht hier Sinn und nützt dem Koch.

1585 Bellerive, Chemin de la Plantaz 11,
026 677 03 12, www.belle5.ch

La Ferme Gourmande

Mit gutem Gewissen Es geht doch! Ein Bauernhof, der nicht über die Tierliebe schwadroniert, sondern sie praktiziert, gleich selbst schlachtet und das Fleisch vor Ort verkauft. So soll, so muss es sein. Keine Tier- und keine Schlachtfabriken, sondern eine artgerechte Heimat für Rinder und Schweine. Apropos Rinder: Wer schon einmal im Piemont ein Carne cruda vom Fassona-Rind gegessen hat, weiss, wie wunderbar dieses Fleisch ist. Aber auch die berühmten Würste der Metzgerei sind Grund genug, hier einen Zwischenhalt einzulegen. Saucisson, Saucisse au foie et au chou, Speck, Beinschinken in Vollendung. Das Poulet fermier ist bio und hat immerhin 80 Tage auf dem Buckel, was ein Argument ist, vor dem «Belle5» der Familie Marti bonjour zu sagen.

1585 Salavaux, Route de Villars-le-Grand 18, 026 677 22 20, www.la-ferme-gourmande.ch

Fromagerie Fleurette

Das Original Michel Beroud hat seinen Betrieb an Arnaud Guichard übergeben. Leise hat sich dieser wunderbare Mensch und Käser in die Pension verabschiedet, wobei ganz verschwunden ist er nun auch wieder nicht. Berühmt ist die Käserei für ihren Tomme Fleurette, den wohl alle kennen. Wer als Käseliebhaber in der Region weilt, kauft sich an den Käse aus Kuh- und Geissenmilch satt. Zum Beispiel einen Cru de Rougemont, der mit einer Champignonnote überrascht, oder den Fromage des Forts, aber auch der Pavé de Rougemont beeindruckt, wie alle anderen Käse auch, die hier mit grösster Sorgfalt produziert werden. Nicht zu vergessen sind die Käsereibutter, die Fonduemischung, der Doppelrahm oder die nach alter Tradition hergestellten Joghurts.

1659 Rougemont, Route de Flendruz 4, Les Praz, 026 925 82 10, www.tommefleurette.ch

Le Café Littéraire ♥

Seeblick inklusive Im Café Littéraire werde ich herzlich begrüsst, umgehend bedient und subito mit geräucherten Felchen und einem Glas Chasselas verwöhnt. Dichter und Denker und andere Zeitgenossen freuen sich über die spezielle Bierauswahl des Hauses, die mit Flaschen von der BFM aus den jurassischen Freibergen, mit lokalen und regionalen Brauspezialitäten von Dr. Gab's und La Nebuleuse aufwarten und stets drei Biere frisch zapfen. Die Weinkarte ist durchdacht, bestückt mit vermeintlich kleinen Namen und grossen Weinen aus der Waadt und dem Wallis. Zu essen gibt es täglich einen Plat du jour und einige ausgewählte Gerichte wie zum Beispiel eine Paté maison, ein Tatar mit Parmesanmousse, eine Burrata mit Tomate oder gute hausgemachte Gnocchi.

1800 Vevey, Quai Perdonnet 33,
021 922 00 08, www.lecafelitteraire.ch

Ze Fork ♥★

Das Leben halt Was für eine Beiz! Lebendig, frech, überraschend und gut die Küche, aufgestellt das Personal, stimmungsvoll das Haus, umfassend und durchdacht das exzellente Weinangebot. Es ist der «Place to be» in Vevey für einen unkomplizierten und zahlbaren Abend, bei dem man als Gast schnell einmal mit anderen ins Gespräch kommt und dabei gut isst und trinkt. Ein Tatar von Felchen mit Fenchel und grünem Apfel, einen Foie-gras-Burger mit Safranbrot und Aprikosen-Jelly, eine Mousse von der Entenleber mit Gelee und Feigenblatt oder ein Rolls-Royce-Saltimbocca mit Lardo di Colonnata und püriertem Brokkoli oder einfach eine Blutwurst-Tarte. Das knusprig gebratene Huhn, das zu Lebzeiten mit Roggen gefüttert wird, wäre auch noch eine Überlegung wert. Applaus!

1800 Vevey, Quai Perdonnet / Rue du Léman 2,
021 922 18 13, www.zefork.ch

Boucherie Ruchet

Bei Daniel Über die Produkte der Metzgerei von Daniel Ruchet, der als Metzger in Vevey Kultstatus geniesst, gäbe es sehr viel zu erzählen. Das weiss der Metzger, der sich immer wieder witzig inszeniert, das wissen die Einheimischen, die hier gerne und oft Schlange stehen, wie das bei zahlreichen anderen guten Metzgern zur Tagesordnung gehört und was Sie mittlerweile definitiv bei mir schon mehr als einmal gelesen haben. Seine Saucisson ist vorzüglich, die Saucisse au chou famos, und so geht das weiter. Probieren Sie einmal seine Chantzé, eine etwas ungewöhnliche Blutwurst, die ihre Wurzeln im Pays d'Enhaut hat und mit Sauerkraut angereichert ist. Oder das Atriau, ein mit Leber bestücktes Schweinefleischküchlein, das ins Schweinsnetz eingewickelt wird, oder den Jambon maison.

1800 Vevey, Rue des Deux-Marchés 5,
021 921 24 96, www.boucherie-ruchet.ch

De la Grenette

Klein und fein Gleich neben dem Marktplatz von Vevey ist das Domizil der kleinen «Fromagerie», die mit einem gut sortiertem Angebot zahlreicher exzellenter Käse aufwartet. Hinzu kommen diverse regionale Produkte, gutes Brot und eine Bedienung, die sich nicht zu schade ist, kompetent über die Käse Auskunft zu geben. Am Samstag nach dem Marktbesuch gehört eine Visite einfach dazu wie auch der Sprung ins legendäre «National» zum Aperitif. Die Spezialitäten im «Grenette» beanspruchen meine Geschmacksnerven. Da hat es Moutarde de Bénichon, Honig aus Gruyère und Vin cuit, eine Reduktion von eingekochten Birnen und Äpfeln, die auf die Tarte gestrichen wird, wie auch die Confiture de lait de la Gruyère auf der Basis von Milch, Zucker, Doppelcreme, Honig und Vanille.

1800 Vevey, Rue des Deux-Marchés 27,
021 921 23 45, www.lachaudiere.ch

Le National

Im Natio Die Welt verändert sich, das «Natio» bleibt sich treu, wobei die Beiz in allen Altersgruppen beliebt ist und so dafür sorgt, dass der Alterspegel nicht zu einseitig hoch bleibt. Es ist ein lebenssatter Platz mit treuen Gästen, die sich hier an einer Foie gras, gut gewürzten Gemüsesuppen, Fisch aus dem Genfersee, Geschmortem und kurz Gebratenem und zum Schluss an reifem Käse mit Zwiebelconfit und an feinen hausgemachten Desserts laben, die weit von jeglicher Einfallslosigkeit entfernt sind. All dies wird in einer ansprechenden Umgebung, in einem organisierten Durcheinander und mit einer vorbildlichen Einstellung aufgetischt. Zum Durchatmen bietet sich die Terrasse mit kleinem Seeblick an. Ein Platz für Habitués und mutige Fremde, die hier schnell zu Copains werden.

1800 Vevey, Rue du Torrent 9,
021 923 76 25, www.natio.ch

♥ L'Air du Temps

In Reih und Glied Besuche ich den Genfersee, gehört am Samstagmorgen eine Visite des Marché de Vevey zum Pflichtprogramm. Käser, Biobauern, Winzer und viele andere bieten ihre Produkte an. Die Stadtmusik spielt auf, die Klezmer-Band groovt, und mein Einkaufskorb füllt sich mit Gemüse, Fleisch, Brot und Käse. Angetan bin ich von einer Dame, die mir in leisem Ton erklärt, mit welchen guten Zutaten sie ihre Brote in Handarbeit herstellt, was sich auch im Preis niederschlägt. Egal. Nach dem Markt steht die Stippvisite im «L'Air du Temps» auf dem Plan, in der die Spezialitäten in Reih und Glied stehen und ich nicht weiss, was ich alles einkaufen soll, da das Fassungsvermögen vom Einkaufskorb eh erschöpft ist. Nur, der Laden hat auch schöne Papiertaschen.

1800 Vevey, Rue des Deux-Marchés 25,
021 922 23 03, www.lairdutemps.ch

Domaine Montimbert

Rookie GaultMillau hat zur POP-50-Vernissage in die «Jazzkantine» in Luzern eingeladen, die er zum «POP 2022» gekürt hat – und die wir im «Aufgegabelt 2021» in der Sparte «Die etwas andere Beiz» auf den Thron gesetzt haben. Schön war, dass ich die als «Rookie» prämierte Winzerin Christine Rütsche kennenlernen durfte. Auf ihrer Domaine in Chardonne habe ich ihre Weine degustieren können, die mich durchs Band weg beeindruckt haben. Pech nur, dass der Gamay bereits ausverkauft war und dass auch ihre übrigen Provenienzen Mangelware sind. Nach ihrem erfolgreichen Önologiestudium zog es sie für ein Praktikum nach Neuseeland und danach in die Toskana, wo sie acht Jahre als Önologin und Kellermeisterin arbeitete. Seit 2018 ist die geborene Thurgauerin wieder in Chardonne. Gottlob.

1803 Chardonne, Chemin des Essertoux 12, 079 854 35 20, www.montimbert.ch

À la Demi-Lune

Vielfältig Die lokale Winzerin Christine Rütsche hat mir ihr Stammlokal «Demi-Lune» und seinen sympathischen Gastgeber vorgestellt, der hier nicht nur eine gute Bistro-Küche zelebriert, sondern nachmittags zum Tee bittet und abends zur Weinbar einlädt und den Tag hindurch gutes Brot über die Gasse verkauft. «Dépôt de pain» nennt sich das. Zugleich ist das Restaurant mittags und abends complet, die Gerichte sind schmackhaft, unkompliziert, regional angehaucht mit Abstechern hin zu europäischen Klassikern, wie Gnocchi maison à la bolognese oder Lachstatar mit Gurke und Avocados. Lokale und regionale, kleine und grosse Weine zu vernünftigen Preisen runden das schöne Gesamtbild ab. Ist mildes Wetter angesagt, wartet die sonnige Terrasse mit Ausblick auf den Lac Léman und die Alpen.

1803 Chardonne, Rue du Village 7, 021 922 12 42, www.alademilune.ch

Auberge de la Cergniaulaz

Dem Himmel so nah Abgelegen und umgeben von grünen, satten Matten, befindet sich oberhalb von Montreux die Auberge de la Cergniaulaz, die durch die Walliser Claudia und Christian Mathey bespielt wird. Die Gerichte werden auf die Schiefertafel geschrieben und von Claudia präsentiert. Das Angebot verursacht Appetit, und die Preise zeugen vom gesunden Selbstbewusstsein der Gastgeber. Ich wähle vier Vorspeisen aus und bin fasziniert von Qualität, Geschmack und Präsentation. Die Rindermarkknochen, das Felchentatar, ein Dreierlei von der Entenleber, bei dem die Crema-catalana-Variante ein Gaumentanz ist, und das Schnecken-Cassoulet unter der Blätterteighaube lassen mich immer noch an das Gute im Menschen glauben.

1833 Les Avants, Route de Cergniaulaz 18, 021 964 42 76, www.lacergniaulaz.ch

Château Maison Blanche

Nicht nur für Prinzessinnen Die Grundlage von gutem Wein ist die selektive Handlese. Als Spitzenerzeuger setzt das Château Maison Blanche auf eine konsequente Ertragsreduzierung, weit unter dem üblichen Mass. Am Donnerstag und Freitag (mittags und abends) öffnet das Schlossrestaurant seine Pforten und lädt den Gast zu einem dreigängigen Menü ein, bei dem man aus je drei Vor-, Haupt- und Nachspeisen auswählen kann. Selbstredend ist das Weinangebot. Hier zu speisen und herzlich bedient zu werden, ist ein guter Augenblick im Leben. Wie wäre es mit einem Besuch in der Önothek (nur freitags), gefolgt von einem Déjeuner im Schloss mit Rindstatar, Poulet fermier, Aprikosentarte und einer Käseauswahl, die nicht mit Umfang, sondern mit Qualität punktet? Voilà!

1853 Yvorne, Route de Corbeyrier, 024 466 32 10, www.maison-blanche.ch

Café de Luan

Feine Aussichten Bei Pierre Bellwald werden Markbeine aufgetischt, eine Foie gras der Extraklasse, eine Portion Tatar und als Spezialität des Hauses ein mit viel Zeit geschmortes Kaninchen mit einer perfekten Polenta. Auch ohne Dessert geht es hier nicht, was angesichts der Parfait Glacé Maison Raisinée (Vin cuit) verständlich ist und das Mittagsmahl abrundet. Im Café de Luan wird eine subtile Küche mit guten regionalen Produkten gepflegt, die kein Gast ignorieren kann, auch diejenigen nicht, die zuerst nur eine Kleinigkeit essen wollen, dann ihre Meinung ändern, wenn sie sehen, wie gut denn die Gerichte und wie glücklich die zufriedenen Gesichter der übrigen Gäste aussehen. Die Weinauswahl besticht mit bezahlbaren Provenienzen aus der Waadt und dem Wallis.

1856 Corbeyrier, Route de Agittes 22,
024 466 81 15, www.cafedeluan.ch

Fondation des Mines de Sel de Bex

Um die Ecke Vor oder nach dem Café Suisse, je nach Tageszeit, ist ein Besuch im Salzbergwerk von Bex angesagt, auch wenn es nur mal schnell für den Shop reicht, der aufzeigt, dass die Schweiz über erstklassiges Salz wie das Fleur des Alpes verfügt, was den Griff zum berühmten Fleur de Sel unnötig macht. Das aufwendig renovierte Salzbergwerk von Bex ist ein Stück lebendige Schweizer Geschichte, das von Gabriel, Sylvain und Eric, den drei letzten Bergbauleuten, bewahrt wird. Apropos Shop: Hier finden sich diverse Schokoladen, Karamell-Spezialitäten und Honig aus dem Bienenstock des Bergwerks, in den Minen gereifte Weine und eine Auswahl an lokalen Produkten. Strahler freuen sich an der grossen Kollektion von Mineralien aus aller Welt.

1880 Bex, Route des Mines de Sel 55,
024 463 03 30, www.mines.ch

Übernachten im Kanton Waadt

Auberge de Rivaz

Hut ab! In der stimmungsvollen Auberge de Rivaz lässt es sich zum Freundschaftspreis mit Sicht auf See und Berge nächtigen, essen und trinken. Ich sitze gerne in der wundervollen Pinte, die an vergangene Tage erinnert. Mit einer Artischocke, sekundiert von einer perfekten Vinaigrette, mit einem Onsen-Ei und einer vorzüglichen Focaccia, wie sie die Nonna nicht besser kann, einem sämigen, auf den Punkt gegarten Safran-Zitronen-Risotto und den obligaten Eglifilets mit Frites fait maison. Zum Schluss etwas Käse und mit der richtigen Bettschwere nur noch die Treppe hinauf. Den Gastgebern Stéphanie Papazian und Jacques Staempfli gebührt uneingeschränktes Lob für dieses Kleinod, das mit Qualität und einer vorbildlichen Preispolitik überzeugt.

1071 Rivaz, Route de Sallaz 6,
021 946 10 55, www.aubergederivaz.ch

La Ferme de La Praz

Einsicht Wer die Bilder sieht, wie die 1881 erbaute und unter Denkmalschutz stehende «Ferme» ausgesehen hat, als sie Katty und Martin gekauft haben, staunt über ihren Mut, um sich auf ein solches Abenteuer einzulassen. Es hat sich gelohnt. Die «Ferme» schmiegt sich behutsam in die Landschaft, nichts stört, die Gästezimmer, die Bibliothek, der Frühstücksraum, die Gartenplätze, alles reiht sich ein, passt und wird ergänzt durch eine faszinierende Aussicht auf die Alpenkette und den Lac Léman. Nicht anders verhält es sich beim Frühstück, das von Katty sehr sorgfältig zubereitet wird und mit ausgewählten lokalen Qualitätsprodukten den Appetit weckt, allen voran die Brote aus dem nahen Moiry von alt Patissier und Bäcker Jack Capt, wie ihn die Einheimischen nennen.

1148 La Praz, Route de Mont-la-Ville 5,
078 707 25 10, www.lafermedelapraz.ch

Auberge de la Croix d'Or (Seite 407)

Bœuf Rouge

Les Bistrots Genf ist eine schöne Stadt mit einer Beizenkultur, die im Vergleich zur restlichen Schweiz einmalig ist. Wer mehr über die Genfer Beizenkultur lesen will, dem sei die neuste Auflage des Buchklassikers «Les Nouveaux Bistrots de Genève» von Nicolas Burgy, André Klopmann und Marie Battiston empfohlen, ein Führer, der unentbehrlich ist für die kulinarischen Belange in Genf. Im Bistroklassiker «Bœuf Rouge» ist die Kulisse filmreif, und auch die Küche ist auf ihrer Höhe mit Rillettes maison, mit einem Poulet fermier, ertränkt im Beaujolais, einem Entrecote au Beurre de Pastis, Kutteln à la lyonnaise und noch so einigen anderen Spezialitäten mehr. Die Weinauswahl ist zwar klein, wartet aber mit guten Provenienzen aus diversen Regionen Frankreichs auf.

1201 Genf, Rue Dr. Alfred-Vincent 17,
022 732 75 37, www.boeufrouge.ch

Le Cottage Café

Bunt Die Teller, die Nicole Boder und ihr Team im Cottage Café auftragen, haben es in sich. Auch wenn sie für mich zu bunt und zu überladen sind, liegt Qualität darauf, die schmeckt. Das Ganze ist ein Rückzugsort für stressgeplagte Genfer, die hier durchatmen können, bei einem Thonbrot, Kaffee, kühlen Drinks und einer kleinen, feinen Weinauswahl aus Genf und Frankreich, die auch einige Vins Naturels anbietet. Es ist ein Ort zum Verweilen, zum Träumen, an dem kein Gast mehr an den Verkehrskollaps in und um Genf denkt. Im Gegenteil, er bestellt nochmals eine Flasche, pickt in sautierten Champignons und knabbert am Serrano-Schinken und geniesst den Nachmittag oder lässt sich zum Mittagsmahl nieder, bei dem immer drei ausgezeichnete saisonale Menüs serviert werden.

1201 Genf, Rue Adhémar-FABRI 7,
022 731 60 16, www.cottagecafe.ch

Osteria della Bottega

NEU

Klare Kante Modern, schlicht, klare Linie in der Möbilierung und auf dem Teller, wer die Osteria besucht freut sich über das Gebotene auf dem Teller und im Glas. Die Auswahl an Gerichten ist klein, sie sind taufrisch, schön arrangiert, ohne gleich mit einer Pinzettenküche abzuheben und erfreuen Augen und Mund. Auch einfache Gerichte wie ein Coquelet oder eine Tagliata mutieren hier zum Gaumentanz, und ohne Pasta fatto in casa geht es gar nicht. Der venezianische Klassiker Tiramisu landet hier in seiner Vollendung auf dem Teller, mir hat es der Cheese Cake mit einer Himbeeersauce angetan. Zur guten Stimmung trägt auch das kompetente Personal bei, die einem bei der Weinauswahl gerne zur Seite stehen, die nicht alltäglich und alles andere als langweilig ist. Wer ein offener Weingeist ist, versucht sich an einem der Amphorenweine.

1204 Genf, Grand-Rue 3,
022 810 84 51, www.osteriadellabottega.com

L'Odéon

C'est Si Bon Leicht ist es mir nicht gefallen, diese Adresse aufzugabeln, wobei sehr viele Genfer diese Zeitreise kennen. Bis anhin habe ich hier noch keinen Deutschschweizer angetroffen. Wer weiss, ob sich das nun ändern wird. Allein die Stimmung, der Raum, die Einrichtung und die gute Küche von Patron Benjamin Garin, lassen meine Mundwinkel stets aufs Neue hochschnellen. Egal wo ich sitze, gleich kommen Lino Ventura und Jean Gabin um die Ecke. Kann ich wählen, setze ich mich an den runden Tisch vor der Theke oder an den langen vor dem Buffet. Als Menü wähle ich einen Artischockensalat und Ravioles d'escargots (!), trinke dazu einen Aligoté, bevor ich zum Chateaubriand mit Beurre odéon und Frites einen Gigondas köpfe. Genug geschwärmt, die Crème brûlée mit Génépi wartet.

1205 Genf, Boulevard Saint-Georges 60,
022 328 55 98, www.odeongeneve.ch

Pâtisserie Golay

Endlich Die Pâtisserie Golay gehört für mich zu den Bestsellern der Schweiz. Schlicht phänomenal, was die hinzaubern! Ob süss oder salzig ist egal, es sind kleine Kunstwerke, die zu normalen Preisen käuflich erwerblich sind. Und endlich ist da ein Familienunternehmen, das bei der Einrichtung ihres Tea-Rooms Fingerspitzengefühl beweist. Merci bien für diese subtil-schöne Einrichtung, in der ich mich als Gast für einmal so richtig wohl fühlen darf, was heute zu einer Seltenheit geworden ist. Die Pâtisserie Golay ist den lieben langen Tag hindurch stets gut besucht, und es braucht schon eine Portion Glück, um sich hier einen freien Stuhl zu ergattern. Für ein Diplomat, eine Cremeschnitte oder Schwarzwälder (!) oder banal genial für gleich zwei Eclairs.

1207 Genf, Rue Adrien-Lachenal 12, 022 736 71 56, www.patisseriegolay.ch

La Belotte

Wo ist der Haken? «La Belotte» liegt an einem Gunstplatz direkt am See, mit einem gekiesten Garten, der mit hochwertigen Tischen und Stühlen aus Blech ausstaffiert ist. Das Innenleben des Hauses ist schön und lebendig. Hier walten und schalten sichere Hände und verwöhnen das Auge mit Stil. Das alles ist fast zu schön, um wahr zu sein. Doch die Freude bleibt auch beim Studium der Karte und beim Resultat auf dem Teller. Der Gartensalat besticht durch das feine Nussöl, auf der Gazpacho schwimmt ein Basilikumsorbet, und die Lammkoteletts sind so, wie man sie sich wünscht: zart im Biss, saftig und mit einem ausgewogenen Duft nach Lamm. Den Abschluss bildet ein Cheesecake, der mich an meine englische Grosstante Pauline erinnert, was als Lob zu verstehen ist.

1223 Cologny, Chemin des Pécheurs 11, 022 300 68 88, www.labelotte-geneve.ch

La Laiterie de Carouge

So schön Die charmante Sara Isgro ist ein wandelndes Käse-Lexikon und bringt es zwischen meinen jährlichen Besuchen jeweils zustande, ihr Angebot auszubauen, was wohl erklärt, wieso Madame so viele Stammkunden hat. Die Vorfreude ist stes gross und den Duft nach Käse zieht mich förmlich in die «Laiterie» hinein. Wer will, wie ich, verkostet, und lässt sich beraten, was mich immer wieder zu unbekannten Käse führt. Wer Zeit hat, lässt sich am Bistrotisch nieder und setzt sich mit einem kleinen Käse-Querschnitt auseinander. Danach warten je nach Lust und Laune noch andere Köstlichkeiten wie Terrinen, Pâtes, Würste und in der Saison Alba-Trüffel. Genug Gründe nach Carouge zu reisen.

1227 Carouge, Rue Saint-Joseph 7,
022 342 22 55, www.lalaiteriedecarouge.ch

Ivy 23

NEU

Michelin Sara Isgro von der «Laiterie de Carouge» hat mir dieses Lokal empfohlen, und ich habe nicht weiter nachgefragt, sondern bin hier in heller Vorfreude am Mittagstisch gelandet, ohne zu wissen, dass mit einem Michelin-Stern gekocht wird. Egal! Das Preis-Leistungsverhältnis ist vorbildlich, den Viergänger gibts zu 79 Franken, die Gerichte überraschen, sind leicht und hinterlassen Eindruck, so dass es nicht bei einem Besuch bleiben wird. Die Stimmung ist alles andere als steif, zu dem auch das witzige Interieur beiträgt. Hinzu kommt ein aufgestelltes Team, das einen aufmerksam bedient. Das Tartare de tomates multicolores überzeugt durch seine Grundaromen, die von einer Creme aus Ziegenfrischkäse sekundiert wird, das Paleron de bœuf confit ist so was von zart und Käse und Tarte Tatin runden das Geschmackserlebnis ab.

1227 Carouge, Rue Ancienne 23,
022 320 30 30, www.ivy23.ch

Caviste 20G

NEU

Naturels Vor einigen Jahren bin ich als Vin Naturel-Liebhaber ausgelacht worden, heute spriessen die Weinläden und Bistros, die sich mit diesen Provenienzen befassen, nur so aus dem Boden. Kein Wunder, haben diese Weine doch einen Qualitäts-Quantensprung gemacht, so dass die Anzahl der Vin-Naturel-Freunde beträchtlich gewachsen ist. Was in London und Paris schon lange im Trend liegt, ist nun auch in der Schweiz defintiv angekommen. Den «Caviste 20G» hat mir ebenfalls die Käseaffineurin Sara Isgro empfohlen, was dazu geführt hat, dass mein Auto sicher überladen gewesen sein muss, zumindest kam es mir bei der Heimfahrt so vor. Wer also in der Gegend weilt, dem empfehle ich einen Besuch beim «Caviste», um sich z. B. mit den Weinen aus dem französischen Jura auseinanderzusetzen. Der anspruchsvolle Schlüssel dazu heisst Etienne Thiebaud.

1227 Carouge, Rue Roi-Victor-AMÉ 3,
078 633 29 25, www.cave20g.com

Les Curiades

NEU

Wild Steht im Oktober die Chasse auf dem Programm heisst es frühzeitig zu reservieren oder es gar nicht erst zu versuchen. In der schlicht eingerichteten Beiz sitzt es sich sehr angenehm, die Tische sind grosszüg gestellt, der Blick auf die zechende Gästeschar freut das Herz eines jeden Beizengängers. Was aus der Küche kommt, bereitet wahre Freuden z. B. ein Tataki vom Hirsch; Steinpilzcannelloni und gebratener Hasenrücken mit einer leichten Pfeffersauce und sautierten Hammelfüssen sind jetzt nun einmal Gerichte, die bei einem Wildessen nicht zur Tagesordung gehören. Ob allerdings der Mouton versehentlich auf der Jagd erschossen wurde, lassen wir im Raum stehen. Hervoragend dazu passt für einmal auch ein Weisswein. Probieren Sie den Savagnin der Familie Dupraz aus Lully.

1233 Bernex-Lully, Vieux-Lully 10,
022 757 40 40, www.restaurantlescuriades.ch

Café de Peney

Bistroschau Ein sympathischer Empfang eröffnet die Ouvertüre, die in einer exzellenten Terrine de Canard mit einem Chutney aus Reineclauden endet. Im ersten Akt wird mir ein perfektes Risotto mit Black Tigers aufgetischt und im dritten schwärme ich über Rindstatar, die Frites fait maison und den Toast mit Brunnenkressen-Butter. Anstelle von Käse gönne ich mir zum vierten Akt eine Tartelette aux myrtilles, und je dunkler meine Zähne werden, umso mehr erhellt sich meine Laune, als ich sehe, dass die Flasche Gewürztraminer der Domaine Dopff au Moulin noch nicht leer getrunken ist. Was aber war im zweiten Akt los? Ich gebe es zu, ich habe gesündigt und mich an einigen Cuisses de grenouilles vergriffen. Ausgezeichnet waren sie auch noch. Schande über mich.

1242 Satigny, Route d'Aire-la-Ville 130, 022 753 17 55, www.cafe-de-peney.ch

Auberge de Landecy

Le Déjeuner Am Sonntag aufs Land zu fahren und zu essen, hat etwas Erhabenes. Die Gäste sind entspannt, das Personal ebenso, Weine stehen auf dem Tisch, es wird palavert, gelacht, getrunken und opulent gegessen. Zum Aperitif einen Crémant aus der Loire, gefolgt von einem Chasselas der Domaine Lolliets und einem Pinot Noir der Domaine des Abeilles. Was für gute Weine, genauso wie das Essen. Eine Felchen-Mousseline mit wilden Crevetten an einer Sauce Tartare, Poulet-Terrine mit Morcheln, Friture von Meeresfrüchten und danach Kalbsnieren an einer Senfsauce oder ein Rindstatar mit einem kurz angebratenen Escalope von der Foie gras und zum Dessert ein Moelleux au chocolat praliné. Der Hunger ist gestillt, die Lust, bald wieder zu kommen, bleibt.

1257 La Croix-de-Rozon, Route du Prieur 37, 022 771 41 41, www.auberge-de-landecy.ch

Übernachten in der Stadt Genf

Le Jour & La Nuit

Zu Hause bei Freunden Alain und Sylvie bieten in ihrem Privathaus eine stimmungsvolle und persönliche Unterkunft an, bei der Stil, Preis und Gastfreundschaft Hand in Hand gehen. Vor einigen Jahren haben sie das seit 1923 im Besitz der Familie von Sylvie befindliche Haus renoviert und das Nebengebäude als Gästehaus eingerichtet, in dem eine grosszügige Küche dazu verleitet, die eingekauften Terroir-Produkte gleich vor Ort zu degustieren. Ich kenne in Genf keinen anderen Ort, in dem es sich zu solch zivilisierten Preisen angenehmer übernachten lässt. Mein Favorit unter den Zimmern ist das «Lac» mit seiner schönen, grossen Fensterfront zum Garten hin, der eh dazu einlädt, etwas länger zu bleiben, um Genf genauer erkunden zu können.

1209 Genf, Avenue du Mervelet 8,
079 214 73 87, www.lejouretlanuit-bnb.com

Domaine de la Maison Carrée (Seite 385)

Tessin

BE
Göscheneralpsee
UR
Lai da Nalps
Lai da Curnera
Lai da Sontga Maria
GR
Lago di Luzzone
Zervreilasee
Lago di Lucendro
6776 Cadagno
Lago Ritom
6780 Airolo-Nante
6718 Olivone
VS
Lago del Naret
Lago del Sambuco
Lago dei Cavagnöö
6696 Fusio
TI
6746 Lavorgo
6713 Malvaglia
6714 Semione
6694 Peccia
6745 Giornico
6690 Foroglio
6637 Sonogno
6682 Linescio
6645 Brione
6673 Maggia TI
Lago di Vogorno
6500 Bellinzona
6655 Intragna
6659 Camedo
6616 Losone
6612 Ascona
6657 Palagnedra
6802 Rivera TI
6571 Indemini
6928 Manno TI
6900 Massagno
6778 Grandria
6925 Collina d'Oro
6991 Neggio
6912 Lugano-Pazzallo
6927 Collina d'Oro
6917 Barbengo
6838 Scudellate
Lago Maggiore/Verbano
Lago di Lugano/Ceresio
6837 Bruzella
6865 Tremona
9839 Sagno
6850 Mendrisio
6834 Morbio Inferiore
0
10 km

Markt in Bellinzona

Mercato del sabato Der Markt in Bellinzona ist bei den Einheimischen beliebt. Der Besuch gehört zum Leben wie der Espresso vor und der Aperitif nach dem Markt. So viel Zeit muss sein. Zahlreiche Touristen haben Bellinzona und seinen Mercato noch nicht entdeckt, was wohl auch mit seiner Normalität zu tun hat. Bei den Produkten, die angeboten werden, gibt es Qualitätsunterschiede. Einige Händler sind industriell unterwegs, andere artigianale. Wer seinem Gefühl nicht traut, sich für das Richtige zu entscheiden, kauft dort ein, wo die Nonnas Schlange stehen. Dann kann nichts schief gehen. So ein Markteinkauf verursacht Hunger und Durst. Da ist ein Besuch im «Grottino Ticinese» in Bellinzona für ein «Tartare» eine nachvollziehbare Idee.

6500 Bellinzona, Piazza Nosetto,
jeweils Samstag 7.30 bis 13 Uhr,
www.grottinoticinesebellinzona.ch

Ristorante Montebello

NEU

Familie Diese unscheinbare Adresse habe ich von der Macelleria Piccoli aus Piotta erhalten, die ihre Spezialitäten ins «Montebello» liefern. Die jungen Gastgeber führen den Familienbetreib unaufgeregt umsichtig, tischen Pasta fatto in casa auf, Fisch und Fleisch und dann und wann die eine oder andere Tessiner Spezialität wie Kaninchen in Weisswein. Der Freisitz eignet sich für den Campari in der Sonne, im aufgeräumten Inneren lässt es sich gut tafeln mit Stoffserviette und einem aufmerksamen und zuvorkommenden Kellner, der an vergangene Tage erinnert. Die Weinkarte ist brav, mit einigen weniger bekannten Tessiner Winzern. Wer dass Alltägliche zu schätzen weiss, kommt hierher und gönnt sich eine Auszeit.

6500 Bellinzona, Via Cimitero 3A,
091 825 83 95, www.ristorantemontebello.ch

Lorenzo Ostini

Ungeschminkt! Die Weine von Lorenzo Ostini eignen sich zum Essen am Tisch und nicht zum Philosophieren am Kamin. Der studierte Agronom Ostini ist im Tessin eine Ausnahmeerscheinung. Allein schon deshalb, weil seine Reben im Misox stehen, er also streng genommen Bündner Wein im Tessin keltert. Überholzte, konstruierte Weine sind ihm ein Gräuel. Seine Provenienzen sind das pure Gegenteil. Auch wenn sie nicht biozertifiziert sind, mehr Natur geht in die Flaschen nicht rein. Reinzuchthefen, Filtration, chemische Mittel sind für ihn tabu. Doch selbst nach Jahren hervorragender Jahrgänge ist er immer noch unbekannt. Er geht einfach davon aus, dass, wer guten Wein will, ihn auch finden wird. Fazit: Wer auf der Suche nach dem ultimativen Geheimtipp ist, hat ihn hier gefunden.

6517 Arbedo, Via Selvetta 4,
091 829 17 75, keine Website

Il Cortile

NEU

Pizza Eigentlich bin ja kein Freund von Pizzen, aber im «Cortille» sind sie nun einmal unverschämt gut und sehr zu empfehlen. Danach freue ich mich über die grandiose Lasagne, die hier im Holzofen zubereitet wird, und wegen der sich die Lasangnefreunde mit den Pizzafreunden um die Plätze streiten. Aber nur im Sommer, im Winter werden hier Raclette und Fondue aufgetischt, was im ersten Moment erstaunen mag, aber bei den im Tessin domizilierten Deutschschweizern während einigen Umdrehungen rührselige Heimatgefühle aufkommen lässt. Zum Wohlfühlfaktor tragen auch die Gastgeber Paula und Sergio bei, die auf unkomplizierte Art und Weise ihren Gäste ein schönes Zuhause auf Zeit geben.

6612 Ascona, Galleria della Carrà,
091 791 64 46, www.pizzeriacortile.ch

Grottino Ticinese

Authentisch Nah bei Ascona und doch genug weit weg. Klar kann die Promenade am Lago Maggiore ein Stimmungsverstärker sein, oft ist sie aber ein pomadiger Stimmungskiller. Dann hilft nur noch die Flucht nach Losone ins «Grottino Ticinese». Zuverlässig, herzlich und kompetent – das sind die Merkmale von Sandra und Claudio, die eine einfache, aber exzellente Küche anbieten. Zu Beginn eine Platte Salumi misti oder nur weisser Speck, der in Lorbeer, Pfeffer, Salbei und Salz gelagert wird, gefolgt von einem Cicorietta con cipolle. Dazu einige Scheiben Brot mit Olivenöl und Knoblauch, danach ein hervorragender Risotto oder eine überbackene Polenta, die keine Wünsche offen lässt, oder – was hier schon fast Pflicht ist – eine Portion Gnocchi al burro e salvia.

6616 Losone, Via San Materno 10,
091 791 32 30, www.grottino-ticinese.ch

Grotto Efra

Weit hinten Ruhe kehrt ein, je weiter der Weg tief hinein ins Valle Verzasca führt. Sonogno ist eine kleine Ortschaft, die 2020 mit den anderen Dörfern des Tals zur Gemeinde Verzasca fusioniert hat. Die Kirche ist aber im Dorf geblieben. Noch weiter hinten in Richtung Valle Redorta, dort wo sich Fuchs und Hase endgültig gute Nacht sagen, sagt das Schwein nichts mehr und siedet als schmackhafte Brühwurst vor sich her, bis in der Polenta fertig gerührt ist und das einfache Festmahl beginnen darf, wobei das schon mit Nostrano, Lardo, Salami, Kastanien und gutem Brot begonnen hat. Im «Efra» anzukommen, ein lokales Bier zu trinken, tut der Seele gut. Auch wenn's regnet und im kleinen Grotto der Kamin Wärme verströmt.

6637 Sonogno, Strada de Redòrta 46,
091 746 11 73, www.grottoefra.ch

Al Grott Café

Echt, wie das Leben Viel bessere Zutaten für einen Gunstplatz gibt es nicht als eine Lage im begnadeten Abseits, die trotzdem nah bei der Zivilisation ist. Das «Al Grott Café» liegt im Val Resa mitten im Grünen, und als Zugabe direkt neben dem rauschenden Wildbach. Liest sich wie eine Passage aus einem der Romane von Rosamunde Pilcher, aber wir sind ja im Tessin am Wildbach und nicht in Cornwall am Meer. Es ist so schön, Sie dürfen es mir glauben. Die letzten Meter gehören den Füssen, bevor es Zeit ist für den ersten Schluck Nostrano und für den ersten Bissen mit Salami, Mortadella und hausgemachter Terrine. Später kommen eine Minestrone und vom Buchenholzfeuer Coniglio e polenta dazu oder doch lieber Costine vom Grill. Dazu einen jungen Merlot, perfetto.

6645 Brione s. M., Via Val Resa,
079 329 42 58

Macelleria Salumeria Freddi

Mortadella Wer im Tessin das Spezielle sucht, wird hier fündig. Wie das einer Geige gleichende Hinterbein der Gämse, die Violina di Camoscio, welche die Brüder Freddi perfekt und mit viel Zeit lufttrocknen. Oder die Tessiner Mortadella, die so nichts mit dem Bologneser Namensvetter gemein hat und roh auf Linsen oder Bohnen langsam weich gekocht als frugales Mahl endet. Dass die kleine, unscheinbare Metzgerei noch selber schlachtet, ist ein weiterer Pluspunkt. So wie früher bei allen Metzgereien kommen montags bei ihnen die lokalen Kälber, Lämmer und Rinder unters Messer. Wer in der Region in den Ferien weilt, tut sich gütlich an Costini, Fegato, an der groben Luganighe oder an den feinen Luganighette, die von den Brüdern am Meter produziert und verkauft werden.

6655 Intragna,
091 796 12 49, keine Website

Antica Osteria del Ghiridone

Zeitreise Am langen Tisch vor dem Kamin sitzen, über das Leben reden, über die Abgeschiedenheit sinnieren und zwei Gläser mehr trinken, im Wissen, dass in der Osteria ein Schlafzimmer wartet. Vornehmlich im Herbst, wenn die Nebelschwaden ums Haus streichen, das Feuer knistert und die Einheimischen auf den zwei Holzbänken im (!) Kamin sitzen und mit einem Glas Grappa den Dorfklatsch pflegen. Das ist Tessin pur. Die Osteria ist der Treffpunkt, das lokale Tagesblatt, aber auch ein Ort, in dem die authentische Traditionsküche liebevoll gepflegt wird. Mit Kastanien, Polenta, Luganighe, Cotechino, Salami, Mortadella di fegato, Merlot und Bondola. Die vor Jahren mit Augenmass durchgeführte Renovation, hat der grundehrlichen Stimmung nichts anhaben können. Grazie.

6657 Palagnedra, Piazza 1
091 798 12 21, www.osteriadelghiridone.ch

Osteria Grütli

Endlich Das «Grütli» übt eine einzigartige Faszination aus. Vier verschiedene Pächter haben es in den letzten 20 Jahren geführt, dann war Schluss, das «Grütli» längere Zeit geschlossen. Nun hat es seine Pforten wieder geöffnet. Gottlob. Mit dem jungen Team ist Ruhe und Gelassenheit eingekehrt. Offeriert wird ein Menü, das von der Saison und von der Lust und Laune des Koches abhängig ist. Pilzsalat, Tatar, Gnocchi, Brasato, Formaggini und eine Torta di panna sind Klassiker, die schmecken und zu denen Bondola und Merlot perfekt passen, und wer zwischendurch eine Kleinigkeit schnabulieren will, kann das tun. An milden Tagen wartet die verträumte Terrasse, an kühlen knistert ein wohliges Feuer im Kamin, und wer nicht mehr weiterfahren mag, bleibt über Nacht in einem der vier Gästezimmer.

6659 Camedo, Via Dogana 22,
078 218 29 17, www.osteriagrutli.ch

Hostelleria

Sozialstation Von Cevio bis Linescio sind zehn Extremkurven und 220 Höhenmeter zu bewältigen. Das Terrassendorf Linescio wurde am Hang auf kleinen Geländeterrassen erbaut. Häuser, Felder und Weiden wurden von Trockensteinmauern gehalten, bis sich Abwanderung, Erosion und Zerfall breitmachten. Ein Teil des Bergdorfes ist restauriert, aber bis auf wenige Hausgärten wächst auf dem Grund nicht mehr als Rasen. Um dem Ganzen Leben einzuhauchen, haben sich Gleichgesinnte in der Fondazione Rivivere zusammengetan. Mit Unterstützung des Fonds Landschaft Schweiz, der Stiftung für Landschaftsschutz des Kantons Tessin, der Berghilfe und von Sponsoren konnte die heutige «Hostelleria» verwirklicht werden. Auch dank dem Initiator und der guten Seele des Ortes, Umberto Florèo.

6682 Linescio, Canton d'Sott 11,
079 839 89 88, www.hostelleria.ch

La Froda

Ursprung Ist Postkartenwetter angesagt, verliert das Val Bavona seinen Reiz, zumindest beim Wasserfall in Foroglio, der durch Leni Riefenstahls Film «Das blaue Licht» für Hobby-Fotografen das Objekt der Begierde ist. Leider verursachen Wallfahrten und Fotografieren Hunger, und schnell einmal ist «La Froda» belegt von Eintagsfliegen, die keine Zeit mitbringen. Ich besuche diese Welt aus Stein, Wasser und Holz gerne an Regentagen, dann wenn Sara in der patinierten Stube den Kamin anzündet, und die Gäste mit Zeit kommen und sich über die Spezialitäten freuen. Z. B. über die hausgemachten Würste von Martino Giovanettina, bei denen seine archaische Urwurst Codiga einen Ehrenplatz hat. Die Polenta gehört zur Tessiner Mais-Elite und die Weinkarte überrascht mit einer komplexen Auswahl an Merlots.

6690 Forglio,
091 754 11 81, www.lafroda.ch

Vini Bettoni
(Seite 445)

Grotto Pozzasc

Ursprünglich Abgelegen an Traumlage direkt an einem Naturbecken, das sich aus dem Fluss des Pecciatals geformt hat, steht das Grotto Pozzasc. Das ist klar. Für Romantiker und Tagediebe ist aber auch klar, dass sie in der Hochsaison bei stahlblauem Himmel den Heerscharen von Zeitvertreibern den Vortritt lassen. Wie gesagt, ein regnerischer Tag hat auch seinen Reiz, zumal im Grotto täglich das Feuer im Kamin knistert, über dem im Kessel die Polenta, die Hauptdarstellerin von Christian Zingg, gerührt wird. Die Nebendarsteller sind Ragout, Käse, Lebermortadella und Codegotto, die Claudia Zingg ihren Gästen zur Polenta auftischt. Vorzüglich sind auch die Kutteln, die Minestrone, und in der Saison das Gitzi und die Trota carpione (in Essig und Gemüse eingelegte Forelle).

6695 Peccia, Al fiume,
091 755 16 04, www.pozzasc.ch

Casa Merogusto

Die Pionierin Schon seit Jahrzehnten zelebriert Meret Bissegger ihre Naturküche, lange bevor in der Gastronomie auch nur ein Koch je daran gedacht hätte. Sie war eine der Ersten, wenn nicht die Erste in der Schweiz, die Fisch und Fleisch in den Hintergrund legte. Ihre Wildpflanzen-Kochkurse und Kräuterwanderungen sind legendär, ihr Zuhause im Bleniotal ist ein Sammelsurium des guten Geschmacks, und ihre spannenden Tavolatas sind nicht nur stimmungsvoll, sondern schlicht delikat. Wer will, gönnt sich eine Auszeit, bleibt ein verlängertes Wochenende in einem der Gästezimmer, geniesst den Liegestuhl im Garten oder erkundigt das Bleniotal (gleich hinter dem Haus geht's mit der Drahtseilbahn den Berg hoch), das bis anhin von der knipsenden Touristenmenge verschont geblieben ist.

6713 Malvaglia, Via Somergo 30,
091 870 13 00, www.meretbissegger.ch

Caseificio Töira

Alles Bio Wie im Paradies oder so ähnlich fliesst die Milch direkt vom Melkstand der Kühe in die Kupferkessel der Käserei Töira. Dort wird sie zu Joghurt, Butter und Käse verarbeitet. Im Laden werden hauptsächlich Eigenprodukte aus der Käserei sowie Käse der Alpbetriebe Pertusio, Motterascio und Pian Segno angeboten. Wer die hausgemachten Ricotta-Gnocchi (Do–So) von Hedi Roth und Giampaolo Marchi kauft, und sie zu Hause mit Butter und Salbei zubereitet, wähnt sich zurückversetzt in diese unberührte Pflanzenwelt am Lukmanier. In den Wintermonaten wird immer am Samstagmorgen Polenta auf dem offenen Feuer zubereitet, die ab halb zwölf über die Gasse verkauft wird. Der Bergbetrieb mit Käserei ist seit 2007 mit der Knospe-Marke Bio Suisse ausgezeichnet.

6718 Olivone, Via Lucomagno 91,
091 872 11 06, www.caseificiotoira.ch

Grotto Rodai

Nebenan Wer in der Leventina von einem staufreien Zollübergang in Chiasso und einem späten «Pranzo» im Piemont träumt – ist ein Träumer. Reeller wird's mit dem «Grotto Rodai» in Giornico. Nach dem Gotthardstau eine wohltuende Oase. Hier wird mit lokalen Produkten sauber gekocht, dazu passt das kleine Weinangebot (u. a. von Bettoni). Steht der gebackene Schweinsnacken auf dem Programm, wird nicht lange überlegt, sondern bestellt. Aber auch beim Risotto mit Zincarlin, bei den Ravioli fatto in casa oder bei der Polenta mit Mortadella kommt Freude auf. Im Grotto grüsst kein Maisdekor von der Decke, ins Auge sticht wohltuende Schlichtheit, die im Garten unter den Bäumen an Steintischen ihre Fortsetzung findet. Und das Piemont? Geht mit der Torta di Pane endgültig vergessen.

6745 Giornico, Via ai Grotti 25,
091 864 10 19, www.grottorodai.ch

Vini Bettoni

Der Geheimtipp Reben in der Leventina? Klar! «In Giornico, dem kleinen Tessiner Dorf im Valle Leventina, pflegen wir den Weingutsgedanken in seiner reinsten Form.» So begrüssen Renate Süess und Corrado Bettoni ihre virtuellen Besucher. Ihre Weine sind keine modischen Blendwerke, sondern Gewächse, die sich durch stilistische Klarheit auszeichnen. Da wären der Nöda, der zu 90 Prozent aus Sauvignon Blanc besteht, und der Bettoni, mit einigen lokalen Traubensorten ergänzt, und mein Liebling, der helle, frisch-blumige Tòpia, eine Assemblage aus Bondola und Merlot. Hinzu kommen ein Merlot und Merlot Riserva sowie der reine Bondola, der 16 Monate im Eichen- und Kastanienfass reifen darf und von Hand homogenisiert und nicht filtriert wird.

6745 Giornico, Fond d'la Tera,
078 852 14 74 oder 078 646 74 73,
www.vini-bettoni.ch

Alla Stazione

NEU

Slow Food Das erste Mal wurde ich im Guide Osteria Italia auf Koch und Gastgeber Ermanno Crosetti aufmerksam, und wenn ich beim Nachbarn in der Salumeria Macelleria von Donato Mattioli hemmungslos Crudo, Coppa, Salami, Pancetta und Lardo für meine Berkel einkaufe, denke ich immer spontan an Herrn Crosetti doch spontan gibts bei ihm keinen Tisch. Nicht, weil er nicht will, sondern einfach weil er stets ausgebucht ist. So hat es einige Jahre Anlaufszeit benötigt, bis es doch noch funktioniert hat. Natürlich mit Reservation versteht sich. Und tatsächlich, wer so kocht, benötigt auch keine Website. Das Ganze ist ein Rundumvergnügen z. B. mit Artischockensalat, Kalbskotelett oder mit meinem Lieblingsgang, den hausgemachten Tagliatelle mit einer Bolgnese vom Kaninchen.

6746 Lavorgo, Via Cantonale,
091 865 14 08, keine Website

Macelleria Salumeria Piccoli

Die Beste Was für eine Metzgerei in einem Dorf, das bei der Durchfahrt nicht sehr lebendig wirkt. Da hat es Salami, Tessiner Mortadella, Luganighe, Rohschinken, Lardo und Trockenfleisch von Fausto Piccoli, der einen kleinen Namen trägt und grosse Produkte herstellt, die ich jenseits des Gotthards nicht finde. Seine Cotechino ist für mich die beste, die ich kenne. Eine Rohwurst aus magerem Schweinefleisch, Schweinenacken und -kopf und Schwarte. Alles nicht zu fein gehackt, mit Salz, Pfeffer und Gewürzen (u. a. Zimt) parfümiert, die nur zum Teil verraten werden. Vorbildlich, dass auch der limitierte Käse und Butter von der Alpe Piora in der Metzgerei verkauft wird. Also Blinker setzen, parkieren und einkaufen. Die Metzgerei ist piccolo, die Kundschaft grande.

6776 Piotta, Via San Gottardo 154, 091 868 11 19, keine Website

Molkerei Togni Nante

Etwas Poesie Mitten im Niemandsland leuchten die gelb-grünen Weiden in ihrer natürlichen Schönheit. Sie präsentieren das ländliche, alpine, authentische Tessin weitab von Promenade und Pomade. Der Sound der Kuhglocken ist die akustische Beschallung des Lebens auf der Alp, das mit Bedacht dem Wechsel der Jahreszeiten folgt. Marco Togni steht mit Leib und Seele sozusagen Tag und Nacht für seine Käselaibe ein, die über die Jahre hindurch schon mit zahlreichen Auszeichnungen geadelt wurden. Togni ist ein alter Hase, ein Meister seines Fachs. Seine kleinen Wunderwerke gehören zur «Familie» der Büscion, Formagelle, Formagelline, Ricotta und Nante. Sein Käse aus der Milch von Kühen von der Alpe di Pontino, östlich des Gotthardpasses, ist anders als andere.

6780 Airolo-Nante, Via Nante 63, 079 207 13 20 oder 091 869 20 06, www.nante.ch

Corte del vino Ticino

Tutto bene So präsentiert sich das Restaurant mit Weinhandlung. Es ist ein schöner Ort für den Pranzo am langen Tisch unter Freunden oder unter Fremden die zu Freunden werden können. Die Gerichte zeugen vom Qualitätsdenken der sympathischen Gastgeberin Swea Meucci, die gemeinsam mit Fabrizio Mangiapane die Gäste betreut. Die Küche bespielen Fabio Spina und Giovanni Camossi. Die vier sind ein gut funktionierendes Team, und wer die Weine der regionalen Winzer kennen lernen will, wird kompetent informiert. Weininteressierte wagen sich an eher unbekannte Tessiner Provenienzen wie Chasselas, Sémillon, Kerner und Cabernet Franc oder an den Americano (West) von Andrea Silbernagl.

6834 Morbio Inferiore, Via Ghitello 3,
091 695 75 52, www.cortedelvinoticino.ch

Mulino di Bruzella

Historisch Durch Freunde, die in Bruzella leben, habe ich vor Jahren das Valle Muggio kennengelernt. Das erste Mal triefend nass, als ich die Mühle fotografisch ins rechte Licht rücken wollte, auf einem Stein ausgerutscht und ins Wasser gefallen bin. Die «Mulino» ist hingegen eine Erfolgsgeschichte. Seit über 20 Jahren läuft die 1996 umgebaute und wieder in Betrieb genommene Mühle dank dem Einsatz von Irene Petraglio, Giuseppe Bernasconi und Silvia Medici. Die von ihnen gemahlene Polenta wird national verkauft, einige führende Restaurants rühren sie zur Delikatesse. Obwohl es diese Polenta in diversen Comestibles zu kaufen gibt, ist der Einkauf vor Ort unersetzlich. Erst recht am Mühlentag im Mai. Dann, wenn in und vor der Mühle die rote Polenta mit Käse aus dem Tal geschöpft wird.

6837 Bruzella,
091 690 20 38, www.mevm.ch

Osteria Manciana

Mit Nerven Ab Bruzella wird die Reise ins letzte Dorf im Valle di Muggio recht abenteuerlich. Wer keine Nerven hat, nicht rückwärts fahren und ausweichen kann, weicht besser auf das Postauto aus, alle anderen tuckern mit Bedacht nach Scudellate. Das Dorf besticht durch seine Lage und die Osteria Manciana, die eine einfache und gute Küche zelebriert und dazu noch einen kleinen Einkaufsladen betreibt, in dem es nebst allerlei anderem auch exzellenten Käse und Honig aus dem Tal zu kaufen gibt. Das Ganze ist ein Relikt aus vergangenen Zeiten, herrlich antiquiert. Neu hinzugekommen sind zwei stilsicher eingerichtete Gästezimmer (nur von Juni bis September), die den Platz perfekt machen. Gunstplatz ist die kleine Terrasse der Osteria mit Blick übers Tal. Unique.

6838 Scudellate, Via Cantonale 95,
091 684 11 36, www.osteria-manciana.ch

Ul Furmighin

Vor dem Kamin Im Mittelpunkt steht der dunkle Raum mit einem langen Holztisch und einem mächtigen offenen Kamin, in dem an kühlen Tagen das Holzfeuer knistert. Tessin pur mit einer schmackhaften Küche auf dem Teller. Milchlamm, Spanferkel, Brasato, Polenta, Schnecken und Kutteln, es gibt, was es hat, und das wechselt nach Jahreszeit und nach Lust und Laune des Kochs. Leicht ist die Küche nie, muss sie auch nicht sein. Ihre Stärken kommen aber für mich im Winter besser zur Geltung. Achten Sie bei der Reservation immer darauf, dass Sie nicht im Nebenraum landen, der im Vergleich zur Kaminstube den Charme einer Abstellkammer versprüht. Wer nach dem letzten Grappa zu müde für die Weiterfahrt ist, kann sich in eines der sehr einfach gehaltenen Gästezimmer zurückziehen.

6839 Sagno, Piazza Garuf,
091 682 01 75, www.ul-furmighin.ch

I Salumi del Pin

Querschnitt Eine im Tessin tief verwurzelte Tradition ist die Mazza (Schlachten und Verarbeiten des Schweins). Die gesetzlichen Bestimmungen haben dieses «Schlachtfest» leider von den Bauernhöfen verbannt. Das Wissen dieser Tradition und die typischen Produkte sind dem Tessin Gott sei Dank erhalten geblieben. Bei der Metzgerei I Salumi del Pin gehen Qualität und Handwerk Hand in Hand. Lardo, Pancetta und Prosciutto, Mortadella di Fegato cotta e cruda, Luganighe nostrane, Salsiccia piccante oder der Zampone sind erstklassige Würste, die den Wurstliebhaber immer wieder ins Tessin locken. Für diese Adresse besteht Konsumpflicht, mit Würsten von Schweinen, die noch erfahren dürfen, dass ein natürliches Schweineleben mitunter auch im Schlamm stattfindet.

6850 Mendrisio, Via Stella 14,
091 646 16 56

Grotto Grassi

Ursprünglich Der Germanist und Journalist Peter Rüedi, den ich vor Jahren habe porträtieren dürfen, hat mir das Grotto Grassi gezeigt, das mich fasziniert. Lage, Gastfreundschaft und die Qualität der Speisen, wie auch die Weinauswahl, die mit Cidre ergänzt wird, beeindrucken und verursachen pure Lebensfreude. Unter den Gästen ist die deutsche Sprache kaum zu hören, wobei das herzhafte Lachen am Nebentisch eh alles übertönt. Der Lardo della casa ist ein schöner Einstieg in einen erinnerungswürdigen Abend, gefolgt von verschiedenen Wurstspezialitäten, luftigen Gnocchi al ragù di luganighette und in Merlot geschmorten Schweinsbacken, die so weich sind, dass sie auf der Zunge zergehen. Wer im Tessin eine authentische Küche erleben will, sitzt hier in der ersten Reihe.

6865 Tremona, Vicolo ai Grotti 16,
078 894 06 65, www.grottograssitremona.ch

La Tinèra

NEU

Versteckt Vom Gefühl her könnte das La Tinèra auf den ersten Blick ein Geheimtipp sein, beim näheren Augenschein in die kleine, stimmungsvolle Beiz mit einem langen Tisch sich angregt unterhaltenden Japanern, geht diese Vorstellung sehr schnell vergessen. Ansonsten wird in der Beiz vorwiegend italienisch gesprochen, die Gerichte verkörpern beste Tessiner Küche mit Steinpilzen, Kalbsleber und Polenta und noch so einigen anderen Klassikern, die ohne grosses Tamtam zubereitet und serviert werden. Zu meinen Favoriten gehören sicher die Minestrone und das Polla alla campagnola. Es geht hier unaufgeregt zu und her, weit ab vom glitzernden luxuriösen Lugano.

6900 Lugano, Via dei Gorini 2,
091 923 52 19, www.tineralugano.business.site

A Fior di Gusto

Geheimtipp Wer im «Fior di Gusto» Fleisch konsumieren will, bekommt es nur auf Vorbestellung aufgetischt, was bei dieser exzellenten vegetarischen Bio-Küche nicht weiter erstaunt. Das in Hülle und Fülle angebotene Gemüse kommt aus dem eigenen Garten, und hat es keines mehr, wird biologisch dazugekauft, und manchmal gesellen sich noch frische Sardellen dazu oder in Essig und Wein eingelegte Forellen. Wanda, Marinella und Marco sind die Gastgeber, die alle eine ansteckende Zufriedenheit ausstrahlen. Das Sammelsurium an schönen Einzelstücken auf den Kommoden und in den Regalen lässt dem Auge keine Ruhe, wird es doch immer wieder durch schräge Details abgelenkt. Auch die aromatischen Gerichte, die subtil auf schönen Brocante-Tellern angerichtet werden, sind eine Augenweide.

6900 Lugano, Via Pietro Capelli 30,
091 970 16 80, www.afiordigusto.ch

Mulino di Bruzella
(Seite 451)

Morchino

Hallo Hermann Es gibt wohl kaum einen Tessingänger, der das «Morchino» nicht kennt, wurde es doch durch Hesse so berühmt, dass es fast täglich in einem Magazin erwähnt wird. Selbst die kulinarischen Ritter von «Slow Food» haben es mit ihrer Schnecke geadelt. Dafür dass die Beiz so bekannt ist, sind ihre Macher erstaunlich natürlich geblieben. Und auch das Grotto hat nach seiner sanften Renovation den Charme des 18. Jahrhunderts beibehalten. Die Qualität der Speisen ist vorbildlich, und die Preise zeugen von einem pragmatischen Denken. Die durch ein Unwetter zerstörte Terrasse ist wieder aufgebaut. Die Musik spielt für mich aber im Innern des Hauses mit Weinen zu fairen Preisen und guten Speisen wie eine in Essig eingelegte Forelle, ein zarter Brasato oder eine Kuttelsuppe.

6912 Lugano-Pazzallo, Via Carona 1,
091 994 60 44, www.morchino.ch

Cantina Barbengo

Schöne Aussichten Die Reise nach Barbengo, südlich von Lugano, führt durch eine industriell dominierte Landschaft, bis die Augen mit der baulichen Schönheit der Cantina belohnt werden. Die Cantina Kopp von der Crone Visini bewirtschaftet heute sieben Hektaren Reben, verteilt auf die drei Regionen Mendrisiotto, Luganese und Bellinzonese. Die Hauptsorte ist Merlot, zudem werden Arinarnoa, Petit Verdot, Cabernet Sauvignon und Cabernet Franc angebaut. An weissen Trauben werden neben Chardonnay und Sauvignon Blanc auch für das Tessin ungewöhnliche Spezialitäten wie Kerner und Viognier kultiviert. Anna Barbara von der Crone und Paolo Visini überzeugen mit ihrer Arbeit eine grosse Fangemeinde, die weit in die Deutschschweiz und über die Landesgrenzen hinaus reicht.

6917 Barbengo, Via Noga 2,
091 682 96 16, www.cantinabarbengo.ch

Grotto Figini

Oho! Klein, modern und anders, so präsentiert sich das Grotto Figini. Das Personal ist locker, salopp, aber nie nachlässig. Die Flasche Vino Rosato da Tavola der Cantine Riva Morcôte fällt auf durch ihre witzige Etikette und besticht mit spannendem Inhalt, der französischen Naturweinen in nichts nachsteht und ein schöner Begleiter zur Luganighe ist. Die Minestrone hat Klasse, der Risotto Biss, und die aromatischen Lammkottelets sind saftig. Klar geht's hier nicht ohne Polenta, auf der sich zwei vor sich hin schmelzende Tessiner Alpkäse vereinen. Das Tessin und die Polenta sind eine Einheit wie das Piemont und der weisse Trüffel, der auch im «Figini» im Spätherbst gehobelt wird. Weinkenner vertiefen sich in die 400 Positionen starke Weinkarte.

6925 Collina d'Oro, Gentilino,
Via ai Grotti 17,
091 994 40 80, www.grottofigini.ch

Grotto Posmonte

Reiz des Einfachen Das mit den Grotti ist so eine Sache. Viele sind nicht der Rede wert, vornehmlich diejenigen, die sich nur auf die «Tedeschi» ausrichten, anderen fehlt die Passion, zu kochen und Gäste zu betreuen. Eineinhalb Jahrhunderte Intensivtourismus bleiben nicht ohne Folgen. Doch es gibt Gastgeber, die mit Herzlichkeit ihre grundehrlichen Gerichte auftischen. Das «Posmonte» gehört zu dieser Sorte Grotti; es kultiviert ungetrübte Freuden, pflegt eine sorgfältige Küche und gibt dem Gast ein Gefühl von Geborgenheit. Das Tatar wird von Hand geschnitten, und sec angerichtet und schmeckt. Nicht anders verhält es sich beim dunkelroten Risotto, auf dem der Käse (Büsciòn) schmilzt, beim Brasato mit der Polenta oder beim flachgedrückten Mistkratzerli vom Grill.

6927 Collina d'Oro, Via Posmonte,
091 994 11 11, www.grottoposmonte.ch

Grotto dell'Ortiga

Gratulation Wer einmal bei Antonio Mazzoleni und Barbara Cavadini zu Besuch war, wird immer wieder mit Freuden hierher kommen. Die Gäste wissen, was sie erwartet, und schätzen die unkomplizierte Atmosphäre in einem alten Haus bei zwei sympathischen Gastgebern. Mein Lieblingsplatz ist im Freien oder im Kaminzimmer. Was ich esse, hängt von meiner Tagesform und von den Empfehlungen ab. Vielleicht Lammschmorbraten oder -frikadellen, lauwarmen Kuttelsalat, Fleischvögel, Lardo mit Kastanien oder butterweiche Kalbsbacken? Wer weiss. Hier wird keine Artistik geboten, sondern eine Küche gepflegt, die für mich in der Sparte authentisch zu den besten im Tessin gehört und seit Jahren ein sicherer Wert ist. Die Weinauswahl besticht mit zahlreichen Merlots zu vernünftigem Preis.

6928 Manno, Strada Regina 35,
091 605 16 13, www.ortiga.ch

Le bucce di Gandria

Eine Oase Melissa Vassali und Vieri del Bianco lassen mit ihren Speisen die Aussicht auf den See vergessen. Aufgetischt wird ein Menu degustazione zu bescheidenem Preis, das das Können der zwei Kochkünstler manifestiert. Ihre Cannoli della nonna mit einer Mousse aus Auberginen und einer Tomatencreme sind für jeden Gaumen ein Erlebnis. Ihre Küche ist ein Potpourri von Einflüssen aus aller Welt, zumindest aus den Ländern, die sie auf ihren Reisen besucht haben. Wer mit dem Kursschiff vorfährt, wird durch den Blick auf Gandria tiefenentspannt, und der damit erforderliche Aufstieg zum Restaurant fördert den Appetit. Wer Gandria näher kennen lernen will, bleibt über Nacht und lässt sich am nächsten Tag wieder von Melissa und Vieri kulinarisch verwöhnen.

6978 Gandria, Via Cantonale
091 225 88 33,
www.ristorante-le-bucce-di-gandria.business.site

Osteria Nostranello

Giorgio il primo Patron Giorgio Caneva plaudert und scherzt gerne mit seinen Gästen. Er serviert, kredenzt, räumt ab und greift ab und zu zur Mandoline, was keine Drohung ist, sondern zum mitsingen animiert. Das Mobiliar in der Osteria ist bunt zusammengewürfelt, die Stimmung fröhlich. Liliane Cavena ist eine begnadete Köchin, die mit 18 Jahren von Portugal in die Schweiz kam, heute Schweizerin ist und gottlob immer noch kocht. Kleine Artischocken, gefüllte Tomaten, Tagliarini mit Kapuzinerkresse, Risotto mit Sauerampfer, gefülltes Perlhuhn, Krustenbraten, Wachteln mit Polenta oder Gitzi mit Kräutern aus dem eigenen Garten. Zum Abschluss etwas Käse und zum Dessert die beste Torta di Pane, die das Tessin kennt. Basta.

6991 Neggio, Piazza San Domenico 7,
091 600 98 94, keine Website

Übernachten im Kanton Tessin

Casa Vanolli

Am Anfang der Welt Indemini ist ein pittoreskes Bergdorf im Valle Veddasca an der Grenze zu Italien. Mittelalterlich, malerisch liegt es am Hang. In den Achtzigern erlebte das Dorf einen Boom. Familien zogen her, Kindergarten und Schule wurden eröffnet, bis der Alltag die Visionen vom besseren Leben wieder platzen liess. Übrig blieben treue Indemini-Pilger wie Rosmarie Brennwalder und Beat «Bewe» Wüthrich, die nach ihrer Pensionierung ins Bergdorf zogen, heute Ferienhäuser unterhalten, bewirtschaften und Goldmelissensirup, Limoncello sowie Grappa herstellen. Wer den Reiz von Indemini erleben will, der kommt in der Zwischensaison, mietet sich im rustikalen Rustico von Rosmarie und Beat ein, schlägt dem Alltag ein Schnippchen und verbringt die Tage am Dorfbach und die Abende vor dem Kamin.

6571 Indemini,
091 780 44 70, www.lunasole.ch

Villa Pineta

Kunst Was für ein Haus, was für geschmackvoll eingerichtete Zimmer, so wie ich es schätze. Lage, Natur, Ein- und Ausblicke, alles fasziniert, verursacht Lust auf mehr, auf länger bleiben, gleich Ferien zu machen, im Liegstuhl ein Buch zu lesen, neben sich eine Flasche Americano oder wenn es den nicht hat, einen leichten Merlot oder was Sprudelndes im Glas für einen unspektakulären Tag oder für ein Stück Kuchen oder dann am Abend für den gepflegten Dreigänger der für bescheidenes Geld angeboten wird. Das Ganze macht den Unterschied zu anderen Tessiner Übernachtungsmöglichkeiten. Die Geschichte der Villa beeindruckt und führt von der privaten Sommeresidenz, zum Berghotel übers Sanatorium bis hin zu neuem Leben erweckten Kleinod. Bravo!

6696 Fusio, Via Schiadüü 1,
091 755 17 55, www.villapineta.ch

NEU

Villa Ricordo

Die Schöne Das Haus besticht durch die vielen kleinen neckischen architektonischen Details und die stilsichere Einrichtung. Die Möbel wurden mit Fingerspitzengefühl und Sachverstand ausgewählt, das Speisezimmer, in dem die Gäste an kalten Tagen das Frühstück geniessen können, schreit förmlich nach einer Tavolata. Hinzu kommt ein Garten, der durch seine Schlichtheit und Pflege besticht und in dem der Tag schnell zum Abend wird. Hier ein Wochenende zu vertrödeln, ist Balsam für die Seele. Zwei Zimmer stehen zur Verfügung. Eines besitzt einen Balkon und eine Badewanne. Einzig die Farben der Bettwäsche sind für mich in der ansonsten gut gewählten Farbgebung eine Überlegung wert. Wie wäre es zur Beruhigung des Auges mit weisser Bettwäsche?

6714 Semione, Via Semione Chiesa 25,
091 870 18 66, www.villaricordo.ch

Casa Lucomagno

Hinten im Tal Wacholder-Spaghetti und Kaninchenleber mit Artischocken hören sich für ungeübte Zungen ungewohnt an. Gastgeber Werner Birnstiel und Pia Steiner kochen gute Gerichte, die nicht schwer aufliegen. Weder dem Magen noch der Brieftasche. Auch ihr Weinangebot überzeugt mit Winzern, die relativ unbekannt sind. Einige Tage in der «Casa Lucomagno» zu verbringen, tut gut. Es ist ein Fluchtort vor dem Alltagsgrau, mit einer Stube, in der ein Kaminfeuer auf die Gäste wartet. Hinzu kommt ein Garten, in dem sich der Nachmittag mit Buch, Bondola und Brot vertrödeln lässt. Zu erwähnen sind auch die sorgfältig renovierten Deckenmalereien, die Holzböden und das Originalmobiliar. Die modernen Toiletten und Duschen der Gästezimmer befinden sich auf der Etage.

6718 Olivone, Via Chiesa San Martino 20,
091 872 16 03, www.casalucomagno.ch

Sass Malt

Den Berg hoch Von Malvaglia fahren Müssiggänger ohne Höhenangst mit der kleinen Seilbahn nach Dagro, hoch über dem Bleniotal. Kalorienzähler denken an ihre Linie und gehen zu Fuss oder schwingen sich aufs Mountainbike, während Romantiker sich eine Nacht zum Sternebeobachten (Osservazione delle stelle) in ihrer Planung freihalten. Das «Sass Malt» liegt in Gunstlage mit einer grandiosen Aussicht auf die Berge. So viel zur geografischen Lage. Die Lage auf dem Teller und im Glas fasziniert mich noch mehr, für die sind Daniela und Icaro Calabresi verantwortlich, die ausgezeichnete regionale Gerichte kochen. Wer eines der Gästezimmer bucht, erfährt im Vorfeld, was es abends zu essen gibt! Exzellente Gnocchi zum Beispiel. Eine kleine, durchdachte Weinauswahl rundet das Genusserlebnis Dagro wundervoll ab.

6713 Malvaglia, Dagro,
091 870 20 32, www.sassmalt.ch

Grenzgänge

Frau Kaufmann

Das Original Die Schweiz hat Betty Bossi, Vorarlberg Frau Kaufmann, mit dem Unterschied, dass Frau Kaufmann aus Fleisch und Blut ist und auf den Vornamen Karin hört. Das Kochen hat sie nicht erfunden, und andere kochen aufwendiger. Aber ich kenne keine Kochschule, die authentischer ist und in der es lustiger zu und her geht als bei der sympathischen Karin. Sie vermittelt die handwerklichen und geschmacklichen Fertigkeiten, die früher von Generation zu Generation weitergegeben wurden. Mit saisonalen Zutaten aus der Region, eingekauft bei lokalen Produzenten, kocht sie in Gruppen von bis zu zwölf Gästen Gerichte wie Schinkenschöberl, Kalbfleischsuppe oder Mangold-Spargel-Kuchen. Kochen und Feiern im «Engel» bedeutet, dem reellen Genuss auf der Spur zu sein.

A-6863 Egg, Buchenrain 339,
0043 676 495 41 44, www.fraukaufmann.at

Gasthaus Löwen

Kristallklar Aus der hauseigenen Bergbrennerei kommen Gin, Absinth, Wermut, Kräuter- und Fruchtschnäpse, aus der Küche Zwiebelrostbraten, Kalbsleber, Cordon bleu, Käsespätzle und Käseknödel, so wie man sich die wünscht, deftig, aber nicht derb, Klassiker, sorgfältig gekocht, mit einem Kaiserschmarrn, der einfach sein muss, zumal der balsamische Beistand wie bereits erwähnt aus der «Löwen»-Bergbrennerei kommt. Das denkmalgeschützte Haus wurde im 19. Jahrhundert erbaut und schloss seine Türen 1965, bis es 2015 aufwendig renoviert wurde und seitdem als Flaggschiff der Region seinen Kurs hält. Für die Rohstoffe der Brennerei wurde ein Naturgarten angelegt mit über 70 Blütenpflanzen, Kräutern und 20 Gehölzen, woran nicht nur Zweibeiner, sondern auch die Bienen ihre helle Freude haben.

A-6883 Au, Rehmen 87,
0043 5515 259 64, www.bergbrennerei-loewen.at

Ernele im Schiff

Radius Ins «Ernele» hat mich die Kräuterfee, Kochbuchautorin und Köchin Karin Kaufmann mitgenommen. Wer zu lange im Gastraum sitzen bleibt, was hier bei diesem Weinangebot noch schnell einmal passieren kann, hat die Möglichkeit, im hauseigenen Hotel zu übernachten. Felix Gross zelebriert eine leichte und modern interpretierte Vorarlberger Küche mit Produkten, die er alle in einem Radius von nicht mehr als 100 Kilometer einkauft. Spezialitäten und Normales von guten Sennereien, Biobauern und -metzgereien, die vom Qualitätsdenken des Kochs zeugen. Da kommt ein gebackenes Tatar vom Zander mit Waldbeeren und Sauerklee auf den Teller oder vorzügliche Kalbsravioli mit Aubergine, Tomate und Petersilien-Pesto oder ein zartes Wiener Schnitzel vom Milchkalbsrücken. Perfekt.

A-6952 Hittisau, Heideggen 311,
0043 5513 620 00, www.schiff-hittisau.com

Übernachten im Tirol

Schulhaus Tirol

NEU

Do you speak english Als ich mich im Burgund bei einem Aperitif mit Cathie unterhalten habe, die aufgrund meines Akzents ins Deutsche wechselte, was für sie als Englischlehrerin im Tirol ein Klacks ist, hat sie mir vom «Schulhaus» vorgeschwärmt. Völlig zu Recht, wie sich herausgestellt hat. Es ist ein einmaliger Ort mit Übernachtungsmöglichkeiten, einem phänomenalem Weinkeller und einer innovativen, exzellenten Küche, die zwischen einfach und komplex pendelt und nachhaltige Produkte verarbeitet, wie die Bachsaiblinge von Markus Kreidl, die drei Jahre im eiskalten Fliesswasser leben, bevor sie von ihm gefangen und im «Schulhaus» verarbeitet werden. Es ist hier alles sympathisch anders. Sie erfinden das Rad nicht neu, aber sie fahren mit ihm in eine andere Richtung. Hingehen, geniessen, schwelgen und bleiben.

A-6277 Zellberg, Zellberg 162,
0043 5282 33 76, www.schulhaus.tirol

Übernachten im Vorarlberg

Jagdgasthaus Egender

Natur pur Das Handy hat Sendepause, TV und andere Lärmquellen ebenso. Den Sound bestimmen die Kuhglocken der Tiere auf den Wiesen, oder er kommt vom Palaver der zufriedenen Gäste an den Holztischen. Ein heilsamer, wundervoller Ort, den man sich im Hochsommer mit rund 200 Kühen, Hunderten von Ausflüglern und unzähligen Fliegen teilt, was für den Zustand der Natur spricht. Dazu gibt es eine lupenreine Bergwelt und die besten – und wohl berühmtesten – Käsknöpfle Österreichs. Zum Dessert noch ein Ribelknödel, und der Abend kann kommen. Dazu einen Absacker zum Verdauen. Ein beglückendes Abseits auf 1000 Meter über Meer, das, wenn die Tagestouristen verschwunden sind und Bett und Ruhe warten, zur stillen Oase wird.

A-6870 Bezau, Schönenbach 342,
0043 5514 28888,
www.jagdgasthaus-egender.at

Biohotel Schwanen Bizau

Eine Familiengeschichte Emanuel Moosbrugger setzt im einzigartigen Biohotel Schwanen in Bizau neue Akzente. Der Bau ist sachlich renoviert, die gute Stube stammt aus dem 16. Jahrhundert. Der Weinkeller ist phänomenal, die Auswahl der Provenienzen zeugt von Fachwissen, und die exzellenten Gerichte sind angenehm leicht. Wer als Gast ohne Allüren absteigt, wird herzlich verwöhnt. Emanuel ist nicht nur ein Wein-, sondern auch ein Biersommelier, der seine Gäste stets aufs Neue überrascht. Dazu die saisonale Küche, bei der in einzelnen Gerichten der Geist Hildegard von Bingens mitschwingt. Apfel-Kohlrabi-Salat mit Löwenzahn, gegrilltes Kalbstafelspitz mit Focaccia oder ein Cordon bleu vom Bioschwein der besseren Art sind grosses kulinarisches Kino.

A-6874 Bizau, Kirchdorf 77,
0043 5514 21 33, www.biohotel-schwanen.com

Gasthaus Bauerntafel auf St. Barbara

NEU

Grandios Wer bei Schwarzwälder Tapas, an «so einen Schmarrn» denkt, denkt falsch. Es ist schlichtweg eine grossartige Idee, die hier in der stimmungsvollen «Bauerntafel» lustvoll umgesetzt wird. Pastinaken-Kürbis-Küchlein, Kohlrabi-Bergkäse-Frittata, kleine panierte Schnitzel vom Schwäbisch-Hällischen Landschwein, Blumenkohl-Wasabi-Tatar, Bibilis-Käse mit Bratkartoffeln, Safran-Risotto, Kartoffel-Wirsing-Eintopf, Rindfleisch-Kichererbsen-Frikadellen, Zander mit Süsskartoffel-Püree, Kalbstafelspitz, Schinken, Basilikum Knöpfle, Sauerbraten von der Rehkeule, Maultaschen, Flammbrot – und so geht das weiter hier. Dazu Cidre, Weine von Dr. Schneider und Schlumberger ohne Dr. Was soll ich da noch schreiben. Einfach genial.

D-79117 Freiburg i. B., Sonnenbergstrasse 40, 0049 761 696 70 20, www.bauerntafel-freiburg.de

Klemmbachmühle

NEU

Am Bach Dieter Supe ist seit Jahr und Tag Gastgeber in der Klemmbachmühle. Früher ging's bei ihm um 14 Uhr los, heute empfängt er seine Gäste ab 17 Uhr, das Kuchengeschäft überlässt er den einigen wenigen im nahe gelegenen Kurort Badenweiler. Ausgeschenkt werden Weine von Hermann Dörflinger, aufgetischt werden einige Klassiker wie Fleischküchlein, panierte Schnitzel und Matjes mit Brägele oder einen Wurst-Käsesalat mit deutschem Feinschnitt. Die Lage der Mühle ist einmalig, mit einem Klemmbach der hier in die Tiefe stürzt und der talabwärts an der «Taberna» in Müllheim vorbeifliesst. Immer mittwochs trifft sich bei Dieter eine kulinarisch affine Runde und diskutiert dann und wann bei einem Glas Gutedel über die Gastfreundschaft in der Gastronomie unter dem Aspekt «Eigentlich wollte ich heimgehen».

D-79379 Niederweiler, Römerstrasse 7, 0049 7631 28 00, www.klemmbachmuehle.de

Taberna

Pie and peas Die Handschrift von Tom sei gewöhnungsbedürftig, sagen die einen, die anderen sind begeistert und geniessen Fish 'n' Chips und knusprigen Lammbauch. Seine Frau und Gastgeberin Catinka muss den Gästen dann und wann erklären, warum sie im Markgräflerland neben lokalem Gewächs auch südafrikanische Provenienzen ausschenkt. Dabei reicht ein Satz: «Hey Leute, ich bin in Südafrika geboren, das Markgräflerland ist aber meine Heimat.» Und egal wo, ob im Burgund, im Piemont oder sonst wo, die einheimischen Winzer trinken auch gerne mal einen anderen Wein als den, mit dem sie täglich zu tun haben. Wie auch immer: Die «Taberna» hat eine Holzterrasse über dem Klemmbach, ein sakrales Inneres und eine vorzügliche Küche, die manchmal nach Great Britain abschweift.

D-79379 Müllheim, Marktplatz 7,
0049 7631 174884, www.taberna-restaurant.de

Hirschen

Ursprünglich Eine der ursprünglichsten Wirtschaften, die ich kenne, befindet sich im Markgräflerland. Eine Lebensoase mit herzlichen Gastgebern und mit einem jungen Patron, der das Erbe seines Grossvaters mit Sorgfalt weiterführt. Das Angebot ist klein und durchdacht. Der Salat wird in der Glasschüssel serviert, die panierten Schnitzel mit Biss liegen im klaren Jus auf der Platte, der Wurstsalat hat deutschen Feinschnitt, der Kartoffelsalat und die Rösti sind perfekt. An lauen Tagen speist man im Traumgarten mit Blechtischen, Holzstühlen, Kieselsteinen und schattenspendendem Baum. Max kredenzt seine filigranen Weine; die Gäste trinken und blicken hinüber zu den im Gras flanierenden Hühnern. Wird es frisch, bietet die gute Stube Patina und Kachelofenwärme.

D-79400 Kandern-Egerten, Am Neuweg 2,
0049 7626 388, www.hirschen-egerten.de

Gasthaus zum Rheintal

Relikt Nur einige Minuten von Zurzach entfernt befindet sich gegenüber dem Rhein eine Wirtschaft von einer Wirtschaft. Carmen Scheuble führt das wunderschön gealterte Gasthaus zum Rheintal unaufgeregt in der dritten Generation. Nicht vier oder fünf Tage, sondern täglich ab 17 Uhr und am Wochenende ab 10 Uhr. Serviert wird eine einfache, schmackhafte Küche, die vom Vesper bis hin zum Mittags- und Abendtisch reicht mit Schnitzeln, Braten, ausgebackenem Fisch, Fritten, frittierten Kartoffelkugeln und taufrischen Salaten. Die Holztische sind eingedeckt mit weissen Tischtüchern, der Gastraum ist urgemütlich, nicht überladen, alles ist an seinem Ort, und an milden Tagen wartet eine grüne Oase mit Blechtischen und Holzstühlen, so wie sie nur noch selten anzutreffen sind.

D-79790 Küssaberg-Reckingen,
Rheinheimer Strasse 2,
0049 7741 31 31, keine Website

Übernachten im Markgräflerland

Dormitorium

Ora et labora Auch, aber nicht nur. Das über 300-jährige Privatweingut H. Schlumberger ist bekannt für seine Weine, die nicht nur in der Region begehrt sind. Mir haben es ihr Grauburgunder Altenberg sowie der Winzersekt Chardonnay Brut Nature angetan. Natürlich freut es Vater Ulrich Bernhart, dass seine Tochter Johanna in seine Fussstapfen tritt und somit die Familientradition des Weinguts weitergeht. Vor zwei Jahren hat die Winzerfamilie unter der Leitung von Mama Claudia in Sulzburg ein wundervolles Refugium eröffnet, das nicht nur von seiner baulichen Aura des Klosters profitiert, sondern auch von der Herzlichkeit der Gastgeberin. Dies alles zu einem freundschaftlichen Preis mitten in einer intakten Natur.

D-79295 Sulzburg, Klosterplatz 2,
0049 7634 8992, www.dormitorium-sulzburg.de

Le Barapotin

NEU

Madame et Monsieur Beim ersten Besuch war kein Tisch frei. Gut, es war Samstag und Postkartenwetter und wir kamen spontan nach Charoux. Das zweite Mal war der Himmel stark bewölkt, es war Donnerstag und ausserhalb der Saison und trotzdem war die Bude voll, aber wir hatten reserviert, so dass uns Madame Sylvie mit einem warmen Lächeln unseren Tisch zuwies. Ihr Mann Philippe hat uns spontan den Aperitif gebracht, gegessen haben wir die Plat du jour, bestehend aus einem Salat mit Charcuterie, gefolgt von einer Tartiflette und einem dunklen Schokoladenmousse, und getrunken haben wir einen süffigen Gamay. Wer das Unkomplizierte und Familiäre liebt, fühlt sich bei Madame und Monsieur sehr wohl.

F-03140 Charoux, 4 rue Mornat,
0033 470 41 23 71, keine Webseite
Di – So ab 9 Uhr geöffnet

Chez Pep'André

NEU

Sammlung Ist ein Dorf in Frankreich historisch wertvoll und ein erhaltener Zeitzeuge, ist es bei Les Plus Beaux Villages de France gelistet, zu denen auch Charoux zählt. Auf Nebenstrassen fahrend, bin ich zufällig in Charoux gelandet. Leider hatten diese Idee noch einige andere, was dazu geführt hat, das im «Barapotin» alle Tische besetzt waren, was uns dazu veranlasst hat, das schmucke Dorf zu erkunden, wir in der Brocante gelandet, tüchtig eingekauft haben und mit vollen Händen zum Nachbarn balanciert sind, der uns mit offenen Armen empfangen hat, obwohl er eigentlich gerade seine Mittagspause beginnen wollte. Was für ein Laden, was für eine kleine, feine Auswahl, was für Qualitätsprodukte und was für ein herzlicher Profi, der uns alles verkosten liess. Wermouts, Absinthe, Weine, Käse und diverse Schinken und Würste.

F-03140 Charoux, 3 rue de la Corderie,
0033 680 96 82 84. keine Website
Täglich geöffnet 11 – 13 und 14.30 – 18 Uhr

Aux Crieurs de Vin

Santé! Troyes liegt zwischen Dijon und Reims und ist mit dem Auto ab Basel in vier Stunden zu erreichen. Dieser Zeitaufwand lohnt sich für unkomplizierte Besseresser und -trinker. Der Grund darin liegt im Bistro Aux Crieurs de Vin. Es überzeugt mit Kellnern, die wissen, was sie tun, mit Terrinen, von Hand geschnittenem Tatar und einem butterzarten Milchlamm. Die Gäste zechen, man kennt sich, es wird diskutiert und schwadroniert. Flaschen werden geköpft, Langres wird aufgetischt, die Luft riecht würzig – bis die lauwarmen Apfel-Tartelettes den Duft von Blätterteig verströmen, dazu Kaffee und Lebenswasser. Wir bleiben und trinken weiter. Kein Wunder bei dieser genialen Weinauswahl von Winzern mit kleinen Namen. Das volle Leben. Satt, prall, toll.

F-10000 Troyes, 4 place Jean Jaurès, 0033 325 40 01 01, www.auxcrieursdevin.fr

La ferme de la Ruchotte

NEU

Cidre David ist Sommelier und Cidre-Produzent in Biederthal. Er hat mir bei einem Glas von Frédéric Ménager erzählt, der eines Tages genug von der Drei-Sterne-Küche hatte, ihr Adieu sagte, eine Ferme gekauft, renoviert und seinen Bedürfnissen angepasst hat. Entstanden ist ein Bauernhof mit einer Auberge, in der er zum Teil seine eigenen Produkte verarbeitet oder sie von seinen regionalen Produzenten bezieht und zu einem unkomplizierten Menü zusammenstellt. Dazu werden Weine von grossen und kleinen Winzern getrunken, nicht nur aus dem Burgund, sondern auch aus der Auvergne, die als Weinregion noch relativ unbekannt ist. Das Ganze ist ein einzigartiger Ort mit einer ansprechenden Gastronomie, die ohne jegliches Heckmeck auskommt und bei der selbst ein Teller Randen zu einem bleibenden Genuss wird.

F-21360 Bligny-sur-Ouche, La Ruchotte, 0033 380 20 04 79, www.lafermedelaruchotte.com

Le Petit Léon

NEU

Im Sternenhimmel Sina ist Deutsche, Nick Neuseeländer, gemeinsam bespielen sie das Petit Léon. Was hier geboten wird, ist grandios. Jedes Gericht hat mich fasziniert, wie auch das spannende Weinangebot, das mit zahlreichen Flaschen zum Freundschaftspreis aufwartet. Der Service ist aufmerksam, die Gastfreundschaft unter Caroline herzlich und weit weg von aufgesetzten steifen Lippen. Gestartet sind wir mit einer Steinpilz-Bouillon, Hühnerleber, Auster mit Naam Jim, Sashimi von der geräucherten Forelle mit Wasabi in einer Meringue und mit Brot und Haselnussbutter. Weiter ging's mit einer rohen Forelle, Jakobsmuschel mit Polenta, einem Tatar vom Rind, einer lokalen Taube mit Haselnusscrunch, Käse und Honeybee mit Pralinen, Creme und Honig. Das Menü war perfekt und leicht, auch fürs Portemonnaie.

F-24290 Saint-Léon-sur-Vézère, Le Bourg,
0033 553 51 18 04, www.restaurantlepetitleon.fr

Auberge La Petite Échelle

Zum Durchatmen Die kleine Auberge liegt nicht am Ende der Welt – aber beinahe. Hier dominieren Kühe, Felder, Wälder und Wiesen. Wer die Natur liebt, wer sich über einfache Gerichte freuen und Handy und Zeitnot zu Hause vergessen kann, der sitzt hier richtig. Mont d'Or, Dent de Vaulion, Vallée und Lac du Joux – alle Naturschauspiele sind da und werden nebensächlich, ist man hier erst einmal angekommen. An kühlen Tagen knistert das Feuer im Kaminofen, im Sommer spenden Bäume Schatten. Eine Trockenwurst, ein Pilzragout mit Rösti, etwas Comté und Heidelbeerkuchen. Es sind kleine Dinge, die diesen Ort einzigartig machen. Ein Sommerregen wird hier mit einer Flasche Poulsard zum Erlebnis. Kleine Genüsse weitab von Pomade und Promenade.

F-25370 Rochejean,
0033 381 49 93 40, keine Website

Cheval Blanc

NEU

Kleine Preise Wer noch vor 30 Jahren durch den Sundgau zog, fand in jedem verschlafenen Dorf eine lebendige Beiz, was heute leider nur noch selten zutrifft. Viele Bistros sind verschwunden und mit ihnen das Dorfleben. Gottlob gibt es Ausnahmen, wie etwa das «Cheval Blanc» in Kiffis, das durch ein verträumtes, kleines Tal von Wolschwiller aus erreicht wird. Unterwegs hat es zwei, drei Holzbänke für die Pause und den Blick über sattgrüne Wiesen, bevor es in der Auberge zur Sache geht mit Schnecken, Terrinen, Schweinsbacken, Cordon bleu, aber auch mit subtileren Fischgerichten wie Ceviche oder einem perfekt gegarten Rouget.

F-68480 Kiffis, 21 Rue Principale,
0033 389 40 33 05, www.auchevalblanckiffis.com

Auberge Saint Brice

NEU

Im Wald Wer Lust hat, in der Auberge gepflegt zu essen, muss seinen Tisch mindestens eine Woche im Voraus reservieren. Und wer die Region zu Fuss kennen lernen will, fährt zuerst von Basel mit der Tramlinie 10 nach Rodersdorf und spaziert von dort in einer Stunde nach Saint-Brice, wo man mit einer ambitionierten Küche und einer durchdachten Weinauswahl verwöhnt wird. Wer spontan ist, findet einen Platz im Freien an einem der langen Holzbänke, steht aber zuerst am Küchenfenster an, aus dem er bedient wird. Saint-Brice ist ein einmaliger Ort, der an den Wochenenden von «tout Bâle» in Beschlag genommen wird. Wer zeitlich unabhängig ist, besucht den Gunstplatz unter der Woche, dann, wenn es hier weniger brummt. Und sonst? Vergessen Sie die ID nicht, denn im Wald ist die Grenze und sind die Zöllner überall.

F-68480 Oltingue, Lieu dit Saint-Brice,
0033 982 12 17 69, keine Webseite
Mi–Do 10–18, Fr–Sa 10–22, So 10–18 Uhr geöffnet

Comptoir Brionnais

NEU

Bei Tati Der Tipp kam von Barry, der reservierte, und so freuten wir uns auf ein feines Sonntagsmahl. Bei der Ankunft kamen wir uns vor wie im Film von Jacques Tati «Les vacanes de Monsieur Hulot». Rund 40 Gäste betraten gleichzeitig den Garten, etwa 40 sassen bereits an den Tischen, was in einem Chaos hätte enden können, was es aber nicht tat, da die drei Servicedamen mit stoischer Ruhe glänzten, alle Bestellungen aufnahmen und nach einer halben Stunde den Aperitif servierten. Alle Gäste nahmen sich nicht wichtig und warteten auf die Dinge, die da kommen würden. Der gute Burgunder in der 75 cl Flasche kostete 32 und das Menü 28 Euro. Bei allem war die Qualität vorzüglich, die lokalen zarten Hühner an Zitronensauce mussten zuvor ein gutes Leben geführt haben und die Tomaten kamen aus dem Gemüsegarten.

F-71110 Montceaux l'Etoile, le Bourg,
0033 385 24 32 61, keine Webseite
Di–Fr 8.30–15 und ab 18, Sa 8.30–16 und ab 18, So 8.30–17 Uhr geöffnet,

Le Saint-Martin

Comme avant Vor Jahren habe ich den Bilderbuchort Chapaize mit seiner frühromanischen Kirche kennen- und lieben gelernt. Hier befindet sich gegenüber der Kirche die Auberge Saint-Martin. Der Service ist jung, aufmerksam und kompetent, der Patron Luc Ory empfiehlt seinen Stammgästen und Novizen Weine, die nicht auf der Karte stehen. Empfehlungen, die bei Luc nicht teurer, sondern spannender werden. In der Küche wirkt Noé, der keine Pinzettenküche praktiziert, sondern sec kocht und anrichtet. Kalbsterrine auf Linsensalat, Kaltschale aus Erbsen mit Minze und geräucherte Entenbrust oder eine perfekt geschmorte und konfierte Rindsbacke mit Gemüse sind Gründe, diese Beiz aufzusuchen. Den Rest machen die Gastfreundschaft und der Ausblick auf Dorf und Kirche.

F-71460 Chapaize, Le Bourg,
0033 385 50 13 08, www.saintmartin-chapaize.fr

La Maison du Potager

NEU

Grüne Daumen Jenny und Christoph sind ein eingespieltes Team und bedienen ihre Gäste mit herzlicher Zurückhaltung, was in sich hier kein Widerspruch ist. Fünf Gänge, zwei davon mit Gemüse aus dem eigenen Garten, der Hauptgang mit Fisch, der auf dem Holzscheit einer Buche direkt über dem Holzfeuer gegart wird oder mit Fleisch, das sich als eine butterzarte Rindsbacke oder Entenbrust entpuppen kann, die von seltenen Gemüsesorten in diversen Konsistenzen sekundiert wird. Alles, was auf den Tisch kommt überzeugt. Die Aussichten auf Land und Teller sind freudvoll, der Ort ist so einfach wie einmalig. Zwei Gästezimmer bieten die Möglichkeit etwas mehr zu trinken, wobei die Gäste bei der Reservation gebeten werden, den eigenen Wein mitzubringen.

71800 Saint-Racho, 52 chemin des roches Gauthier
0033 6 71 59 20 57, Keine Webseite
Nur auf Reservation von April bis September geöffnet.

Übernachten in Frankreich

Hôtel Savel

Ein Traum Die Ardèche liegt nicht gleich um die Ecke, aber es ist der SRF-Radiosendung «Ich lebe meinen Traum» zu verdanken, dass diese Adresse den Weg ins Buch gefunden hat. Dort berichtete Stefanie Eigenmann über sich und ihre Oase in der Ardèche. Ihr Haus, das sich so wohltuend abhebt vom uniformierten Einheitsbrei zahlreicher Boutique-Hotels, führt sie persönlich. Zwar hat das Maison seine Unschuld verloren, aber ein Kleinod ist es immer noch. Das trifft nicht nur auf das Hotel und die Gastgeberin zu, sondern auch auf das hauseigene Restaurant, die Qualität der Speisen und das Frühstück. Wer einmal angekommen ist, will nicht mehr weg. Das «Savel» ist ein Stück heile Welt in einem lebendigen Dorf umgeben von intakter Natur.

F-07120 Ruoms, 38 Rue des Brasseries,
0033 475 39 60 02, www.hotel-savel.com

Auberge de Chassignolles

Nouvelle Was für ein Haus, was für Gastgeber und was für eine Weinkarte. Die Gästezimmer sind ringhörig und so eingerichtet wie die ganze Auberge – schräg, in einer Mischung aus Kunst und Plunder. Hier etwas Shabby Chic, dort drei, vier Antiquitäten, da ein geordnetes Wirrwarr über all dem das hauseigene Brot, die exzellente Küche und das Trinkangebot steht mit Cidres und Weinen aus der Auvergne (!), der Loire, dem Burgund, kurz, einmal Frankreich rauf und runter. Der Service ist leger und der Koch kann was. Das Menü wechselt täglich, die Weinkarte jährlich, von gegenüber schlägt die Kirchenuhr in der Mitte von Nirgendwo. Ein einzigartiger, nicht mehrheitsfähiger Gunstplatz, der immer von Ostern bis November offen ist und mit Besitzer Peter Taylor einen sympathischen Enthusiasten und Förderer hat.

F-43440 Chassignolles, Le Bourg,
0033 471 76 32 36,
www.aubergedechassignolles.com

Château du Thil

Der Burgunderschotte In Zürich war der Basler Daniel Graf 30 Jahre zu Hause, bevor er im Burgund seinen langersehnten Traum vom eigenen Schloss verwirklichte. Der Informatiker und von Schottland als «Keeper of the Quaich» für seine Verdienste für den Whisky geehrte Querdenker bietet heute in einer ruhigen Ecke des Burgunds ein edles «Chambre d'hôte» an. In den grosszügigen Zimmern, im Spielsalon und in der Lounge lässt es sich genauso gut verweilen wie im weitläufigen Park. Seinen ursprünglichen Traum, vor seiner Haustüre das Meer und auf dem Nachbargrund eine Whiskybrennerei vorzufinden, hat er im Burgund stilvoll beerdigt – mit dem Gedanken, vielleicht nächstens Reben zu pflanzen. Vom Brenner zum Winzer. Auch gut.

F-71390 Chenôves, Le Thil, 0033 771 218 000 oder 079 405 89 91, www.du-thil.fr

Château de Vaulx

NEU

Bei Barry Natürlich gibt es im Burgund luxuriösere Schlösser zum Residieren. Aber keines hat so einen besonderen Charme wie dieses Schloss hier. Hinzu kommt ein Gastgeber, der die Besitzer nach allen Regeln der Kunst vertritt. Er ist die Freundlichkeit in Person, hilfsbereit und stets da, wenn es seine Hilfe benötigt. Hier nur eine Nacht zu bleiben ist unklug, wird doch einem die besondere Atmosphäre erst bei einem längeren Aufenthalt so richtig bewusst. Die Lage ist majestätisch, die Aussicht beeindruckend, der Park weitläufig und der Pool angenehm abseits liegend, und von den Hotelgästen nur selten belagert. Dass kalte Regentage nur mit einem müden Lächeln quittiert werden, hat mit der Lounge, die Sofas und dem offenen Kamin mit seinem knisternden Feuer zu tun. Ein Lieblingsort.

F-71800 Saint-Julien-de-Civry, Lieut dit Vaulx, 0033 788 34 84 94, www.chateaudevaulx.com

Trattoria Risorgimento

Grundehrlich Mehr Traditionsbewusstsein als bei der Familie Colonna in Treiso geht nicht. Was Mamma Mariuccia, Tochter Elisa, Sohn Gioele und Mitarbeiterin Jacqui, eine im Piemont hängengebliebene Amerikanerin, auftischen, überzeugt durch seine Schlichtheit und ist einfach nur gut. Ihre Antipasti Carne cruda, Vitello tonnato, Insalata russa, Insalata di coniglio, Peperoni farciti, Crespelle, Carpione und Lingua di vitello con Salsa verde sind so einfach wie grandios. Und die Primi mit Gnocchi, Agnolotti dal plin und Tajarin mit Wurstragout stehen ihnen in nichts nach. Auch die Secondi überzeugen mit Geschmack und kommen wie alles, was hier die Küche verlässt, ohne Firlefanz aus, genauso wie die Weinkarte. Grazie.

I-12050 Treiso, Viale Rimembranza 14,
0039 0173 63 81 95,
www.trattoriarisorgimento.yolasite.com

Osteria dei Binelli

NEU

Wie früher Was noch vor vierzig Jahren Alltag war, ist heute schwierig zu finden. Als ich 1987 das erste Mal die Alta Langa kennenlernte, gab es nur einige wenige edle Restaurants, aber in zahlreichen Dörfern waren zwei, drei einfachen Osterien zu finden, die eine Traditionsküche auftischten die schlicht, gut und reichlich war. Da gab's einige Vorspeisen, bei denen jeder einzelne Gang auf der Platte serviert und am Tisch auf den Teller geschöpft wurde, es folgten zwei, drei Primi und ein Secondo, bei dem dann der Appetit streikte. Dazu getrunken haben wir einen jungen, leicht schäumenden, violetten Dolcetto und zum Schluss einen Barolo Chinato und zwei Grappe im Zahnglas. Das ist Geschichte und zum Teil doch wieder nicht. Besuche ich heute die Osteria dei Binelli, kommen mir vergangene Zeiten in den Sinn.

I-12063 Dogliani CN, Borgata Pianezzo 75,
0039 334 754 65 94, www.osteriadeibinelli.it

Lorenzo Accomasso

Il Cavaliere Lorenzo Accomasso produziert in La Morra grossartige Barolos. Der legendäre Winzer ist müde, über sein Alter schweigt er sich aus, und plaudern mag er eh nicht. Schon gar nicht über seine Weine. Viel lieber rede er mit jungen Frauen oder gehe mit ihnen Tango tanzen. Lorenzo schenkt, wenn er denn überhaupt empfängt, grosszügig ein und nach. Der Rocchette kommt ins Glas, und obwohl Accomasso seine Gäste gerne in Trance murmelt, ist der Gaumen hellwach. Lorenzo ist einer der letzten Barolisti, ein Urgestein und ein bescheidener Cavaliere (Ritter), von Italien für seine Verdienste fürs Land geehrt – und wie gesagt sehr müde. Wie lange er tatsächlich noch Weine produzieren wird, weiss niemand, wohl nicht einmal er selbst.

I-12064 La Morra, Frazione Annunziata,
Borgata Pozzo 32,
0039 0173 508 43, keine Website

Trattoria Saredi

NEU

Im grünen Abseits Das Valle Vedasca haben Tessingänger weniger auf dem Radar. Bis Indemini ja gerne, aber dann Halt! Wer weiter über die Grenze fährt, kommt auf der schmalen Strasse nach Armio, dessen Einwohner ein beschauliches Leben in einem abgelegenen Tal führen, zumindest macht dies den Anschein, und dessen Treffpunkt nicht die Kirche, sondern die Dorfbeiz ist, in der ab und zu auch der Herr Pfarrer gesichtet wird, wissen doch Pastoren, wo es sich gut speisen und trinken lässt. Die Trattoria in Armio ist eine der kleinen Dorfbeizen, die das anbieten, was sie eh für sich haben und eine gute Küche auftischen, die nie verleidet und den Gast dazu einlädt, mehrmals im Monat vorbeizusehen. Dazu ein Glas Wein, vorab einen Amaro und zum Schluss mit dem letzten Schwatz einen Fernet Branca.

21010 Armio VA, Via Giacomo Saredi 2,
0039 0332 55 81 61, keine Website
Dienstags geschlossen.
Die Öffnungszeiten können variieren

Il Verderamo

NEU

Charaktervoll Die Anfahrt vom Lago Maggiore sieht auf der Karte bedeutend kürzer aus als sie es tatsächlich ist. Wir sind kurz nach 13 Uhr angekommen, noch ist die Beiz leer. Sind wir am falschen Ort, ist unser erster Gedanke – und schon füllt sich die Osteria mit palavernden Gästen. Es lebt, es lacht, es schreit das Baby, nur kurz, danach Gelächter und Gesang. Nach dem ersten Aperitif, gefolgt von der ersten Flasche kommt ein Teller Salume und Brot mit krachender Kruste, gefolgt von einem Carne cruda und einem Topinambur-Flan mit Fonduta, drei weitere Vorspeisen werden serviert, bevor zwei Primi und zwei Secondi folgen. Als Finale drei Dolci und ein Grappa. Die zwei Gasträume sind stimmungsvoll, wir bekamen unseren Tisch im grossen, was uns zu einer Runde Gesellschaftsstudie verleitete. Zum Weinen schön.

I-21030 Castello Cabiaglio VA, Vicolo Del Frate, 0039 0332 43 58 66, keine Website
Do – Sa 10 – 22 und So 10 – 17 Uhr geöffnet,

Osteria al Cantonaccio

NEU

La Famiglia Die Einrichtung ist bunt gemischt, die Gastgeber sind freundlich, die Weinauswahl ist gross, die Atmosphäre gelöst, und was auf den Teller kommt, hat Qualität. Das Ganze wird zum Freundschaftspreis angeboten, und wer in der Nähe sein Ferienhaus hat, kommt immer wieder, und so verwundert es nicht, das sich stets die üblichen Verdächtigen begegnen und andächtig auf die Gerichte blicken die da aufgetischt werden. Fisch aus dem Lago und von weiter, Pasta fatto in casa, so wie es sich gehört, auch mal eine weisse Polenta mit Wachteln zum Knabbern, ein zartes Kaninchen oder ein herzhaftes Stück Rindsfleisch. Kurz, der Familienbetrieb punktet mit einer Küche, die hält, was sie verspricht und die von Köchen bespielt wird, die wissen, was sie tun, geschätzt von Stammgästen, die sich nichts mehr beweisen müssen.

I-21050 Brusimpiano VA, Via Giuseppe Garibaldi, 0039 0332 93 41 90, keine Website
Mi – Mo mittags und abends geöffnet

Scurone

Am Sonntag nie Cannobio gilt es im Sommer am Tage des Herrn zu meiden. Dann, wenn Heerscharen von Deutschen, Schweizern und Holländern über Cannobio herziehen. In der Zwischensaison, bei unbeständigem Wetter, wird's schon besser und luftiger in den Gassen. Dann ist es an der Zeit das Grottino Scurone aufzusuchen und nachhaltig zu erleben. Mit Wein im Glas und Culatello auf dem Teller. Einfach so auf die Schnelle vorbeizugehen wäre aber schade, zumal die Gastgeber noch schöne Gästezimmer anbieten, in denen es mir nicht schwer fällt, länger als eine Nacht zu bleiben. Bleibt noch ihre Bottega, die mich nur mit vollem Einkaufskorb loslässt. Essen, Flanieren, Schlafen, Einkaufen, das ist hier die richtige Reihenfolge. Grazie Lisa, für diesen tollen Tipp.

I-28822 Cannobio VB, Traversa Scurone 7, 0039 334 834 7533, www.scurone.it

Übernachten im Piemont

Villa Pastori

Landleben Vor Jahrzehnten sind Ruth und Markus ins Piemont nach Ameno oberhalb vom Lago di Orta gezogen und hängen geblieben. Mit Fingerspitzengefühl haben sie die Villa sanft renoviert und in eine Wohlfühloase verwandelt. Wer eine ehrliche, distanzierte Gastfreundschaft zu schätzen weiss, ist hier richtig und wird gleich länger bleiben. Die Villa Pastori ist ein Ort mit Geschichte, mit Rückzugsmöglichkeiten und ideal für das süsse Nichtstun. Dazu ab und zu eine Flasche Grignolino, eine Salami dick aufgeschnitten, frisches Weissbrot, einige Tomaten, und man ist gewappnet für alle Zumutungen des Alltags. Der kommt hier aber nicht. Ruth und Markus geben ihren Gästen Insidertipps, wer wo aktuell am besten kocht. Wundervoll.

I-28010 Ameno, Viale Matteotti 1, 0039 0322 99 84 95, www.villapastori.com

Château de Vaulx
(Seite 472)

Impressum

Alle Angaben in diesem Buch wurden vom Autor nach bestem Wissen und Gewissen erstellt und von ihm und dem Verlag mit Sorgfalt geprüft. Inhaltliche Fehler sind dennoch nicht auszuschliessen. Daher erfolgen alle Angaben ohne Gewähr. Weder Autor noch Verlag übernehmen Verantwortung für etwaige Unstimmigkeiten.

Weber Verlag AG,
CH-3645 Thun/Gwatt

Konzept
Annette Weber-Hadorn

Idee und Texte
Martin Jenni

Fotos
Foto Titelseite: l'Ecluse, Biel, Beiz des Jahres 2024
Fotografie: Martin Graf, zvg

Weber Verlag
Bildbearbeitung
Salomé Mettler, Shana Hirschi, Dominic Fischer

Satz und Gestaltung
Salomé Mettler, Shana Hirschi

Lektorat und Korrektorat
Laura Spielmann

ISBN 978-3-03818-503-1

myclimate neutral Drucksache

www.weberverlag.ch

Der Weber Verlag wird vom Bundesamt für Kultur mit einem Strukturbeitrag für die Jahre 2021–2024 unterstützt.

Autorenporträt

Martin Jenni (*1959), freier Journalist BR und Autor, lebt und arbeitet im Schwarzbubenland. Er schreibt über die feine Lebensart in Zeitungen und Zeitschriften und entdeckt für seine Kolumnen und Bücher mit Vorliebe patinierte Einkehren, kulinarische Spezialitäten und verträumte Plätze in Stadt und Land.

Bildernachweis

Titelbild, l'Ecluse, Biel © Nando Aerni

37 Märit Bern © Bern Welcome
44 Lorraine 22, © Tom Hiller
79 Villa Lindenegg © Stöh Grünig
81 Brasserie le Boulevard 39 © Benny Tache
104, 111 Bäckerei Arnold © Bäckerei Arnold, Scottoni Photography
123 Die Grüne Fee © Lara von Däniken, www.fotofaszination.com
136 Vini Donati, © Montañés Media.
153 Feldberg42 Atelier © Rowan Thornhill
154 Volkshaus Copyright: Robert Rieger
170 Kloster Schönthal © Heiner Grieder
213 Beau Séjour © Mirjam Hiller
225 Flühli © Christoph Frutiger
235 Culinarium Alpinum © Timo Schwach Photography
261 Bottega Berta © Sandra Marusic Photography
264 Kle / Dar © Erna Drion, www.ernadrion.com
274 f39 ©Jörg Wilczek
282 Signau House © Rafael Palacio Illingworth
324 Alte Herberge © Photography miriweber
362 Vitto © www.christianspeck.ch
455 Casa Vanolli © Beat Wüthrich

Fotos der Prämierten (Seiten 13 bis 25) 47, 48 Ludmilla, 51, 57 L'Ecluse, 65, 67 Il Grano, 78 Berghotel zur Sau, 124 Mediterrane Leckereien, 149 La Fourchette, 196 Maria's Esszimmer, 208 Magdi, 249 Klosterhof, 293 Pastiamo Comestibles, 300 Annegreth's Schützenstube, 365 Spinas, 412 La Maison du Prieur © Martin Graf

11 Engel, 116 Lämmli, 118 Bärgbeiz Gempenturm, 119 Besenbeiz Remel, 125 Wystübli im Kapuzinerkloster, 136 Brändli, 137 Die Station, 143 Mägd, 149 Concordia, 156 Studinger, 162 Adler, 166 Abendsmatt, 169 Waldhaus beider, 170 Kloster, 170 Erica, 171 Gasthof zum Ochsen, 172 Blume, 177 und 199 Speck , 468 Cheval Blanc Cheval Blanc, 479, © Christian Jaeggi

96 Cidrerie du Vulcain, 103 Affineur Claude Luisier, 115 Metzgerei Schaad, 141 Käppelijoch-Bier, 150 Consum, 161 Weinbau Simmendinger, 162 Gasthof zum Ochsen, 185 Gasthaus Bären, 206 Drei Könige, 203 Restaurant Neustadt, 241 Restaurant Tellenbräu, 245 Martini F, 254 City-Hotel Ochsen, 292 Bären, 306 Zur Aussicht, 307 Morgensonne, 315 Schäfli, 326 Vinothek Freischütz, 338 Altes Bild, 341 Sonne, 344 Lorenzo Ostini, 349 Ustria Steila, 367 La Petite Échelle, 384 Pinte la Golée, 391 La Valote Martin, 393 Le Croissant Show, 406 Auberge de la Passade, 411 Café du Raisin, 415 À la Petite Auberge, 416 Oberson Pêcheurs, 439 Macelleria Salumeria Freddi, 440 Osteria Grütli, 455 Osteria Nostranello, 474 Lorenzo Accomasso © Marco Aste

Alle übrigen Bilder wurden von den jeweiligen Betrieben zur Verfügung gestellt.